北京大学区域国别研究丛书

重新认识美国
来自当代的反思

王希 赵梅 主编

Rethinking the United States
in a New Era

Contemporary Reflections

江苏人民出版社

图书在版编目(CIP)数据

重新认识美国：来自当代的反思 / 王希，赵梅主编
. —南京：江苏人民出版社，2022.6
（北京大学区域国别研究丛书）
ISBN 978-7-214-27170-9

Ⅰ.①重… Ⅱ.①王…②赵… Ⅲ.①美国－研究
Ⅳ.①D771.2

中国版本图书馆 CIP 数据核字(2022)第 070223 号

书　　名	重新认识美国——来自当代的反思
著　　者	王　希　赵　梅
责任编辑	于　辉
装帧设计	刘葶葶
责任监制	王　娟
出版发行	江苏人民出版社
地　　址	南京市湖南路 1 号 A 楼，邮编：210009
照　　排	江苏凤凰制版有限公司
印　　刷	江苏凤凰通达印刷有限公司
开　　本	652 毫米×960 毫米　1/16
印　　张	23　插页
字　　数	280 千字
版　　次	2022 年 6 月第 1 版
印　　次	2022 年 11 月第 2 次印刷
标准书号	ISBN 978-7-214-27170-9
定　　价	68.00 元

（江苏人民出版社图书凡印装错误可向承印厂调换）

"北京大学区域国别研究丛书"
编委会

钱乘旦　王保顶　宁　琦　夏红卫
翟　崑　王锁劳　昝　涛　李　昀

作者简介（按姓氏音序排列）

达　巍　清华大学社会科学学院国际关系学系教授，清华大学战略与安全研究中心主任。主要研究领域为美国外交战略、中美关系、国家安全战略等。

刁大明　中国人民大学国发院国际战略研究中心研究员、国际关系学院外交学系副教授。主要研究领域为美国政府与政治、美国对外政策、中美关系。曾在美国蒙大拿大学、俄克拉何马大学、亚太安全研究中心从事访问研究。

刘　瑜　清华大学社科学院政治学系长聘副教授。研究领域包括比较政治转型、中国革命、美国政治等，著有《民主的细节》(2009年)、《观念的水位》(2013年)，并在 Modern China、Washington Quarterly、《开放时代》、《探索与争鸣》等期刊发表论文多篇。

王　希　美国宾夕法尼亚州印第安纳大学历史系教授，北京大学历史学系特聘教授(2008—2020)。研究领域包括19世纪美国史、美国内战与重建、非裔美国人史、美国宪法与政治史。著有 The Trial of Democracy: Black Suffrage and Northern Republicans, 1860—1910 (1997年)和《原则与妥协：美国宪法的精神与实践（增订版）》(2014年)。

张大鹏　暨南大学历史学系讲师，北京大学历史学系美国史博士。发表论文包括《美国军团与二十世纪初的"百分之百美国主义"》(《历史研究》2018年第2期)，《麦卡锡时代的美国军团与"美国主义"的转向》(《美国研究》2019年第1期)。

张　翔　中国现代国际关系研究院博士研究生。主要研究方向为美国政治、中美关系。

张业亮 清华大学中美关系研究中心学术委员会委员、研究员。著有《当代美国:一个超级大国的成长》(2000年)、《当代俄罗斯:政治发展进程与对外战略选择》(2004年)、《产业结构调整的资本支持战略研究》(2000年)等。

张　毅 现为一家美国律师事务所合伙人。1981—1990年在中国社会科学院美国研究所工作,曾任所长助理和政治室副主任,并作为中国大陆第一位国会学者在美国国会工作,包括担任后来出任美国驻中国大使的参议员鲍克斯的立法助手。

赵　梅 中国社会科学院美国研究所研究员、《美国研究》副主编。主要研究领域为美国社会文化与历史,发表相关学术论文多篇,主编《美国公民社会的治理:美国非营利组织研究》(2016年)。

赵蒙旸 美国宾夕法尼亚大学社会学系博士研究生。研究领域为美国右翼政治观察、互联网与数字政治。

"北京大学区域国别研究丛书"
总　　序

钱乘旦

"北京大学区域国别研究丛书"是北京大学区域与国别研究院主持出版的一套丛书，旨在推动我国的区域与国别研究，向读者推介这个领域内高水平的学术成果，为有志于该领域的学者尤其是北大学者提供方便的传播渠道，并且为社会各界开辟一个集中阅读的园地。

对区域与国别进行研究，已经是当下中国一项刻不容缓的学术任务，需要学者们尽心投入，需要政府的大力扶持，更需要全社会的关注与倡导。中国正在迈步走向世界，但障碍之一就是不了解世界，对外国的情况似懂非懂，对一些国家和地区甚至一无所知。中国要发挥世界性作用，或者解决因走向世界而面临的新问题，不了解世界是做不到的。而所谓了解，不是最低限度的知晓常识或毛皮琐事，而是在学术研究基础上的领悟，是了如指掌的清澈通透，是根枝叶茎的全盘掌握。一个人举手投足，他头脑里想什么都会不自觉地表露出来。我们对世界的了解就需要有这样的深度——从任何人的行为表象看到其思想的根、文化的根、社会的根，由此看懂他的目标所在——这个深度，就要靠区域与国别研究来提供。

区域与国别研究是什么？笔者多次指出：它是一个领域，包括众多学科；它是一个跨学科的领域，只有进行跨学科的研究，才能真正和全面了解世界各个国家和地区。因此对区域与国别研究的要求会非常高，只有多学科高水平的专家们协同合作，才有可能做一个真正的"区域与国别研究"。现有学科目录下的任何一个学科都无法单独支撑这个领域，只有共同努力，才能达成目标。出于这种认识，我们这套书就要尽可能囊括多个学科的研究成果，学科涉及面越大，丛书的价值就越高。多学科研究只有一个公分母，那就是从不同角度、不同维度对某个国家或地区相关的问题进行观察和研讨，最终拿出高质量的成果。经过多年努力，我希望这套书成为一个百花园。读者在这个园子里看到的不仅是文科之花，也有理科工科之花，医科农科艺术之花……所以，我们欢迎各科学者都到这个园子里来栽花，让它成为名副其实的百花园。

中国的区域与国别研究刚起步，它最需要的是人才，而我们最缺乏的恰恰是人才。所以，这套书也是一个人才培养的园地，我们希望看到更多的年轻学者加入到作者行列中来，通过写书和出书既培养自己，同时也推动区域与国别研究的队伍建设。从事区域与国别研究有一些基本要求，比如语言要求（研究对象国的语言能力）、经历要求（在对象国有较长期的生活经历）、专业要求（有特定的专业学术素养），等等。这些要求是青年学者必须具备的，也是我们评判入选丛书的学术标准之一。

本丛书出版得到北京大学校方的全面支持，没有这些支持，也就没有这套丛书。本丛书也得到各位作者的通力配合，没有他们配合，我们做不出这套书。本丛书在江苏人民出版社的大力支持下得以出版，在此向出版社表达敬意。丛书的问世只是开始，丛书的目标属于未来：丛书将一年一年地往前推进，每一年都推出新的好书。

谨识，2019 年 12 月于北京大学

序　言

本书的写作与编辑缘起 2018 年 6 月在北京大学举行的一场学术讨论会。当时北京大学区域与国别研究院刚成立不久，钱乘旦院长找到我们两人，委托我们就美国研究的热点问题组织一个研讨会，主题、人选和形式自定，唯一的要求是会议要呈现跨学科交流的特征。当时，美国总统唐纳德·特朗普入主白宫已有一年半之久，因他的当选而引发的"特朗普现象"仍在升温发酵，而他的执政标新立异，与同时代的其他"强人政治"共同构成 21 世纪国际政治中的一种新现象，引起了中外学界的高度关注。我们当时认为，"特朗普现象"的出现并非偶然，而是美国国内各种政治力量、意识形态和多重价值观在长期激烈竞争之后的一种结果，中国学界需要深入研究它发生的历史动因，探讨它对美国、世界和中美关系的未来将产生的长期影响。在分头阅读了大量国内外学者的相关论文之后，我们决定以"特朗普现象与重新认识美国"为主题，组织一次学术讨论会，邀请不同学科的学者参加，探讨"特朗普现象"的表象与基础，以及特朗普政府的政治与政策。我们希望借讨论会来推动同行对美国研究的一些深层问题的思考，包括：选举政治与政治民主的异化，传统意识形态（自由主义、保守主义、民粹主义或民族主义）在极端政党政治时代的变异，伴随全球化而来的新资本主义对美国国内阶层划分的影响，国内政治对美国的国际领导力和影响力的冲击，数据化时代新型大众政治的兴起及其国际化现象等。

我们随后邀请了来自中国社会科学院、北京大学、清华大学、国际关系学院、中国人民大学和美国吉布森律师事务所的十多位学者与会，用一整天的时间，从历史学、政治学、国际关系学、大众传播学、社会学和领导力研究等角度围绕上述的部分问题进行研讨，并与上百位听众展开互动。会议之后，发言学者提交了文字稿，我们对稿件进行文字编辑后，结集成书。本书原计划2019年出版，但因各种原因推迟至今。尽管如此，作者们的研究成果最终能够出版，我们仍然感到是一种幸运。在此需要特别说明的是，北京大学历史学系的王立新和牛可教授、北京大学国际关系学院的朱文莉教授也在研讨会上就特朗普外交政策与自由主义国际秩序的未来、强势总统的起源和富豪民粹主义等议题做了精彩发言，但因时间关系他们最终未能参加文集的写作。赵蒙旸和张大鹏两位青年学者也参加了研讨会，并应邀贡献了自己的近期研究，他们对美国激进右翼和白人民族主义历史的讨论帮助拓展和深化了本书的内容。

从内容看，除第一篇外，收入文集的九篇文章可大致划分为两大主题：(1) 对"特朗普现象"的内涵、历史基础和形成原因的讨论与解读；(2) 对特朗普政府的内外政策、特朗普的执政风格以及两者的影响的分析。第一篇描述2016年美国总统大选的过程，为随后的主题讨论提供历史背景。在分析特朗普胜选的近因与远因时，作者王希认为，中西部"摇摆州"的"摇摆派选民"对特朗普的支持是他最终获胜的关键所在，这种支持代表了新形势下美国选民的一次具有历史意义的重组；导致选民重组的原因包括：常态化的极端政治、价值观的持续对立、选民对精英化和专业化政治操作的反感与拒绝、因经济利益和向上流动机会分配的不公正而产生的贫富悬殊和认同心理落差。这些因素通过民主、共和两党垄断的选举程序被加倍放大,致使众多选民陷入一种"无选择的困境",将选票投给了原本并不情愿予以支持的特朗普。①

围绕第一主题,刘瑜、张大鹏、赵梅和赵蒙旸从不同角度讨论了"特朗普现象"的表象、内涵、民意基础以及演进的过程。刘瑜从政治学角度出发,注重讨论美国内部存在的政治文化冲突,使用大量民意测验数据,展示不同美国人群体(草根民众、文化精英、自由派、保守派等)在涉及联邦政治、政府政策、社会价值、公民权利、道德认同等问题上存在的尖锐对立,并将这种对立的起源推至民权运动时代。她强调说,自20世纪60年代起,自由派乘"权利革命"之威,在多方面同时快速推动左翼价值观,通过相关立法扩展其政治理念的幅度,并增强了其实践的力度,保守派势力被迫做出强烈反弹,导致自由派与保守派之间在基本价值观方面的分歧持续扩大。刘瑜认为,分歧之所以发展到不可调和的程度,并非因为当代保守派的大幅"保守化",而是因为自由派的大幅"进步化"。换言之,如果"特朗普现象"被视为是一种右翼民粹主义崛起的话,右翼所做的是"以观念强度的变化来应对左翼观念幅度的变化"。她认为,在过去几十年里,美国政治所发生的质变、自由派对文化产业的主导、人口结构的变化,以及代际观念的更迭趋势,都使得右翼选民产生了一种"被围困心态"②,特朗普有效地利用了左右政治文化的对立,成功地将保守派选民转化成支持自己的力量,所以"特朗普现象"的出现并非主要源自内部经济利益分配的不均,而是因为美国国内累积而成的内部"文化冲突"。

张大鹏也注意到了刘瑜所描述的"被围困心态",并进一步指

---

① 王希:《特朗普如何赢得了2016年美国总统大选?》,载自本书,第1—42页。
② 刘瑜:《后现代化与乡愁:"特朗普现象"背后的美国政治文化冲突》,载自本书,第77页。

出,特朗普的支持者实际上自认为是面临了"双重困境"——在国内受到多元文化主义政治氛围的胁迫,在国际上则感受到新兴国家对美国领导权的挑战,而隐藏在这种被围困感背后的是恐惧——白人选民对即将永远丧失其传统的政治、经济和社会地位优势的恐惧。张大鹏认为,特朗普之所以提出"美国优先"的竞选口号,目的是呼应和利用白人民族主义的意识形态。张大鹏在文章中追溯了这一意识形态从美国建国到20世纪的演变,并指出,即便是在左翼思想看似占上风的时期里,白人民族主义的意识形态从未真正退潮,通过教会、公民组织和社区活动等网络在基层社会建构了大量的信奉者,得到持续的传播和坚守,特朗普的竞选则为其爆发提供了历史性的机会。①

作为建制派政治的局外人,初次参加总统选举,特朗普似乎缺乏媒体优势。在2016年总统竞选中,除福克斯新闻网等少数媒体外,自由派主流媒体并不看好他,即便在他就任总统后,仍然与他针锋相对,一反过去那种"小骂大帮忙"的风格。然而,主流媒体的批评不但没有迫使他"就范",反而助长了"特朗普现象"的升温。这是为什么呢?赵梅在文章中试图对这一问题进行解答。她先是回顾了以都市自由主义和精英主义为特征的美国主流媒体的角色形成的过程,随后分析了特朗普与其处于剑拔弩张的紧张关系的原因。在赵梅看来,这种紧张关系的症结并非完全因特朗普的霸道作风所致,媒体本身也负有一定责任。在极化政治的背景下,主流媒体抛弃其声称的自由主义立场,公开选边站队,在选择和发布新闻方面不再扮演政治平衡者的角色,导致其公信力下降。此外,传统主流媒体仅关注都市精英的政治偏好,与大众社会(尤其是乡村基层社会)严重脱节,导致"锈带"地区的普通白

---

① 张大鹏:《另一个美国:(白人)民族主义与"特朗普现象"》,载自本书,第78—113页。

人选民对其产生一种普遍的反感情绪,而互联网技术则带来了新右翼媒体的迅速崛起,后者与传统右翼媒体联合起来,形成了与左翼媒体的对抗。① 左右媒体的对峙如同一场没有硝烟的战争,各自制造出一批党派性极强的受众群体,为特朗普获胜和延续人气提供了绝佳机会,因为他执意采用的是分裂政治的策略,根本不打算去取悦和迎合反对派。

数据化时代的新媒体如何运作,又如何建构新的右翼力量呢？这是赵蒙旸文章所讨论的重点之一。赵蒙旸讨论的"激进右翼"与刘瑜、张大鹏讨论的"传统右翼"有着重要区别,用她的话说,激进右翼的成员并非都是躲在保守的南部小镇地下室里的键盘侠或深陷"锈带"地区的"反智红脖"或刻意制造恐怖的新纳粹分子,也同时包括了受过精英大学训练的、拥有稳定收入的都市白领达人。与传统右翼不同的是,激进右翼是一种全球化和数据化时代的产物,它的成员深谙流行的文化符号,能熟练运用社交媒体进行信息传播和宣传鼓动,并在宣传技术上借用左翼社会运动的经验,对宣扬西方沙文主义和种族仇恨的思想进行巧妙包装之后推销给受众,并将大学生在内的青年一代作为主要的攻克和招募对象。赵蒙旸还指出,激进右翼虽然分享传统右翼的一些意识形态,也支持特朗普的政治纲领,但他们同时也痛恨民主、共和两党所代表的精英政治,属于右翼大阵营中的"造反派"。② 与此同时,激进右翼的出现也激发了"激进左翼"的复苏,两者的同时出现和迅猛发展似乎给美国政治带来了一种新的"第三种力量"。它们能否最终成为一种超越或突破民主、共和两党构成的寡头政治的力量,还有待观察。

本文集的文章在付梓时,特朗普政府刚刚完成一半的任期,

---

① 赵梅:《特朗普时代的美国媒体》,载自本书,第114—155页。
② 赵蒙旸:《特朗普时代美国激进右翼的谱系:观察与分析》,载自本书,第156—198页。

但其与前任奥巴马政府分道扬镳的做法已经非常清楚。特朗普政府的政策特征是什么？其政策是一种毫无章法、随性所为的结果，还是美国历史某种传统的延续？特朗普的执政风格如何受到他的个性和从商经历的影响？他的执政对美国国内、国际秩序和美国在世界上的领导力将产生什么样的影响与后果？张毅、达巍与张翔、张业亮、刁大明在本书的第二主题部分中试图对这些问题进行解答。

张毅选择从特朗普的个性和执政风格入手，描述了作为总统的特朗普的"独特"风格——讲话随意，时常信口开河，任意夸大和捏造事实，前后矛盾，充满双重标准，以自我划线，容不得任何异见——这种风格打破了美国政坛的传统职业操守，贬损了总统权威的道德感召力，但在张毅看来，在特朗普看似一派"胡言乱语"的背后，他的政策同时兼有"独特"和"不独特"的两面。他清醒而坚定地将大量保守派精英任命为联邦法官（包括联邦最高法院大法官），改变联邦司法系统中自由派与保守派的比例，并对支持他的宗教保守派选民做出回应；他大刀阔斧地通过修改行政法规，减少政府管制，推翻前任奥巴马在经济管制、环保领域的建树，进行大幅度的减税，并力图废除奥巴马的《平价医疗法》。这些做法并非标新立异，而是继承和延续了共和党的传统保守主义路线。真正标新立异的是在外交和移民管理等领域内。在这些领域内，特朗普推翻了民主、共和两党曾达成的一些基本共识，强行驱逐无证件移民，在美墨边境修建国界隔离墙，并在"美国第一"的口号下，将与包括盟国在内的对外关系降低成为一种经济和贸易的利害关系，把算经济账变成了指导美国外交政策的最高准则，无视国际秩序的约束性，擅自单边修订经济和贸易协定，大打贸易战，施加高压。特朗普的执政风格在引起美国媒体和选民极度反感的同时，也迫使人们深思一个问题——为何一个具有成熟选举制度的国家会产生出这样一位只能用最低政治、道德标准来评价其操守和成就的总统。①

达巍、张翔关注的也是特朗普的执政,但切入的角度不同,他们采用的是一种历史学路径,将特朗普的当选和执政放到"新自由主义"的历史和政策范式的背景下去考察。依据这条思路,达巍、张翔将"奥巴马现象"与"特朗普现象"结合起来,观察两者的因果联系。他们指出,源于20世纪80年代里根政府时代的新自由主义意识形态和政策范式其实是针对20世纪30年代起步的罗斯福新政自由主义的一种纠正,后者一直被奉为美国和西方的主流政治共识,直到2008年金融危机的发生为止;民主党人奥巴马在执政期间(2009—2017)为修正这一秩序所做的"拨乱反正"——包括经济刺激、救助计划、医疗改革和经济监管等——未能触及这一体制的根基,反而导致美国国内贫富悬殊的扩大和政治的进一步分裂。达巍、张翔认为,政治和文化的分裂早在奥巴马政府时代就已经出现,"特朗普现象"可以说是保守派和部分中间派选民联合起来对奥巴马改造新自由主义范式的努力所做出的一种回应。所以,特朗普在头两年的内外政策,包括紧缩移民、大幅度放松经济管制和强制实施单边主义等,都不是特朗普随性冲动做出的决定,而代表了一种寻找新的政策范式的努力,也可以说是一种试图以民族国家的利益节制泛全球化的尝试;但这种在经济上用"美国优先"取代经济全球化的尝试违反了新自由主义的"根本逻辑"。根据达巍、张翔的分析,奥巴马与特朗普两任总统针对新自由主义范式的困境开出了两套药方,而两套药方正好成为党派划线、政党对峙、极化政治的原因。与刘瑜所观察到的左右翼政治文化对峙的现象一样,达巍和张翔也看到美国政治光谱的变化,不过不是向左移动,而是"不断右移";在极化政治的背景下,以两套药方为界的两党竞争蜕变为一种"否定政治",极

---

① 张毅:《独特的特朗普》,载自本书,第201—239页。

大地削弱了美国国内寻找新政策共识的能力。①

张业亮则对特朗普国内政策中的重要内容——解构行政国——进行了深入描述和分析。与达巍、张翔一样,他也认为特朗普的执政理念与里根保守主义对小政府的政策追求是一脉相承的,并证实美国行政体制的确在奥巴马时代得到空前的扩张。他指出,特朗普政府主要通过三个步骤来"解构行政国":(1)通过颁布行政命令的方式冻结、推迟、废除行政法规,废除和削减联邦行政机构制定的妨碍美国经济增长的规制,废除和退出二战后形成的自由主义国际经济秩序中对美国权力产生制约的金融、贸易、投资规则和相关条约;(2)利用共和党曾经控制国会两院的优势,通过立法来废除和放松行政管制;(3)通过联邦最高法院的司法审查机制来削弱独立规制机构的权力,提名支持解构行政国政策的候选人进入联邦司法机构(包括联邦最高法院)。张业亮同时指出,特朗普的解构行政国的动机是多重的,一方面是因为他秉承的保守政治理念的推动,另一方面是为了推动经济增长和增加就业,同时也是为了推翻奥巴马政府的治理遗产,虽然他就任之初时间不长,但特朗普在放松联邦行政规制的范围、规模和力度方面已经大大超过了他的共和党前任,②而他的继续执政将会进一步加剧民主、共和两党的政治对立,引发联邦政府三权之间和联邦政府与各州地方政府之间的权力之争。

特朗普以局外人的身份参选,直接挑战两党建制派,其执政带有强烈的"民粹主义"色彩,看似代表了当代美国政治的一种"新转向"。那么,他的竞选与执政对未来的美国政党政治将产生什么影响?这是刁大明文章讨论的重点。刁大明注意到,特朗普

---

① 达巍、张翔:《"特朗普现象"与新自由主义政策范式的重构与变异》,载自本书,第240—265页。

② 张业亮:《"解构行政国":特朗普保守主义国内政策的目标》,载自本书,第265—319页。

执政的后果之一是推动了共和党党内力量的重组,并因占据体制上的优势位置,造成了共和党"特朗普化"的效应,相当比例的共和党候选人在2018年中期选举中模仿特朗普,表现出极端化的政治立场和反建制倾向,扮演"特朗普(式)候选人"的角色。刁大明认为,虽然特朗普在当时并没有能够完全控制共和党,但他的政策最终将迫使共和党议员和州长选边站队。刁大明同时注意到,"特朗普化"也推动了民主党内部的"身份认同化"的趋势。这两种态势的同时出现和极端化,只会加剧美国政党政治的严重撕裂,无法妥协的"政治部落化"对峙只会愈演愈烈。张毅认为特朗普是独特的,其现象不可复制,也不会长久。刁大明却指出,特朗普的当选激励了一大批曾是局外人的政客跃跃欲试,他们不仅效仿特朗普的竞选风格,而且还借用他的本土主义和反智主义的口号。这些发展趋势将塑造新一代的共和党选民,如果特朗普在2020年连选连任成功的话,他将拥有充分的"权力空间"来重塑共和党。①

如前所述,我们在2018年发起这场讨论带有双重动机,一是讨论"特朗普现象"的缘由、内容与可能产生的影响,二是深化我们对美国问题的思考。事实证明,开展这些思考和讨论是非常必要的。就在文集稿件交付出版社之后,我们看到特朗普执政继续引发了美国政治的一系列戏剧性发展,包括国会对2016年大选的"通俄门"事件的听证调查、《穆勒报告》的写作与公布、特朗普与国会因美墨边界隔离墙的经费而产生的对峙、2018年中期选举后重新执掌众议院的民主党对特朗普的弹劾等。这一切已经成为美国当代政治史上值得进一步研究的重要事件。因为共和党在参议院占有多数,特朗普虽然遭到弹劾,但并未能真正被审判,获得了事实上的免罪,得以继续执政,但被弹劾本身说明事情的

---

① 刁大明:《共和党的"特朗普化"与美国政党政治走向》,载自本书,第320—341页。

性质已经发生了变化。众议院对特朗普的弹劾当然带有明显的党派政治的动机,但弹劾也完全可以被解读为是一部分选民希望借众议院的体制制止特朗普滥用权力、挽救正常的美国政治运作的一种努力。而这种努力的失败本身则进一步说明,"特朗普现象"已经不再是特朗普的个人意志和个人行动所为,而是已经演变成为了一种政治符号和一种政治势力;这种势力正在并将持续通过总统执政、国会政治、政党竞争等体制不断地被放大和固化,影响未来相当长一段时期的美国政治走向,并影响未来相当长一段时期的国际政治秩序、美国对外关系的走向。正是在这种意义上,我们更有必要扩展视野,从新的角度来深入研究美国,不仅要研究联邦政府一级的政治,还需要研究州和地方政治;不仅要研究都市精英阶层,更要关注边缘和乡村地区的基层社会;不仅要研究政治决策的结果,更需要研究左右决策的多种因素。我们希望,本文集能够在开辟新的美国研究的努力中起到抛砖引玉的作用。最后,我们向各位作者的热情配合和优质工作、对北京大学区域与国别研究院在整个过程中所给予的坚定支持表示衷心的感谢。

王 希 赵 梅

2019 年 12 月 31 日初稿

2020 年 5 月 8 日定稿

目 录

引子 特朗普如何赢得了2016年美国总统大选？
.... 王 希 1

第一部分 "特朗普现象"：表象与基础 43

后现代化与乡愁："特朗普现象"背后的美国政治文化冲突
.... 刘 瑜 45
另一个美国：(白人)民族主义与"特朗普现象" ...... 张大鹏 78
特朗普时代的美国媒体 .... 赵 梅 114
特朗普时代美国激进右翼的谱系：观察与分析 ...... 赵蒙旸 156

第二部分 特朗普时代：政治与政策 201

独特的特朗普 .... 张 毅 203
"特朗普现象"与新自由主义政策范式的重构和变异
.... 达 巍 张 翔 243
"解构行政国"：特朗普保守主义国内政策的目标 ... 张业亮 268
共和党的"特朗普化"与美国政党政治走向 .... 刁大明 324

引子　特朗普如何赢得了 2016 年美国总统大选？[①]

王　希

2016 年 11 月 9 日凌晨 2 点，在经过漫长的等待之后，美国总统大选终于尘埃落定：共和党总统候选人唐纳德·特朗普击败民主党总统候选人希拉里·克林顿（以下简称希拉里），当选为第 45 任美国总统。在全国 538 张总统选举人票中，特朗普赢得了 306 票，比希拉里赢得的 232 票多出 74 票，虽然不是一种压倒性胜利，但超过了当选需要的 270 票。美国主流媒体和民意测验事先预测希拉里将大胜特朗普，但选举结果却将这个预测变成了美国总统选举史上最大的误判。消息传来，聚集在纽约市曼哈顿特朗普竞选总部的支持者们先是难以置信，而后欣喜若狂。希拉里的支持者则是哀声一片，许多人倍感震惊，顿时陷入失语之中。大选前夜，无数的民主党人曾经期待，在他们于 2008 年选出第一位非裔美国人总统（奥巴马）之后，他们要在 2016 年选出美国历史上第一位女总统，

[①] 本文的早期版本曾分别在《美国研究》（《特朗普为何当选？——对 2016 年美国总统大选的历史反思》，《美国研究》，2017 年第 3 期，第 9—29 页）和《史学理论研究》（《"两党制与美国总统选举的'无选择困境'"》，《史学理论研究》，2018 年第 2 期，第 4—9 页）发表。文中如有疏漏，由笔者负责。

续写美国民主的"奇迹"。然而,在参加投票的13666.9237万美国选民中,有46%的人并不想分享这一期待。的确,就普选票而言,希拉里是赢家,她赢得了全国48%的选民的支持,赢得的普选票比对手足足多出286万张,但因为总统选举程序规定只有赢得超过半数的选举人票才能当选总统,她最终未能冲破美国政治中最高和最后一块"玻璃天花板"。① 对这位在美国政坛拼搏了30年、具有丰富的从政经验、担任过联邦参议员和国务卿等职务、收获过无数荣耀,同时也饱受过无数攻击的女政治领导人来说,2016年大选带给她的是一场伤痛,并且是一场将"延续许久"的伤痛。②

希拉里的伤痛也将是她的支持者的伤痛。后者感到伤痛,并不一定完全是因为希拉里的落选——即便在她最忠诚的支持者中,许多人也并不认为希拉里是一个无懈可击的总统候选人。人们感到伤痛是因为他们必须接受一个现实:一个在他们看来最不适合做总统的候选人居然经过民主程序而当选总统。大选结束的第二天,《纽约客》杂志主编戴维·雷姆尼克(David Remnick)发表专论,用"一场美利坚的悲剧"的醒目标题来形容特朗普的当选。在他眼中,特朗普是一个不折不扣的"骗子",粗俗

---

① 2016年11月8日大选日的计票结果显示,特朗普在30个州获胜,赢得这些州总共306名总统选举人(electoral votes)的选票;希拉里·克林顿在其余的20个州获胜,赢得这些州总共232名总统选举人的选票。在2016年12月19日总统选举人的投票中,有7名总统选举人改变了选前承诺,将选票分别投给了其他人。特朗普最终得到的总统选举人票为304票,希拉里·克林顿得到227票。在普选票(popular votes)方面,特朗普总共赢得了6298.4825万票,占全国普选票总数的46.09%;希拉里·克林顿赢得了6585.3516万票,占全国普选票总数的48.18%。关于2016年总统大选的投票结果,参见 Federal Election Commission, "Official 2016 Presidential General Election Results," January 30, 2017, available at: https://transition.fec.gov/pubrec/fe2016/2016presgeresults.pdf, pp. 1 – 10. 2017.2.1。

② Hilary Clinton's Concession Speech, November 9, 2016, available at: http://edition.cnn.com/2016/11/09/politics/hillary-clinton-concession-speech/index.html. 2016.11.9。

不堪,浅陋无知,蔑视少数族裔和女性,无视事实与科学,靠煽动仇外主义情绪和鼓吹白人至上主义思想而当选,一想到他要进入白宫,人们无法不感到"恶心和深深的忧虑"。他宣称,特朗普的当选对于美国国内和国外的"本土主义、威权主义、贬损女性行为(misogyny)和种族主义"来说是一场"胜利",但对于美国宪法和自由民主体制来说则是一场"悲剧"。①《时代周刊》虽然将特朗普选为2016年"年度人物",但给出的理由却是:特朗普在竞选中利用蛊惑人心的方式操纵了选民的绝望感,动员起一支"隐秘的选民队伍"(a hidden electorate),将他们的愤怒活生生地倾泻到选举政治之中,并不惜以"摧毁昨日的政治文化"为代价来"建构明日的政治文化",从而在选民中制造"我们 vs. 他们"的深深裂痕,所以,特朗普应该获得更为合适的头衔不是"美利坚合众国总统",而是"美利坚分众国总统"(President of The Divided States of America)。②

历史的诅咒与魅力皆来自它的不可预测性。也许要等到若干年之后,学者们才能真实地掌握所有关于2016年美国总统大选的信息。也只有在那个时候,他们才能真正透彻、准确地解读2016年大选日到底发生了什么,以及这次大选对于美国政治、美国民主和美国历史的意义。但是,2016年大选的结果中有两点是清楚的:一是特朗普赢得了大选;二是特朗普创造了历史——他以一个"圈外人"(outlier)的身份,在党内初选和总统大选中战胜了众多的"建制派"竞争者而当选。

特朗普如何赢得大选?这是人们关心的问题之一。如果将2016年与2012年两次美国总统大选的结果进行比较,我们会发现民主、共和两党对全国50个州中的44个州的政治分割基本相

---

① David Remnick, "An American Tragedy", *New Yorker*, November 9, 2016.
② Nancy Gibbs, "The Choice", *Time*, December 19, 2016, p. 45 and cover page.

似,换言之,44个州(将近50州的9/10)的政党归属在两次大选中并没有发生变化。唯一发生变化的是位于中西部"锈带"(Rustbelt)地区的5个州——艾奥瓦州、威斯康星州、密歇根州、俄亥俄州、宾夕法尼亚州,再加上南部的佛罗里达州。这6个州在1968年以来的总统大选中曾反复为民主党和共和党赢得过,其政党归属并不稳定,俗称"摇摆州"(swing states)。6个州总共拥有总统选举人票99张,它们在2008年、2012年大选中都曾为奥巴马所赢得,是当时民主党建构的选民联盟的关键组成部分。① 在2016年大选中,如果两党能够像2012年大选那样继续保持对其他44州的分割,希拉里只需赢得这6个州中任意4个州的普选票并进而顺理成章地赢得它们的总统选举人票,就能赢得大选。但她没有做到。特朗普却在上述6个州成功"翻盘",赢得了这些州的普选票多数,并进而顺理成章地赢得了它们的总统选举人票,破解了奥巴马和民主党人在2008年、2012年建构的选民联盟。② 这些州的普选票结果显示,除俄亥俄州之外,特朗普与希拉里的得票数十分接近,在最接近的密歇根州,特朗普仅以1.0704万票的多数获胜。③ 从这一角度看,特朗普之所以赢得了2016年总统大选,关键在于他赢得了上述6个"摇摆州"中足够数量的"摇摆选民"的支持。

---

① 在2008年总统大选中,奥巴马不仅赢得了上述各州,还同时赢得了印第安纳州和北卡罗来纳。而在2012年连选连任的竞选中,他输掉了这2个州,但仍然赢得了密歇根、宾夕法尼亚州、俄亥俄州、艾奥瓦州、威斯康星州和佛罗里达州。
② 6个州的总统选举人票数分列如下:艾奥瓦州6票,威斯康星州10票,密歇根州16票,俄亥俄州18票,宾夕法尼亚州20票,佛罗里达州29票。
③ 在上述6个"摇摆州"里,特朗普与希拉里所获的普选票数的差距分别是:艾奥瓦州14.7314万票,密歇根州1.0704万票,宾夕法尼亚州4.4292万票,俄亥俄州44.6841万票,威斯康星州2.2748万票,佛罗里达州11.2911万票。参见Federal Election Commission, "Official 2016 Presidential General Election Results", January 30,2017, pp. 2,6; David Lauter, "Clinton Won As Many Votes As Obama in 2012: Just Not in the States Where She Needed Them Most", *Los Angeles Times*, December 9,2016。

特朗普为何能赢得大选？这是人们更为关注的问题。有几个明显的理由可以解释特朗普的胜利。首先，"摇摆州"的多数选民给了特朗普最关键的支持。在这些选民中不乏曾在2008年、2012年大选中支持过奥巴马的人，但他们觉得在奥巴马执政的八年中，并没有分享到他所承诺的改革的好处，故而转向支持共和党——这可能是特朗普获胜的最直接原因之一。其次，共和党党内一开始竞选者众多，且都有各自事先锁定的"票仓范围"，但在特朗普获得党内提名之后，这些人的追随者群龙无首，又不愿意加入反对党，被迫"归顺"特朗普，给了特朗普整合原本分崩离析的共和党派别的机会。譬如为了赢得原来拥护泰德·克鲁兹(Ted Cruz)的宗教保守派选民的支持，特朗普向他们承诺，当选后要提名一名保守派大法官来填补著名保守派大法官安东宁·斯卡利亚(Antonin Scalia)去世之后在联邦最高法院留出的空缺。这个承诺对宗教保守派选民很重要，因为他们希望借最高法院之手推翻关于妇女堕胎权的"自由派"判决。① 再次，对手的"带病"参选也帮助了特朗普。希拉里拥有傲人的从政资历，竞选中所表现出的沉稳、大度和不卑不亢也可圈可点，可以说是"政治正确"的典范，但因为她在担任国务卿期间曾使用非官方的电子邮件系统，联邦调查局对她是否泄密展开过调查。"邮件门"事件令她的竞选从一开始就蒙上了一种挥之不去的阴影。另外，在她担任联邦官员期间，她和丈夫、前总统比尔·克林顿创办的克林顿基金会曾接受过国内外富豪的捐款，而为了筹集竞选经费，她又与华尔街的大资本势力频频接触。所有这些都给对手留下了把柄，成为她滥用公职、进行利益交换和在政治上是两面派的证据。这种指责也严重影响了许多选民尤其是白人女性选民对

---

① 该判决指1973年的"罗伊诉韦德案"(*Roe v. Wade*)。该案准允妇女在受孕和胎儿成长初期做出堕胎的决定。

她的信任。① 最后,在竞选的冲刺阶段,虽然时任总统奥巴马及夫人米歇尔·奥巴马积极为希拉里助选,希拉里曾经的党内对手伯尼·桑德斯(Bernie Sanders)也努力说服自己的支持者改变立场,但他们都未能成功地将自己的政治感召力转化成为支持希拉里的力量。此外,少数族裔(包括非裔、拉美裔和亚裔)曾经在2008年、2012年极为热情地支持奥巴马,但这次他们没有给予希拉里一个至少同等的支持率。

上述这一切对解释特朗普的获胜都是重要的,但仍不足以说明特朗普为何初次参选就能够获胜。在特朗普的支持者中,有许多人对他作为政治人物并无好感,认为他并不具备美国总统应具有的品质、素质、能力和操守,也有支持者对他的"政治不正确"言行极为反感,但当他们站在投票机前时,仍然选择了他。的确,在参选和当选之前,特朗普是一名毁誉参半的地产商人,一直在追求自身商业利益的最大化,也曾涉足影视界和大众娱乐文化,从未担任过任何形式的公职,也没有从政经验,对国际事务更是知之甚少。与20世纪后期竞选成功的总统候选人相比,他既没有艾森豪威尔的资历、肯尼迪的魅力、约翰逊的经验、尼克松的深沉、里根的口才、卡特的质朴、比尔·克林顿的圆滑,也没有乔治·布什的家族背景,更没有奥巴马的理想主义激情。从大选一

---

① 根据爱迪生研究中心(Edison Research)的出口民调结果,希拉里赢得了54%的女性选民的选票,特朗普赢得了42%的女性选民的选票。但是,在没有受过大学教育的白人女性选民中,有64%的人选择支持特朗普,同一类别的非裔女性和拉美裔女性对特朗普的支持率分别为3%和25%。在接受过大学教育的女性中,非白人女性对希拉里的支持率达76%,白人女性的支持率为51%。受过大学教育的白人女性对特朗普的支持率达45%,同一种类的非白人女性的支持率是19%。换言之,少数族裔女性对希拉里的支持率要远远高于白人女性对她的支持率。参见 Aamna Mohdin, "American Women Voted Overwhelmingly for Clinton Except for the White Ones," *Quartz*, November 9, 2016, available at: https://qz.com/1012607/ubers-ceo-was-brought-down-by-a-god-complex-and-that-should-scare-the-rest-of-silicon-valley/2016.11.09。

开始,他似乎就要做一个极为异类的候选人,执意要挑战"建制派"的规矩。他不按常理出牌,拒绝公开个人的财产信息,拒绝对过去的错误行为表示歉意(即便在他 2005 年侮辱女性的言论被曝光之后也依然我行我素),时常口出狂言,大肆攻击外来移民和少数族裔,言他人之不敢言,甚至拒绝承诺接受败选的结果。即便有这样的表现,特朗普仍然在大选中获胜。这是为什么?特朗普用什么"法术"赢得了选民的支持?是选举制度造就了他,还是他利用了选民?位于"摇摆州"关键位置的选民为什么放弃希拉里这样一个既熟悉国内外政治又有丰富经验的资深政客,而将希望寄托在一个不靠谱的"圈外人"身上?

冰冻三尺非一日之寒。诚然,近期美国政治的发展对 2016 年大选的结果有直接的影响,但特朗普的当选并非是一种因为选民的失误而偶然取得的成功,而是更久远、更深层的原因所致。笔者希望从历史的视角来观察美国选举制度的演变与运作、现代政党政治文化的演进、不同美国价值观之间的内在冲突以及全球化时代特朗普支持者的心理状态,并探讨它们与特朗普当选之间的微妙关系,以此来更好地理解 2016 年美国总统大选的结果,同时更深入地思考美国民主在全球化时代面临的挑战。

一、精英化的政治运作与反"建制派"的政治

在 2016 年总统大选中,特朗普始终以"圈外人"的身份来标榜自己,将自己与党内党外的"建制派"候选人区分开来。事实证明,这是一种用意颇深的竞选策略,目的是利用"反建制派"(anti-establishment)和"反精英主义"(anti-elitism)的口号来迎合选民对现行官僚体制的不满和不信任,激活"沉默的大多数"的参与感,打造一支为"建制派"早已抛弃或不屑一顾的新的选民队伍。初选是党内选举,也是赢得党内提名的必经程序,只有赢得初选,

才能进入大选,然后才有赢得总统职位的希望。与其他所有的竞争者一样,特朗普想要赢得大选,必须遵循和使用现有的选举体制,但他的做法是利用体制来反体制。

美国的总统选举制度最初是在1787年制宪会议上制定的。其基本程序是,总统选举分两步走,先由各州选民选举总统选举人,再由选举人选举总统。经过200多年的演变,这一制度的实际运作已经与原始设计相去甚远。19世纪上半叶政党政治介入总统选举之后,两党制逐渐形成,"团体制"(unit rule)和"赢者通吃"(winner-take-all)的规则在各州得以实行,将总统选举人变成了政党意志的代言人,主要政党控制了总统选举的程序设置与运作。① 20世纪初,党内初选制作为"进步时代"的一项政治改革措施得以启用,改变了总统候选人的提名程序,将政党总统候选人的提名从原来由政党大佬在全国党代会上通过幕后交易来决定,改为由本党基层选民通过初选来决定。这本身是一项"去精英化"的政治改革,但也拉长了竞选周期,迫使竞争者至少提前一年半进入竞选,因为初选是一种自由竞争,参与者众,竞争十分激烈。漫长的竞选周期和广泛的选民动员(包括在竞选中采用收音机、电视等新型传媒技术来动员)都大大增加了竞选的花费。所以,从初选开始,竞选者必须全力以赴,筹集竞选资金,并与党内各种派别和选民利益集团进行周旋,以获得它们的支持。竞选者尤其必须力争在最初的几次初选中取得胜利,只有这样才可能吸引到后续的竞选捐赠。所以,初选的竞争时常变成一种党内同仁在筹款能力方面的竞争。

---

① "团体制"和"赢者通吃"两项规则在19世纪上半叶的采用彻底改变了最初的总统选举程序,赋予了政党组织总统选举、左右总统选举结果的极大权力,也改变了总统选举人的功能。如今,除缅因州和内华达州两州外,美国其他48个州和哥伦比亚特区都采用"赢者通吃"的方式来决定本州总统选举人的政党归属。关于美国总统选举制度的演变,参见王希:《原则与妥协:美国宪法的精神与实践》(增订版),北京大学出版社,2014年,第十章第一节。

为了赢得初选,党内竞选者建立起专业班子,负责筹款、动员选民、传播政策主张、开拓公共关系等工作,打通各种关节,在联邦和州的政党体系中设立联络人负责关于利益的谈判。久而久之,总统选举变成了一种有组织、有计划、程序清楚、操作专业的商业化运作模式,拥有一批负责筹划、设计、咨询和操作的专业人才,并建构起一个范围广泛、盘根错节的人脉网络。这个网络对于一个主要政党的生存与发展具有重要的影响,卷入其中的人往往被视为"建制派"的一部分。"建制派"的核心层应该包括政党的资深领袖人物、国会议员、联邦政府官员、政党全国委员会和州委员会成员、州议会议员和州政府官员等。新闻界、学术界、文化界、军界和商界与政治权力关系密切并掌握了实质性话语权的人,可以被视为"建制派"的外围。"建制派"是一种定义模糊的概念,也是一种"利益共同体",卷入其中的人分享本党的基本理念,负责为本党设置政治议程,化解党内异议,并在国会和总统选举中施加影响,决定本党候选人的选择和竞选资金的分配。

初选制的实施改变了政党全国委员会的功能,使它不再控制候选人的提名,而成为为候选人提供服务的一种机制。1971年通过的《联邦竞选法》(Federal Election Campaign Act)及其后来的修正案对总统竞选的个人捐款数额做出限制后,政党全国委员会开始负责接受来自其他渠道的捐赠。政党也将从各种名目的政治行动委员会那里接收的捐赠分发至州和地方党组织,用于选民动员或建构基层网络。同时,政党动员和接触选民的方式也发生了变化。传统的基层选举动员包括政策宣讲、选民与候选人互动等,在现代政治体制下,选举方式发生了改变:电脑程序根据选民参加选举的历史对选民进行识别和排序,以区别对待;要求捐款的群发信件取代了传统的社区动员。选民因此失去了他们曾经拥有的与政党之间的情感和社会联系,政党也将主要精力集中于动员那些有捐款能力或有意参与选举的选民,对普通选民及其关心的问题逐渐丧失了兴趣。① 政党竞选纲领的写作成为一个由专家和精英掌控的过程,普通选民与政党上层之间的政治纽带和意识形态情感发生断裂。在这种情况下,政党上层成为一种特定的"圈子","圈外人"难以进入,"圈内人"则变得越来越依赖党内网络来赢得选举、获取权力。在精英设计的选举程序中,普通选民仍然行使投票权,但他们只能在一个议程被设定、话语被精英分子设计的框架中按既定程序投票,参与性民主中的"民主性"被稀释,选民的参政热情受到极大的打击,普通选民对"建制派"的反感与不满由此而生,并与日俱增。特朗普打出"圈外人"的旗号,明确提出反"建制派"的做法,极大地迎合了基层选民积蓄已久的"造反"心理。

特朗普要反的实际上是多个"建制派",既有共和党"建制派",也有民主党"建制派",同时还有那些在媒体、学界、文化界和商界由精英分子组成的"建制派"。一句话,他要反的是包括联邦政府在内的整个官僚机构以及由此构成的一整套超出普通选民控制之外的统治体系。在竞选中,特朗普使用的障眼法之一,是刻意将各种"建制派"不加区分地混为一谈,将它们笼统塑造成一批无视普通人的基本利益和基本诉求、只乐于彼此间进行利益交换、不惜损害美国国家利益的"特殊利益集团"。基于这种立场,他在初选阶段着力强调自己的"反潮流"特征,将党内竞争对手斥为"建制派",而把自己定位为与体制并无利益纠缠的体制内独立候选人,抱着毫不在乎的赌一把的心态,以出格甚至蛮横无理的表现来挑战党内对手。他的目的很清楚,要想赢得大选,首先要打破的是共和党党内的局。

---

① Andrea Louise Campbell, "Parties, Electoral Participation, and Shifting Voting Blocs", in Paul Pierson & Theda Skocpol, eds., *The Transformation of American Politics: Activist Government and the Rise of Conservatism*, Princeton: Princeton University Press, 2007, pp. 68-102, esp. 73.

特朗普进入初选之后，刻意扮演了一种搅局者的角色，采用了一种出其不意的极端做法，不按秩序出牌，无视媒体，肆意表现"政治不正确"，经常口出狂言，颠覆了传统的选举规范，也破坏了媒体与竞选者原有的交往规则和基本礼貌。他在第一次公开辩论中，便以咄咄逼人的态度回应福克斯新闻电视台女记者的提问。虽然他的表现引起了媒体人的愤怒，但选民对他的欢迎程度不降反升。特朗普应对媒体的技能十分娴熟，以肆无忌惮甚至玩世不恭的态度来对待一向自以为可以呼风唤雨的媒体，不断制造轰动新闻和轰动效应，结果是有效地利用媒体为他做了免费广告。他不期望媒体对他进行公正的报道，更不指望媒体说他"政治正确"。他需要的是借用媒体为他造势，将媒体变成他的竞选工具和最有力的助选助手。① 与此同时，他也借助"推特"等新传播平台，不断发布消息和意见，从而建构起一支由支持者构成的网络选民队伍，并通过他们传递消息。

特朗普的16名党内对手虽然精明老到，志在必得，但他们中的大部分人因受"建制派"文化的约束，仍然希望通过稳妥、中庸的政策设计和循规蹈矩的竞选表现来博取选民的好感与媒体的支持，特朗普的异类表现则令他们阵脚大乱，应对不及，接连败下阵来。特朗普直截了当地将埋藏在其他共和党人心底的话讲了出来，虽然极富争议，但却产生了轰动效应。最终，特朗普赢得媒

---

① 在2015年出版的一部著作中，特朗普曾就如何处理与媒体的关系写过一段话："我不怕媒体攻击我。我对付媒体的方法是以其人之道还治其人之身——吸引眼球。只要我获得了关注，我就会按自己的方式用它来为我扬威造势。如果你的做法与其他人稍有不同，譬如说一些冒犯他人的话，并且敢和他们打嘴仗，媒体会被你牵着鼻子走。所以，有的时候我想提出一个观点，我会讲一些让人感到很受不了的话，主要是让读者和听众得到他们想要的东西。我是一个商人，我的目的是要推销我的品牌产品。在《纽约时报》上刊登一版广告的花费超过10万美元，但当媒体把我的思想写成一篇报道时，我不用花一分钱，而且还得到了更重要的曝光度。"参见Donald J. Trump, *Crippled America：How to Make America Great Again*, New York：Threshold Editions, 2015, pp.10-11。

体的高度关注,始终占据着共和党竞选消息的头条,吸引了共和党选民的注意力,在初选中制造了"涟漪效应",并很快脱颖而出,最终在2016年7月共和党全国代表大会召开之前将对手一一逼退——包括最被看好的强劲对手杰布·布什(Jeb Bush),提前锁定了共和党全国代表大会的总统候选人提名。① 在初选初期,一些共和党"建制派"大佬对特朗普十分反感,但随着其他竞选者一一退出,"建制派"已经无力阻止特朗普的崛起,因为他赢得了党内民意的支持。根据共和党的规定,获得初选胜利的竞争者不仅将获得本党总统候选人的提名,而且将成为党的领袖。这样,特朗普就从对共和党"建制派"的批判开始,借用共和党初选的程序,成功地"劫持"了共和党,让共和党变成了帮助他赢得大选的工具。②

利用体制反体制,既帮助特朗普赢得了党内初选,也令特朗普看到了美国选举体制和选举文化中可资利用的弱点,包括愈演愈烈的"极端政治",后者成为特朗普在大选中刻意使用的武器之一。

---

① 当杰布·布什在2016年2月宣布退出共和党预选之后,美国全国公共广播电台(NPR)将他和特朗普的竞选做了比较,认为布什是共和党"建制派"选中的候选人,但在风格上远没有其他候选人那种亲民作风,精力不足,能量不够。他采用的竞选班子都是"建制派"成员,只知道遵循过去的竞选模式,完全不能适应新型政治,尤其是不能像特朗普那样有效地使用新的电子传媒手段。参见 Sam Sanders,"Why Did Jeb Bush Fail? There Are Many Theories," NPR(National Public Radio), February 22, 2016, available at: http://www.npr.org/2016/02/22/467651227/why-did-jeb-bush-lose-there-are-many-theories,2016.02.22。

② 梅根·麦凯恩是2008年共和党总统候选人约翰·麦凯恩的女儿,也是福克斯新闻网的共和党评论员,她对特朗普使用的攻击少数族裔的竞选言论非常反感,认为特朗普破坏了该党在过去力图吸引少数族裔选民的努力。她在报纸上撰文,称"特朗普劫持了我的政党,将它变成了一个我无法辨认的阴暗的东西"。参见 Meghan McCain, "Donald Trump Is Destroying My Party," March 14, 2016, available at: http://www.cosmopolitan.com/politics/a55208/donald-trump-destroying-republican-party-meghan-mccain/,2016.03.14。

二、极端政治的常态化与民主的变异

"极端政治"(extreme politics)的确是特朗普竞选的一个特征。所谓"极端政治",即在政治竞争中采取不妥协的立场,追求一种极端化的目标。如果两党均采取不妥协的态度,"极端政治"便有可能演化成为"极端化政治"或"极化政治"(polarized politics),并导致宪制的低效和瘫痪。

美国历史学家理查德·霍夫施塔特(Richard Hofstadter)曾对美国政治史做过一个十分著名的观察,即美国历史上的政治精英群体无论在意见和立场上如何相左,实际上分享着一套共同认可的信仰。他们尊重财产权,信仰经济个人主义的哲学,欣赏竞争,并将资本主义文化所包含的经济美德视为人的必备品质。这些基本信仰最终转化成为美国政治意识形态中的核心原则,即捍卫私有财产的神圣性,尊重个人处置自己财产的权利,强调机会的价值,允许个人利益和独立自主在法治范围内的自然生长,并最终发展成为一种具有仁爱之情的社会秩序。[①] 虽然这一观察在后来受到批评,但"共识"之说却不是没有道理的。纵观美国政治发展的历史,保障美国政治体制有效运行和稳定的是两种"共识":一是"意识形态共识"(ideological consensus);二是"体制共识"(institutional consensus)。前者凸显美国人对美国政治的基本原则的认同和支持,后者则强调美国人对共同认可的宪政程序的尊重。美国总统每四年选举一次,众议院每两年选举一次,无论竞争多么激烈,两党都会遵循同样的规则,合法竞争,轮流执政。不仅在总统和国会层面如此,在州一级政治中也是如此。因

---

① Richard Hofstadter, *The American Political Tradition and the Men Who Made It* (c1948), New York: Vintage Books, 1974, p. xxxvii.

为存在这种共识,所以竞选失败的政党始终怀有在下次竞选中获胜的希望,并且会积极通过宪政体制中的"谈判"与"妥协"机制来推进自己的政治主张。这两种共识的存在和相互作用有助于避免"分裂政治"(divisive politics)的出现——至少可以遏制其蔓延和深化。如果两党在意识形态方面势不两立,则很可能会在实际政治中滥用体制,使其原本具有的妥协功能丧失效力,导致美国政治陷入僵局。而体制僵局一旦形成,就难以破解,政治便会走向极端化,"极化政治"便会取代"妥协政治"。

无论是哪一种"共识",都需要得到承认、培育和维护。共同分享的价值观、运作有效的政府体制以及具有政治眼光和政治斡旋能力的领袖人物,对于意识形态和体制"共识"的建构至关重要。美国宪政的功能之一是建构和维系共识,而民主政治(包括选举政治和政党政治)则是建构共识的手段和程序。两党的"建制派"在某种意义上也是政治共识的产物,他们之间存在默契,维护着共同遵守的原则。除了程序上的共识制造和共识维系之外,共识文化也渗透到美国政治的行为规范与实践之中。有的时候共识会遭遇危机,变得非常脆弱,甚至会崩溃,但如果核心共识的机制能保持稳定,新的共识仍然可以被建构。反之,如果核心共识变得脆弱,重大危机便不可避免。

共识的消失将导致极化政治的产生和生长,其特征是政党的"党派性"(partisanship)取代"公共性"成为权力政治的游戏规则,并渗透到包括最高法院在内的联邦政府三权之中。国会的权力分配(包括重要委员会成员位置的安排)与一个议员的"党派性"有着密切的关系。"党派性"要求议员在立法表决时对政党的立场做到绝对忠诚,要求议员即便在本党利益与本选区选民利益发生冲突的情况下也要以党的意志为重。这样的要求便产生出一种宪政悖论:国会议员的代表性发生了转向或变异,他不再代表本选区所有选民的利益,而只代表他所属的政党的利益,或只代表那些同党选民的利益。"党派性"对选民利益的分割是对美国原始宪政设计中的民主性和地方性的背叛。极端政治或极化政治的出现，意味着妥协空间的缩小乃至消失。政党政治中的"党派性"与民主政治中的"人民主权"原则发生了冲突，导致民主体制中的代表性发生变异或断裂——议员听命于政党，而不是选民。这种情形会使选民对选举体制的公正性丧失信心，使选民动员变得更加困难。当投票人数减少时，政党会加强对所谓"积极选民"的控制，控制手段也不断改进，基层党工干部与选民的亲密接触被事先制作的电视竞选广告所代替，而竞选广告又是政党或与之相关的利益集团出资制作的，其结果是选民与选举程序变得更加分离。

极化政治的发展要求政党从长计议，提前布局，制造和维护对本党有利的国会选区，从政治分割的角度减少乃至消灭两党竞争，不给对手在本党控制区域内组建有效选民联盟的机会。换言之，就是将反对派选民当成一个不确定因素，在大选来临之前将其消化掉，以确保本党能始终控制某国会选区乃至某州的总统选举结果。这样做的结果导致了一种情况的产生，即越来越多的州在总统大选中连续为某一政党（民主党或共和党）所赢得；或者说，越来越多的州的大选结果为某一政党连续锁定，这些州变成了某种意义上的"一党州"（one-party states）。当一个政党能够比较长期而不间断地连续赢得某州时，反对党一般不太愿意在这些州投入过多的竞选人力和财力来动员选民"翻盘"，因为这样做需要大量资源，而且往往是得不偿失的，在大州尤其如此。譬如，共和党对得克萨斯州的"锁定"和民主党对加利福尼亚州的"锁定"，都属于这种情况。下表显示的是1968年以来所谓"一党州"的数量逐渐增加的情况。

表1 "一党州"(在总统大选中连续为同一政党所赢得的州)的统计(1968—2012)

大选年	连续为共和党所赢得的州数	连续为民主党所赢得的州数	摇摆州数
1968	8①	1②	42
1972	9	1	41
1976	9	2	40
1980	13	2	36
1984	13	2	36
1988	14	7	30
1992	13	15	23
1996	16	15	20
2000	22	16	13
2004	22	17	12
2008	22	21	8
2012	24	21	6

数据来源：National Archives and Records Administration,"U. S. Electoral College, Historical Electoral Results, Electoral Votes, by State", available at: http://www.archives.gov/federal-register/electoral-college/votes/votes_state.html. 2017.1.7.

从表中可以看出，自1968年开始，"一党州"的数量逐年增加，从1968年的9个州③增至1988年的14个州。④ 到2008年民主党人奥巴马参加总统大选时，50个州中有22个州长期为共和党所赢得，成为所谓的"红州"(red states)；另外21个州长期为民

---

① 内华达州实施的是选区制，该州5名总统选举人票中的3票始终为共和党所赢得，另外2票为独立或摇摆票。
② 包括哥伦比亚特区的投票结果。缅因州实施的是选区制，其中4名总统选举人票中的3票始终为民主党人所赢得，另1票是独立或摇摆票。
③ 以下9个州从1968年到2016年始终在大选中为共和党所赢得，包括爱达荷州、怀俄明州、北达科他州、犹他州、内布拉斯加州、堪萨斯州、俄克拉何马州、阿拉斯加州、内华达州。
④ 1988年，共和党连续赢得的州在1968年的9个州的基础上增加了5个州，包括得克萨斯州、南达科他州、密西西比州、亚拉巴马州、南卡罗来纳州。连续为民主党所赢得的州或地区共有7个，包括华盛顿州、俄勒冈州、明尼苏达州、纽约州、马萨诸塞州、罗得岛州、哥伦比亚特区。

主党所赢得,被称为"蓝州"(blue states);除哥伦比亚特区(属于"蓝州"范围)以外,全国50个州中只有8个州继续处于两党竞争的"摇摆州"的位置。① 在2012年大选中,奥巴马丢掉了2个州,即印第安纳州和北卡罗来纳州从支持民主党转向支持共和党。到2016年大选开始的时候,两党的政治分割基本不变,两党的竞争则集中在中西部"锈带"地区的"摇摆州"和南部的佛罗里达州,而帮助特朗普赢得大选的正是这些州。如果两党竞争能够在更大范围内展开,结局可能会有所不同。

极化政治也严重影响了国会的立法效率,经常性的体制僵局则进一步打击了选民对政治体制的信心。党争垄断了近年来美国政治的运作,两党能达成共识的立法问题越来越少,具有重大改革意义的公共政策的推动变得越发困难。在三权分立的体制下,两党之间的合作(包括理解、默契与相互妥协)是非常重要的,不同权力机构(包括立法、执法和司法机构)之间的合作与默契也非常重要。在国家遇到重大危机(如战争、经济危机或恐怖主义袭击)的时候,这种合作比较容易进行。当一个政党要推行一种贯彻自己理念的改革时,必须首先拥有体制资源的保障和支持,也就是说,需要在较长的时间内同时占有总统职位和控制国会两院的多数席位。从1932年到1968年,民主党对总统和国会的同时控制长达26年,而共和党在其间只控制了2年,另外8年为两党分治(divided control)的时间,即两党分别控制白宫或国会或国会中的一院,而未能完全掌控立法权和执法权。这一时期是罗斯福、杜鲁门、肯尼迪和约翰逊的时代,民主党人利用这种体制上的机会推动了一系列重要的改革(包括罗斯福新政和"伟大社会"),

---

① 这8个州包括艾奥瓦州、密歇根州、俄亥俄州、宾夕法尼亚州、威斯康星州、印第安纳州、佛罗里达州和北卡罗来纳州;此外,还有缅因州的一个选区。缅因州的总统选举人票数按国会选区分配,不实行"赢者通吃"的规则。在该州拥有的4张选举人票中,有3票始终为民主党人所赢得,第四票则属于独立票或"摇摆票"。

创建了"新政自由主义"(New Deal Liberalism)的政府治理模式。在1969年到2008年的40年内,两党单独同时控制白宫和国会两院多数席位的情况不多,分别为6年左右,而两党分别控制白宫和国会的时间则长达28年。① 所以,自1968年之后,无论是民主党还是共和党,都没有足够长的时间和足够多的体制资源来建立和维系一个长期性的政策模式。这一段时间也正是美国和世界形势发生急速变化的时期,各种需求和要求增多,国家需要在内政和外交上采取较为统一、长期和具有延续性的政策。在这样的背景下,持续不断的党争对建立具有前瞻性和长期性的国家发展框架构成了障碍。

奥巴马于2008年胜选之后,一度拥有很高的民意支持率(他以365张总统选举人票大胜麦凯恩,后者获得173张选举人票),众多选民对他寄予很高的期望。同时,民主党人控制了国会两院的多数席位(但不是绝对多数),他自己也表示要进一步推动"新政自由主义"政府模式的计划,但最终他未能做到这一点。在奥巴马任期内,严重的党争导致立法机构几近瘫痪,两党达成共识的话题越来越少,各自推动的利益都无法有效地转化为政策。奥巴马力图推动医保改革,但最终做出了巨大的妥协,而他所推行的医保法案正面临着被废止的危险。在他的第二个任期内,面对国会共和党人的党派政治带来的压力,奥巴马只好借助行政命令来推动他的其他改革,包括移民政策的改革和"跨太平洋伙伴关系协定"(TPP)的推进等,但这种做法反而加剧了极化政治。总统与国会的对峙几乎成了奥巴马总统执政时代的同位语,党派情结大大超越了国家情结,党派性成了主导的意识形态,超越了国家主义和爱国主义。奥巴马有改革的意愿,但他没有足够强大的

---

① Paul Rosenberg, "This is How a Political Party Dies...", available at: http://www.salon.com/2016/02/06/this_is_how_a_political_party_dies_donald_trump_ber-nie_sanders_and_the_collapse_of_our_failed_political_elites/. 2016.02.06.

政治资本和恰当的历史机会来构建两党共识。相反,他不得不诉诸总统行政命令的做法却被对手攻击为一种极化政治的做法。

三、价值观的分离与选民重组

对共和党保守派来说,奥巴马政府所代表的意识形态及其对美国未来的设想是一种极为"清楚而现实"的威胁。在他们眼中,奥巴马是一个"并不美国化的"美国总统,他的肤色是黑的,他的名字中带有穆斯林的味道。在普通白人眼中,奥巴马不过是"肯定性行动计划"(Affirmative Action Program)(又译"平权措施")政策的受惠者,而他的成长经历又显示他是美国精英阶层的一分子。奥巴马本人无疑带有浓厚的理想主义色彩,但他缺乏罗斯福曾经拥有的利用危机来整合政治力量的能力和资源。他受到的牵制太多,无法给选民带来他们需要的改革。这也许可以解释为何他在"锈带"地区的支持者在2016年大选中选择离开民主党,转而把选票投给特朗普。宾夕法尼亚州卢泽恩县(Luzerne County)的例子可以生动地说明这一点。

奥巴马在2008年、2012年的大选中赢得了宾夕法尼亚州,但在2016年的大选中,特朗普以四万普选票的多数赢得了该州,打破了共和党自1988年以来从未赢得宾夕法尼亚州的纪录。卢泽恩县有5644名民主党人在2016年改换了党派身份,在选民登记时从民主党人变成了共和党人,这样他们便可以参加共和党的初选。相比之下,该县只有1000多名共和党选民改变身份,变成民主党人。从2008年到2014年,该县的拉美裔人口增加了一倍,达到了人口的9%。当地原住居民多为白人和老人,他们认为外来移民尤其是非法移民抢走了工作机会,并带来了危害社会的犯罪行为。该县面临的最大问题是普通白人生活贫困。该县的贫困率高于州的平均水平,有五分之一的带有未成年子女的家庭处在贫困之中。另一个问题是失业率高,当地制造业的工作机会自2009年以来已减少了10%。在这样的背景下,当地居民非常欢迎特朗普提出的对移民实施严格控制、强制递解非法移民出境、反对全球化、反对美国工厂搬迁至海外等主张。当地人希望特朗普能够给他们带来工作机会,阻止非法移民大量进入美国。在听了奥巴马的8年说教之后,他们不再相信"体制内"的人,也不相信全球化会给他们带来好处。在他们眼中,希拉里是擅长说教的"圈内人",而作为商人的特朗普则善于解决实际问题。①

由此可见,选民们希望改革,不喜欢固守成规,而"建制派""圈内人"在他们看来是固守成规的政客。希拉里在竞选战略上强调候选人的资格、资历和品质,但选民需要的是改朝换代,解决失业、工资下降和经济停滞不前等现实问题。尽管他们并不认为特朗普是一个品格高尚的人,但他们认为特朗普能够帮助他们解决问题,至少可以让他试一试。据《时代周刊》报道,宾夕法尼亚州的小城市楠蒂科克(Nanticoke)的市长约瑟夫·多尔蒂(Joseph Dougherty)曾是一名民主党人,他在2016年大选中改变立场转而支持共和党,理由是当地人不再只希望"勉强地活着"(surviving),而希望能够获得机会过更好的生活,"外出度假,翻修住房,换一辆更好的车,为自己孩子的未来投资"。他认为他的转向代表了一批"勤奋工作的蓝领工人"的行动,大家都在寻找"能够支撑家庭的工作",而民主党似乎对此视而不见,所以"我们并没有抛弃民主党,而是民主党抛弃了我们"②。

卢泽恩县和楠蒂科克城民主党选民的立场变换一方面反映

---

① Josh Saul,"Why Did Donald Trump Win? Just Visit Luzerne County, Pennsylvania",*Newsweek*,December 5,2016,available at:http://www.newsweek.com/2016/12/16/donald-trump-pennsylvania-win-luzerne-county-527861.html 2016.12.10.

② Michael Scherer,"The Person of the Year",*Time*,December 19,2016,pp.58,72.

出民主党忽略了基层选民(尤其是中下阶层白人)所关心的就业和移民问题,另一方面反映出民主党和共和党在全球化、移民开放、税收政策、政府对经济的干预、公民权利(包括持枪权、堕胎权、隐私权、同性恋者权利等)等问题的处理上存在巨大分歧。实际上,对不同政策的选择反映出美国选民对美国价值观的认知发生了分歧。

当代美国社会针对核心价值观产生的分歧可以追溯到20世纪30年代的罗斯福新政改革。新政是为了应对前所未有的经济危机而进行的经济改革,但它开启了联邦政府对国家经济生活的深度干预。它将公民的经济安全与保障纳入联邦政府的保护范围之内,改变了传统的政府职能,扩大了政府的权力,增加了政府的责任,创造了一个能动主义(activist)的政府模式,奠定了美国式福利国家的基础,带来了美国自由主义的重要转型。根据"新政自由主义"的理念,政府需要对普通公民的生存和幸福负责,需要为他们提供最基本的生活保障,包括养老金、失业救济和贫困救济等。在20世纪60年代,约翰逊总统的"伟大社会"改革进一步扩展了联邦政府的这种功能和责任,将反贫困、都市改造、扩大福利保障、提高公民的生活品质、反对种族主义和种族歧视等作为改革内容,并在罗斯福总统提出的"社会保障"计划的基础上加入医疗保障和医疗补助等新的社会立法项目,巩固了美国式福利国家的基础。"新政自由主义"作为一种意识形态和国家治理模式,是在经济大萧条、第二次世界大战和冷战的国际背景下产生的。这种特殊的国际环境,尤其是西方与共产主义世界的竞争,帮助美国塑造了全民的政治共识。此外,20世纪五六十年代的民权运动、女权运动、权利革命全面挑战了美国生活和法律中的种族主义和性别歧视,推动了移民政策的改革。所有这一切催生了20世纪60年代末出现的一种新的美国价值观。这种新价值观在政治上主张更具包容性,更提倡民主参与;在经济上强调加强政府对市场的监管,利用税收杠杆对社会财富进行更为合理的再分配,为弱势群体提供更多的扶持和机会;在文化上鼓吹包容性、多元性和相互尊重。这些价值观对以"瓦斯普"(WASP,白人盎格鲁-撒克逊新教徒)传统为基础的美国传统价值观做了很多修正,也引发了"权力重组"和"权利再创"。最重要的是,在新政自由主义的旗帜下,民主党人建构起一个由工人阶级、少数族裔、妇女、具有批判思想的自由派学界和城市中产阶级选民组成的政治联盟,这为其长期控制联邦政府提供了政治保障。

在新政自由主义的推动下,能动主义国家得到了长足的发展。政府的社会开支大幅度增加。根据研究,非国防开支在美国国内生产总值(GDP)中的比例从1954年到1975年持续上升,从5.7%上升到15.7%,增加了近两倍。政府的花费主要用于覆盖社会立法项目,包括医疗保障、医疗补助、残障人士的医疗补贴、食品券,以及联邦政府对贫困地区的教育补贴等,但最大的政府开支是社会保障体系的花费。法律要求政府支付的强制性开支的数额远远超过了预期。政府的经济管制范围也大大扩展,从商业竞争规范的管理扩展到消费者的健康与安全,以及工人的工作环境、健康和安全等领域。从第二次世界大战结束到21世纪初的60多年里,美国通过了大大小小330部管制性法律,其中主要的管制法是在20世纪六七十年代通过的。管制力度的加强带来了政府官僚机构的扩张。在"权利再创"方面,除了《1964年民权法》(Civil Rights Act of 1964)和《1965年选举权法》(Voting Rights Act of 1965)之外,联邦政府还在20世纪六七十年代通过了关于公平住房、高等教育、残障儿童教育、反对教育领域的年龄歧视等方面的公民权益法律法规。1964年至1976年,国会通过了11部与公民权利相关的法律。联邦最高法院对"权利"案件的审理数量也大大增加,1933年审理的案例中只有9%是与权利相关的,到 1971 年时 65% 被审理的案例都与权利相关。① 联邦政府针对种族、性别、教育和司法正义等敏感问题实施的集中化全国性统一立法管理,极大地扩展了联邦政府对公民个人及其家庭生活的干预。联邦政府还通过控制税收来制造各种补贴,以管制公民的个人收入和纳税标准。这种"大政府"模式改变了美国政治运作的传统模式,带来了政治力量的重组。

伴随新政自由主义而来的是当代保守主义。正如美国历史学家戴维·法伯(David Farber)所指出的,当代保守主义并不是突然爆发或一蹴而就形成的,而是在抵制和反对新政自由主义的过程中通过吸收不同的思想和势力而逐渐形成的。最初的保守主义主要反对"新政"的经济政策,力图恢复传统的"经济自由"。到了冷战初期,保守主义阵营开始反对共产主义——虽然新政自由主义者也是反共的。保守主义将共产主义与宗教面临的威胁结合起来,从而赢得了宗教选民的支持。在随之而来的民权运动中,保守主义者又将美国南部那些反对联邦的民权立法、捍卫"白人至上"统治模式的州权主义者纳入其阵营之中,组建起反对联邦政府插手南部种族关系的保守派政治力量。这支力量最终成为帮助尼克松赢得 1968 年大选的"沉默的大多数"的组成部分。共和党也在这个过程中完成了成为当代保守主义代言人的转型。20 世纪 60 年代后期和 70 年代初期,白人女性中的激进保守力量和新的宗教右派加入保守派阵营中,对抗由女权主义者和少数族裔权利提倡者构成的自由派改革力量。宗教右翼对当时联邦最高法院做出的关于公民权利的一系列决定表示强烈反对,认为这些决定废止了中小学的宗教祈祷仪式,放

---

① Paul Pierson, "The Rise and Reconfiguration of Activist Government", in Paul Pierson & Theda Skocpol, eds., *The Transformation of American Politics: Activist Government and the Rise of Conservatism*, pp. 23,25,27-28.

松了政府对淫秽作品的限制,允许销售避孕产品和堕胎,给予犯罪嫌疑人过多的权益保护,引发了美国社会的道德衰败。经济保守派则希望减少政府对经济的管制,并降低税收。这些不同派别分享的共识是,美国需要建立一个反共的、军事力量强大的政府,以反对任何形式的针对美国的国际威胁,并通过减税来克服滞胀危机。他们认为20世纪60年代的社会运动和文化变革将国家引向一个错误的方向。1980年里根当选为美国总统,这为保守主义整合不同派别的力量提供了一个机会。里根凭借自己的演讲才能把保守主义变成了一种正面而乐观的意识形态,将"自由"的话语权从民主党人的手中夺了回来。他提出美国要恢复市场资本主义的秩序和活力,恢复州权的尊严,减少联邦政府的社会立法和对公民生活的干预。[1] 里根结束任期时,冷战行将结束,保守主义获得了崭新的生命力,变成了与新自由主义和多元文化主义正面对抗的意识形态。

意识形态的对抗在政治上的反映是"权力重组"(reconfiguration of power)和"权利重组"(reconstitution of rights)以及从两者衍生而来的"选民重组"(realignment of voters)。在权力组合方面,因为总统同时是执法者和立法者,对总统职位的争夺变得非常激烈。同时,联邦最高法院在公民权利的裁定方面也拥有极大的权力。它对同性恋者权益、"肯定性行动"政策、总统竞选中的金钱捐赠等做出的裁决引发了大量争议。大法官的任命与批准充满了权力斗争,让普通选民在选举政治面前深感无力。这些

---

[1] 〔美〕戴维·法伯:《美国保守主义:政治进程而非固有观念》,焦姣译,《美国研究》,2016年第5期,第111—125页;Julian E. Zellizer, "Seizing Power: Conservatives and Congress since the 1970s," in Paul Pierson & Theda Skocpol, eds., *The Transformation of American Politics: Activist Government and the Rise of Conservatism*, pp. 105-134. 关于当代美国保守主义的早期起源,参见 Daniel Bell, ed., *The Radical Right* (c1955), New Brunswick: Transaction Publishers, 2000, especially chapters 3, 5, 7, 11.

都加剧了国会参议院席位的竞争。

从20世纪80年代后期到2001年"9·11"事件发生,多元文化主义和保守主义在政治、教育和文化等多个领域展开了持续的交锋。① "9·11"事件之后,保守主义政客重新启用强硬的民族主义和传统的爱国主义话语,主张在外交上实行单边主义,强调文明的冲突不可避免,并将伊斯兰教视为美国文明潜在的敌人。② 此后,反恐战争的失利和巨大花费以及2008年的金融危机给美国带来了多重打击。冷战结束后,全球化的速度加快,在21世纪初尤其是奥巴马执政期间达到一个高潮。第二次世界大战结束后,由美国主导制定的国际政治和经济秩序不断受到新兴经济大国的挑战,世界经济格局在新技术的推动下发生了深刻的变化,虽然美国仍然在其中占据重要的位置,但它同时面临着国内外的严峻挑战。在国际上,美国需要保持技术开发、市场占有和资金使用的优势;在国内,美国需要通过税收和其他政策维系社会保障和福利制度,不断激发市场活力,保证普通美国人也能分享到全球化的好处。事实上,全球化加深了利益分配的不平等,那些没有搭上全球化快车、没有分享到红利、短时间内也无法指望从中受益的人因此表现出了强烈的焦虑、失落和愤怒。这批人为保守主义带来了新的血液,并带来了民主党和共和党两党选民的重组。

随着共识消失和价值观的对抗加剧,选民们按照自己的利益和价值观进行了重新站队。特朗普通过初选整合了共和党党内的不同派别,而在民主党阵营,希拉里却未能吸引到足够多的女性支持者和年轻选民。不仅如此,她还失去了白人群体中的蓝领

---

① 王希:《多元文化主义的起源、实践与局限性》,《美国研究》,2000年第2期,第43—80页。

② 〔美〕戴维·法伯:《美国保守主义:政治进程而非固有观念》,焦娇译,《美国研究》,2016年第5期,第121—122页。

工人阶级支持者。所以,特朗普的胜利绝不是偶然的,有其深刻的原因。在某种意义上,2016年大选展示了一个核心价值观存在深刻裂痕的美国的焦虑,反映了不同的美国经验和美国想象之间的碰撞。在共和党内部,基层选民发动了一场"内部反叛";在全国层面,白人社会的相当一部分中下层选民针对"建制派"精英政治发动了一场"公开反叛"。这种反叛是半个世纪以来新政自由主义与保守主义之间发生得最为激烈的一次公开较量,是保守主义对多元文化主义主流价值观的一次"清算",也是保守派选民对未来美国的走向做出的一种愤怒的选择。

四、特朗普的话语与被焦虑困扰的选民

在上述背景之下,总统候选人特朗普有效地利用了美国人的焦虑与恐惧。他以白人工人阶级代言人的身份,讲出了"锈带"地区白人工人群体碍于"政治正确"而不敢讲也没有机会讲出来的话。特朗普话语的核心思想是民族主义,而不是民粹主义。更准确地说,这是一种"白人民族主义"(White Nationalism)的话语。它以"让美国再次(变得)伟大"(Make America Great Again)的口号为旗帜,提出要恢复传统美国的荣耀与力量,恢复白种美国人在美国生活中理所当然的优越感和主导地位,恢复美国在国际秩序中不能被撼动的地位,保持美国不同于其他国家的"例外"特质。这种话语在意识形态上与共和党"建制派"的保守派思路其实是吻合的,所以许多共和党人虽然不喜欢特朗普,却不愿意站出来批评他的话语,有的人甚至为此感到释然,因为特朗普讲出了他们想讲而不敢讲的话。自20世纪90年代以来,共和党开始对多元文化主义持怀疑态度,对"政治正确"大加谴责,认为它限制了言论自由。特朗普在2016年大选中敢说大话和狠话,并不仅仅是为了展示其"强人政治"的风范和敢于蔑视"政治正确"的

勇气，也是企图重新界定美国的民族性。他用"美利坚主义"(Americanism)的逻辑包装了对民权运动成果的挑战，重新将"美国人"定义为一个从文化、肤色到观念都和谐一致的民族整体，从而否定了多元文化主义和民权运动问世以来形成的新美国价值观。他要传递的信息是：美国已经到了一个十分危险的时刻，传统美国价值观的纯洁性已经受到玷污，并正在迅速消失。

特朗普表达的正是中下层美国白人的焦虑。自第二次世界大战结束以来，在冷战的大环境中，美国人（尤其是白人）享受了将近半个世纪的经济繁荣和高品质生活。但是，进入21世纪之后，随着全球化速度加快、人力成本提高和经济发生转型，中西部和南部地区的"去工业化"现象十分严重，传统的工业格局被打破，中产阶级的收入和家庭生活开始受到影响。在失去原来唾手可得的工作机会的同时，他们还面临着外来移民的工作竞争，加上实际工资水平下降，父辈的美国梦在新一代身上化为泡影，由此引发的焦虑在中产阶级选民中迅速弥漫。特朗普将自己说成是这些"被遗忘的"中下层白人的代言人，将中下层白人的痛苦归咎于"建制派"政治精英对美国人的欺骗，将全球化视为对美国利益的出卖和牺牲。他声称，全球化或全球主义(globalism)不仅没有使美国人受益，反而使受到伤害的美国人越来越多；国门大开的结果是许多历史上并不够资格进入美国的人长驱直入，将美国逐渐变得"非美国化"。

特朗普在竞选中反复使用"我们 vs. 他们"的语言模式。虽然他并没有说明"我们"是谁，但他的听众一听就十分明白。在特朗普的语言中，经过民权运动和多元文化主义洗礼的美国似乎根本就不存在，包容、宽容和多元化根本就不是美国价值观的一部分。对于"锈带"地区的白人失业者来说，敢于挑战"政治正确"和"多元文化主义"的特朗普成了他们的英雄。在这些选民眼中，"全球化"就是美国的资本、工厂和工作机会流向发展中国家的同义词。

特朗普将奥巴马任总统时推动的"跨太平洋伙伴关系协定"与克林顿推动"北美自由贸易协定"相提并论,将它们说成是政治精英与经济精英同流合污、忽悠民众的产物。许多出生于传统的产业工人家庭的美国人感到,他们的父辈曾经拥有的中产阶级地位正在消失。他们曾经是民主党人,曾经在20世纪30年代、60年代站在新政自由主义一边,但他们发现被精英政治控制的民主党如今已不再重视他们,而共和党"建制派"也不理睬他们。特朗普准确地抓住了这个机会,给他们的愤怒火上浇油。

在竞选风格上,特朗普也是标新立异,特立独行,利用耸人听闻的言论和肆无忌惮的表现,将竞争对手一一逼退。与他同台竞争的体制内候选人(包括在职的参议员、州长等)在选举中都有所顾忌,基本不敢破坏"政治正确"的行规,即便是泰德·克鲁兹这样的极端保守派,在竞选时也仍然恪守政场规矩,而不敢像特朗普那样有恃无恐地讲话和做事。特朗普熟谙"建制派"候选人瞻前顾后的心态,以极为出格的风格将极端政治推向民众和选民心理承受的极限。特朗普其实并不是美国总统选举史上使用"极端政治"手段的第一人。20世纪30年代的休伊·朗(Huey Long)和60年代的巴里·戈德华特(Barry Goldwater)都曾经扮演过极端民粹主义领袖的角色,用过激的政治语言直击选民的恐惧,点燃他们的愤怒,将他们被压抑的感情激发出来。但是,他们都不如特朗普做得成功,原因之一在于共和党"建制派"的无序与无奈——在建制派竞争者还没有反应过来的时候,特朗普已经将他们逼出初选;原因之二在于特朗普拥有对建制派政治、精英政治和全球化极度反感和失望的一批选民的支持。正如历史学家梅森·威廉斯(Mason Williams)指出的,政党"建制派"在从前完全可以通过党的组织来阻止像特朗普这样的人物从初选中崛起,但如今由于"政党和意识形态的极端化","参与初选的选民,而不是政党的大佬们或党内那些更倾心于意识形态的积极分子,掌握了提名共和党总统候选人的权力"①。

在过去几十年里,美国的政党体制、政党体系和媒体建构已经成长为一个利益体制。从初选到大选,人脉、金钱、资历和利益牵扯等已成为民主体制的一部分。若要赢得选举的胜利,必须要在这些方面积累资本。竞选变成了这些"非民主"程序与设计之间的较量。同时,候选人要获得权力,必须赢得选民的支持,于是攻克选民便成为选举政治的目标。这样一来,选举政治变成了一种本末倒置的政治,选民意愿不再是民主政治的动力和源泉,而是为了掌握权力需要清除的障碍。所有围绕选举展开的政治活动,其目的都是为了得到选民的选票。民主、权利和政治诉求都被工具化了,成为权力追逐者用来进行利益交换、追求个人成功的筹码。为了获得意想中的选举结果,候选人及选举机器(包括党内的各级委员会和特意安排的媒体访谈等)努力影响选民,左右选民,对选民进行操纵。虽然选民仍然按自己的意愿投票,但他们的意愿已被设定在特定的政治环境、议题和候选人当中。特朗普的异军突起提供了一个不同的选项,具有强烈的反建制、反精英情绪的选民打算利用这个机会来做出一个具有风险的决定——摒弃"建制派",拥抱"造反派"。

从政治文化的角度来看,2016年美国大选是一场针对民权运动成果和多元文化主义价值观的全国辩论,是美国人关于两种美国历史叙事、两种美国愿景的竞争,用美国作家戴维·罗森(David Rosen)的话来说,也是美国的一场"文化战争"(culture war)。② 希拉里和特朗普分别在两党全国代表大会上对两种叙

---

① Thomas B. Edsall,"The Apotheosis of Donald J. Trump",*The New York Times*, July 21,2016.
② David Rosen,"The Culture War and the 2016 Election",*Counterpunch*, August 5, 2016, available at: https://www.counterpunch.org/2016/08/05/the-culture-war-and-the-2016-election/2016.08.06.

事和愿景做了生动的描述。希拉里描述的是一个崇尚多元价值的、具有包容性的、继续开放的、充满活力的、富有创新精神的美国。在特朗普的支持者看来,这也许的确是一个美好的、令人向往的愿景,但它是一个陌生的、昂贵而遥远的梦,享有它需要付出极大的代价,包括持续地接受政府的干预,付出昂贵的经济支出。这是精英阶层的梦,不是普通人的梦。特朗普在提名演讲中描述的美国则处于危险的边缘,传统社会面临重重挑战,美国价值观受到攻击,内部面临着危险。他所描绘的梦是"美国第一"(America First),这是一个现实的、熟悉的、触手可及的梦,让人感到安全和舒适。人们希望在这个梦中重新找回父辈曾经享有过的特权与优越感、中产阶级生活的舒适,以及作为一个美国人的骄傲。由于总统选举制度的安排和选举文化的因素,希拉里和特朗普最后变成了两种唯一的选择的化身。对他们的选择与每个选民的阶级、种族、性别、族裔、宗教、出生地、意识形态和文化习性纠缠在一起,这使大选的整合变得极其困难,选择也变得很受局限。当特朗普道出"山里人"的忧虑和失落感的时候,他看准了这些选民为了挽救正在消逝的传统而孤注一掷的心理。

当选民们感觉到在自己的祖国正在变成异乡人的时候,他们会陷入一种深深的恐惧。他们为传统和价值观的消失而感到痛苦,既无法搭上全球化的快车,也不愿意全力拥抱多元化。眼看着后来者和外来者源源不断地超越他们,他们的失落感和恐惧感更加强烈。这种失落感与历史学家理查德·霍夫施塔特曾经描述的"社会地位政治"(status politics)有相同之处,但特朗普的支持者想要表达的不仅是冤情和愤怒,他们也希望找回失去的"美国梦"。① 所以,《时代周刊》提到的"隐藏的选民"是存在的,但他

---

① 关于"status politics"的讨论,参见 Richard Hofstadter, *The Paranoid Style in American Politics and Other Essays*, New York: Alfred A. Knopf, 1966, pp. 87 – 88。

们并不是隐秘的，他们过去只是没有机会发出声音而已，特朗普的出现给了他们一个选择和表达的机会。他们的人数并不多，正好大都分布在摇摆州，所以在大选日他们给了特朗普一个具有"临界数量"(critical mass)意义的选民支持，并且喊出了"还我祖国"(I want my country back)的口号。

五、两党制与"无选择困境"

上述的叙述和分析力图说明，特朗普的当选看似偶然，其实不然，背后有深刻的历史与现实原因。特朗普的"利用体制反体制"的成功也使人们再度从政党政治——尤其是两党制——的角度来反思美国选举制度乃至美国民主的本质。之所以想到这个角度，主要是基于这样一种观察：参加 2016 年总统选举的竞争者人数众多，民主党有希拉里、伯尼·桑德斯等，共和党的角逐者则一度多达 16 人，此外还有绿党等其他政党的竞争者，但当选民最终站在投票机前的时候，他们可以选择的只有希拉里和特朗普两人，其他的竞争者皆通过两党制和党内初选的实践被"过滤"下去了。一起被"过滤"下去的还包括这些候选人的政见，其中有的是颇受多数选民欢迎和支持的政见。而希拉里和特朗普在许多涉及国计民生、美国未来的重大问题上分歧很大，政见与政策截然对立，然而选民必须在两人中间做出选择，否则就会失去有效的政治参与的机会。在这种情形之下，总统选举成为一种对未来四年的国家政治与政策做一种"非黑即白"的选择，没有"中间道路"可走，也没有妥协的余地。在我看来，这种情况构成了美国总统选举制度的一种事实上的"无选择困境"(no-choice dilemma)。如果需要面临"无选择困境"的只是选民中的少数人，如果"无选择困境"只是在选举中极为偶然地出现，它对民主的损害尚可容忍，而一旦"无选择困境"成为一种常态，并弥漫于包括总统、国会议员、州长、州议会议员的各层选举之中,选举制度的"民主性"便会大打折扣,因为它事实上剥夺了相当一部分选民有效地参与政治的权利和机会。

两党制如何得以成为美国政治体制中一个经久不衰的建制,它又如何导致了"无选择困境"在近年来选举中的频繁出现,而特朗普又是如何有效地利用了这一建制,做到了利用体制反体制的,仍然是需要进一步讨论的问题。

两党制并非美国宪制的原始设计,事实上,参加1787年制宪会议的人对大众民主和政党政治都是避之唯恐不及。然而,联邦宪法的设计却为两者的出现与生长创造了条件。为建立一个限权政府,宪法将联邦权力分为立法、执法和司法三权,并在相应官员的任期和产生方面设计出一套复杂体系——国会参议员每届任期6年,由州议会选举产生;国会众议员每届任期2年,由各州合格选民选举产生;总统每届任期4年,由各州总统选举人选举产生,联邦最高法院大法官任职终身,不通过选举而是通过总统提名和参议院审核批准的方式产生。这样的设计将总统和国会议员(早期主要是众议员)的选举变成一种定期活动,再加上各州政府和地方政府官员的选举,所以频繁、定期的选举成为美国民主的核心内容和重要实践。① 根据联邦制的原则,选举(包括总统和国会议员的选举)是由州政府和地方政府来主持的,选举程序和选举资格的规范原则上是州政府的权力,但竞选——不同利益群体围绕获取公职而展开的竞争——催生了政党政治。政党将分散的选民意愿进行整合与提炼,形成一种集中力量,冠之以某种意识形态的口号,争取选举的胜利,从而获取对公职的占有(以

---

① 根据桑迪·梅塞尔的研究,目前美国各级政府需要通过选举产生的大小公职职位有50万个,其中包括总统、联邦参众议员、50个州的州长、各州州议员以及无数的地方政府的大小官员等。L. Sandy Maisel, *American Political Parties and Elections: A Very Short Introduction*, Oxford University Press, 2007, p. 5。

及制定公共政策的权力)。原始宪法中没有任何关于政党的文字,但政党政治却因为选举的现实需要而进入宪制之中,成为左右美国民主的一种根深蒂固的体制性力量。两党制便是这个漫长历史过程的产物。

两党制的核心是互为反对派的"二元政治",最早起源于第一届总统华盛顿的任内。同为"建国之父"一代人的财政部部长汉密尔顿和国务卿杰斐逊在联邦财政政策制定和国家经济发展方向界定问题上发生了分歧,两人在国会和各州的追随者分别组成了两个非正式派别(factions),被人称为"联邦党人"和"民主共和党人"。1800年,当总统权力从联邦党人亚当斯手中和平转移到民主共和党人杰斐逊手中时,"合法反对党制"——在尊重宪法原则之下互为反对派的组织化的政治竞争体制——成为"建国之父"一代人接受的实践。随后生效的第十二条宪法修正案则为政党政治名正言顺地进入选举政治做了宪政上的铺垫。① 但联邦党和民主共和党都不是现代政党,既没有统一的意识形态,也没有跨州的永久性组织,至多是一种精英内部因政策倾向和个人好恶结成的政治派别。②

现代意义上的美国政党产生于19世纪20—50年代,这是美国历史上著名的"第二政党体制"时代。由民主共和党中分裂出来的民主党和辉格党在全国范围内针对总统、国会议员、州政府和州议会的职位进行了长达20年的公开竞争,其结果是不仅带来了选民队伍的扩展(几乎所有的白人男性公民在此时都获得了

---

① 该修正案要求总统选举人在大选时,要分开投票选举总统和副总统,从而为政党将本党中意的总统和副总统候选人绑定并组成一个联合竞选整体提供了理由和体制通道。

② Everett Carll Ladd, *American Political Parties: Social Change and Response*, New York: Norton, 1970, p. 82; David J. Gillespie, *Politics at the Periphery: Third Parties in Two-Party America*, Columbia. S. C: University of South Carolina Press, 1993, pp. 47-48; John F. Bibby and L. Sandy Maisel, *Two Parties—Or More? The American Party System*, Westview Press, 1988, p. 24.

选举权),而且带来了一种白人内部的具有广泛民主性的"大众政治"(mass politics)。政党政治在这一阶段得到了长足的发展,创造出一整套政党政治运作的制度和规定(包括组织跨州的政党联盟,使用统一的竞选口号,通过党内大佬的商议和全国党代会的交易产生本党总统候选人,以及在选举中实施"赢者通吃"和"团体制"的做法),在建构基础组织、选民动员和竞选技术创新等方面积累了丰富的经验。① 这是美国政党政治的典范时代:政党竞争公开有序,民众参与积极而热烈。用政党史学者乔·西尔贝的话说,此时的美国几乎变成了"一个浸润在政党政治中的民族"(a partisan political nation)。②

但辉格党、民主党构成的两党制在 19 世纪 50 年代中叶因无法解决奴隶制问题而土崩瓦解,被由共和党和民主党构成的新一轮两党制所取代。共和党是由数个北部政治派别因为反对奴隶制扩张的共同需要而组成的政党,利用南部退出联邦的机会和民主党的分裂获得了控制联邦政府的绝对权力,并在重建时期通过将选举权赋予获得解放的黑人男性而将自己的影响力推进到南部,为第三轮两党制 19 世纪后期的发展奠定了基础。从 19 世纪 70 年代至今,共和党、民主党的竞争与对峙成为美国政党政治的核心内容,而两党竞争的结果是产生了过去 150 年来所有当选的总统和绝大多数的国会参众两院议员、各州州长以及州议会议员。③ 换言之,如果没有民主党、共和党两党制的运作,便没有美国政治中的选举,两党制似乎也成为了美国民主运作的一种理所

---

① Richard P. McCormick, *The Second American Party System: Party Formation in the Jacksonia Era*, Chapel Hill: University of North Carolina Press, 1966, p. 343; Bibby and Maisel, *Two Parties—Or More? The American Party System*, p. 24.

② Joel H. Silbey, *The American Political Nation, 1838-1893*, Stanford, Calif: Stanford University Press, 1991, p. 126.

③ Bibby and Maisel, *Two Parties—Or More? The American Party System*, p. 3.

当然的体制。

但在历史上,两党制并不是没有受到过第三党或多党制的挑战。19世纪初的反共济党曾与联邦党、民主共和党并存,赢得过国会议员的席位。① 内战前北部的自由党、自由土地党、美国党等也与共和党、民主党并存过。19世纪后半叶的绿背纸币党、人民党、进步党以及社会主义党也都不同程度地与民主、共和两大政党竞争过。第三党现象在20世纪也没有杜绝过,州权党、绿党、茶党等也都曾轰动一时,但所有的第三党从未赢得过总统选举,也从未有过赢得国会两院多数党的真实机会。

是什么造就了两党制的长盛不衰？美国建国初期开启的"二元政治"实践是一个重要的原因。18世纪末围绕联邦宪法的批准出现的联邦党人与反联邦党人的对立奠定了第一政党体制的基础。同为"国父"的汉密尔顿(以及后来的约翰·亚当斯)与杰斐逊之间的争斗更强化了二元对立。第二政党体制在本质上是围绕西部开发、内陆改进、合众国银行和关税问题等建构的相互对立的选民联盟。二元对立在内战和重建期间达到顶峰,共和党、民主党在联邦主权归属和美利坚民族的政治原则问题上处于一种无法妥协的状态,最后诉诸武力解决。

"二元政治"在19世纪末20世纪初采用了新的形式。两党名称不变,但在政策立场上因应形势的变化而发生过换位和选民队伍的重组。如19世纪末,工业化、城市化冲击了原有的经济秩序和阶级划分,改变了人口的分布与结构,迫使两党进行选民重组。民主党将位于中西部、西部和南部的自耕农和天主教徒选民纳入自己的阵营中,而共和党则演变成为东北部工商业资本的代言人。② 进入20世纪后,民主党总统罗斯福利用新政改革,组建

---

① David J. Gillespie, *Politics at the Periphery: Third Parties in Two-Party America*, pp. 47–48.
② Ibid., p. 65.

起一个由北部劳工、天主教徒、都市少数族裔和非裔美国人组成的选民多数,为该党长期执政提供了牢固的选民支持,共和党则将白人新教教徒、小镇居民、自耕农和商业中产阶级变成自己的征募对象。① 民权运动结束之后,南部白人选民、宗教保守派和一部分白人劳工阶层被吸引加入共和党阵营中,而民主党则努力维系由少数族裔、新移民、自由派和底层劳工组成的选民联盟。20世纪后期和21世纪初,因为围绕公民权利、经济利益的分配、宗教与价值观等而展开的辩论,选民的政治立场出现了严重的分化,选民重组也变得更加困难,但这些并没有影响到两党制的生存,也没有给第三党夺取两党选民的机会。两大政党这种灵活应变的能力为政治学者小瓦尔迪默·奥兰多·基(V. O. Key, Jr.)所观察到,两大政党似乎总是能够用"新的方法来重塑自己,找到新的追随者,来弥补丢失的追随者"。②

另外一个、也是更为关键的维系两党制长盛不衰的原因是"制度"设计。联邦宪法规定,总统候选人须赢得过半数的总统选举人票数才能当选。这一规定迫使政党集中所有的资源,减少票源分散,而在广义层面,两党竞争而不是多党竞争成为最有效的赢得绝对胜利的模式。第二政党体制时代产生的"赢者通吃""团体制""相对多数获胜"等竞选规则最开始都是在州的选举程序之中使用的,随后推广成为一种通用的竞选实践。③ 19世纪上半叶开始采用的"单一议员选区制"(single member district)——在一个国会议员选区里,只有得票最多者才能当选,即便第二名仅比第一名少得一票,也不能分享后者的胜利——也是为了政党政治

---

① Bibby and Maisel, *Two Parties—Or More? The American Party System*, p. 34.
② V. O. Kay Jr., *Politics, Parties, and Pressure Groups in America*, Thomas Y. Crowell Comp., 1964, p. 208.
③ 关于"赢者通吃"和"团体制"的讨论,见王希:《原则与妥协:美国宪法的精神与实践(增订版)》,北京:北京大学出版社,2014年,第550—552页。

的需要,但实际上包含了一种非此即彼的强硬逻辑,不仅限制了选民的选择范围,而且也使得落选者及其支持者的主张遭到彻底否定。这些对选举的规范化在很大程度上也迫使具有超越两党约束的参选者放弃独立参选的念想,减少他们参选和获胜的机会。①

州的选举程序与规定也为两党制提供了公开的和隐性的"制度"保障。譬如,一些州要求选民在参加党内初选时确认党派认同,变相地将党派忠诚作为参与初选的程序要求。又如,民主、共和两党的总统候选人可以因为两党制的传统自动获得州选举委员会的认可而进入州印制的选票上,而第三党的候选人的名字则需要在征集到一定数量的选民签名才能进入到选票之中。征集选民签名的条件往往十分苛刻,如宾夕法尼亚州曾要求"第三党"候选人要在选举前 14 周内收集到近 10 万选民的签名后才能获得"选票通道"(ballot access)。② 还有的州规定,在民主、共和两党党内初选中失利的候选人不能以独立候选人的身份参加大选,此举是为了阻止党内的"失败者"对主要政党候选人造成威胁。③ 因为联邦制的缘故,涉及选举程序、选区划分和选民资格界定的法律主要由各州制定,而各州的立法机构则长期为民主、共和两党把持,保证两大党竞争的"公平性"(实为它们的既得优势)成为两党的共识。这些规定,借用政治学者爱泼斯坦的话来说,将美国总统选举中已然存在的"双寡头垄断选举制"(electoral duopoly)体制化了。④

---

① Bibby and Maisel, *Two Parties—Or More? The American Party System*, p.56.
② Katharine Q. Seelye, "Parties Team Up to Protect Their Turf", *New York Times*, June 24, 1997; Bibby and Maisel, *Two Parties—Or More? The American Party System*, p.62.
③ David E. Price, *Bringing Back the Parties* Washington, D.C: CQ Press, 1984, pp.132-134.
④ Leon D. Epstein, *Political Parties in the American Mold*, University of Wisconsin, 1986, p.173.

"双寡头垄断选举制"带来的结果之一是选举政治的僵化和政党的工具化。"二元对立"的模式极大地削弱了政治人物和选民的政治想象力和创造力，抹杀了更多的，也可能是更理性的、更符合绝大部分选民愿望的政治组合的可能性，破坏了宪政体制所包含的"和谐化"功能。因为获得竞选成功成为政党政治的最高和最根本的目标，政党的一切运作均围绕这个目标来设计和展开，两党制也就彻底演变成为一种为赢得选举而存在的体制和进程。当政治竞争变成一种放大了的工具理性的实践的时候，民主政治应有的道德和思想内涵便会荡然无存，而技术政治则因为对胜利的渴望和偏执而走向极端化。两党不仅在功能设置、组织建构、选民动员和选举技术等方面表现出越来越惊人的同质性，而且在政见和政策上越来越固执己见，不愿意妥协，甚至也不敢妥协，推动改革的动力与活力丧失在日复一日的党争之中，并大大破坏了选民对民主政治的信仰与崇敬。

"双寡头垄断选举制"同时也带给两大政党较第三党望尘莫及的先天性优势，虽然这种优势从一开始是建立在不公平的起点之上的。当竞争场上只有共和、民主两党的时候，一个具有竞争力的第三党给两党竞争可能带来的不确定性便大大降低。正是在这种情势和条件下，民主、共和两党可以对全国各州和各州的国会选区进行长时段的布局和经营，连续不断、锲而不舍地制造和维护那些对本党有利的国会选区，从而保证始终赢得这些选区的国会议员选举（从而增强本党在国会的势力）和赢得总统选举人的胜利（在许多州，总统选举人虽然是由政党绑定集体参选，但赢得多数选区是享受"赢者通吃"成果的前提）。从政治分割的角度出发，两大政党都力图减少乃至消灭在自己控制选区内的两党竞争，不给对手留下组建有效的反对派选民联盟的机会，以确保本党能够垄断本党控制区域的选举结果。这样做的结果是，一些州在历次总统大选中连续为某一政党（民主党或共和党）所赢得，成为了本文前面提到的"一党州"（one-party state）。到 2000 年时，50 个州的三分之二几乎都成了"一党州"。这意味着，在这些州内，政党的竞争程度变得越来越低。当一州的总统选举结果长时间地为一个主要政党垄断之后，反对党一般不太愿意在这些州里投入过多的竞选人力和财力，而更愿意把"翻盘"的希望寄托在那些在两党之间来回摇摆的州上。政党竞争在"摇摆州"内更为激烈，它们的选民也在全国总统竞选中占有了更大的话语权。

"双寡头垄断选举制"还关键地改变了党内初选在整个总统选举程序中的作用和位置。党内初选是 20 世纪初美国民主体制的一项重要改革，目标是将原来由党内大佬掌握的总统候选人提名权"下放"给本党普通选民，即候选人必须先赢得党内普通选民参与的初选，才能最终得到党代会的提名。在实践中，初选逐步演变成为一种"时势造英雄"的表演，竞争者使出浑身解数，八仙过海，各显神通，力图战胜党内的竞争对手。谁能够筹到雄厚的资金，组成有影响力的竞选团队，赢得媒体的高度关注，谁就有可能胜出，胜出的时间越早，对初选最终结果的影响力也就越大。但一旦党内候选人的提名尘埃落定，形势会发生逆转，变成"英雄造时势"。获得党代会提名的本党总统候选人按惯例也成为党的领袖，在制定本党的竞选纲领，宣示政见和政策方面，可以不受限制地表达自己的意愿，并以自己的想法来决定竞选策略，而政党的全国委员会和各州的政党委员会在此刻所能扮演的角色只是服务性的，它们的任务是全力以赴帮助本党候选人赢得选举，不会、也不可能对其政见提出质疑。所以，两党候选人赢得初选，成为党的领袖，利用两党制营造的政治垄断与分割局面，可以大大增加赢得大选的胜算。

这正是 2016 年总统大选时发生在共和党内的情形。无论从组织上还是意识形态上，特朗普都并非一位忠诚的共和党人。当他决定参选之后，他没有重复亿万富翁佩罗（Ross Perot）在 20 世纪90年代的做法——以独立候选人的身份参加总统选举，也没有像西奥多·罗斯福在20世纪初那样大费周章地去组织一个第三党来参选，而是选择作为一名共和党的参选者参加竞选。作为一名精明的商人，他显然希望用最小的成本来谋取最大的利益，而在总统竞选中要做到这一点，必须有效地利用两党制下的"双寡头垄断选举制"以及其已经造成的政治分割局面，同时将"翻盘"的希望寄托在摇摆州身上，谁能赢得更多的摇摆州，谁就可能赢得大选。然而，他必须先要赢得党内初选。

特朗普深知自己是共和党权力圈子之外的人，从政经验是一张白纸，如果按常规出牌，他必然处于劣势。所以他必须要打烂一些坛坛罐罐，做一些出格的事，打出"三反"（反建制派、反精英、反全球化）的旗帜，刻意表现一种"政治不正确"，以此来赢得一大批对两党制早已厌倦的共和党基层选民的注意力。这是一场豪赌，但他做到了先声夺人，以一种比保守的建制派竞争者更为保守的政见（但他在包括同性恋者权利的问题上反而表现出一种共和党人少见的宽容）击败了党内的竞争者，赢得了党内初选，迫使共和党全国代表大会提名他为总统候选人，并奉他为党的领袖。进入大选之后，他借助共和党的平台，使用白人民族主义的语言，煽动起"摇摆州"那些受到全球化冲击的选民的怨恨和不满，并将这种不满与怨恨提炼成为一种对建制派政治、精英政治和全球化的全面否定，从而创造了一支追随他的选民队伍。这个追随特朗普的"反叛者"队伍，如同特朗普本人一样，原本就游离在两党制的夹缝之中，此刻不再受共和党全国委员会和共和党大佬的控制，变成了一个十足的披着共和党外衣的"特朗普党"。正是位于摇摆州的这些怒气冲天、怨气十足的特朗普党人选民给了特朗普关键的支持，而那些不愿在特朗普和希拉里之间做出选择的人则面临了"无选择困境"。

民主政治运作的核心内容是人民对政治决策的真实参与，选举则是参与的重要方式,也是民意表达的一种直接方式,但当政党政治控制了选举的程序与规则,全面的民意便无法得到真实的表达,民主也将为政党政治所挟持。

如何恢复美国政治体制中的"民主性",如何让普通选民从选举实践中重新找回真实的参与感(而不是无奈感),如何通过体制改革走出事实上的"无选择困境",如何避免极化政治,如何建构一种既有真实的竞争,但又不失共识底线的选举文化和行为规范,将是新一代美国民主体制的改革者必须面对的挑战。

第一部分 "特朗普现象":表象与基础

后现代化与乡愁:"特朗普现象"背后的美国政治文化冲突[①]

刘 瑜

美国政治的两极化有目共睹。"特朗普现象"与其说是这种两极化的原因,不如说是它的结果——当然,特朗普的个人风格又进一步加剧了这种趋势。政治两极化在美国各个政治领域都有呈现:在国会,共和党与民主党之间的僵持局面严重影响了立法效率。第 80 届国会(1947—1948)的重大议题中只有 30% 无法实现立法,到了第 112 届国会(2011—2012),则有 71% 的重大议题无法实现立法;[②]在联邦最高法院,近年的每一次大法官提名都成了政治斗争的焦点,诸多重大判决以五比四的微弱优势通过,显示出司法高度政治化的后果。此外,在普通民众当中,两党支持者对彼此的敌意逐渐加深。1994 年,对共和党人抱有"负面"和

[①] 本文的研究得到清华大学自主科研计划的资助,项目名称为"制度如何影响文化"(项目编号:20165080061)。本文原载于《美国研究》2018 年第 6 期,收入本文集时略有修订。

[②] Christopher Ingraham, "Congressional Gridlock Has Doubled since the 1950s", *The Washington Post*, May 28, 2014, available at: https://www.washingtonpost.com/news/wonk/wp/2014/05/28/congressional-gridlock-has-doubled-since-the-1950s/?utm_term=.2add9f2c28f1.

"非常负面"印象的民主党人分别占比57%和16%;到2017年,这两个比例已分别上升至81%和44%。同样,1994年,对民主党人抱有"负面"和"非常负面"印象的共和党人分别占比68%和17%;到2017年,这两个比例分别上升为81%和45%。①

任何一个对民主崩溃的历史有所了解的西方人,都会对这种两极化趋势感到担忧。远至20世纪上半叶的魏玛共和国、西班牙第二共和国,近至21世纪的埃及、泰国,都显示出尖锐的政治两极化对民主产生糟糕的影响。而美国作为世界头号强国,其政治走向更会对世界政治产生巨大的多米诺骨牌效应。

为什么美国政治会出现这种两极化的现象?对这个问题众说纷纭。大体而言,人们倾向于认为,一大批美国底层右翼白人被全球化进程所抛弃,其经济上的失意导致排外主义、种族主义和保守主义情绪高涨,其激进化推动了特朗普的当选以及美国政治的极化。

这个思路有一定道理,但也有漏洞。与这种"经济全球化"的视角相对,本文强调从政治文化冲突的视角来阐释美国政治的两极化现象。具体而言,本文试图论证:(1)美国政治的两极化在更大程度上由政治文化的两极化,而非经济因素引发;(2)这种政治文化的两极化,主要由左翼自由派政治观念"自由化加速"所推动;(3)为应对左翼观念幅度的巨大变化,右翼诉诸观念强度的变化,即在情感上更加愤怒、行为上更为激烈——至少在特朗普当选前如此。多个因素所导致的"被围困心态",进一步加剧了这种愤怒。

为论述上述观点,本文分为四个部分。第一部分分析美国政治两极化的常见视角——经济视角和制度视角——及其不足;第

---

① 皮尤研究中心(Pew Research Center),"The Partisan Divide on Political Values Grows Even Wider", Oct. 2017, available at: http://www.people-press.org/2017/10/05/the-parti-san-divide-on-political-values-grows-even-wider/.

二部分切入文化视角,展示 20 世纪六七十年代以来美国"权利革命"的内涵;第三部分分析为什么权利革命会成为政治文化两极化的动力,并指出文化撕裂的主要动力是左翼的"自由化加速";第四部分分析为什么右翼以观念强度的变化来应对左翼观念幅度的变化。

一、既有视角及其不足

为理解美国政治的两极化现象,很多人从经济视角出发,强调经济全球化所带来的一系列后果;或者诉诸制度视角,着眼于美国政治制度设计上的一些缺陷。这些观察为解释美国的政治极化现象带来很多洞见,但其解释力有限。

一种常见的看法是,经济全球化给美国带来了诸多不良后果,诸如不平等的加剧、制造业岗位的外移、移民(尤其非法移民)对国内工作机会的抢夺等,这些后果刺激了右翼民粹主义的崛起。这种看法有一定的道理,但是也会遭遇一些解释困境。譬如,第二次世界大战结束以来,美国贫富差距上升最快的时段是20 世纪 70 年代末到 90 年代末,但这一阶段并没有出现右翼民粹主义显著抬头的迹象。根据世界银行的数据,从 20 世纪 90 年代末至今的 20 多年时间里,美国的基尼指数没有明显变化,始终在40—42 之间浮动,① 而恰恰是在这个时段里,美国政治两极化的现象明显加剧。可能有人会说,重要的不是不平等的上升,而是不平等的绝对程度,长期的高度不平等是滋生民粹主义的土壤。但是,如果不平等的绝对程度是右翼民粹主义崛起的根本原因,那么就很难解释为何在北欧、中欧和东欧等几乎是全世界财富最

---

① 参见世界银行数据库网站的基尼指数部分,网址:https://data.worldbank.org/indicator/SI.POV.GINI?locations=US。

平等的地区,也出现了右翼民粹主义抬头的趋势。根据世界银行的数据,2015年,法国的基尼指数是33,瑞典的是29,荷兰的是29,奥地利的是31,波兰的是32,匈牙利的是30;2014年瑞士的基尼指数是33;2013年英国的基尼指数是33……① 然而,这些收入水平差距相对不大的国家都是右翼民粹主义的"重灾区"。可见,以经济的不平等或上升来解释右翼民粹主义的复兴,说服力是有限的。

又比如,如果全球化引发的失业或工资被抑制造成了广泛的民怨,那么应该能够观察到右翼民众对贸易和移民普遍上升的敌意,但事实并非如此。盖洛普(Gallup)进行的民意调查显示,从2001年到2017年,美国民众认为"贸易是美国经济的机会"的比例普遍上升,其中民主党支持者的比例从51%上升至80%,共和党支持者的比例从55%上升到66%,独立党派者的比例从49%升至71%,② 说明不同派系民众都没有表现出明显的反贸易倾向。当然,认同该观点的共和党支持者的比例曾经下跌,2008—2012年跌到谷底,2012年一度跌至40%。这可能是2008年金融危机带来的经济和心理后果所致,但是这之后又重新出现上升趋势。就移民问题而言,右翼民众对移民的态度的确更有敌意,但是这种敌意也并非呈现为一条清晰可见的上升曲线。盖洛普调查显示,从2001年到2018年,美国民众对外来移民水平"非常或有点不满"的比例,在共和党人中从69%升至70%,在民主党人中从57%降至50%,都并非戏剧性的巨大变化。③ 的确,共和党

---

① 参见世界银行数据库网站的基尼指数部分,网址:https://data.worldbank.org/indicator/SI.POV.GINI? locations=US。

② Art Swift, "In U.S., Record High 72% See Foreign Trade as Opportunity", Feb. 16, 2017, available at: https://news.gallup.com/poll/204044/record-high-foreign-trade-opportunity.aspx.

③ Zac Auter and Justin Lall, "Republicans' Dissatisfaction with Immigration Down, Democrats' Up", Jan. 23, 2018, available at: https://news.gallup.com/poll/226175/republicans-dissatisfaction-immigration-down-democrats.aspx.

支持者的这种敌意在2016年,也就是特朗普当选的这一年,曾升至巅峰,达到86%,但是之前和之后的这几年,这一比例都明显低于该峰值水平,显示出这种敌意有可能是当年选举政治动员的结果,而非一个长期的发展趋势。① 总之,无论是贸易问题还是移民问题,都只能部分地解释特朗普现象,鉴于相关数据的波动性和复杂性,很难将其作为一个核心的解释因素。②

就"制度视角"而言,一种常见的看法是,由于"政治活跃分子"更倾向于去投票、捐款和游说,美国独特的初选制度和选举筹款制度给予了"政治活跃分子"更大的政治表达权重。又由于两党"政治活跃分子"往往更加激进,美国政治的两极化其实是政客的两极化,而不是政治文化的两极化。政治学者莫里斯·菲奥里纳(Morris Fiorina)在《文化战争?》和《失去联系》两本书里都表达了类似的看法。③ 如果这个说法是对的,那么政治制度的安排就要为美国政治的两极化负主要责任,而政治文化冲突的因素并不显著。

的确,美国政治制度的设计很可能以一种夸大的方式表达了政治两极化的程度。但是,这不意味着美国的政治文化冲突不显著,只有政治精英之间存在观念冲突。美国政治文化本身的两极化——而不仅仅是政治精英的两极化,是一个被各种民调所捕捉到的事实,这一点不应该被"政治精英更加两极化"所遮盖。皮尤

---

① 当然,盖洛普调查也显示,美国民众对外来移民的敌意程度与本国的失业率通常亦步亦趋——失业率越高的年份,对外来移民越敌视。这说明从经济视角分析可以在很大程度上阐释"排外主义"。参见 Jeffrey Jones, "Positive Attitudes Toward Foreign Trade Stay High", March 1, 2018, available at: https://news.gallup.com/poll/228317/positive-attitudes-toward-foreign-trade-stay-high.aspx.

② 笔者没有看到各州的民意调查数据,不排除在某些州,右翼的排外主义和种族主义情绪大幅上升,并促成了该州的选举结果。

③ Morris Fiorina and Samuel Abrams, *Cultural War: The Myth of a Polarized American*, London, U.K.: Longman, 2010; Morris Fiorina and Samuel Abram, *Disconnect: The Breakdown of Representation in American Politics*, Oklahoma, U.S.: University of Oklahoma Press, 2009.

研究中心(Pew Research Center)的调查结果显示,两党支持者在十个政治价值观念上的差距已经从 1994 年的 15 个百分点扩大至 2017 年的 36 个百分点,这是一个必须正视的现实。① 政治价值观念谱系两端具有"意识形态一致性"的人口比例明显增加(从 1994 年的 10% 上升至 2014 年的 21%),也是一个重要的事实。② 并且,如前所述,右翼民粹主义的崛起不仅仅是一个美国现象,而且是西方世界的普遍现象。众所周知,欧美各国民主制度的设计千差万别,因此,要考察和捕捉各国同时出现的右翼民粹主义上升现象,不能仅仅立足于美国政治制度设计的独特性。

二、权利的革命

相比经济视角和制度视角,文化冲突的视角更有力。概括而言,西方世界自 20 世纪 60 年代以来发生了一场文化巨变,这场巨变被心理学家斯蒂芬·平克(Steven Pinker)称为"权利的革命",被世界观念调查组织首任主席罗纳德·英格利哈特(Ronald Inglehart)称为政治文化的"后现代(post-modern)转型"或"后物质主义(post-materialist)转型"。不管如何命名,这一文化巨变推动了西方世界的政治两极化。这是因为,此种进步主义变革主要发生于西方左翼阵营,而右翼或拒绝这一变化,或接受这一变化的速度相对缓慢,于是西方世界逐渐呈现出一种一方奔跑、一方缓行所造成的文化撕裂态势。长期以来,这种文化撕裂以一种量变的方式在发生,但到了 21 世纪初,量变的积累引发质变,加上

---

① 皮尤研究中心调查的"两党支持者"不仅指狭义上的自我宣称党派属性的人,而且包括具有一定政党倾向的人(republican leaners 或 democratic leaners)。其分析的对象覆盖整个社会,而不仅限于处于两端处的民众。

② The Pew Research Center, "Political Polarization in the American Public," June, 2014, available at: http://www.people-press.org/2014/06/12/political-polariza-tion-in-the-american-public/.

新兴经济体带来的挑战,移民和难民问题日益凸显,宗教极端主义兴起,文化差异终于引爆了一场整个西方世界内部的"文化战争"。这是包括美国在内的西方的政治极化的重要成因。

尽管很多人早已注意到美国自由派和保守派之间的文化冲突,但对这一冲突的性质存在着诸多误判。很多分析着眼于一个相对短期的时间框架,描述了这样一幅画面:一群经济地位被边缘化的"白人垃圾"试图寻找个体失败的替罪羊,在政客的煽动下,其种族主义、排外主义和保守主义情绪高涨,最终将特朗普推上了总统的位置。在这种短期视野里,右翼保守派是观念变化的"进攻方",左翼则处于一个相对稳定的位置,被动而惊骇地看着一场文化海啸的发生。

有趣的是,短期视野里的画面如果放到"权利的革命"这个相对长期的视野里,角色却正好互换:西方左翼成为文化变化的"进攻方",右翼则处于一个相对稳定的位置,被动而惊骇地观望一场文化海啸的发生。作为对这场"海啸"的反应,他们诉诸一系列激烈的姿态来表达其怨恨,包括将特朗普这样极受争议的政客选上台去。换言之,右翼以观念强度的变化来应对左翼的观念幅度的变化。这也是在此场文化冲突中,右翼保守派比左翼自由派常常显得更加激愤的原因。

也就是说,"权利的革命"是理解当今西方世界政治撕裂现象的一把钥匙。在本文中,"权利的革命"意指不同群体权利意识的"多米诺骨牌式"的觉醒和深化,包含"权利主体的扩散"和"权利内容的扩展"两个维度。权利主体的扩散,是指以往唯有白人男性享有的权利,逐步向女性、有色人种、同性恋者、移民、儿童甚至动物扩散;权利内容的扩展,则是指以往聚焦于政治自由的权利,逐步向社会和经济权利、福利主义、环境权利、文化权利等方向深化。

众所周知,普通民众权利意识的觉醒可以追溯到启蒙运动。但是,20世纪六七十年代左右以来,权利观念在上述两个维度上的变化出现了加速化趋势,以至于诸多政治文化研究者认为出现了一场"革命"。比如,平克在其经典著作《人性中的善良天使》中专用一章介绍"权利的革命",以大量数据展示第二次世界大战后"权利主体"的扩散现象,即平等权利的主张者不断从白人男性向女性、有色人种、同性恋者、移民、儿童甚至动物扩散。[①] 政治学者斯科特·弗勒南根(Scott Flanagan)则以"威权主义到自由主义的转型"来概括西方世界的文化变化。

关于为什么这场观念革命会在近半个世纪内发生,不同学者提出过不同看法,其中最有影响力的观点来自英格利哈特和政治文化学者维尔泽尔(Christian Welzel)。他们认为,过去半个世纪左右以来经济的迅猛发展和模式转型,是爆发"权利革命"的根本原因。根据他们的观点,经济发展改变了人类的价值排序——随着物质和资源越来越丰富,"宽容的成本"逐渐降低,人们越来越愿意接受权利和资源的"分享",于是,物质主义开始让位于一种后物质主义的人本主义观念。同时,经济模式的转型也会重塑人类社会的价值结构。工业经济模式要求劳动力具有集体主义精神和纪律性,而知识经济模式则对人的个体性、创造性有更高的要求。加上交通与通信技术的发展极大地拓展了人类的认知和组织资源,使得权利观念的传播和实践大大加快。所有这些结构性因素叠加起来,成为权利革命的动因。在《发达工业社会的文化转型》《现代化与后现代化》《现代化、文化变化与民主》等著作中,[②]英格利哈特及其合作者根据不断更新的"世界观念调查"数据,逐步发展、完善其看法,最终形成了上述文化变迁理论。在不同

---

① 〔加〕斯蒂芬·平克:《人性中的善良天使》,安雯译,北京:中信出版社,2015年。
② 参见〔美〕罗纳德·英格利哈特:《发达工业社会的文化转型》,张秀琴译,北京:社会科学文献出版社,2013年;罗纳德·英格利哈特:《现代化和后现代化》,严挺译,北京:社会科学文献出版社,2013年;Ronald Inglehart and Christian Welzel, *Modernization, Culture Change and Democracy*, Cambridge, U. K.: Cambridge University Press, 2005。

的著作中,英格利哈特描述这种变迁的语言不尽相同,包括"后现代转型""后物质主义转型""自我表达的价值上升""文化规范的女性化",等等,但是其核心观点大致稳定。① 政治学者阿兰·阿博拉莫维茨(Alan Abramowitz)则强调,受教育程度的提升会增强思维的"意识形态一致性"(ideological consistency),这种"一致性要求"是进步主义思潮的动力之一。当然,也正是这种对"意识形态一致性"的追求使得对立双方达成妥协的可能性降低,从而导致文化撕裂。②

本文更关注的是文化巨变的结果而非其原因。右翼民粹主义的崛起,很大程度上恰恰是对这场权利革命的反弹。英格利哈特正是从这一角度去分析西方右翼民粹主义的崛起的。在《特朗普、英国退欧以及民粹主义的崛起》一文中,③他和哈佛大学政治学者皮帕·诺里斯(Pippa Norris)以"文化反弹"(cultural backlash)来诠释当下的右翼崛起现象,并以定量分析的方式论证了"文化反弹说"比"经济不满说"更有说服力。但是,该文分析的对象主要是欧洲而非美国;并且英格利哈特的分析常常被批评"测量指标之间缺乏概念上的一致性"。比如,当他和维尔泽尔在《现代化、文化变化和民主》一书中将"快乐、宽容、信任和参与"组合成为一个"自我表达的价值"(self-ex-pression values)概念时,人们有理由怀疑这四个指标能否有机地合成为一个概念。事实上,他们不得不发明一个新词"自我表达的价值"来描述这种组合,本身就说明了概念一致性面临的困境。在《特朗普、英国退欧以及民粹主义的崛起》一文中,英格利哈特再次以一个"大杂烩"的方式,从排外程度、对全球治理

---

① Ronald Inglehart and Christian Welzel, *Modernization, Culture Change and Democracy*, Chapters 1-2.
② Alan Abramowitz, *The Disappearing Center*, New Haven, U.S.: Yale University Press, 2011.
③ Ronald Inglehart and Pippa Norris, "Trump, Brexit and the Rise of Populism: Economic Have-nots and Cultural Backlash," working paper, available at: https://papers.ssrn.com/sol3/papers.cfm?abstract_id=2818659.

的信任程度、对国家级政府（相对于地方政府）的信任程度、对威权主义的态度、左右谱系上的自我认知等维度，来衡量文化上的"后物质主义"程度。这种衡量方式固然能够增加模型的解释力，但这五个概念内在联系的薄弱削弱了其理论的明晰程度。比如，在何种意义上，对地方自治的信任与对威权主义的信奉构成了一个可以融会贯通的概念？信任地方自治是否恰恰是信奉民主的一种方式？有鉴于此，本文虽然认同英格利哈特和皮帕的"文化反弹"说，但更愿意用"权利的革命"这个理论上更清晰的概念来描述西方政治文化的巨变，并试图从这个视角来分析当代美国政治的走向。①

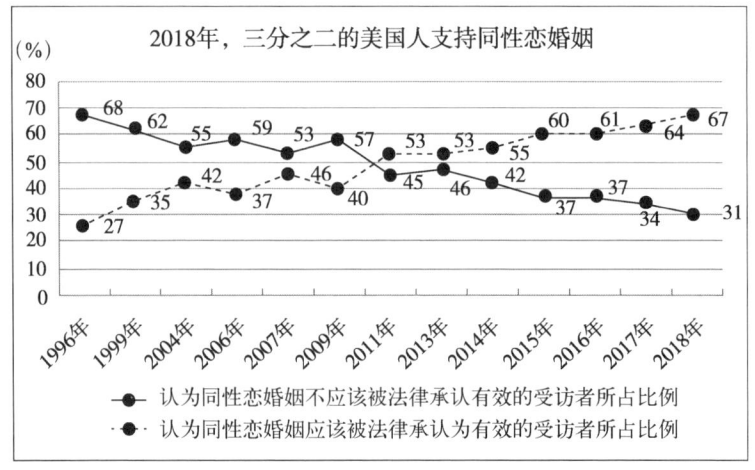

图1　美国人对同性恋婚姻支持和反对比例的变化（1996—2018）②

资料来源：盖洛普网站，Justin McCarthy, "Two in Three Americans Support Same-Sex Marriage," May 23, 2018, available at: https://news.gallup.com/poll/234866/two-three-a-mericans-support-sex-marriage.aspx。

---

①　需要指出的是，本文中"权利的革命"与平克所说的"权利的革命"意涵不完全相同。他所描述的"权利的革命"主要指向"权利主体"的扩散，而本文所指的"权利的革命"既包括权利主体的扩散，也包括权利内容的深化。

②　本文的图表皆根据资料来源中的图表数据自行制作。由于原文没有提供原始数据，只有图表数据，故本文制作的图表会比原文图表的内容更加模糊。笔者的研究助理江文路协助制作了这些图表，在此表示感谢。

各种调查显示,"权利的革命"是真实的、持续的和影响显著的。由于本文聚焦于美国,故以下分析将以美国的经验材料为依据。① 从权利主体的扩散而言,不妨以美国主流社会对同性恋者、黑人和女性的态度作为三个观察点。图1展示的是美国公众对同性恋婚姻看法的变迁。在短短20余年(1996—2018)时间里,美国公众接受同性恋婚姻的人口所占比例从27%上升至67%,反对的比例则从68%下降至31%。

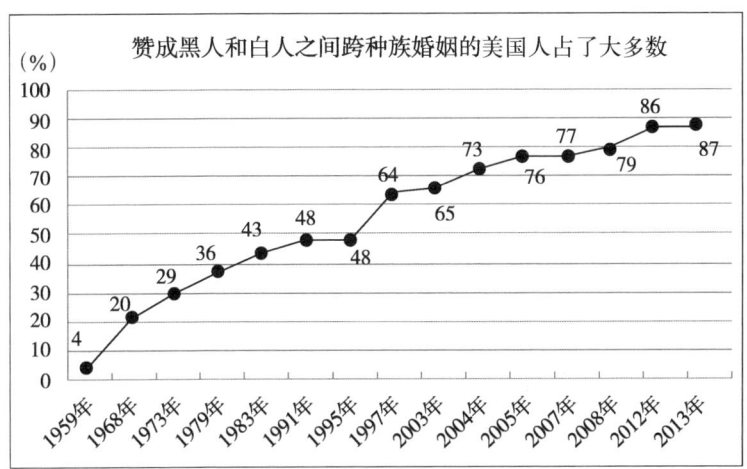

图2 美国人接受黑人和白人跨种族婚姻的比例变化(1959—2013)

资料来源:盖洛普网站,Frank Newport,"In U. S. ,87% Approve of Black-White Marriage,vs. 4% in 1959," July 25,2017, available at: https://news.gallup.com/poll/163697/approve-marriage-blacks-whites.aspx。

图2展示的是美国公众接受黑人和白人"跨种族婚姻"的比例变化。1959年接受黑人和白人联姻的美国人所占比例只有4%,但是到2013年,已经上升至87%。实际的跨种族婚姻人数显然要少得多,毕竟美国的黑人和白人人口比例失衡,而且还受

---

① 尽管忽略了欧洲的文化变迁,但是笔者认为美国和欧洲的变化具有同构性,可以说是同一场"文化革命"的不同组成部分。

阶层、文化差异等因素的影响，但是调查显示，①1980—2015 年，黑人的跨种族婚姻比例已经从 5% 上升至 18%，白人的跨种族婚姻比例也从 3% 上升至 11%。这说明无论是观念上还是行动上，美国人的种族主义观念都处在一个淡化的过程中。

图 3 则反映了美国人对女性态度的变化。盖洛普民意调查的一个问题是，"如果找到一个新工作，你更希望老板是男人还是女人"。从 1953 年到 2017 年，美国男性对这个问题的回答发生了显著的变化，表示"无所谓男人还是女人"的比例从 21% 升至 68%；表示希望是女性的从 2% 升至 13%；表示希望老板是男性的则从 75% 跌至 19%。这说明越来越多的男性不再认为女性应当是弱小、温顺的从属物，而可以是强势、自主的职业领导。

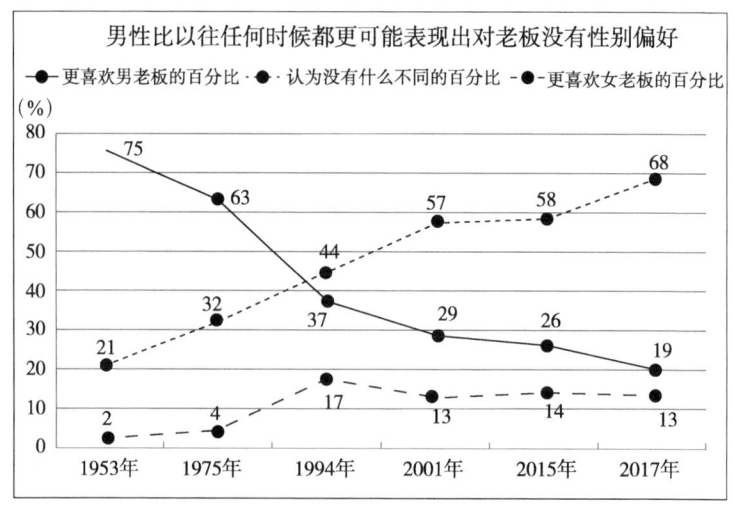

图 3　美国男性对上司性别偏好的变化（1953—2017）

资料来源：盖洛普网站，Megan Brenan, "Americans No Long Prefer Male Boss to Female Boss," Nov. 16, 2017, available at：https://news.gallup.com/poll/222425/americans-no-longer-prefer-male-boss-female-boss.aspx。

---

① The Pew Research Center, "Intermarriage in the U. S. 50 years after Loving vs. Virginia", May 2017, available at：. http://www.pewsocialtrends.org/2017/05/18/intermarriage-in-the-u-s-50-years-after-loving-v-virginia/.

就权利内涵的深化而言,在一百年前的"洛克纳时代"①,美国社会还在为政府是否有权干涉劳资关系、提供社会保障、资助教育医疗等公共服务而犹疑。一百年后的今天,尽管公众仍然在为这些服务的尺度而斗争,但是,民众有权在各个领域享受公共服务这一基本原则已经牢不可破。这是罗斯福"新政"和约翰逊"伟大社会"运动的遗产。2015年的一项调查显示,绝大多数美国人对政府资助的主要公共福利和服务项目都表示支持。②

这种变化的表现之一,是权利已不再仅仅意味着政治权利,也包括经济和社会权利。关于这一点,近年的变化尤其明显,公众对贫困扶助和医疗保障的态度即是证明。就对贫困的态度而言,尽管美国政府在贫困扶助方面的人均开支呈总体上升趋势,但认为政府做得仍然不够的公众比例却逐年上升。从1994年至今,支持"穷人生活很艰难,是因为政府提供的福利还远远不够"这一判断的民众比例已从39%升至53%(见图4)。

同样,在医疗保障问题上,21世纪之前的公众意见出现过相当一段时间的僵持和反复,显示出美国个人主义政治文化的韧性。但是,近年来却出现了进步主义观念加速发展的趋势。根据盖洛普民意调查,2010年支持"政府运营的医疗系统"的民众比例是34%,支持"私人保险系统"的比例是61%,两者之间差了27个百分点;但是到2017年,支持"政府运营的医疗系统"的民众比例升至47%,而支持"私人保险系统"的比例则降至48%,两者只差了一个百分点。不到10年时间发生了26个百分点的变化,不可谓不显著(见图5)。

---

① "洛克纳时代"是指美国历史上的经济保守主义时代(1897—1937)。在这个阶段,以"洛克纳诉纽约州案"(Lochner v. New York)为标志,美国联邦最高法院通过了一系列判决,阻止政府调解劳资关系,干预市场活动。
② Mira Norton etc., "Medicare and Medicaid at 50", Kaiser Family Foundation, July 2015, available at: https://www.kff.org/medicaid/poll-finding/medicare-and-med-icaid-at-50/.

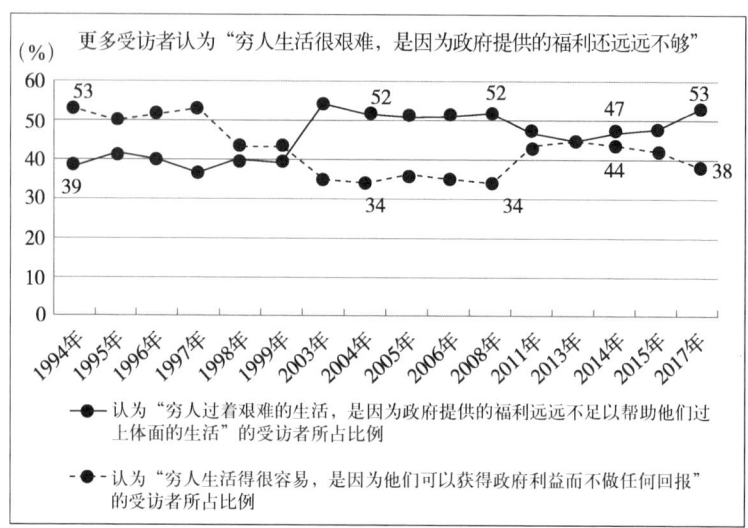

图 4 美国公众对政府贫困补助力度的看法

资料来源：皮尤研究中心网站，"The Partisan Divide on Political Values Grows Even Wider," Oct., 2017, available at: http://www.people-press.org/2017/10/05/the-partisan-divide-on-political-values-grows-even-wider/。

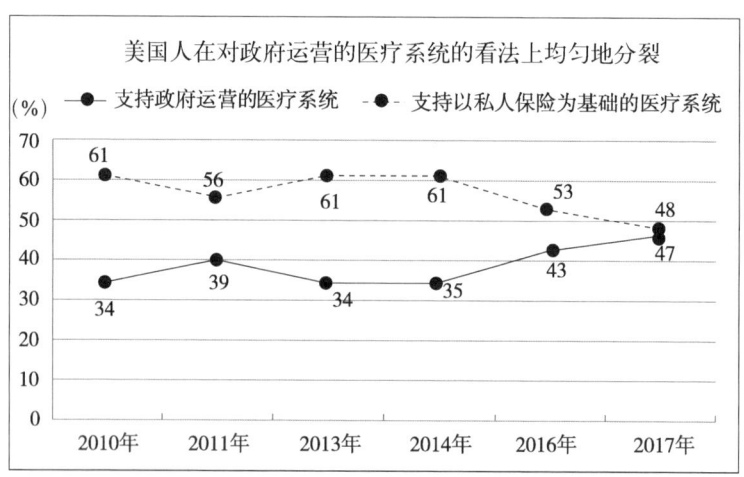

图 5 美国公众对政府运营的医疗系统的看法（2010—2017）

资料来源：盖洛普网站，Frank Newport, "In U. S., Support for Government-Run Health System Edges Up", Dec. 1, 2017, available at: https://news.gallup.com/poll/223031/americans-support-government-run-health-system-edges.aspx。

观念的代际差异,最直观地说明了"权利革命"的真实性。在几乎所有重大议题上,美国人都表现出越年轻越自由化的倾向。这一点被大量的民意调查结果所证实。或许有人会将观念的代际差异理解为生命周期导致的变化,但正如英格利哈特的研究所显示的,这种代际变化是真实的观念变迁,而不仅仅是生命周期所造成的观念转变。①

如图6所显示的,对于"种族歧视是黑人进步的主要障碍"这种看法,"沉默一代"认同的比例是28%,"婴儿潮一代"认同的比例是36%,"X一代"认同的比例是40%,而"千禧一代"认同的比例则高达52%,这彰显出不同代际民众对于维护少数族裔权利的不同态度。② 图7显示,不同代际的人对移民的态度与此类似,尽管总体上都在变得更加正面,但显然越年轻的人对

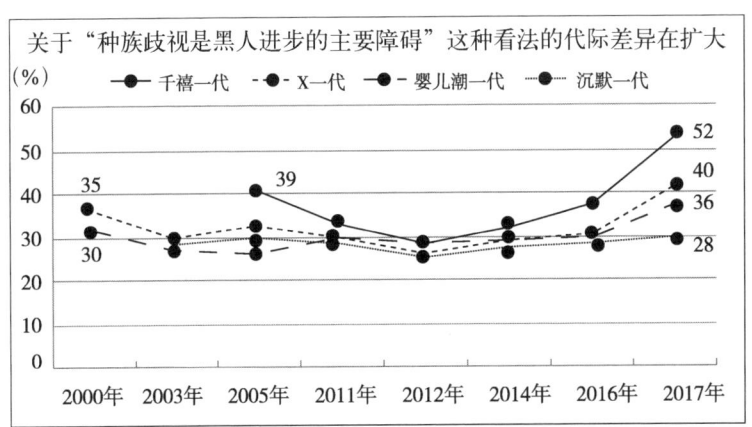

图6 种族歧视的代际观念差异(2000—2017)

资料来源:皮尤研究中心网站,"The Generation Gap in American Politics", March 1, 2018, available at: http://www.people-press.org/2018/03/01/the-generation-gap-in-american-politics/。

---

① 〔美〕罗纳德·英格利哈特:《发达工业社会的文化转型》,张秀琴译,第4页。
② 根据皮尤研究中心的解释,"沉默一代"是指出生于1928—1945年的人群;"婴儿潮一代"是指出生于1946—1964年的人群;"X一代"是指出生于1965—1980年的人群;"千禧一代"是指出生于1981—1996年的人群。

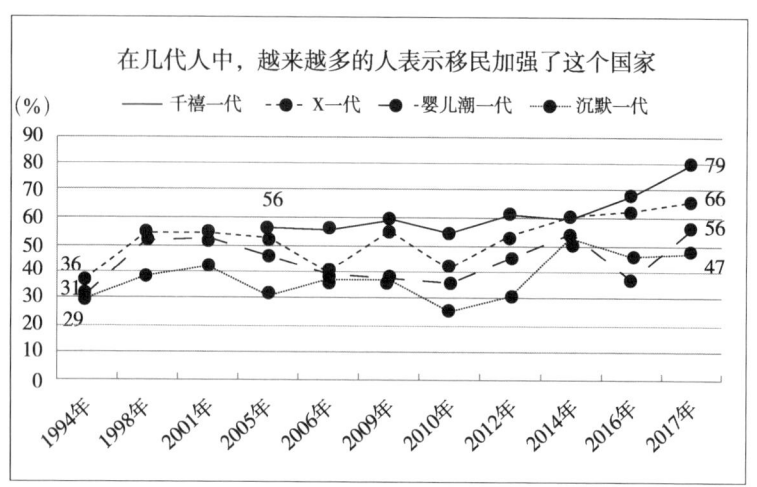

图 7　对移民态度的代际观念差距（1994—2017）

资料来源：皮尤研究中心网站，"The Generation Gap in American Politics", March 1, 2018, available at: http://www.people-press.org/2018/03/01/the-generation-gap-in-american-politics/。

移民的认同感越强。根据 2017 年的统计数据，47% 的"沉默一代"认为"移民使国家变得更加强大"，而在另一端，多达 79% 的"千禧一代"认同此判断。

在对"权利的内涵"的理解上，代际差异也十分明显。根据 2017 年的调查结果，对于"希望更大的政府提供更多的服务"的表述，30% 的"沉默一代"表示认同，"千禧一代"的认同比例则高达 57%（见表 1）；对"政府有责任为所有美国人提供医疗保险"这个观点的态度，"沉默一代"和"千禧一代"的认同比例分别是 52% 和 67%（见图 8）。事实上，在已登记的选民中，"沉默一代"的民主党支持者和共和党支持者的比例是 43% ∶ 52%，共和党比民主党多出 9 个百分点；而到了"千禧一代"，民主党支持者和共和党支持者的比例是 59% ∶ 32%，民主党比共和党多出 27 个百分点。这说明美国的代际观念更替清晰地朝着"自由派"的方向位移。

表 1　关于政府规模的代际观念差异(1980—2017)

倾向于一个更大规模的政府提供更多服务的受访者所占比例(%)								
	1980 年	1989 年	1996 年	1999 年	2007 年	2011 年	2014 年	2017 年
总数	32	48	30	43	43	41	42	48
千禧一代	—	—	—	—	68	56	54	57
X 一代	—	—	53	54	51	45	46	50
婴儿潮一代	45	52	24	41	33	35	35	43
沉默一代	25	35	19	34	30	25	27	30

资料来源：皮尤研究中心网站，"The Generation Gap in American Politics"，March 1，2018，available at：http://www.people-press.org/2018/03/01/the-generation-gap-in-american-politics/。

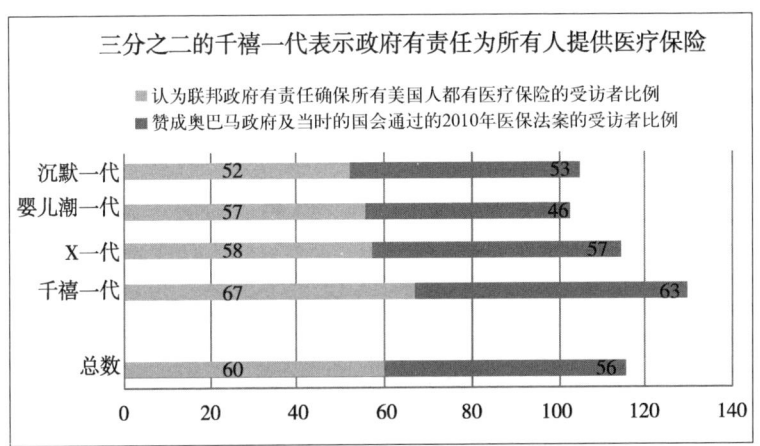

图 8　关于政府承担医保责任的代际观念差异(2017 年)

资料来源：皮尤研究中心网站，"The Generation Gap in American Politics"，March 1，2018，available at：http://www.people-press.org/2018/03/01/the-generation-gap-in-american-politics/。

三、权利的革命与政治两极化

无论是观察整体民意的变化，还是观察观念的代际更替，都可以看到"权利的革命"在真实地发生。为何这一趋势导致美国政治文化的两极化？原因在于，这一"革命"在人群中的分布是极不均匀的——一部分美国人大步前进，另一部分人则踌躇不前，从而引发了文化的撕裂。换言之,美国政治文化的两极化过程主要不是处于中间位置的人群各自向两极扩散所致,而是自由派大步流星地向进步主义方向迈进、保守派没能"跟上"所致。当然,保守派在某些议题上也表现为进一步的"保守化"或阶段性的"保守化",但总体而言,其政治观念位移的距离小于自由派,并且其变化方向不像自由派那么具有一致性。

比如,就对同性恋的看法而言,以"社会是否应该接受同性恋"这个问题作为观测窗口,皮尤研究中心的调查结果的确显示两党支持者的观念差距拉大了,但这并非因为共和党支持者变得更保守了,而是因为民主党支持者变得更自由化了,且变化的速度明显快于共和党支持者。事实上,共和党支持者中认同"社会应该接受同性恋"这一观点人数的比例也在增长,从1994年的38%上升至2017年的54%,但是同一时期,民主党支持者的这一比例则从54%上升至83%。因此,尽管两党支持者变化方向一致,最后结果反而是他们的观念更加两极化了(见图9)。

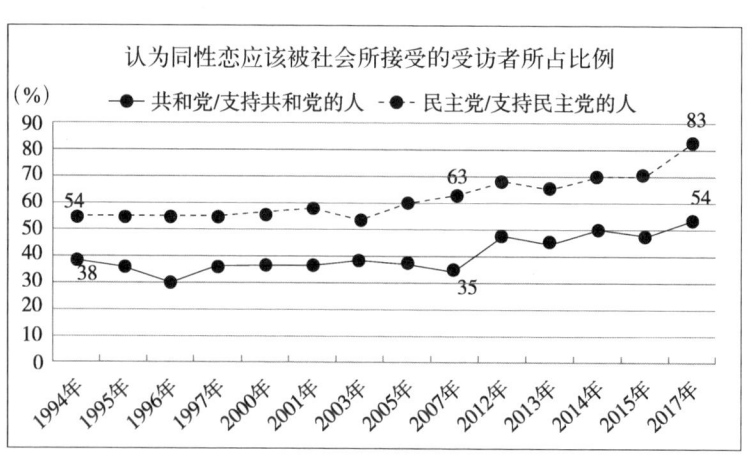

图9 两党支持者对同性恋接受度的差距(1994—2017)

资料来源:皮尤研究中心网站,"The Partisan Divide on Political Values Grows Even Wider", Oct. 2017, available at: http://www.people-press.org/2017/10/05/the-partisan-divide-on-political-values-grows-even-wider/。

就对移民的看法而言,对"移民通过勤劳工作和发挥才能使国家更加强大"这一观点,共和党支持者的认同比例从1994年的30%上升至2017年的42%。也就是说,在这一阶段,共和党支持者事实上总体变得对移民更加包容了,而且变化幅度并不算小(增长了12个百分点)。但是,同一时期认同这一观点的民主党支持者的比例却从32%升至84%,上升了52个百分点,可以说是极其显著的变化。结果,两党支持者在移民问题上的观点也是更加两极化了(见图10)。

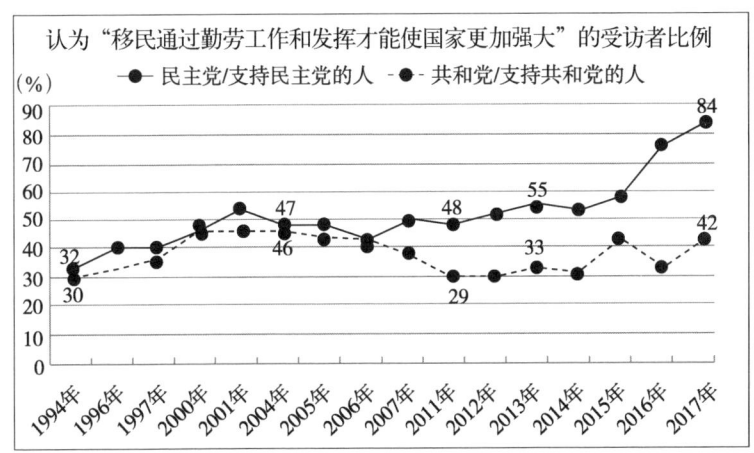

图10 两党支持者对移民接受度的差距(1994—2017年)

资料来源:皮尤研究中心网站,"The Partisan Divide on Political Values Grows Even Wider", Oct. 2017, available at: http://www.people-press.org/2017/10/05/the-partisan-divide-on-political-values-grows-even-wider/。

皮尤研究中心的这一调查还包含了对种族问题的看法。对"国家应当继续改变,赋予黑人和白人平等权利"这个判断,2009—2017年持赞同意见的共和党支持者的比例从30%上升至36%,但同一时期民主党支持者的这一比例则从57%上升至81%(见图11)。同样,民主党支持者在这一问题上观念变化的幅度(上升24个百分点)远远大于共和党支持者的变化(上升6个百分点)。尽管近年来,共和党支持者在这个问题上也发生了趋于自由化的变化,却无法缓解政治越来越两极化的态势。

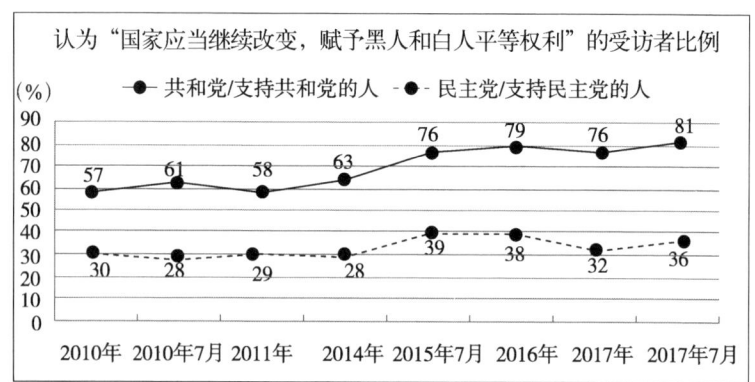

图 11 两党支持者支持黑人进一步平权的比例差距(2009—2017)

资料来源:皮尤研究中心网站,"The Partisan Divide on Political Values Grows Even Wider", Oct. 2017, available at: http://www.people-press.org/2017/10/05/the-partisan-divide-on-political-values-grows-even-wider/。

在宗教问题上的趋势类似,民主党支持者同样比共和党支持者发生了更加显著的变化。2002—2017 年,对"就建立道德和良好价值观而言,宗教并非必需的"这一论断,共和党支持者的认同比例从 50% 降至 47%,是一个趋于保守化但是温和的变化;民主党支持者的认同比例则从 52% 升至 64%,是更为显著地趋于自由化的变化。①

同样,在"权利的内涵"问题上,如果从 20 世纪 90 年代中期算起,总体而言,双方观点的变化并不对称。皮尤研究中心的调查里有多个问题涉及对福利国家的看法,其中之一是"穷人生活艰难是因为政府提供的福利还远远不够?",同意这个看法的共和

---

① The Pew Research Center, "The Partisan Divide on Political Values Grows Even Wider", [accessed October 2017], available at: http://www.people-press.org/2017/10/05/the-partisan-divide-on-political-values-grows-even-wider/.

党支持者的比例从1994年的28%降至2017年的25%,是一种温和的趋于保守的变化。同一时期认同这一看法的民主党支持者的比例则从49%上升至76%,也就是有27个百分点的变化,可以说是一个相对激烈的变化(见图12)。

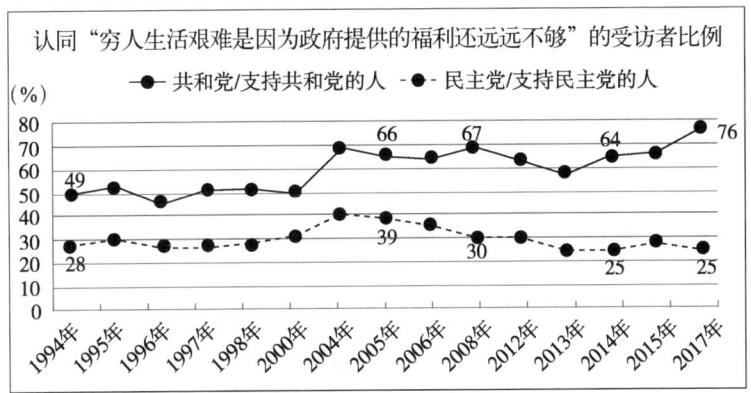

图12 两党支持者对政府扶贫力度的看法差异(1994—2017)

资料来源:皮尤研究中心网站,"The Partisan Divide on Political Values Grows Even Wider", Oct. 2017, available at: http://www.people-press.org/2017/10/05/the-partisan-divide-on-political-values-grows-even-wider/.

一个有关政府和市场关系的表述是,"政府管理市场对于保护公共利益是必要的"。1994—2017年,认同这一看法的共和党支持者的比例从33%降至31%,变化温和但趋于保守化;认同这一看法的民主党支持者的比例则从49%升至66%,是一个相对显著的变化(见图13)。[①]

[①] 关于政府与市场的关系有若干问题,其中只在一个问题上,共和党支持者的观念的变化幅度超过了民主党支持者,即对"即使债务继续增加,政府也应该在帮助贫困美国人方面做得更多"这一判断,共和党支持者的赞同比例1994—2017年从38%降至24%(下降14个百分点),同一时期民主党支持者的赞同比例则从58%升至71%(上升13个百分点),但这是唯一的例外,而且14个百分点和13个百分点的差异并不那么明显。available at: http://www.people-press.org/2017/10/05/the-partisan-divide-on-political-values-grows-even-wider/.

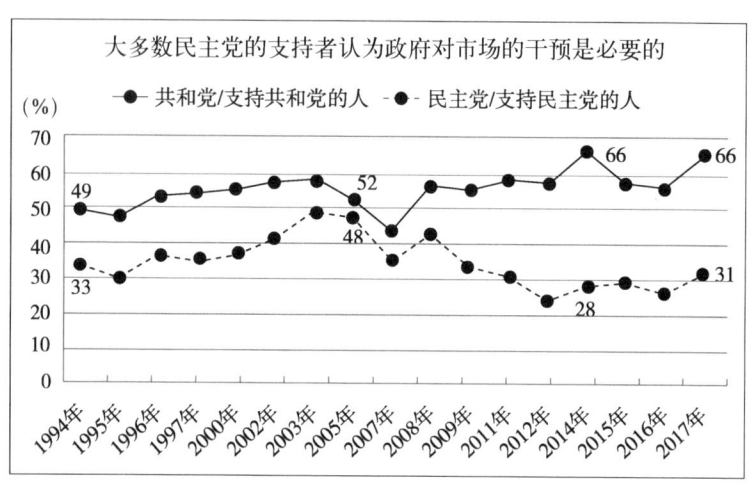

图 13　两党支持者对政府干预市场必要性的认识差距(1994—2017)

资料来源:皮尤研究中心,"The Partisan Divide on Political Values Grows Even Wider," Oct. 2017, available at: http://www.people-press.org/2017/10/05/the-parti-san-divide-on-political-values-grows-even-wider/.

对经济不平等的看法,同样是民主党支持者的变化幅度明显大于共和党支持者的变化幅度。针对"如果人们愿意努力工作,他们就能够前进"这一说法,1994—2017年,表示认同该观点的共和党支持者的比例从73%升至77%,温和地趋于保守化;表示认同该观点的民主党支持者的比例则从65%降至49%,更明显地趋于自由化。观念的两极化同样主要是因为民主党支持者的观念变化幅度更大(见图14)。

不过,有必要指出,共和党支持者在某些议题上保守化的趋势更为明显。比如在环保问题上,1994—2017年,认同"更严格的环境立法和管控是值得的"这一说法的共和党支持者的比例从58%跌至36%,相比之下,民主党支持者的认同的比例则从66%升至77%。在这个问题上,共和党支持者的态度位移距离

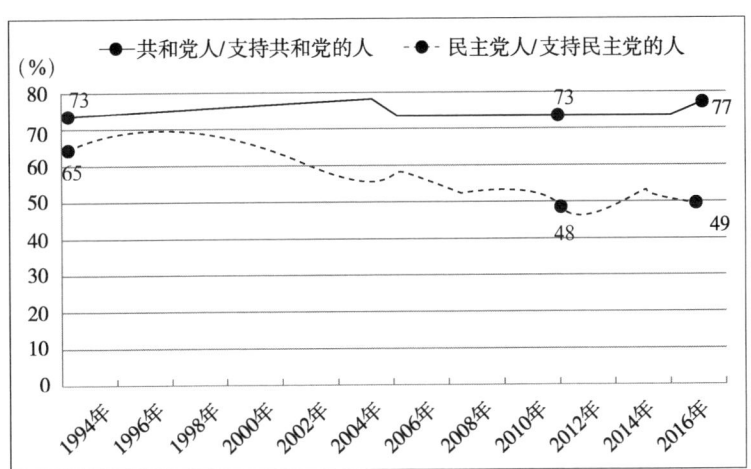

图 14　两党支持者对"努力就能前进"的看法差异（1994—2017）

资料来源：皮尤研究中心网站，"The Partisan Divide on Political Values Grows Even Wider", Oct. 2017, available at: http://www.people-press.org/2017/10/05/the-partisan-divide-on-political-values-grows-even-wider/。

更大。① 因此，"自由派位移距离更大"这个判断是就总体而言的，并不严格适用于每一个议题。

政治观念的两极化主要由"进步"所驱动，这可能有违很多人的直觉，但民主党和共和党两个阵营在民调方面显示的变化轨迹大体支持这一结论。当然，右翼中存在一些极端的种族主义者和排外主义者，②有可能历经了观念的激进化变化，但这并不代表两党支持者观念的总体变化趋势，不能反映美国政治文化变迁的全貌。

进一步分析共和党支持者的观念变化趋势，可以发现在涉及

---

① "The Partisan Divide on Political Values Grows Even Wider", October 2017, available at: http://www.people-press.org/2017/10/05/the-partisan-divide-on-political-values-grows-even-wider/.

② 2017 年夏天发生在美国弗吉尼亚州的"夏洛茨维尔惨剧"，即由极端主义者挑起。

同性恋者、黑人、移民和女性的身份政治议题上,保守派的观念表现出更大的弹性;而在政府的经济角色议题上,其观点则表现出更强的刚性。就对同性恋的态度而言,共和党支持者认同"社会应当抑制同性恋"立场的比例从1994年的58%降至2017年的37%;认同"移民是我国的负担"立场的比例,也从1994年的64%降至2017年的44%。尽管"进步"幅度不如民主党支持者大,但确实在向"进步"的方向变化。相比之下,对"政府管控企业弊大于利"这一论断,共和党支持者认同的比例从1994年的64%降至2017年的63%,几乎没有变化;同一时期对于"政府今天已经没有余力更多地帮助穷人"这一说法的支持的比例,甚至从58%上升至69%,可见其经济保守主义立场之坚定。① 尽管在经济问题上,共和党支持者的看法往往随着执政党轮替而历经明显的起落,但是从过去几十年的变化来看,几番起落之后,其观念位置最终往往回归一个长期的均值。相比之下,保守派在身份政治议题上的立场却不断演化,并在一个新的"台阶"上实现相对的稳定。

对比美国保守派公众在跨种族婚姻(作为"身份政治"的一个指标)和政府的医保责任(作为"政府经济角色"的一个指标)问题上的观念演化路径,可以看出美国保守主义的重心何在。盖洛普关于是否接受"黑人与白人之间跨种族婚姻"的民意调查显示,1959—2013年,美国白人公众接受黑人和白人联姻的比例从17%升至84%,并且这一上升趋势一直没有逆转——2000—2013年,从60%上升到84%。尽管这一调查并没有区分保守派和自

---

① "The Partisan Divide on Political Values Grows Even Wider", October 2017, available at: http://www.people-press.org/2017/10/05/the-partisan-divide-on-political-values-grows-even-wider/.

由派的态度的演变,并且有理由相信自由派的变化幅度大于保守派,但全民在此问题上的变化如此显著,保守派的变化显然起了重要的作用。换言之,这一变化幅度显示,保守派在"跨种族婚姻"问题上变得更加自由化了。① 至少从这个指标来看,保守派更远离种族主义了。相比之下,保守派对政府经济角色的态度却没有出现这样的变化趋势。在1975年到2013年这个相对长的时段里,认为"政府应该帮助支付医疗费用"的保守派的比例虽然起起落落,但大体围绕着30%变化。② 到了2017年,支持这一判断的民主党支持者的比例已高达85%,而共和党支持者的比例仍然只有32%。③

认识这一点非常重要,因为谈论保守主义的时候,应认清保守主义者在"保守"什么。将族群身份问题和政府经济角色问题混为一谈,无助于认识美国文化冲突的根源。从保守派在身份政治问题上的相对弹性和政府经济角色问题上的相对刚性来看,将西方民粹主义崛起的原因简单地归结为底层的种族主义和排外主义是不妥的。西方右翼民粹主义的成因既有族群观念元素,也有经济观念元素,甚至从本质和长远来看,经济保守主义是保守派更坚硬的"内核"。

---

① Frank Newport, "In U. S. ,87% Approve of Black-White Marriage, vs. 4% in 1958", July 25, 2013, available at: https://news. gallup. com/poll/163697/approve-marriage-blacks-whites. aspx.

② The Roper Center, "A Brief History of Public Opinion on the Government Role in Heath Care", available at: https://ropercenter. cornell. edu/a-brief-history-of-public-opinion-on-the-governments-role-in-providing-health-care/.

③ The Pew Research Center, "More Americans Say Government Should Ensure Health Care Coverage", January 2017, available at: http://www. pewresearch. org/fact-tank/2017/01/13/more-americans-say-government-should-ensure-health-care-coverage/.

四、保守派的"反击"

随着观念差异不断加大，量变逐步积累为质变，一个社会中，一只脚迈出去很远，另一只脚却踌躇不前，政治撕裂迟早会发生，而 21 世纪初正是爆发这种撕裂的一个时间点。何以 21 世纪初尤其是 21 世纪头十年会成为这个爆发时间点？一些国际因素，如 21 世纪初宗教极端主义的兴起和中国等新兴经济体的崛起，起到了很大的助推作用。但是，国际因素只是加速了国内文化战争的爆发，美国乃至整个西方内部的文化变迁才是美国政治两极化的主因。

如果说自由派与和保守派之间的文化战争在 20 世纪看起来更像是一场"拉锯战"，那么到了 21 世纪初，保守派越来越像是这场文化战争的"必败方"。这种逐渐清晰的失败意识使得保守派开始激进化。不过，这里所说的激进化并不是指其观点的位置发生了系统性巨变，而是指其观点的强度在显著增加。换言之，他们用偏好强度的变化来对抗左翼偏好位置的变化。

哪些因素促使保守派成为文化战争的"必败方"？首先是权利革命的累积和加速效应；其次是文化产业的"自由派偏向"及其引发的社交媒体反弹；最后，也可能是最重要的，是人口结构走向和观念代沟相互叠加所造成的未来趋势。在这几个因素的相互作用下，右翼保守派陷入一种"被围困心态"(siege mentality)，而这种心态也强化了其内部的情绪极化。

就权利革命的累积和加速效应而言，文化冲突并非仅仅是观念之争，更表现为政治斗争和政策斗争。在保守派与自由派的政治斗争中，尽管保守派赢得了某些"战役"，但从历史轨迹来看，他们是在输掉这场"战争"：同性婚姻已被最高法院认可；黑人的民权自 20 世纪 60 年代以来不断稳固，其经济和社会权利也受到平权法案的保护；女性在政治、经济等领域的地位得到提升；联邦政府的各项社会支出占国内生产总值的比例自20世纪六七十年代以来呈上升态势，逐渐远离经济保守主义……①固然，关于这些发展变化的程度和速度是否令人满意，尚存在很多争议，但就总体和长期而言，美国的国家政策是朝着自由派支持的方向变化的，对这一点没有太大争议。换言之，无论就权利主体还是权利内涵的扩展而言，自由派理念的政策转化率都高于保守派理念的政策转化率。保守派的抵制可能减缓了这一变化的速度，但是在绝大多数问题上却无力改变变化的方向。

就文化产业的"自由派偏向"而言，美国的主流媒体、大学、好莱坞等影视产业总体而言倾向于自由派，并且这种"一边倒"的倾向近年来呈加速趋势。这强化了保守派在公共领域代言人不足的印象，从而加深了其政治怨恨。以哈佛大学为例，文理学院教职员工中的83％自我认定为"自由派"或"倾向于自由派"，15％自我认定为"温和"的中间派，只有不到2％的人自我认定的标签是"保守派"或"倾向于保守派"。② 这一比例分布相较于整个社会的政治倾向分布而言，是明显一边倒的。近年来美国大学校园内的保守派发言人被驱逐甚至被暴力驱逐的案例频繁发生，即是这种"一边倒"的校园政治文化的体现。影视娱乐产业的情况类似。据统计，在2016年的选举中，影视和音乐产业的竞选捐款有80％流向了民主党。③ 在传统媒体方面，固然还有福克斯新闻（FOX

---

① The Pew Research Center, "What Does the Federal Government Spend Your Tax Dollars on? Social Insurance Programs, Mostly", April 4, 2017, available at: http://www. pewresearch. org/facttank/2017/04/04/what-does-the-federal-govern-ment-spend-your-tax-dollars-on-social-insurance-programs-mostly/.

② Lucy Wang and Luke Xu, "Eighty-Eight Percent of Surveyed Harvard Faculty Believe Trump Has Done a 'Very Poor' Job as President", *Harvard Crimson*, May 2, 2018, available at: https://www. thecrimson. com/article/2018/5/2/faculty-survey-part-2/.

③ Neil Gross, "Why Is Hollywood So Liberal?" *New York Times*, Jan. 27, 2018, available at: https://www. nytimes. com/2018/01/27/opinion/sunday/hollywood-liberal. html.

News)这种明显倾向于保守派的媒体,但是传统主流媒体更加且越来越倾向于民主党,这一点为历史追踪性调查所佐证。1971年,自我认同为民主党人和共和党人的记者分别占美国记者总数的36%和26%左右,相当于1.4∶1,但是到了2017年,这个比例变成了28%和7%,相当于4∶1。① 综合这些趋势,美国的文化保守派逐渐发现,自己在主流媒体、影视界和知识精英所掌握的话语体系里,不但声音越来越"小",而且形象越来越负面,进而产生出一种被主流文化抛弃甚至妖魔化的怨恨。这种积蓄已久的怨恨在社交媒体时代终于找到了一个爆发口。这就是社交媒体成为特朗普的政治动员"主战场"的背景,也是社交媒体上各种"假新闻"满天飞的心理土壤。

保守派陷入"被围困心态"的最后的(可能也是最重要的)原因,是美国政治文化的未来趋势。如前所述,政治观念的代际差异在美国已经非常明显,总体而言,美国人一代比一代更加自由化,这似乎已成为一个加速的、不可逆的趋势。另一个令保守派感到雪上加霜的趋势,是少数族裔人口的比例不断加大,而少数族裔的政治倾向总体而言同样更倒向自由派。尽管在白人当中,共和党的支持者超过民主党的支持者,但是白人占美国人口的比例逐年下降,从1965年的82%左右预计到2065年降至46%左右。② 这一人口结构的变化将产生重大的政治后果。2017年,白

---

① 参见 Chris Cillizza, "Just 7 Percent of Journalists Are Republicans. That's Far Fewer Than Even a Decade Ago", *The Washington Post*, May 6,2014, available at: https://www.washingtonpost.com/news/the-fix/wp/2014/05/06/just-7-percent-of-journa-lists-are-republicans-thats-far-less-than-even-a-decade-ago/? utm_term =.20f3b05b77b2。不过,该调查显示,最大的变化是"中间派"和"其他类"记者的崛起。但是,亦有人指出,在此"中间派"和"其他类"的政治位置未必处于民主党和共和党之间,其中相当一部分很可能是处于比民主党更左翼的位置。

② The Pew Research Center, "10 Demographic Trends That Are Shaping the U.S. and the World", March 31,2016, available at: http://www.pewresearch.org/fact-tank/2016/03/31/10-demographic-trends-that-are-shaping-the-u-s-and-the-world/.

人支持民主党和共和党的人口比例分别是 43％ 和 51％——这是美国唯一一个支持右翼多于左翼的族群；黑人支持民主党和共和党的人口比例分别是 84％ 和 8％；拉美裔的这一比例分别是 63％ 和 28％；亚裔的比例分别是 65％ 和 27％。① 因此，有理由认为，随着人口结构的变化，如果保守派不对其政纲做大幅调整的话，它将走向衰落。结合人口结构的变化趋势和代际观念的差异，可以想象，对于很多视保守主义为美国灵魂的人来说，这意味着几代人之后，美国将不再"美国"。

正是由于上述因素，美国保守派陷入一种"被围困心态"，其表现是愤怒情绪的高涨和政治动员的白热化。特朗普竞选动员大会上支持者群情激奋地不断高喊"把她关起来！把她关起来！"（Lock her up! Lock her up!）的狂热画面，② 即是这种愤怒的缩影。当然，愤怒是双向的，两党的支持者，尤其是其中的积极分子，对彼此都充满了敌意，这种敌意的程度为第二次世界大战以来所罕见。但是，至少在特朗普当选前，③ 共和党支持者的愤怒更加显著。2015 年的一项调查显示，61％ 的共和党支持者表示，过去一年的新闻令其更加愤怒；相比之下，42％ 的民主党支持者持同一看法。④ 在 2016 年的另一项调查中，四分之三的共和党支持

---

① The Pew Research Center, "Wide Gender Gap, Growing Educational Divide in Voters' Party Identification", March 20, 2018, available at: http://www.people-press.org/2018/03/20/wide-gender-gap-growing-educational-divide-in-voters-party-identification/.

② "把她关起来！"（Lock her up!）是特朗普竞选动员大会中常见的一个口号，意指政府应因"邮件门"事件而逮捕希拉里·克林顿。

③ 特朗普当选总统一段时间之后，愤怒的程度发生了逆转，民主党人变得更加愤怒。参见 Cameron Easley, "Democrats' Anger May Retake the House", *Morning Consult*, July 23, 2018, available at: https://morningconsult.com/2018/07/23/democrats-anger-may-retake-the-house/.

④ Nick Gass, "Who's Angry? White, Female Republicans", *Politico*, Jan. 3, 2016, available at: https://www.politico.com/story/2016/01/poll-anger-217295.

者表示对政府的运作方式感到愤怒,而只有18%的民主党支持者有同样的感受。① 皮尤研究中心2016年的调查结果显示了不同候选人支持者的愤怒程度。其中,特朗普的支持者中,对联邦政府感到"愤怒"或者"挫败"的比例分别是50%和48%,加起来高达98%;希拉里支持者中感到"愤怒"和"挫败"的比例则分别为6%和57%,加起来是63%(见表2)。

表2 2016年大选主要候选人支持者的情绪倾向

半数特朗普的支持者对联邦政府感到愤怒						
	对联邦政府的感受			对当今政治的感受		
	基本满意(%)	挫败(%)	愤怒(%)	基本满意(%)	挫败(%)	愤怒(%)
所有选民	17	59	22	9	67	23
共和党阵营及偏向共和党政策者支持共和党候选人的比例(%)						
特朗普	1	48	50	3	56	40
克鲁兹	8	62	30	7	69	24
卡西奇	10	72	18	4	77	18
民主党阵营及偏向民主党政策者支持民主党候选人的比例(%)						
希拉里	34	57	6	18	63	18
桑德斯	21	65	13	9	74	14

资料来源:皮尤研究中心网站,"Campaign Exposes Fissures over Issues, Values and How Life Has Changed in the U. S.", March 31, 2016, available at: http://www. people-press. org/2016/03/31/campaign-exposes-fissures-over-issues-values-and-how-life-has-changed-in-the-u-s/。

另一个佐证两党支持者不同愤怒程度的,是双方对政治妥协的态度。特朗普当选之前的调查数据显示,相比共和党支持者,民主党支持者对妥协的态度更加开放。2010年盖洛普进行的一项调查显示,民主党支持者强烈认同政治妥协的比例是39%,强烈认同、比较认同和态度中立的比例,加起来高达81%;相比之

---

① Susan Milligan, "Another Year of the Angry Voter", U. S. News, Feb. 23, 2018, available at: https://www. usnews. com/news/the-report/articles/2018-02-23/angry-voters-got-trump-elected-now-anger-may-help-democrats.

下,共和党支持者的这两种情况的比例分别是 19％和 57％。即使在特朗普上台后初期,共和党支持者仍然比民主党支持者更拒绝妥协。对"是否接受当选官员向意见相左者妥协"这一问题,69％的民主党支持者表示可以接受这种妥协,而只有 46％的共和党支持者持同一立场(见表 3)。① 有研究显示,相较于其他情绪,愤怒更容易导致政治参与。② 这或许正是特朗普竞选动员大会上出现狂热场景的原因。

表 3　两党支持者对政治领导人"妥协"和"坚持"的不同态度(2010 年)

问卷说明:政治领导人坚持信仰更重要还是学会妥协更重要?接下来,我们对政治领导人在华盛顿应采取的最佳做法提出疑问。你将选择从 1 到 5 共 5 个等级,其中 1 表示政治领导人为了达成目标而妥协更加重要,5 意味着政治领导人坚持自己的信念更重要,即使目标很少达成。				
	所有美国人(％)	民主党人(％)	独立选民(％)	共和党人(％)
5 (坚持自己的信念更重要)	14	10	12	23
4	13	8	12	18
3	24	22	25	25
2	16	20	16	13
1 (学会妥协更重要)	31	39	33	19
平均	2.6	2.3	2.5	3.1

资料来源:盖洛普网站,Jeffrey Jones,"Democrats, Republicans Differ in Views of Compromise in D. C.", Nov. 10, 2010, available at: https://news.gallup.com/poll/144359/democrats-republicans-differ-views-compromise.aspx/。

---

① 参见 The Pew Research Center, "The Public, the Political System and American Democracy", April 26, 2018。http://www.people-press.org/2018/04/26/the-public-the-political-system-and-american-democracy/。不过,2018 年情况发生了变化,表示愿意妥协的民主党人从 69％陡降至 46％,与 44％的共和党人相差无几,大约是"特朗普上台效应"最终开始呈现。

② Nicholas A. Valentino etc., "Election Night's Alright for Fighting: The Role of Emotions in Political Participation", *Journal of Politics*, Vol. 73, No. 1, 2011.

结　语

综上所述，自20世纪六七十年代以来，"权利的革命"——很大程度上即英格利哈特所说的"西方文化的后现代转型"——带来了进步主义观念爆炸式的发展，但这一发展的分布是不均匀的。一部分人迅速接受了权利主体的扩散和权利内涵的深化，另一部分人则对这一变化感到难以接受。这种不均衡变化的后果，就是政治文化的冲突和两极化。换言之，政治文化两极化的主要动力是左翼自由派的大幅"进步化"。右翼保守派虽然在某些议题上也有保守化的倾向，但政治立场总体而言相对稳定，甚至在诸多议题上跟随着左翼向"左"移动。更确切地说，相关民调显示，保守派在族群身份政治议题上表现出相对的弹性，在经济议题上则表现得更为刚性，甚至表现出阶段性的强硬化。可以说，经济保守主义是保守派更顽固的堡垒。

在很大程度上，保守派以观念强度的变化，或者说愤怒的升温，来应对自由派观念幅度的变化。三个因素导致了保守派的"被围困心态"：其一，从长时段的趋势来看，自由派观念的政策转化率高，并且形成越来越难以逆转的趋势；其二，传统文化产业中的保守派逐渐被边缘化甚至妖魔化，激化了其心理上的怨恨，并激发保守派在社交媒体上聚集；其三，人口族群结构的变化和代际观念的变迁，使得保守派的衰亡成为可预见的未来图景。保守派的"被围困心态"在奥巴马时代达到沸点，在这一阶段，相比民主党支持者，有更多的共和党支持者表达其政治上的愤怒与受挫感，他们也因此更加反对政治上的妥协。愤怒带来的激情，正是特朗普现象背后的助推力。

或许英格利哈特的一段话恰当地总结了很多保守派的心态："这些人最可能在他们的国家感到自己已经沦为主流价值的陌生

人,已经被他们无法共享的进步主义文化变迁潮流抛在了后面……眼见他们的主导权力和优越地位日渐衰落。20世纪70年代寂静的革命如今似乎已经酿成一股愤怒和怨恨的反革命反弹。"①在2015年的一项民意调查中,针对"今天发生的很多事情让我觉得不安,我在自己的国家感到无所适从"这个表述,在共和党支持者中有十分之七的人表示认同,但在民主党支持者中只有十分之三的人表示认同。这一反差反映了保守派人士对在价值观方面沦为"祖国的陌生人"感到焦虑。②

　　文化的两极化推动着政治的两极化,反过来政治的两极化又加剧文化的两极化,因此,一方面,在可见的未来,美国政治很可能进一步撕裂。即使特朗普不连任总统,他所代表的文化两极化的趋势及其激发的怨恨也不会很快消散。另一方面,正如英格利哈特和皮帕所说,③在很大程度上,自由派和保守派之间的观念鸿沟以代际观念差异为载体,随着老一代逐渐退出历史舞台,人口族群结构不断变迁,教育水平不断提高,这种撕裂也有可能最终被弥合。也就是说,政治斗争无法弥合的矛盾,时间或许可以。届时自由派与保守派之间的裂痕或许将被不同程度的自由派之间的裂痕所取代。

---

① Ronald Inglehart and Pippa Norris, "Trump, Brexit and the Rise of Populism: Economic Have-nots and Cultural Backlash", working paper, available at: https://pa-pers.ssrn.com/sol3/papers.cfm?abstract_id=2818659.

② Jim Tankersley, "This New Poll Gets to the Bottom of Why Republicans Seem So Angry in This Election", *The Washington Post*, Nov. 4, 2015, available at: https://www.washingtonpost.com/news/wonk/wp/2015/11/04/this-new-poll-gets-to-the-bottom-of-why-republicans-seem-so-angry-in-this-election/?utm_term=.4d55d02c99fd.

③ Ronald Inglehart and Pippa Norris, "Trump, Brexit and the Rise of Populism: Economic Have-nots and Cultural Backlash", working paper, available at: https://pa-pers.ssrn.com/sol3/papers.cfm?abstract_id=2818659.

另一个美国:(白人)民族主义与"特朗普现象"

张大鹏

    2016年特朗普竞选美国总统的成功,在带给人们震撼与困惑之外,也引发学者去探究其当选背后的因素。一个宣扬(白人)民族主义意识形态和挑战多元化"政治正确"的竞选人,能够在多元文化主义盛行数十年的美国意外赢得大选,折射出美国不为人熟知的另外一面。1962年,历史学家迈克尔·哈灵顿(Michael Harrington)曾用《另一个美国》为其著作命名,揭示在普遍富裕的美国的对面存在着一个贫困的美国,呼吁人们去关注那些被忽视的美国穷人。① 实际上,在美国社会内部,这种分裂现象远不只存在于经济领域,在政治、宗教、文化等各个方面也都明显地存在着"分裂的美国"。在步入21世纪时,历史学家约翰·海厄姆(John Higham)就指出过美国意识形态的精神分裂现象。他认为,在美国人的思想中,存在两种对立的意识形态:一种是主张立国原则的普世性,坚持世界主义,另一种则是强调本土主义、民族主义和

---

① Michael Harrington, *The Other America: Poverty in the United States*, New York: Macmillan,1962.

美国例外论。① 高扬（白人）民族主义旗帜并成功当选的特朗普，无疑表现了后一种美国意识形态。

"民族主义"（nationalism）在当代美国政治语境中并非一个正面词语，因为它与美国的立国理念所传达的普世精神格格不入，而在分析讨论美国的国家认同基础时，美国的民族主义通常具有特殊含义。学者习惯于在自由、平等、民主等抽象原则之间寻找答案，当使用"民族主义"时，也普遍认为美国的民族主义是一种与欧洲的民族主义迥异的意识形态。犹太裔历史学家汉斯·科恩（Hans Kohn）认为美国的"民族主义"并非基于一般意义上的语言、血缘、文化传统、领土等要素，而是《独立宣言》和联邦宪法中所体现的自由思想。② 政治学家斯坦利·霍夫曼（Stanley Hoffmann）将美国的独特性归结为崇尚自由，"美国的民族认同从欧洲的族群认同转变为公民认同……构成美国独特性的仅仅是它的普世主义的自由理念"。③ 美国立国文献传递的思想理念，的确鲜明地表达了启蒙时代形成的政治哲学，然而在实际政治实践中，传统意义上的民族主义理念在美国社会仍然大行其道，并始终深刻地影响着美国历史进程，特朗普当选后更让人感慨美国（白人）民族主义具有顽强的生命力。

本文试图从民族主义角度出发，考察作为意识形态的（白人）民族主义从殖民地时期到 21 世纪的演变轨迹，探究其转型的历史背景及影响，解释它与特朗普在 2016 年美国总统大选中胜利并当选和"特朗普现象"之间的思想联系。

---

① John Higham, "Instead of a Sequel, or How I lost My Subject," *Reviews in American History*, Vol. 28, No. 2(June 2000), pp. 327 – 339.

② Hans Kohn, *American Nationalism: An Interpretative Essay*, New York: The Macmillan Company, 1957, pp. 6 – 10.

③ Stanley Hoffmann, *World Disorders: Troubled Peace in the Post-Cold War Era*, New York: Rowman & Littlefield Publishers, Inc., 1998, pp. 235 – 239.

一、殖民地时期到第二次世界大战前美国（白人）民族主义思想的流变

美国民族主义思想发轫于殖民地时期及独立战争时期，此时北美人民需要构建出一种与旧大陆相对立的身份认同。建国精英承袭启蒙时代公民权利话语，在防止个人独裁和中央专制方面煞费苦心，他们使用的虽然是启蒙运动中形成的看似充满普世性的言辞，但白人对美国政治权力关系的支配关系仍然是清晰可见的。白人国家的思想始终贯彻于他们的政治设计之中，同时英裔白人明显居于权力的主导地位。这一时期美国政治探讨的核心内容，是如何在新大陆建立一个新的、摆脱英国腐朽统治的白人政权，以及如何在白人内部分配政治权力。独立战争可以被视为一场殖民地白人向宗主国争取民族独立的战争。同时因为此刻白人对印第安人、黑人和有色人种在政治和经济领域实施全面压制和排斥，非白人的美国人自然而然被排斥出核心政治议题，所以涉及种族言论的话语并不居于主要位置，而本质上具有鲜明排斥性的（白人）民族主义的意识形态被视为一种包容性的美国民族主义。

殖民地时期在政治、经济领域占据主导地位的是新英格兰地区的英裔清教徒，他们希望以族裔、宗教、肤色等限定条件组建政治共同体，要求其他群体从属于自身，或者通过同化进行转化。本杰明·富兰克林曾对德裔人口在宾夕法尼亚州占多数的现实感到忧心忡忡，害怕后者在某天会谋求独立。他曾在1751年时写道："为何一个被英裔所建立的地区（宾夕法尼亚），却被'外人'所殖民？"他认为"愚蠢""黝黑肤色"（swarthy complexion）的德国人永远也不会得到英裔的语言、习俗和肤色，而且欧陆的法国人、意大利人、俄国人都将德国移民排除在"白

人"之外。① 乔治·华盛顿认为新来者必须"同化到我们的思绪、方式和法律"中。② 在殖民地初期,美国沿袭英国选民的财产制度,印第安人、妇女、黑人及新教徒以外的异教徒均不得参加投票,北美殖民地已经在事实上形成了一个以财产资格为标志的等级社会,白人男性有产者新教徒位居殖民地社会的政治核心。

美国建国后,"国家构建"(state-building)开始缓慢进行,并为"民族构建"(nation-building)提供政治保障,公民权的规定也同国家构建及民族构建紧紧相连。③ 在《1790 年归化法》(Naturali-zation Act of 1790)中,可以被归化为美国人的移民资格限定为"好品德"的"自由白人"④。历史学家罗杰斯·M. 史密斯(Rogers M. Smith)将杰克逊民主时代称之为"白人共和国的顶峰"⑤,在 19 世纪上半叶杰克逊民主时代,选举权的享有被扩大到大部分白人男性,但这种民主的扩展是以种族主义为基础的,不仅印第安人被强制迁移出东部地区,留下"眼泪之路",曾经一度享有选举权的许多北部黑人也被剥夺了选举权,被排除在"政治民族"之外。

---

① John B. Frantz, "Franklin and the Pennsylvania Germans", *Pennsylvania History*: *A Journal of Mid-Atlantic Studies*, Vol. 65, No. 1, Benjamin Franklin and His Enemies(Winter 1998), pp. 21 - 34; H. W. Brands, *The First American*: *The Life and Times of Benjamin Franklin*, New York: Doubleday, 2010, p. 142.

② "George Washington to John Adams, 15 November 1794," in J. C. Fitzpatrick, ed., *George Washington's Writings*, Vol. 34, Washington, D. C.: Government Printing Office, 1940, p. 23.

③ 关于"国家构建"(state-building)与"民族构建"(nation-building)的用法和译法,国内学界尚无定论,其内涵也因学科不同有不同的界定。最早比较深入讨论这一对概念的学者之一是王希。这里暂且借用他对两者的界定及其内涵,参见王希:《美国历史上的"国家利益"问题》,《美国研究》,2003 年第 2 期,第 9—30 页,尤见第 14—16 页。

④ "An Act to Establish a Uniform Rule of Naturalization", Sess. II, Chap. 3;1 stat 103; 1st Congress; March 26, 1790, http://library.uwb.edu/static/USimmigration/1790_naturlization_act.html.

⑤ Rogers M. Smith, *Civic Ideals*: *Conflicting Visions of Citizenship in U. S. History*, New Haven, CT: Yale University Press, 1997, p. 201.

除肤色、族裔之外,宗教也是划定"白人"范围的依据。在殖民地早期宗教矛盾相对于欧洲的情况并不剧烈,而当越来越多寻找经济机会的天主教徒进入美国之后,新教与天主教之间的矛盾逐渐加剧。19世纪上半期爱尔兰移民不断增加,导致美国爆发了第一次大规模的排外思潮。在本土出生的新教美国人眼中,爱尔兰裔居民不被视为白人,他们在报刊中经常被刻画成肮脏、酗酒的形象。本土主义组织"一无所知党"强烈反对天主教徒生活在其社区周围。因为对圣经解释不同甚至有流血事件发生,譬如1844年爆发的费城事件。除宗教分歧外,有时反对天主教也与维护美国民主联系起来。①

以清教徒为主的美国人在构建"民族"初期,将共同体成员资格限定在白人男性之内,并将这一思想融入国家构建进程中。生活在独立战争至内战时期的美国人倾向于把自由描述为美国的最重要特征,其国家制度中最独特的灵魂,托克维尔也将美国人"对自由的神圣崇拜"视为美国之行的一个发现,②但是这种自由却没有被印第安人、黑人及妇女所享有。南北双方就奴隶制问题,在大陆会议与联邦宪法中达成"五分之三原则"(three-fifths rule)的重要妥协,③数十万黑人奴隶被视为介于人与财物之间,遑论拥有"美国人"资格。内战前爱尔兰裔工人虽然也处于社会边缘地位,但有意利用肤色与黑人划清界限,成为奉行白人至上主义的民主党的盟友,谋求经济、政治利益。④

内战极大地加速了美国国家构建和民族构建的进程,联邦机

---

① Ray Allen Billington, *The Protestant Crusade*, 1800 – 1860, New York: The Macmillan Company, 1938, p. 35.
② 〔美〕埃里克·方纳:《美国自由的故事》,王希译,北京:商务印书馆,2013年,第82页。
③ 王希:《原则与妥协:美国宪法的精神与实践》(增订本),第95页。
④ David R. Roediger, *The Wages of Whiteness: Race and the Making of the American Working Class*, New York: Verso, 2007, p. 25.

构迅速扩张,以白人至上主义为基础的民族意识重铸了民族国家。内战作为解决奴隶制争端的血腥战争,其争论核心在于作为由白人开创的社会体制,能否接纳黑人作为同等个体。但是联邦的胜利和重建宪法修正案的制定并没有真正建立一个跨种族的民主社会。林肯在葛底斯堡演说中对美国国家身份和民族特性做了重新的界定,但重建的结果没有实现他期望的"自由的新生"。[1] 19世纪末,南北双方的白人在牺牲第十四条、第十五条宪法修正案赋予黑人的正当权益基础上达成了和解。在战后共同记忆的塑造中,内战的原本目的被白人刻意抹杀和遗忘。[2] 南方白人政权出于对种族混血的恐惧实行全面的种族隔离制,明目张胆地大肆剥夺黑人公民的选举权和公民权,南部绝大多数的非裔美国人在内战结束后将近一个世纪内依旧处于被压迫地位。

如果说内战及重建对美国内部的种族秩序造成了冲击,那么在19世纪后期来自东南欧的移民则构成了一种外部冲击,迫使美国面对本土美国人与外来新移民的冲突,解决白人内部的权力关系,并由此重塑民族主义。内战后随着工业革命的推进和铁路的修建,美国出现巨额劳动力缺口,来自世界各地的移民纷纷前往寻找经济机会。移民在带来经济繁荣外,也给美国的民族身份带来困惑,推动美国人的民族意识在面对"他者"时进行重构。有色人种移民首先被排除出民族构建框架之外,1882年《排华法案》在美国历史上第一次明确提出不允许特定国家人口进入,1917年通过的《亚洲人禁区法》(Asia Barred Zone Act)禁止几乎所有亚洲国家移民进入美国。但是对于同种肤色的东南欧移民,界限的划清并没有那么简单。

---

[1] 〔美〕亚伯拉罕·林肯:《林肯选集》,朱曾汶译,北京:商务印书馆,2013年,第277—278页。

[2] David W. Blight, *Race and Reunion: The Civil War in American Memory*, Cambridge, MA: Harvard University Press, 2001, p. 12.

在东南欧移民的冲击下,美国的民族构建模式开始在成分越发复杂的人口构成中转型。历史学家马修·F.雅克布森(Matthew F. Jacobson)将这种转型归纳为"从毋庸置疑的一元'白人'种族到在碎片化、等级制的'白人种族'中争夺执政'合适'(fitness)性"①。美国本土白人在19世纪末需要通过体制化、理论化的途径在白人内部廓清、确立以盎格鲁-撒克逊为中心的民族意识。社会达尔文主义在大西洋两岸盛行,本土主义思潮此时在美国达到顶峰,白人至上主义者利用包括优生学在内的"科学"为种族主义提供理论依据,大肆渲染移民带来的人种危机与道德败坏。1891年,国会共和党领袖小亨利·卡伯特·洛基(Henry Cabot Lodge, Jr.)认为新移民素质低劣,呼吁立即废除自由移民政策。② 麦迪逊·格兰特(Madison Grant)在《伟大种族的消逝》中,警告作为高贵北欧人分支的盎格鲁族群,如果与其他种族的杂交将会导致消亡的结局。③ 1924年移民法规定的原国籍配额制度,标志着美国在法律上谋求固化自身人口构成,确定以盎格鲁-撒克逊族群为核心的美利坚民族,同时这种民族构建又不是完全封闭的,可以吸纳少量可归化的其他白人。"美国主义"(Americanism)一词在此时广泛流行,被美国人用以描述自身独特的民族特性,它意味着美国人基于种族、宗教基础上自我意识的强化。无论是西奥多·罗斯福或伍德罗·威尔逊都认同"带连字符"(hyphened)美国人需要转变为真正的美国人,即抛弃承袭自母国的语言、政治行为方式等,转换为地道的美国人。本土

---

① Matthew F. Jacobson, *Whiteness of a Different Color: European Immigrants and the Alchemy of Race*, Cambridge, MA: Harvard University Press, 1998, pp. 42 – 43.

② Henry Cabot Lodge, Jr., "The Restriction of Immigration", *The North American Review*, Vol. 152, No. 410(January 1891), pp. 27 – 36.

③ Madison Grant, *The Passing of the Great Race*, New York: Charles Scribner's Sons, 1921, pp. 16 – 19.

黑人相较远道而来的东南欧移民处于更低级的社会地位,并不在可同化范围之列,并且许多白人社会学家将当时猖獗的社会犯罪问题归咎于黑人移居城市的结果。包括杜波依斯在内的黑人精英则不遗余力地主张将犯罪属性同"黑色"(blackness)分离开来,但他们的抗议声音在白人自以为是的结论面前显得微不足道。①

墨西哥裔同样不能参与美国民族的构建。1848年美墨战争之后,55%的墨西哥领土被划归美国,原有土地上的墨西哥人被动成为美国居民,但因为肤色、语言和宗教等方面的差异,大多数人并不能享有正常公民权。在南太平洋铁路修建、加州金矿开发潮过程中,墨西哥裔都承担了繁重的体力劳作,但却经常要面临白人的劫掠、侮辱甚至私刑。在1929大萧条爆发后,因为被指责强夺白人工作,居住在西部的上百万墨西哥裔人被驱逐出美国,其中约有60%是出生在美国的墨西哥裔美国人。驱逐活动得到了赫伯特·胡佛主持的联邦政府以及南部各州政府的支持,只是相较于后来纳粹德国对犹太人的种族清洗,在方式上相对和平而已。②

自殖民地时期到20世纪初,美国(白人)民族主义思想从萌芽到成熟,其接受者范围也从政治精英不断扩大到普通民众,其形态不断变化。变化的原因既有白人内部的族裔关系调整的推动,也有外来移民人口的冲击。但在变化之中,以肤色、种族等作为"民族"界定的要素始终存在,并且不断加强。历史学家习惯以

---

① Khalil Gibran Muhammad, *The Condemnation of Blackness: Race, Crime, and the Making of Modern Urban*, Cambridge, MA: Harvard University Press, 2010, p.76.

② Francisco E. Balderrama and Raymond Rodriguez, *Decade of Betrayal: Mexican Repatriation in the 1930s*, Albuquerque, NM: University of New Mexico Press, 1995, pp.45–61; Vicki L. Ruiz, *Out of the Shadows: Mexican Women in Twentieth-Century America*, New York: Oxford University Press, 1998, pp.27–29.

18世纪末提出的"克雷夫科尔之问",展示美国国家认同基于自由、平等的信念,但是克雷夫科尔作为一名法国移民,在笔下表达的只是西北欧白人在此时的境遇,他提出的"新人"是欧洲国家后裔的"血缘混合体"。① 19世纪30年代托克维尔对美国民主的观察也是主要基于对白人公民社会的描绘。美国人的确抛弃了大量旧大陆古老的偏见和习惯,也使用大量宗教和政治话语去建构自身独特民族身份,但其建构的核心族裔仍然是以"白人"为主,并以此定位,利用自身优势地位,将政治地位、经济优势、文化属性体制化、固定化,围绕"白人"自身构建"美利坚民族"。在美国政治表述中,一个显著特点是广泛使用自由、民主等字眼,但是在实际操作中,却又频频违反这些高尚词汇的含义,很多时候呈现名实分离现象,这也是海厄姆所说的存在于美国人思想中的两种对立意识的反映。

二、种族平等时代的到来

美国以种族和族裔为基础的民族主义在20世纪初期达到顶峰,此后开始弱化,弱化的原因包括移民的减少、民族融合的加速、左派力量的崛起等,这使得美国民族性的界定再次发生转型。由于限制移民和移民配额政策,美国族裔结构停止剧烈变化,保持相对稳定,移民后代通过学习英语、工作技能逐步融入美国社会,并且通过参加兴起的劳工运动获得政治影响力。在大萧条中各族裔拥有共同经历,新移民成为支持罗斯福新政的重要支持力

---

① J. Hector St. John de Crevecoeur, *Letters from an American Farmer and Sketches of Eighteenth-Century America* (1782), New York: Penguin Books, 1983, pp. 70 - 71.

量,天主教徒和犹太裔在开明的罗斯福政府中占据显要位置。①罗斯福新政和他提出的"四大自由",进一步拓宽了美国政治的包容性和普世性,并在其对立面逐渐汇聚起保守主义力量。在大萧条之后,包括产业工会联合会和美国共产党在内的左派力量,在美国历史上第一次发挥影响国家政治和文化的作用,以批判政治经济秩序重新界定美国社会,开始拓展一种新的美国观,美共坚持声称:种族与民族偏见与这个国家的民主传统是不相称的。②

第二次世界大战是美国历史发展的关键时刻,也是种族意识发生明显变化的重要转折点。自由的话语成为第二次世界大战中美国组织和动员反法西斯力量的口号,大量新移民加入军队为美国而战。③ 媒体在报道中以常用"自由世界"同纳粹法西斯主义的对抗来描述第二次世界大战。④ 政府的宣传画报广泛借助"自由"的字眼去解释战争的意义,美国战时新闻办公室也在宣传中强调不同族裔对于战争所做出的贡献,甚至包括意大利裔和德国裔。⑤ 在同仇敌忾的历史时刻族裔间的冲突和矛盾被淡化,支持种族之间平等的声音愈发响亮。历史学家尼尔森·利希滕斯坦(Nelson Lichtenstein)以"爱国主义式的同化"概念,与20世纪初的强制性美国化运动做对比,说明在第二次世界大战中的爱国主义是一种

---

① Leo P. Ribuffo, *The Old Christian Right: The Protestant Far Right from the Great Depression to the Cold War*, Philadelphia: Temple University Press, 1983, pp. 34 – 39.

② Michael Denning, *The Laboring of American Culture in the Twentieth Century*, New York: Verso, 1996, p. 9;〔美〕埃里克·方纳:《美国自由的故事》,王希译,第299—300页。

③ Alan Brinkley, "World War II and American Liberalism", in Lewis A. Erenberg and Susan B. Hirsch eds. *The War in American Culture: Society and Consciousness During World II*, Chicago: Chicago University Press, 1966, p. 317.

④ Roland Marchand, *Advertising the American Dream: Advertising the American Dream*, Berkeley, LA: University of California Press, 1985, p. 20.

⑤ Daniel T. Rodgers, *Contested Truths: Keywords in American Politics since Independence*, New York: Basic Books, 1987, p. 214.

在军队或工厂中自愿、自然产生的共同体意识。① 知识界对种族主义理论展开了持久的批判,第二次世界大战结束时种族主义和本土文化优越论已经退到边缘,被划归为病态和缺乏理智的思想。②

相较一战后,美国在第二次世界大战之后更有能力和意愿去践行威尔逊所提倡的自由主义国际秩序,孤立主义烟消云散,在政治实践中种族因素的影响越发淡化,世界主义属性越来越显著。罗斯福采用"四大自由"的表述展望战后国际秩序,将他所理解的美国价值观推广到全世界,推动美国人重新认识美国特性。在对世界战后秩序的展望中,副总统亨利·华莱士(Henry Wallace)预言战后新政思想将会在全球扩张,世界将奉行国际合作而非强权主导。③ 在第二次世界大战前曾由孤立主义者组成"美国优先协会"(American First Committee),人数曾高达80万,④而在战后没有明显的孤立主义声音出现。

由于对于纳粹德国所鼓吹的种族理论的批判,族裔优越性思想相较20世纪20年代大为减少,美国社会应当是多元社会的声音逐步成为主流,第二次世界大战后政府在官方文件中也提倡多元化。⑤ 种族主义在美国的生存空间在逐渐萎缩,美国主流社会对种族主义的批判越发猛烈。瑞典社会学家冈纳·米达尔(Gunnar Myrdal)应卡内基基金会委托,对美国黑人问题进行了

---

① Nelson Lichtenstein, "The Making of the Postwar Working Class: Cultural Pluralism and Social Structure in World War II", *The Historian*, Vol. 51, no. 1 (November 1988), pp. 41-43.

② 〔美〕埃里克·方纳:《美国自由的故事》,王希译,第33页;David H. Bennett, *The Party of Fear: From Nativist Movements to the New Right in American History*, Chapel Hill, NC: University of North Carolina Press,1988,pp. 281-286.

③ Norman D. Markowitz, *The Rise and Fall of People's Century: Henry A. Wallace and American Liberalism*, New York: The Free Press,1973,pp. 45-54.

④ James Duffy, *Lindbergh vs. Roosevelt: The Rivalry That Divided America*, Washington, D. C.: Regnery, pp. 76-77.

⑤ Philip Gleason, *Speaking of Diversity: Language and Ethnicity in Twentieth-Century America*, Baltimore: Johns Hopkins University,1992,pp. xi-xii.

详细论述,揭示了美国存在自由、平等理想与种族不平等现实共存的困境,他认为美国特殊民族主义的标志是对自由、平等等理念的信仰,战争促使美国人更加强烈认识到理想与现实的矛盾,并推动种族不平等问题的解决。①

即便种族平等思想在第二次世界大战取得长足进步,但是种族主义、种族歧视现象依然存在。在针对"日裔美国人是否可以加入军队"这一问题时,富兰克林·罗斯福曾评价道:"美国主义关乎精神和心灵,而不关乎,且从未关乎种族和血统。"②但是,美国社会对于白人与有色人种之间的态度依然有所不同。虽然在第二次世界大战中同时经历与德国和日本惨烈的战争,美国国内并没针对德裔再次掀起像第一次世界大战时期那样大规模的打击德国文化的运动,而对于日裔群体却在西部荒漠地带建立起再安置营,这种区别对待映照出立足于种族的民族主义依然存在。③在第二次世界大战中,成千上万的作为犹太教徒和天主教徒的东南欧移民后代完全成为美国人,被盎格鲁-撒克逊族裔所接纳的白人范围逐步扩大,但是杜波依斯所说的"肤色线"(color line)依旧没有突破,黑人与白人之间仍然存在紧张的种族关系,并且可能会因为某些事件而引发严重骚乱。整个第二次世界大战期间美国军队依然存在严格的种族隔离制度,种族隔离制下的军队在为一场争取世界自由而战;美国红十字会在采血和储存血液过程中仍然将黑人与白人的血分开;占据警察绝大多数比例的白人对黑人歧视性对待。黑人强烈反感自身被视为二等公民,在第二次世界大战期间,曾经在底特律、洛杉矶等城市的军工厂因为白人工人与黑人工人斗殴爆

---

① Gunar Mydral, *An American Dilemma: The Negro Problem and Modern Democracy*, New York: Harper & Bros, 1944, pp. 2-7.
② Office of Information, Poster No 75., U. S. Government Printing Office: 1943-O 533582.
③ Roger W. Lotchin, *Japanese-American Relocation in World War II: A Reconsideration*, New York: Cambridge University Press, 2018, pp. 43-47.

发严重的骚乱。1943年,在纽约市哈勒姆区因为一名黑人军人被白人警察枪击,引起哈勒姆骚乱。① 第二次世界大战中的黑人,已经开始萌生在战后寻求种族平等的意识,希望赢得"双重胜利",即对外反法西斯主义的胜利和对内种族不平等的胜利。②

美国的种族关系在20世纪中期经历了巨大转向,第二次世界大战作为一个反法西斯主义历史进程冲击了美国国内的种族观念,而在随之而来的冷战中,在自由资本主义与共产主义的意识形态对抗中,种族主义进一步被淡化,黑人民权运动、新左派运动与女权运动等汇聚联合起来,开始使用多种形式的抗争,实现并拓展宪法赋予美国人的法律保障,边缘群体权利意识的觉醒在根本上提供了重构美国民族特性的基础。

20世纪50年代兴起声势浩大的民权运动,作为第二次重建从根本上扭转了美国的种族关系,产生的成果以法律的形式确定下来,使美国民族主义中的种族因素进一步削减。联邦政府以及最高法院,在此期间通过公权力将解决种族问题推上国家政治议程,沃伦法院在1954年"布朗案"中的判决,否定1896年最高法院在普莱西案中建立的"隔离但平等"原则,强制性取消了公立学校中存在的种族隔离制度,1957年,艾森豪威尔总统也曾派遣军队前往小石城强制实施黑白合校。包括南部基督教领导联盟等一系列民权组织,通过组织静坐、示威等非暴力方式抗议种族歧视。黑人民权领袖小马丁·路德·金使用充满宗教意义的话语,激发了南方黑人争取自由和权利的决心和斗志。③ 另一位黑人领袖马尔科姆·艾克斯

---

① Michael Harrington, *The Other America*: *Poverty in the United States*, pp. 62 - 67.

② Steven F. Lawson, *Running for Freedom*: *Civil Rights and Black Politics in America Since 1941*, Philadelphia: Temple University Press, 1991, pp. 2 - 14; Jennifer L. Hochschild, *Facing Up to the American Dream*: *Race Class and the Soul of the Nation*, Princeton, NJ: Princeton University Press, 1995, pp. 40 - 46.

③ David J. Garrow, *Bearing the Cross*: *Martin Luther King*, *Jr.*, *and the Southern Christian Leadership Conference*, New York: William Morrow, 1986, pp. 408 - 410.

(Malcolm X)则认为,美国从来不是一个自由的国家,黑人必须依靠自己的力量求得解放,他的思想成为"黑权"(black power)和黑人民族主义思潮的基础之一。① 民权运动彻底改变了主流舆论,推动政府政策、媒体宣传等方面承认种族平等与尊重个体公民权利。经过民权运动的洗礼,黑人的权利意识相较之前更加强烈,越来越多的黑人开始自主参与投票、竞选等政治活动,即便是南部宣扬白人至上主义的政治家也不得不随着民权运动的发展而降低他们的音量。② 越来越多的美国人开始认为美国是一个种族、族裔和宗教多元的社会。③ 民权运动帮助美国向自己所标榜的自由、民主立国原则大幅前进,并取得丰硕成果:《1964年民权法》衍生出"肯定性行动"政策,纠正种族歧视和性别歧视在历史上造成的不良影响。《1965年选举权法》宣告美国真正意义上的普选制的到来。《1965年移民法》抛弃了1924年确立的国籍配额制,不再以种族为界划定移民标准,开启了全新的移民时代。美国移民法自20世纪初至20世纪60年代,内容经历多次变动,每一次重要修改意味着美国对于自身国家身份和民族特性认识的变化,《1965年移民法》的颁布,宣告美国开始接受多元族裔社会的道路,加速了"多元文化主义"(multiculturalism)在美国社会的普及。

---

① Alexander Bloom and Wini Breines, eds., *"Takin's Its to the Streets": A Sixties Reader*, New York: Oxford University Press, p. 141.
② Robert Weisbrot, *Freedom Bound: A History of America's Civil Rights Movement*, New York: Norton, 1990, p. 316; Harvard Sitkoff, *The Struggle for Black Equality*, New York: Hill and Wang, 1981, pp. 22 – 27.
③ Herbert McCloskey and John Zaller, *The American Ethos: Public Attitudes toward Capitalism and Democracy*, Cambridge, MA: Harvard University Press, 1984, pp. 22 – 25; Gene Roberts and Hank Klibanoff, *The Race Beat: The Press, the Civil Rights Struggle, and the Awakening of a Nation*, New York: Alfred A. Knopf, 2006, pp. 54 – 59.

多元文化主义不仅是一种意识形态,也是一种社会实践,对传统美国思想和价值体系发起了严峻挑战,推动美国的民族主义成为一种真正特殊的民族主义。20世纪90年代兴起的多元文化主义,在教育、文学批评、历史研究和社会改革等众多方面带来革新,同时也引发巨大争议。多元文化主义改变了美国教育,尤其是高等教育的内容,并通过联邦政策、法律法规等推动多元文化成为当代美国社会生活的主流形态。多元文化教育者认为,传播知识的内容对于塑造公民意识具有关键作用,不断变化的美国社会需要为学生提供新的知识结构和理论基础,从而帮助学生了解和尊重其他文化传统。[1] 历史研究转向注重对边缘族裔群体的考察,强调美国历史经验的多元性,主张历史书写需要顾及参与美国历史进程的所有族裔,而非单一以白人男性为中心的叙事,意在消除不同种族、族裔之间的误解和隔阂,驱散对于不断加剧的文化冲突的恐惧,从而构筑多元文化社会的思想基础。[2] 文学批评家小亨利·路易斯·盖茨(Henry Louis Gates, Jr.)认为多元文化主义的核心在于承认不同文化之间的平等地位与相互影响,打破欧裔在思维方式和话语方面的垄断地位。[3] "白色研究"(whiteness studies)在20世纪80年代兴起,越来越多的文学家、

---

[1] 王希:《多元文化主义的起源、实践与局限性》,《美国研究》,2000年第2期,第44—80页。

[2] Donna M. Golnick and Philip C. Chinn, *Multicultural Education in a Pluralistic Society*, New York: Merrill, 1990, pp. 255 - 256. Eric Foner, ed., *The New American History*, Philadelphia, Temple University Press, 1997; Lawrence Levine, *The Opening of American Mind: Canons, Culture, and History*, Boston: Beacon Press, 1996, pp. 45 - 52; Dennis J. Downey, "From Americanization to Multiculturalism: Political Symbols and Struggles for Cultural Diversity in Twentieth-Century American Race Relations", *Sociological Perspectives*, Vol. 42 No. 2 (Summer, 1999), pp. 249 - 278.

[3] Henry Louis Gates Jr., "Goodbye, Columbus? Notes on the Culture of Criticism", *American Literary History*, No. 3(1991), pp. 711 - 727.

历史学家以种族视角,批判白人特权深嵌在美国的政治、法律、公共政策和权力结构之中。① 自由派学者开始习惯于使用多元文化主义视角,破除白人话语垄断。非裔美国学者莫洛菲·阿桑蒂(Molefi Asante)主张使用"非裔中心"(afrocentric)的观念去重新建构对美国社会的认知。② 从20世纪初的美国化运动到20世纪末的多元文化主义的流行,某种程度上说明了美国社会经历了一场漫长的思想革命。以族裔、肤色为核心的民族主义逐渐让位于主张种族平等的多元文化主义,多元文化主义旗帜下集合广泛的社会力量,推动了美国社会的重塑。

三、美国民族主义的分化与重塑

在第二次世界大战之前的美国自我身份认知中,族裔与种族占据核心位置,即便美国人习惯使用自由的抽象概念去描述,但在政治实践中却处处透露出种族主义,第二次世界大战以后因为种族观念经历巨大变化,美国民族主义开始弱化,并且开始分裂为以宗教身份为核心的宗教民族主义、依然以种族为基石的白人民族主义,以及以强调传统价值观的文化民族主义。

第二次世界大战以后,虽然种族主义在美国社会的生存空间逐渐萎缩,但是种族主义依然顽固地存在着。20世纪40年代后期,种族主义者利用不断升温的反共产主义来打击黑人的民权斗争,将黑人争取自由的活动解读为共产主义的阴谋操纵,意图颠覆美国的社会秩序,甚至曾在密西西比州发生将第二次世界大战

---

① Murray, Albert, *Omni-Americans: Some Alternatives to the Folklore of White Supremacy*, New York: Vintage, 1983, pp.13-17.

② Molefi Asante, *The Afrocentric Idea*, Philadelphia: Temple University Press, 1987.

黑人退伍军人殴打致死的惨案。一些南部的民主党人以退出民主党为威胁，迫使杜鲁门在民权问题上做出让步，以免联邦政府进一步支持黑人冲击南部的种族隔离体制。①

民权运动中各方群体对权利的激进诉求，激发了部分白人对社会环境变化的深感不适，深刻改变了美国政党政治版图。1964年，巴里·戈德华特在大选中正式提出现代保守主义政治理念，反对自罗斯福新政以来不断扩展的福利国家。1968年，作为第三党候选人，主张维持种族隔离的乔治·华莱士在总统选举中赢得了13.5%的全国选票，而成功运用南方战略的尼克松最终大胜，重塑了共和党选民基础，令共和党在南方获得了自1871年以后的最大胜利。1988年，宣称"让美国再次伟大"的里根依靠福音派和白人中产阶级赢得选举。② 共和党的选民基础越发依靠福音派、白人中产阶级、种族主义者等民权运动的旁观者及反对者。

1974年，西弗吉尼亚州卡纳瓦（Kanawha）县教科书事件集中反映了白人民众面对社会文化转型所激发起来的抵抗情绪。在20世纪70年代，西弗吉尼亚州在公立小学采用了新的教科书，其中吸纳了性教育、新的黑人俚语等文化教育内容，并且重视少数族裔在美国历史中的地位与贡献，但是此举引发了郊区和农村白人巨大的愤怒，其中以卡纳瓦县民众反应最为激烈。当地福音派民众举着写有"我们的学校属于白人""我有圣经，不需要这些肮脏的书籍""把这些黑鬼的书拿走！"等标牌抗议这种异文化的入侵，并认为新课本具有反基督教、反美国的内容，许多家长拒绝将

---

① Mark L. Chadwin, *The Hawks of World War II*, Chapel Hill, NC: North Carolina University Press, 1968, p. 275.
② Clyde Wilcox, *God's Warriors: The Christian Right in Twentieth-Century America*, Baltimore: John Hopkins University Press, 1992, pp. 54–65; Lisa McGirr, *Suburban Warriors: The Origins of the New American Right*, Princeton, NJ: Princeton University Press, 2001, p. 6.

孩子送往公立学校,而是在教会开办私人学校。西弗吉尼亚州的新纳粹组织、三 K 党、约翰·伯奇协会等都发出言辞激烈的反对声音,并且爆发激烈暴力冲突。1973 年,新成立的传统基金会(The Heritage Foundation)同样支持此次抗议。在此次运动中,鲜明地反映出了城乡差异,爆发活动的范围主要集中在郊区与农村,西弗吉尼亚州首府查尔斯顿并没有类似活动。卡纳瓦教科书事件的影响波及全美,南部诸州多数媒体表示声援,而包括夏威夷州等多个地方仍然采用了争议课本。① 该事件折射出民权运动后美国政治图景的新面貌,即白人民族主义与多元文化主义之间,郊区、农村与城市之间,不同地域之间的冲突,白人文化中心主义依然拥有深厚基础。

福音派是美国重要的宗教力量,其特点是强烈的参与政治的意愿,随着民权运动的进展,美国的政治走向与福音派价值观期待的路线发生了严重偏移,现实社会的政治与思想的剧烈变迁推动福音派开始进行回应,在他们身上宗教与民族主义达到交融连接。为反对小马丁·路德·金提出的自由神学观念,保守派基督徒竭力散布以下观点:种族间不公正并非一个系统性问题,种族隔离废除与否应由个人自愿决定而非通过群体大规模抗议裁决;黑人的困境是由联邦政府、黑人、自由派、媒体等合力编制出的谎言,问题的解决途径应当由心灵层面接受福音而非联邦政府的干预。在 1955 年蒙哥马利公车事件不久后,由福音派组织发行的《今

---

① Wayne Slater, "Book Controversy Opened Deep Schism", *The Charleston Daily Mail*, December 24, 1974, p. 3; George Weber, "Schools Should Respect the Rights of Parents", *Battle Creek Enquirer*, February 8, 1975, p. 6; Tom Kaser, "Hawaii Using Textbooks that Upset West Virginia", *The Honolulu Advertiser*, November 16, 1974, p. 3; Joe L. Kincheloe, *Understanding the New Right and its Impact on Education*, Bloomington, IN: Phi Delta Kappa, 1983; Carol Mason, *Reading Appalachia from Left to Right: Conservatives and the 1974 Kanawha County Textbook Controversy*, Ithaca, NY: Cornell University Press, 2009, pp. 54 - 67.

日基督教》(Christianity Today)杂志,以保守基督教观念回击激进自由主义理念。《今日基督教》传播甚广,读者多为牧师及忠实信徒。它所宣传的保守宗教观,实质内涵仍然是白人民族主义。福音派畏惧既有社会结构和社会权力结构受到挑战,对自认正确的生活方式被冲击感到愤怒,于是采用宗教的语言发出反对的声音。①

民权运动及白人民族主义的反击深刻改变了美国政党政治版图,面对民主党的政治纲领日益走向自由主义,共和党,包括福音派在内的保守主义者开始达成政治联盟。艾森豪威尔与尼克松将自由派神学和共产主义相提并论,认为它们共同威胁美国社会秩序以及继续成为上帝拣选国度的命运。重建社会道德秩序成为20世纪后期福音派希望重塑社会、夺回主导权的话语。牧师杰里·法尔维尔(Jerry Falwell)支持种族隔离,主张"热爱、尊重这个伟大国家",以民族主义和爱国主义消弭个体对权利的诉求,从而造成对国家的撕裂。法尔维尔在1979年提出"道德大多数"(Moral Majority)概念,并在1980年总统选举中倾力为里根争取选票,福音派也成为里根胜选的重要力量。②

福音派将宗教与白人民族主义相融合,通过宗教话语去反对社会权力结构的变革,与此同时,还存在大量极端种族主义者,他们通过各种形式的活动阻挠种族平等的实现。曾任俄勒冈州立大学物理学教授的威廉·皮尔斯(William Pierce),在1974年组建"全国联盟"(National Alliance),支持暴力消灭伊斯兰教、"文化马克思主义"和多元文化政策,以保持美国的基督教白人属性,

---

① Darryl G. Hart, "The Mid-Life Crisis of American Evangelicalism", *The Christian Century*, November 11, 1992, pp. 1028 – 1031; Michael O. Emerson and Christian Smith, *Divided by Faith: Evangelical Religion and the Problem of Race in America*, New York: Oxford University Press, 2001, pp. 74 – 76.

② Steve Snider, "Moral Majority: Potent Non-Lobby", *St. Louis Post-Dispatch*, April 21, 1982, p. 11.

并于1978年写作《特纳日记》(The Turner Diaries),其中富含反犹、种族战争、白人至上主义等极端思想。《特纳日记》影响深远,刺激了许多白人民族主义组织的成立,1995年炸毁俄克拉何马市联邦大厦的凶手提莫锡·迈凯威(Timothy McVeigh)就深受此书影响,甚至作案情节与书中内容都有类似。① 第二次世界大战退伍军人威利斯·卡托(Willis Carto)在1955年组建"自由游说"(Liberty Lobby)组织,1968年成立"全国青年联盟"(National Youth Alliance),都宣扬白人至上主义;在1968年支持主张南部隔离的乔治·华莱士,推崇希特勒并否认大屠杀。共和党也紧密地与白人民族主义联系起来。尼克松在1968年采取的南方战略,迎合了民权运动时期那些"沉默的大多数",取得了南部、中西部地区的大部分白人选票。在20世纪60年代"三K党"活跃地区,在数十年后出现明显共和党占优的现象。②

与民权运动后美国种族权力结构发生调整同时发生的是,白人在美国人口的比例中不断萎缩。1941—1990年,美国人口由1.32亿增至2.48亿,而白人在全国人口中的比例却由89.8%降至83%,③纯粹种族数量的减少已经足够引起白人种族主义者的焦虑不安。自20世纪30年代,美国始终存在一小部分极端民族

---

① Luke Barnes, "The Book that Lies at the Heart of White Nationalist Violence", *Think Progress*, October 12, 2017, available at: https://thinkprogress.org/this-disturbing-book-has-inspired-white-nationalists-for-decades-6b6b336725a2/; J. M. Berger, "Alt History: How a Self-Published, Racist Novel Changed White Nationalism and Inspired Decades of Violence", *The Atlantic*, September 16, 2016, available at: https://www.theatlantic.com/politics/archive/2016/09/how-the-turner-diaries-changed-white-nationalism/500039/.

② Rory McVeigh, David Cunningham and Justin Farrell, "Political Polarization as a Social Movement Outcome: 1960s Klan Activism and Its Enduring Impact on Political Realignment in Southern Counties, 1960 to 2000", *American Sociological Review*, Vol. 79, No. 6(December 2014), pp. 1144-1171.

③ U. S. Department of Commerce, Statistical Abstract of the United States (1994), p. 12.

主义者,受德国纳粹影响,在美国仿效纳粹建立各式各样的法西斯主义组织,并且这种思想和组织一直存在,起先组织成员多为德裔美国人,后来逐渐扩展到具有极端种族意识的白人群体。1936 年"德裔美国人同盟"(German American Bund)成立,宣传"国家社会主义"和极端种族主义思想。① 在美国对德宣战前,美国纳粹组织一直极力游说美国应当避免参加战争,后来失去合法性而隐匿地下,联邦调查局和非美活动调查委员会长期对法西斯主义组织进行调查监控。虽然并没有形成大的政治气候,但是以"纳粹"命名的极端右翼组织始终在美国各地阴魂不散,并和其他极端右翼组织不断合流。1959 年海军退伍军人乔治·林肯·罗克威尔(George Lincoln Rockwell)组建"美国纳粹党"(American Nazi Party),并宣扬犹太人是白人中的叛徒,小马丁·路德·金是犹太集团谋求统治白人的工具。各类纳粹党组织的规模通常并不大,一般在百人以内,普遍具有反犹、建立白人民族国家的意愿,多从事恐怖主义活动。② 人权活动家莱昂纳德·泽斯金德(Leonard Zeskind),在 20 世纪末观察到以新纳粹党、新三 K 党和新邦联组织为代表的白人民族主义组织不断增加,他们的政治诉求虽然并不一致,但是强调白人身份是他们的联结点。③

与 20 世纪初种族主义盛行时的境况相比,20 世纪末美国的种族主义展现出多方面的不同特点。特点之一是白人民族主义的思想和行动主要在民间草根层面发生,因为在联邦政府层面公然的种族歧视进行倒行逆施的机会不多。1992 年佐治亚州福赛

---

① Leland V. Bell, "The Failure of Nazism in America: The German American Bund, 1936-1941", *Political Science Quarterly*, Vol. 85, No. 4 (December 1970), pp. 585-599.

② Frederick J. Simonelli, *American Fuehrer: George Lincoln Rockwell and the American Nazi Party*, Urbana, IL: University of Illinois Press, 1999, p. 76.

③ Leonard Zeskind, "A White Nationalism for the Future", *Tampa Bay Times*, July 8, 1999, p. 24.

斯(Forsyth)县,当地白人居民曾集体抗议民权活动者在该县的游行,认为后者扰乱当地正常社会秩序,并有部分居民举起"白人权力"的标牌。① 在白人民族主义者看来,在民权运动后白人相对以往边缘群体自身特权丧失的过程之中,伴随着联邦政府机关的压制,上层精英强硬推行的国内外政策,用于帮助少数族裔的社会福利项目的花费过于高昂,而白人是联邦政策的最大受害者,因此在白人底层群体中普遍存在着对联邦政府的不满怨恨。1980年以来,美国国内恐怖袭击事件日益增多,政府官员、有色人种是主要袭击对象。1983年由汤姆·梅茨格(Tom Metzger)等邦联主义者成立的"白人雅利安抵抗组织"(White Aryan Resistance),该组织是极端右翼组织,又具有宗教极端主义色彩,宣称要捍卫白人基督徒的正当地位,反对联邦政府及少数族裔对白人权利的"侵害",该组织多从事暴力活动,策划发起了数起恐怖袭击活动。② "基督教身份运动"(Christian Identity Movement)是在美国历史上长期存在的极端宗教民族主义运动。该运动的成员认为盎格鲁人而非犹太人是古代以色列人的后裔,具有浓烈的反犹和维持血统纯洁的极端思想,1990年联邦调查局估计参与该运动的人数约为五万人。③

在白人民族主义团体内部存在着各类匪夷所思的阴谋论,这些阴谋论大多源自对统治权力丧失的焦虑,对自身所处环境和历史发展进行极简化解释处理。阴谋论听起来是荒谬的,但是所产生的影响却是真实的。提出文化相对论的人类学家弗朗茨·博厄斯(Franz Boas)在20世纪中期被认为图谋否定盎格鲁族裔的

---

① "White Supremacist Rally in Cumming, Ga.", *The Greenville News*, August 23,1992,p. 2.
② Tanya Telfair Sharpe, "The Identity Christian Movement: Ideology of Domestic Terrorism", *Journal of Black Studies*, Vol. 30, No. 4(March 2000), pp. 604 – 623.
③ Carolyn Tuft and Joe Holleman, "Inside the Christian Identity Movement", *St. Louis Post-Dispatch*, Mar. 5,2000,p. 8.

优越性,摧毁白人种族的自信。① 20 世纪 70 年代后期,一些白人民族主义者对联邦政府在民权运动中的立场深感失望,由此产生一种恐惧,认为政府精英中存在一个秘密集团,妄图剥夺白人男性主导权,谋求美国及世界领导秩序。美国步枪协会(National Rifle Association of America)中有大量成员参与这类活动,持有枪械也成为他们制止"权贵"摧毁美国的理由。② 1993 年,作为美国步枪协会成员的提莫锡·迈凯威在评价瓦科之围(Waco Siege)时曾说:"(联邦政府的)管制一旦得逞,就会得寸进尺,进而控制人民所有。我们在缓慢变成一个社会主义国家。"③1990 年总统乔治·布什提出的"新世界秩序",意在谋求冷战末期的长久和平,但是"新世界秩序"被大量白人民族主义者解读为一种阴谋论,认为全球主义者企图以世界威权政府取代主权民族国家,因此真正的美国人必须保持对联邦政府的警惕,并积极对抗政府的管制。④ 阴谋论成为民粹主义的催化剂,即便是共和党的一些议题也不能赢得白人民族主义者的信任。在这种观念下产生了 20 世纪末期的"民兵运动"(Militia Movement)或者称"爱国者运动"

---

① Lee D. Baker, "The Cult of Franz Boas and His 'Conspiracy' to Destroy the White Race", *Proceedings of the American Philosophical Society*, Vol. 154, No. 1 (March 2010), pp. 8 – 18.

② Lane Crothers, *Rage on the Right: The American Militia Movement from Ruby Ridge to Homeland Security*, Lanham, MD: Rowman and Littlefield, 2003, p. 49; Stuart A. Wright, *Patriots, Politics, and the Oklahoma City Bombing*, New York: Cambridge University Press, 2007, p. 45.

③ Josh Horwitz, "20 Years After OKC Bombing, NRA Has Mainstreamed McVeigh's Insurrectionist Idea in Conservative Movement", *Huffington Post*, Apr. 23, 2015, available at: https://www.huffingtonpost.com/josh-horwitz/20-years-after-okc-bombin_b_7127440.html. 瓦科之围是 1993 年联邦政府清剿白人邪教组织大卫教派的一次行动,行动中出现了大量伤亡。

④ William Safire, "Visions and Revisions of a 'New World Order'", *Arizona Daily Star*, February 18, 1991, p. 21; Robert Alan Goldberg, *Enemies Within: The Culture of Conspiracy in Modern America*, New Haven, NJ: Yale University Press, 2001, p. 17.

(Patriot Movement)。① 在美国各地媒体充满对"新世界秩序"的怀疑,他们发出疑问:世界秩序的稳定是否需要牺牲部分美国利益与美国理想,以及在美国领导的集体安全诉求中,美国是否是这种努力的受益者?②

在为数众多的白人民族主义者中,大卫·杜克(David Duke)是具有代表性的一位。从路易斯安那大学毕业后,杜克长期从事白人民族主义传播、组织活动。杜克广泛散布阴谋论,鼓吹犹太人控制着联邦政府、美联储、媒体和学校,主张白人组织行动起来结成统一战线,捍卫传统基督教价值。他于1979年仿照"全国有色人种协进会"组建"全国白人协进会"(National Association for the Advancement of White People)。1988年他曾参加民主党总统初选,1990年竞选路易斯安那州国会参议员和1991年路易斯安那州州长,皆未成功。③

随着多元文化主义的推进,许多思想家认为多元文化主义在破坏一元文化社会方面走得太远,他们希望能够放慢甚至停止多元文化主义的发展脚步,他们所使用的话语既非宗教也非种族,而是从美国民族文化的延续性和完整性方面考虑,因此他们的主张可称为文化民族主义,倡导者多为知识分子。政治哲学家艾伦·布鲁姆(Allan Bloom)哀叹,在多元文化主义冲击下美国大学的传统精神和功能已不复存在,批评追求种族和文化平等的做法

---

① "Militias Fear Tyranny of a 'New World Order'", *The Des Moines Register*, May 14,1995,p. 10.

② Owen Harries, "There's Danger in Utopian Thinking", *Tampa Bay Times*, May 14,1991,p. 7; Charles, Krauthammer, "Should 'New World Order' Embody American Ideals or Settle for Global Stability?" *The Atlanta Constitution*, May 22, 1991,p. 17; Phillip C. Clarke, "Dangers of the 'New World Order'", *The Newton Record*, Jan. 1,1992,p. 4.

③ Tyler Bridges, The Rise of David Duke, Jackson, MS: Mississippi University Press,1995,p. 29; Douglas D. Rose, *The Emergence of David Duke and the Politics of Race*, Chapel Hill, NC: University of North Carolina Press,1992,pp. 51–67.

是一种反历史的偏激行为。① 1991 年纽约州社会研究课程大纲评审委员会发布了一份报告,主张在公立学校推行多元文化教育,抛弃了原先倡导融入盎格鲁-美国人模式的理念。自由派历史学家小阿瑟·M. 施莱辛格(Arthur M. Schlesinger, Jr.)对此展开了激烈的批判,并由此写出著作《美国的分裂》,反思多元文化主义带给美国社会的分裂与伤害。他认为族裔中心理念、对族裔的崇拜会摧毁美国首要民族性,美国人的生活会陷入碎片化、部落化、种族隔离化,会导致美国社会陷入困境。基于保存美国民族文化的统一与完整,施莱辛格重申盎格鲁-美国人历史观对于美国人的价值与意义。② 1994 年,加州大学洛杉矶分校全国中小学历史教学中心公布的《全国(中小学)历史教学标准》,引发了多元文化主义者与保守派关于如何书写美国历史的辩论。支持者认为新教学标准纠正了一元叙事的弊端,而反对者认为它歪曲了美国历史的真实面貌,诋毁了美国的光辉传统。1994 年在国会中期选举中当选众议院议长的共和党人纽特·金里奇(Newt Gingrich)宣称要遏制政治正确政策泛滥。③ 面对占据人口比例越来越高的拉美裔以及多元文化主义的冲击,政治学家塞缪尔·亨廷顿(Samuel Huntington)重新思考"我们是谁"这个历久弥新的问题,他明确说明是在用爱国者和学者两种身份在写作,认为美国原有的民族特性受到围困,民族主义和爱国主义在近几十年逐步减弱,拉美裔群体人数在增多,美国有走向双语趋势。亨廷顿否定美国是一个移民国家,美国的建国者并非移民而是定居者,前往北美大陆建立一个新社会,而非从一个既定社会到另一

---

① Allan Bloom, *The Closing of the American Mind*, New York: Simon & Schuster,1987,p. 60.
② Arthur M. Schlesinger, Jr., *The Disuniting of America: Reflections on a Multicultural Society*, New York: Norton,1992,pp. 38 – 45.
③ 王希:《何谓美国历史?:围绕〈全国历史教学标准〉引起的辩论》,《美国研究》,1998 年第 4 期,第 7—40 页。

个社会,强调盎格鲁-新教文化对于美国特性的核心要素。同时亨廷顿注意到一部分精英人士轻视国民身份而重视全球身份,与普通美国民众仍然高度重视民族主义和爱国主义态度形成鲜明反差。① 保守主义者帕特·J. 布坎南(Pat Buchanan)呼吁"美国优先"理念的复兴。② 他认为20世纪60年代的"反文化"(counter culture)已经成为美国的主导文化,将会重写美国历史以及废除美国精神遗产,对来自第三世界的移民的质量非常担忧,认为他们缺乏学习英语的愿望,上千万的非法移民在美国形成"国中之国",并不能进入美国主流文化。布坎南将第三世界移民的涌入形容为"入侵",并认为美国已经处于紧急状态,对移民的放松管制将会导致以美国为首的西方文明的衰亡,这种衰亡不仅是人口上的,更是精神层面的。③

伴随着奥巴马入主白宫,许多观察者乐观地认为美国进入后种族时代,然而因为一个黑人总统带来的困惑与愤怒情绪却不断增长,白人民族主义依然暗流涌动,并在2008年金融危机之后更加高涨。在2010年中期选举中,白人中产阶级帮助共和党在国会大胜,赢得众议院多数席位。作为右翼民粹主义的茶党运动在2012年兴起,显示了白人中产阶积压已久的对于联邦政府在税收的收取与使用方面的愤懑。茶党是一个松散的政治组织,来源芜杂,流派众多,从极右翼到温和保守派均有茶党成员存在,并无严密组织和纲领,

---

① Samuel P. Huntington, *Who Are We? The Challenges to America's National Identity*, New York: Simon & Schuster, 2004, pp. 99 – 107.
② Patrick J. Buchanan, "The Resurrection of 'America First'", The American Cause, October 13, 2004, available at: http://www.theamericancause.org/patamericafirst.htm.
③ Patrick J. Buchanan, *The Death of the West: How Dying Populations and Immigrant Invasions Imperil Our Culture and Civilization*, New York: St. Martin's Griffin, 2002, pp. 23 – 29; Patrick J. Buchanan, *State of Emergency: The Third World Invasion and Conquest of America*, New York: St. Martin's Griffin, 2007, pp. 67- 69.

其思想核心在于反对奥巴马经济改革和医保方案,认为许多边缘群体是社会"寄生虫",非法移民大量占用政府资金和服务,而白人中产阶级的付出与收益比例不符,合法劳动所得却被政府以高额税收方式及高医疗保险费为由攫取收缴,以补贴下层民众和非法移民。同时,许多茶党人士对于奥巴马执政理念和动机毫不认同,认为他的名字"听起来有点像外国人的名字",他"有一个是穆斯林的父亲",他"是黑人进入白宫",这些人士高喊"把我们的国家夺回来"。2014年中期选举,茶党活跃成员兰德·保罗(Rand Paul)在肯塔基州获胜,成为首位进入参议院的茶党人士。茶党运动加深了保守派自20世纪后期形成的对于联邦政府的不信任,一个直接的迹象是极右翼组织在奥巴马当选后迅猛增加。[1] 与此同时,共和党的政治用语随之进行调整,其总统候选人米特·罗姆尼(Mitt Romney)在2012年大选中回应茶党利益诉求,在税收、移民等问题上言辞更为激烈,在此意义上白人民族主义不断重塑着共和党的政治主张。[2]

民权时代之后的白人民族主义与之前的观念相比,在新形势刺激之下产生诸多变化,在后现代社会呈现新的面貌。在19世纪末20世纪初期,白人民族主义表现为赤裸裸的种族歧视,以盎格鲁-撒克逊族裔为核心的美国人对外来移民和有色人种的鄙夷,而在民权时代之后,多元文化主义开始逐渐占据舆论主流,白人特权在不同群体的权利诉求中节节败退,以种族优劣为判断依据的观念已经失去基础。除去极端右翼仍然坚持白人至上主义,大部分较为温和的白人民族主义者以宗教、文化观为依据,以价值观方面的不相容代替生物学意义上的高低贵贱,认为包括黑人在内的其他群体的政治诉求侵犯了美国个人主义价值观,希图在

---

[1] Barton Gellman, "Locked and Loaded", *Time*, October 11, 2010, pp. 24-33.
[2] Jill Lepore, *The Whites of Their Eyes: The Tea Party's Revolution and the Battle over American History*, Princeton, NJ: Princeton University Press, 2010, p. 23.

剧烈的社会变化中保持传统白人基督教思想行为范式,以维持自身群体对美国的占有和控制。在奥巴马执政之后,许多白人对于联邦政府进一步向福利国家迈进表示出愤怒情绪,认为他们无论是在实质利益还是在社会地位方面都遭受了损害,从而进一步滑向极化政治。白人民族主义的政治光谱也日趋复杂,从担心血统污染、主张种族隔离的极端种族主义者,到希望维持传统道德模式的白人福音派;不同的白人民族主义政治诉求并不一致,有时甚至可能会有冲突,但是均存在不同程度的对于美国国内外政策的不满与怨恨,这种情绪在21世纪初受多方面刺激影响,包括奥巴马当选、金融危机爆发等因素,这些最终为特朗普所利用,通过选举转化为强大的政治力量,震撼了此前信心满满的自由主义者。

四、特朗普与民族主义者的互动

特朗普异军突起的现象之所以令学者不解,其中一个重要原因在于其民众基础相对地疏远于媒体、学校。自20世纪末以来对白人民族主义的批判,导致在大多数媒体和学校,自由主义成为主流声音。根据"全国学者协会"(National Association of Scholars)在2018年的统计,全美排名靠前的50余所文理学院的8688名终身教授的政党倾向中,注册为民主党与注册为共和党的比例为12.7∶1,而西点军校和美国海军军官学校的相应比例则较为接近。[①] 这个数据说明多元文化主义在美国大学中的主导地位。在主流媒体中,除去福克斯新闻,此前很长一段时间鲜有媒体关注白人民族主义者,而特朗普的支持者恰恰广泛分布于白人福音派基督徒、愤怒中产阶级和另类右翼等白人民族主义群体。

---

① Mitchell Langbert, "Homogeneous: The Political Affiliations of Elite Liberal Arts College Faculty", *National Association of Scholars*, April 24, 2018, available at: https://www.nas.org/articles/homogenous_political_affiliations_of_elite_liberal.

这三部分群体之间并没有清晰的界限，可能会有重叠部分，政治诉求甚至可能发生抵牾，但是特朗普的政治主张在不同程度上迎合了他们对于改变现状的期望。

福音派是推动特朗普竞选成功的重要力量。在重视道德价值的福音派看来，特朗普道德方面的斑斑劣迹在他提出纠正持续多年的自由主义政策的主张面前都变得无关紧要。在 2016 年大选中，有 81% 的福音派民众支持特朗普。① 虽然特朗普在福音派白人中拥有非常高的支持率，但是很多教徒并不愿承认这一点。83% 的受访者表示不愿看到福音派主张与特朗普政策联系起来，"全国福音派协会"（National Association of Evangelicals）认为福音派属于宗教而非政治群体，对于媒体报道经常性地将福音派与特朗普联系起来表示不满。②

特朗普上台之后，福音派继续在政治中发挥重要影响力。实际上福音派在近几十年来都一直在寻求各种政治途径改变美国政治面貌，包括支持保守派选举人、宣传保守政治思想，甚至直接派出代表参与选举政治。2015 年，由大卫·兰恩牧师主持"美国革新计划"（American Renewal Project），计划招募上千名牧师竞选公职，以期恢复在世俗物质主义和政治正确的迷雾中迷失的传统基督教价值观。③ 特朗普的福音派牧师顾问罗伯特·杰弗里斯

---

① Ed Stetzer and Andrew Macdonald, "Why Evangelicals Voted Trump: Debunking the 81%", *Christianity Today*, October 18, 2018, available at: https://www.christianitytoday.com/ct/2018/october/why-evangelicals-trump-vote-81-percent-2016-election.html.

② "Evangelicals Leaders Don't Want Partisan Political Identity", *National Association of Evangelicals*, January 2018, available at: https://www.nae.net/evangel-icals-leaders-dont-want-partisan-political-identity/.

③ Ralph Z. Hallow, "500 Pastors Heed Call to Run for Office, Restore Christian Values in U.S.", *The Washington Times*, November 12, 2015, available at: https://www.washingtontimes.com/news/2015/nov/12/david-lane-american-renewal-project-founder-recrui/.

(Robert Jeffress)是一位具有广泛社会影响力的达拉斯福音派牧师,他所主持的"胜利之路"(Pathway to Victory)节目在全美超过2000个电视台和广播中播放。他积极鼓吹特朗普当选的神意所在,宣扬上帝在帮助特朗普,从而使用宗教语言为特朗普的上台和执政营造出神圣的光环。杰弗里斯根据福音派奉行的基督教锡安主义——这种信仰认为将大使馆移至耶路撒冷是圣经中所预言的大灾变的必要步骤——支持特朗普政府将驻以色列大使馆迁往耶路撒冷。包括彭斯与班农都曾承认特朗普政府此举是由于基督教锡安主义。① 自由大学(Liberty University)校长小杰里·法尔维尔(Jerry Falwell, Jr.)和他的父亲杰里·法尔维尔一样是一名坚定的白人福音派,曾为特朗普的竞选提供筹集资金支持,并多次邀请特朗普前往自由大学做演讲,他认为特朗普所做的每一件事都是为美国利益着想。②

福音派之所以对特朗普具有如此高的热情,其部分原因在于特朗普在竞选中对美国陷入危机说法的大肆渲染,迎合了福音派的焦虑情绪。2006年福音派约占全国人口的23%,而到2017年已经下滑到15%。福音派占比减少的因素来自多方面,包括非基督教移民的增多,还有就是青年福音派力量的缺乏,26%的福音派的年龄约在65岁以上,而30岁以下的信众只有7%,这种年龄

---

① Tara Isabella Burton, "Pastor at US Embassy opening in Jerusalem Says Trump Is 'on the Right Side' of God", *Vox*, May 14, 2018, available at: https://www.vox.com/2018/5/14/17352676/robert-jeffress-jerusalem-embassy-israel-prayer; Peter Laarman, "No End in Sight: White Evangelicals Stick with Trump's White Nationalist GOP," *Rewire News*, November 7, 2018, available at: https://rewire.news/religiondispatches/2018/11/07/no-end-in-sight-white-evangelicals-stick-with-trumps-white-nationalist-gop/.

② Joe Heim, "Jerry Falwell Jr. can't Imagine Trump 'Doing Anything That's Not Good for the Country'", *Washington Post*, January 1, 2018, available at: https://www.washingtonpost.com/lifestyle/magazine/jerry-falwell-jr-cant-imagine-trump-doing-anything-thats-not-good-for-the-country/2018/12/21/6affc4c4-f19e-11e8-80d0-f7e1948d55f4_story.html?utm_term=.896041379ca8.

构成自然引起福音派对于未来的恐慌,特朗普的回归保守主义主张能够轻易俘获他们的支持,并且支持热情比以往都要高涨。① 福音派反对非法移民和穆斯林、无神论者,希望借助特朗普修复破碎现状,制止自由主义进一步在美国政治中拓展影响,在特朗普带领下重建新教国家,从而重新回归白人保守主义政治。在特朗普执政期间,福音派始终对特朗普保持很高的支持率,2018年8月的统计数据为75%。特朗普也不断给予福音派的主张以回应,并在日常行为中将自己塑造为一名虔诚的基督徒。② 昔日的浪荡公子却被重视道德的宗教团体寄予厚望,这种现象可谓对美国民主政治的讽刺。

特朗普的出现,同样赢得了另类右翼的青睐。"另类右翼"(alternative right)一词最早为白人民族主义者理查德·斯宾塞(Richard Spencer)在2008年所提出。斯宾塞在弗吉尼亚大学取得博士学位,是一位活跃的种族主义者,多年来一直致力于将分散的白人民族主义统一成为一股强大的力量。他认为另类右翼代表着对美国作为白人为主的民族国家和对西方文明优越性的认同。以斯宾塞为代表的另类右翼,之所以不愿追随传统保守主义,在于他们认为传统保守主义面对白人特权丧失的局面时毫无作为,面对自由主义的冲击过于软弱,甚至以"cuckservative"这一

---

① Robert P. Jones, "White Evangelicals can't Quit Donald Trump", *The Atlantic*, April 20, 2018, available at: https://www.theatlantic.com/politics/archive/2018/04/white-evangelicals-cant-quit-donald-trump/558461/; Seth Dowland, "American Evangelicalism and the Politics of Whiteness", *Christian Century*, June 19, 2018, available at: https://www.christiancentury.org/article/critical-essay/american-evangeli-calism-and-politics-whiteness.

② Harriet Sherwood, "'Toxic Christianity': The Evangelicals Creating Champions for Trump", *The Guardian*, October 21, 2018, available at: https://www.theguardian.com/us-news/2018/oct/21/evangelical-christians-trump-liberty-university-jerry-falwell; Tara Isabella Burton, "Why (White) Evangelicals still Support Trump", *Vox*, November 5, 2018, available at: https://www.vox.com/2018/11/5/18059454/trump-white-evangelicals-christian-nationalism-john-fea.

贬损词汇诋毁传统保守主义者。另类右翼的支持者的政治主张主要包括严格限制移民、反对多元文化主义和维护白人身份。① 特朗普当选之际,斯宾塞带领新纳粹党人行纳粹礼以示庆祝。② 而保守主义媒体阵营中的《国家评论》,曾对于特朗普利用偏激政治主张吸引愤怒的白人表示讽刺。③

当代白人民族主义在传播交流时的一大特点是有效利用互联网,新技术的应用令陈旧思想增添了新的生命力。因为跨越地域的优势,互联网可以将分散于各地的种族主义分子聚合起来,某些网络平台刻意为宣泄愤怒情绪提供空间以吸引关注,从而加剧社会撕裂的步伐。由相似个体汇聚成的网络共同体,在虚拟空间获得群体归属感,偏激的情绪得到呼应与加强,并在一定条件下可以从线上走到线下,焦虑情绪转化为强大的社会活动能力。④ 网络极大地增强了极端右翼的组织能力和动员能力,包括夏洛茨维尔游行在内,许多右翼集会事件都是依靠网络传播发酵、引起的。夏洛茨维尔事件集中反映了白人的文化焦虑和捍卫自身文化传统的强硬态度。对于罗伯特·李将军雕像的处理争议问题,在之前已经有先例,如何处理公共空间中的公共记忆,对于美国人而言是一个长远而艰巨的任务。特朗普模糊地进行回应,并不愿意谴责白人民族主义者,而是认为"多方"

---

① Jay Reeves, "White Supremacist? Not Us, Insists KKK", *Chicago Tribune*, Dec. 15, 2016, p. 14; David Neiwert, *Alt-America: The Rise of the Radical Right in the Age of Trump*, London: Verso, 2017, p. 43.

② Joseph Goldstein, "Alt-Right Gathering Exults in Trump Election with Nazi-Era Salute", *The New York Times*, November 21, 2016, available at: https://www.nytimes.com/2016/11/21/us/alt-right-salutes-donald-trump.html.

③ Kevin D. Williamson, "The Father-Führer", *National Review*, March 28, 2016, available at: https://www.nationalreview.com/magazine/2016/03/28/father-fhrer/.

④ 张爱军、秦小琪:《网络政治焦虑与舆论传播失序及其矫治》,《行政论坛》,2018年第5期,第19—24页。

都有过失。①

在2016年特朗普竞选时,白人民族主义者发挥了多重功能,包括协助集会安排、组织动员听众、宣传特朗普的思想等,他们也广泛借用形式各样的现代网络传播工具,包括广播、电视、互联网等。白人民族主义者拉什·林博(Rush Limbaugh)是一位全美电台收听率名列前茅的主持人,在2016年开设支持特朗普的节目——"特朗普冲击波"(Trump Bump),电台收听率相较2015年提升21%,根据《主持人杂志》(*Talkers Magazine*)估计,其听众约为1400万;并且不止林博,其他电台主持关于特朗普的节目收听率也较之前有大幅增多。② 特朗普有别于传统政客的新鲜形象为其平添别样的魅力,曾经远离政坛也让他更易获得白人民众的信任。

特朗普的当选也与个人特质符合普通美国人的品位偏好有关。霍夫斯塔特曾批判美国民众强调实用性和商业精神、重视朴素常识的特点,普遍质疑抽象理论思考,这种思维方式容易滋生反智主义的温床,知识分子被视为一群脱离实际、虚伪矫饰的精英。③ 在其拥护者看来,特朗普作为一个成功的商人,和典型政客不同,其竞选不为谋取个人私利,而是真正为美国前途担忧,他直率而不做作地攻击建制派的言行,恰好符合民粹主义对领袖的期望。

由于大多数主流媒体对特朗普的嫌恶,特朗普与新闻界关系

---

① Emma Green, "It Was Cultural Anxiety That Drove White, Working-Class Voters to Trump", *The Atlantic*, May 9, 2017, available at: https://www.theatlantic.com/politics/archive/2017/05/white-working-class-trump-cultural-anxiety/525771/.

② "No 'Trump Bump' for Twitter", *St. Louis Post-Dispatch*, February 10, 2017, p. B4; Hayley C. Cuccinello, "The World's Highest-Paid Radio Hosts 2017," *Forbes*, October 5, 2017, available at: https://www.forbes.com/sites/hayleycuccinello/2017/10/05/the-worlds-highest-paid-radio-hosts-2017/#7cddce3e51fb.

③ Richard Hofstadter, *Anti-intellectualism in American Life*, New York: Alfred A. Knopf, 1963, p. 57.

并不融洽,与媒体人发生龃龉也是司空见惯,因此其本人也主要借助包括推特在内的网络媒体直接与其支持者对话。特朗普与支持者之间的互动相较以往选举人更为频繁和迅速,优势在于可以与数以千万计的人的观点在短时间内发生共振,并有可能成为意见领袖,广泛灌输自己观念。在竞选期间他曾称希拉里为"最腐败的候选人",并在希拉里图像上附带大卫六角形符号,暗示犹太权力精英的阴谋;也曾与福克斯新闻主持人塔克·卡尔森(Tucker Carlson)共同关注所谓南非剥夺白人农场主财产及大规模屠杀白人事件。① 大卫·杜克、理查德·斯宾塞等都对特朗普的推文进行呼应支持。② 虽然特朗普的支持者多数来自白人民族主义者,但是特朗普有意与极端种族主义者拉开距离撇清关系,而选择与温和的白人民族主义者,主要是福音派进行直接对话。大卫·杜克、斯宾塞对此感到失望,却又都表示理解。③

在竞选口号及施政理念方面,特朗普深谙白人民族主义群体内部普遍存在的失落情绪,力图迎合他们提出的阻止美国进一步滑向多元文化主义、重塑美国白人基督教国家在世界的威权地位的希望。白人民族主义者仍然迷恋美国历史上长期存在一种"胜利文化"。这种文化心理与美国长期的社会经济繁荣昌盛有关,并与美国例外论之间有着千丝万缕的联系。许多美国白人将美

---

① Donald J. Trump, 7:51 AM, January 22, 2016, *Twitter*; Donald J. Trump, 9:37 AM, July 2, 2016, *Twitter*.

② Philip Bump, "Prominent White Nationalists Are Celebrating Trump on Twitter More than Usual", *The Washington Post*, August 23, 2018, available at: https://www. washingtonpost. com/news/politics/wp/2018/08/23/prominent-white-nationalists-are-celebrating-trump-on-twitter-more-than-usual/? noredirect = on&utm_term =. 870e0f393791.

③ Carrie Dann, "Donald Trump: I don't want David Duke's Endorsement", NBC, August 26, 2015, available at: https://www. nbcnews. com/politics/2016-election/donald-trump-i-dont-want-david-dukes-endorsement-n416566; Thomas J. Main, "'Alt-Right' Is Real and It's Dangerous", *The Los Angeles Times*, Aug. 26, 2016, p. A15.

国外在的成功归因于内在的品德,而随着第二次世界大战后一系列并不成功的事件的发生,包括朝鲜战争、越南战争以及冷战的长期对峙,美国社会内部泛起对于国家正义身份迷思的破灭和天定命运信念的崩塌,这样一种幻灭刺激起20世纪60年代的反文化运动和青年反叛。① 步入21世纪,随着外部非白人基督教国家的崛起,美国具有的领导世界的信心和实力难复之前盛况,白人民族主义者对自身种族、宗教或文化所富有的骄傲之情不仅受到内部多元文化主义的冲击,也受到外部世界的抑制。对此政治学家戴安娜·慕兹(Diana Mutz)使用了"双重围困"的概念去描述白人的困境,她认为并非经济利益而是来自美国国内外的地位危机产生的焦虑情绪促使大部分白人投票给特朗普。②

在处理国际事务方面,特朗普的理念同样迎合白人民族主义者的要求,强调"美国优先",主张美国利益至上。特朗普执政下的美国,不再追求成为民主价值楷模,放弃"世界警察"地位,而是有意回归美国民族主义,但这并不意味着美国放弃全球霸权。特朗普不再谋求美国制度的世界推广,而是美国利益的全球攫取。特朗普通过使用美国总统少见的"民族主义"话语,宣示了美国战略转向,放弃使用自由主义国际秩序话语,或者只是将其作为实现自身利益的说辞。③

---

① Tom Engelhardt, *The End of Victory Culture: Cold War America and the Disillusioning of a Generation*, New York: Basic Book, 1995, pp. 15 – 24.

② Diana C. Mutz, "Status Threat, Not Economic Hardship, Explains the 2016 Presidential Vote", *Proceedings of the National Academy of Science*, May 8, 2018, available at: https://www.pnas.org/content/pnas/115/19/E4330.full.pdf.

③ Jonathan Allen, "Bush's 'New World Order' Gives Way to Trump's 'No World Order'", NBC, December 1, 2018, available at: https://www.nbcnews.com/politics/politics-news/bush-s-new-world-order-gives-way-trump-s-no-n942521.

结　语

　　白人民族主义在美国始终是一股强大而不可忽视的力量,虽然在近几十年以来,特别是民权运动后被批判和抑制,但始终暗流涌动。特朗普巧妙地将白人民族主义被压抑后产生的不满怨恨,转化利用为其提供政治能量赢得了选举,颠覆了近几十年形成的多元文化主义在美国势不可当的印象。特朗普同样诉诸身份政治,在逐渐"失控"的社会重申白人特权,将"美国性"(Americanness)再次与"白色"(whiteness)紧密联系起来,白人种族主义也借此得以实现反扑。对于美国社会政治的观察者而言,特朗普现象给予观察者的教训之一,在于需要对美国草根民众的思想动态更加重视,而不能把目光仅仅聚焦于知识分子或者主流媒体。

特朗普时代的美国媒体①

赵 梅

在美国,媒体素有"看门狗"(watchdog)之称,意即媒体代表公众利益通过舆论对政府行使监督权,因而又被称为与立法、行政、司法并立的"第四权力"(the Fourth Estate 或 the Fourth Power),受《美国宪法》第一条修正案的保护。在多数研究者看来,美国的主流媒体在很大程度上反映出一个真实的美国。然而,"特朗普现象"引发了研究者对美国政治制度、社会政策及媒体作用的思考。

所谓"特朗普现象"可以从狭义和广义两个层面理解。从狭义上讲,"特朗普现象"指毫无从政经验、口无遮拦、政策激进的特朗普,在2016年出人意料地赢得美国总统大选;从广义上讲,"特朗普现象"不仅指2016年美国总统选举出人意料的选举结果,还包括特朗普上任后的执政风格,包括"推特"治国,出尔反尔,乃至推行"美国优先"的强硬的内外政策。从媒体角度看,2016年至本

---

① 本文原载于《国际政治研究》2018年第4期。本文在收录本论文集时,根据北京大学历史系王希教授的修改建议进行了修订。特此致谢!

文写作之时,美国媒体生态更是乱象环生。在2016年总统大选中,美国传统主流媒体一面倒地认为特朗普不可能胜选;在选举后,执政的特朗普公开与美国主流媒体为敌,说它们是"人民公敌",而以美国有线电视新闻网(CNN)和《纽约时报》为代表的主流传统媒体则针锋相对,不放过任何机会对其进行激烈批评。这种美国总统与主流媒体剑拔弩张的紧张关系在美国历史上极为罕见,建国以来美国政府与媒体间"小骂大帮忙"的既对立又配合的传统格局被打破。上述现象在很大程度上颠覆了人们对美国政治制度与社会的固有印象,也由此引发了对美国媒体及其作用的重新思考。

针对上述现象,本文拟以近一个世纪前李普曼在他的《公众舆论》一书中提出的有关"公众"和"舆论"观点及他与杜威的争论作为起点,结合美国多家民调机构所做的相关调查数据和学界既有研究成果,对美国媒体的发展现状、业界自律和政府监管,特朗普与美国主流媒体的持续对抗及其社会原因,以及数字化时代主流媒体所面临的挑战等问题进行探讨。

一、李普曼与杜威的争论

考察美国媒体,要从沃尔特·李普曼(Walter Lippmann,1889—1974)①及他的《公众舆论》一书说起。该书是新闻传播学的经典著作,自1922年问世以来,已被翻译成几十种文字,始终保持着新闻传播领域的权威地位。李普曼在书中提出的"公众"

---

① 沃尔特·李普曼是最负盛名的美国政治评论家和作家。他毕业于哈佛大学,是《新共和》(*New Republic*)杂志的创办人之一。李普曼从事新闻和专栏评论工作60余年,先后任职于《纽约世界》《先驱论坛报》及《华盛顿邮报》。他所撰写专栏评论广受读者欢迎。他在《先驱论坛报》上发表的专栏文章,曾被两百多家美国报纸几乎同时转载。参见 Eric Foner and John A. Garraty, eds., *The Reader's Companion to American History*, Boston: Houghton Mifflin Company, 1991, pp. 666 – 667。

和"舆论",至今依然是考察今日美国媒体的两个重要视角。该书影响力经久不衰的奥秘在于其对公众舆论做了全景式描述,卓有成效地梳理了舆论研究中一系列难以回避的问题,例如,舆论从哪里来?它是怎样形成的?它能造成什么样的结果?谁是公众?公众舆论的含义是什么?它是仅在公众中传播,还是由公众自己形成的?它什么时候才能成为独立的力量?李普曼对偏见、兴趣、公意的形成和民主形象等问题做了精辟而深刻的探讨,首次在新闻史上对公众舆论及其传播进行全景式论述,为后人的研究奠定了基础。

李普曼以发生在1914年一个小岛上的故事作为《公众舆论》的开篇:故事发生在1914年,大洋中有一个岛屿,岛上住着几个英国人、法国人和德国人。岛上不通电缆,英国邮轮每60天来一次。到了9月,邮轮还没来。岛上的居民谈论的话题仍是最后那期报纸报道的即将对卡约夫人枪杀加斯东·卡尔梅特案进行审判的消息。因此,9月中旬邮轮到来的那一天,岛上的居民急切地涌到码头,想听那位船长说说这个案子的判决。但船长告诉他们的却是,在过去六个星期以来,英国人、法国人为了尊严,正在同德国人作战。然而,在这个不可思议的六个星期里,这些岛民仍像朋友一样相处,而事实上他们已经成了敌人。

李普曼从这个故事提出一个引人深思的观点,即人们并非直接认识他们所在的世界,而是根据脑中的图像来认识这个世界。每个人与他所在的世界之间存在一个"假环境"(pseudo-environment)。当他采取行动时,并非对真实的世界,而是对自己所构建的"假环境"做出回应。在书中说,其实岛民的处境与大多数欧洲人的处境并无太大不同。他们弄错了六个星期,欧洲大陆的人们可能只弄错了六天或六个小时。但是,的确有一段时间间隔。在这段间隔时间里,每个人仍然在适应一种已经不复存在的环境。

李普曼的结论是：由于对新闻赋予重任，并对一般公众自我管理的能力有错误的期待，社会依然得不到客观公正的舆论。如何解决这一困境，李普曼寄望于科学，他认为可以由不偏不倚的专家发现和阐述事实，然后尽其所能，支持政府机构做出决策。他认为，政治权利必须从信息贫乏的民众中收回，投资在公共政策分析精英和政治领袖的手中。①

李普曼在《公众舆论》的续篇《幻影公众》中对"公众"和"舆论"的关系及定义做了进一步解读。他认为，舆论是可以被左右的，甚至可以是编造出来的，而公众只是一个幻影，在时间、精力和信息都极其有限的情况下，普通公众对于政治事务茫然，妨碍了公众理性对政治事务进行解读和处理。他把公众比喻为坐在剧院后排的盲哑观众，他们对眼前发生的一切表现得麻木而茫然。他主张精英政治，认为应该把理政的重担交给有素养的专业人士，李普曼将这一做法称为"打楔子"。他认为："楔子已经打入，打楔子的不仅是工业领袖和那些必须寻求帮助的政治家，还有市政研究所、立法参考文献图书馆、法人、工会和公益事业的专门院外活动集团，……还有诸如《国会要闻》这类的出版物，以及普通教育公会这样的基金会。它们并不是都在那里力求不偏不倚。这不是关键。关键在于它们都开始证明，在公民和他所处的大环境之间必须插入某种形式的专门知识。"②

李普曼的观点引发很多讨论。杜威在1927年出版的《公众及其问题》一书中对李普曼的《公众舆论》和《幻影公众》两本书中的核心观点做出回应。关于《公众舆论》开篇的故事，他认为，问

---

① Walter Lippmann, *Public Opinion*, New York: George Allen & Unwin Ltd, 1922, pp. 377-378；中文版可参阅：〔美〕沃尔特·李普曼：《公众舆论》，阎克文、江红译，上海：上海人民出版社，2002年，第297页。

② Walter Lippmann, *The Phantom Public*, New York: Harcourt, Brace and Company, 1925；中文版参阅：〔美〕沃尔特·李普曼：《幻影公众》，林牧茵译，上海：复旦大学出版社，2013年。

题出在这群岛上居民所阅读的新闻,来自远方的欧洲一个根本不认识他们的报纸编辑的产品,因此,编辑无须为岛上居民对第一次世界大战做任何在地化加工;换个角度看,岛上居民虽然同处一岛,但缺乏共同感,骨子里他们还认为自己是英国人、法国人或德国人。不同的身份认同,使他们无法以所居住的岛的共同观点看待遥远欧洲爆发第一次世界大战这个事实。杜威认为,公众不是幻影,而是真实存在;虽然庞大的社会造成了人与人的疏离,导致民主基础衰落,但治疗方案应该是更加民主。当理性"公众"出现时,民主就会产生。①

李普曼和杜威在"公众"和"舆论"问题上的看法各异,体现出现实主义和自由主义者在民主问题上的区别。李普曼带有较为强烈的批判态度,他所提出的解决之道是精英治国;杜威较为乐观和理想主义。他强调参与和交流的重要性,强调人与人之间的互动,认为舆论和民主产生于交流和互动之中。

李普曼《公众舆论》中的那个太平洋小岛的故事,提出了观察美国媒体的两个非常重要的视角,即谁的舆论(Whose opinion)?谁是公众(Who is the public)?下文运用李普曼的分析视角,从"舆论"和"公众"两个方面,探讨特朗普时代美国媒体的发展现状、社会环境,以及所面临的挑战。

二、美国媒体发展与监管

如果以1704年北美殖民地诞生的第一份报纸《波士顿通讯》

---

① John Dewey, *The Public and Its Problem*, Ohio: Swallow Press,1927, edited and with Introduction by Melvin I. Rogers; Kathleen Knight-Abowitz, "Introduction: Revisiting The Public and Its Problem," *Education and Culture*, Vol. 30, No. 2, 2014, pp. 1-4. 台湾慈济大学传播系李明轩对杜威与李普曼之争进行过详细梳理,参见李明轩:《重读李普曼与杜威的论战:为李普曼翻案》,《传播与中国·复旦论坛》,2008年12月10—12日,第238—254页。

(*Boston New-Letter*)为开端,美国媒体迄今已走过了300多年的历程。经过300多年的发展,美国逐渐形成了如今世界上最完备、影响巨大、形式多样的新闻传播体系。报纸曾经是美国人获取信息的主要渠道,但随着广播、电视和互联网的发展,美国媒体呈现出多样化趋势,数字媒体、社交媒体的用户逐渐超过纸媒。美国的新闻媒体受宪法第一条修正案保护,享有言论自由的权利。有着悠久历史的传统主流媒体先后制定自律条款,国会也通过相继立法,对媒体进行监督和制约,以防止滥用宪法所赋予的言论自由权。

中美学界对美国媒体的发展历程、与政府的关系及其在美国社会中的作用进行过较为深入的研究。自2004年至今,美国皮尤研究中心每年发布美国新闻媒体年度报告,详细阐述当年美国的新闻媒体状况,包括美国媒体的传播方式,美国报刊电视、互联网、社交媒体的发展状况,以及美国人获取信息的渠道和方式的变化。在2018年的皮尤研究中心所做的"新闻媒体状况:美国新闻媒体工业关键部分的数据和趋势"调查中写道:"媒体有时被称为政府的第四部门,但在美国,它还是一个生意——它服务公众的能力有赖于它吸引人们眼球和美元的能力。"[1]

国内学界也有学者对于美国媒体的发展概况和特点等进行过较为全面和深入的研究,[2]篇幅所限,笔者在此仅就美国媒体的

---

[1] Pew Research Center: Journalism & Media, "State of the News Media: Data and Trends about Key Sectors in the U. S. News Media Industry," June 3, 2018, http://www.pewresearch.org/topics/state-of-the-news-media/, 2018-06-11.

[2] 其中最有代表性的是北京大学国际关系学院范士明副教授2014年发表的《美国的新闻与传播》一文。文章从新闻媒体对美国社会的渗透、美国的自由主义新闻理念、美国新闻传播史上的重要事件和人物,以及美国新闻传播事业的格局和特点四个方面对美国新闻传播做了较为全面和系统的梳理。范士明副教授在文中提出的主导美国媒体的自由主义理念,以及媒体与政府的对立与共生关系的观点,颇具启发意义。参见范士明:《美国的新闻与出版》,载于袁明主编:《美国社会文化十五讲》,北京:北京大学出版社,2017年,第203—207页。

蓬勃发展状况、主导的理念及其监管等几方面进行论述。

（一）蓬勃发展的美国媒体

1620 年，第一批清教徒乘坐"五月花号"船抵达北美普利茅斯，近一百年后，直到 1704 年，新英格兰诞生了北美第一份报纸——约翰·坎贝尔的《波士顿通讯》。约翰·坎贝尔是英王任命的波士顿邮政局局长。他利用职务之便，向其他殖民地的特派员提供信息，以通讯的形式发出。1704 年 4 月 24 日，《波士顿通讯》印制出来，这是北美殖民地第一份真正连续出版的美国报纸，坎贝尔集发行人、编辑和邮政局长为一身。报纸所刊登的消息，只是将伦敦已隔数周的报纸内容做些编辑加工后发表。虽然《波士顿通讯》没有给人留下很深印象，但由此拉开了北美殖民地以及后来的美国的新闻传播的序幕。

美国如今拥有世界上最发达的传媒系统。美国媒体涵盖了所有主要的形式，包括电视、广播、电影、报纸、杂志和互联网。大多数媒体都从属于商业化的媒体公司。这些公司依靠广告、订阅以及出售版权盈利。目前，美国媒体集中、垄断的趋势还在持续，造就了大量国际性的传媒巨头，如美国三大传媒公司迪士尼、时代华纳和新闻集团。

1. 报纸杂志。报纸在美国历史悠久，也曾经是美国人获取信息的主要渠道。然而，随着广播、电视，特别是互联网的迅猛发展，近年来，报纸的订阅量大幅下降。尽管《纽约时报》《华尔街日报》和《华盛顿邮报》在全美多数大城市内发行，但美国没有真正意义上的全国性报纸。综合性的《纽约时报》是自由派媒体的旗舰，而以商业、金融报道为主的《华尔街日报》和倾向于报道美国国内政治的《华盛顿邮报》略为保守。1982 年创刊的《今日美国》曾经试图将其打造成一张全国性的报纸。该报虽有逾百万销量，却大多关注娱乐、体育等领域的话题，其影响不及三大报。

美国几乎每个主要的大都市区都有在当地发行的报纸。通常一个大城市可以同时并存两份综合性日报,以及不计其数的小型专业性报纸(如娱乐报、体育报等)。在美国,绝大多数媒体都是私营的,它们要么属于大型的报业集团,如甘乃特报团就拥有几十家美国报社;要么从属于小型的报业连锁机构;要么则是从属于某个家族或个人。最后一种情况目前已经非常罕见了。

美国的杂志业非常发达,杂志的类型和内容几乎无所不包,主要杂志在美国任何一座大城市的报摊上都可以买到。绝大多数杂志社都隶属于某个大型媒体公司或这些媒体公司在本地的下属企业。美国有三大主流新闻类周刊,分别是《时代周刊》《新闻周刊》及《美国新闻与世界报道》。此外,美国还有很多专业的学术类杂志,由特定的组织发行,受众也较有针对性。例如,专门给计算机专业人士读的《ACM通讯》和专门给法律界人士读的《美国律师协会期刊》等。

在互联网新媒体的冲击下,近年来,美国报纸杂志销量在逐年下降。据统计,美国日报的数量在过去的半个世纪骤减。晚报的数量几乎降至1970年的一半。1950年,全美共有1722份日报,其中70%是晚报。然而到了2000年,日报的数量仅剩1480份,其中晚报的数量为766份,仅占日报总数的一半。①

2. 电视和广播。美国的电视和广播是在联邦通讯委员会的管理下运行的。上百家地方、地区的广播和电视台组成美国公共传媒系统。全美的地方电视台有几千家,其中绝大多数分别从属于五大全国电视网。传统的三大电视网包括美国全国广播公司(NBC)、美国广播公司(ABC)和哥伦比亚广播公司(CBS)。近些

---

① John Murray, "Circulation Analysis Report: Home Delivery", Dec. 22,2015, available at: https://www.newsmediaalliance.org/research_tools/circulation-analysis-home-delivery/? gatval; "About the USA: The Media in the United States", Introduc-tion,https://usa.usembassy.de/media.htm,2018-06-10.

年两大电视网崛起,分别是福克斯广播公司(Fox)与由哥伦比亚广播公司(CBS)及华纳兄弟(Warnar Bros.)共同出资的哥伦比亚华纳兄弟联合电视网(The CW Television Network,CW)。另外,美国还有一个非营利性、靠政府津贴、在美国民间进行筹款活动,与接受私人基金捐赠方式生存的公共电视网(PBS)。除上述的这些无线电视网之外,美国还有很多有线电视频道。这些频道不靠广告盈利,其主要收入来源是收视费。其中实力雄厚的有两家,分别是家庭影院频道(HBO)和美国有线电视新闻网(CNN)。

美国最主要的公共广播系统有三家,分别是1967年创办的美国公共媒体(American Public Media,APM),1970年创办的美国国家公共电台(National Public Radio,NPR)和1983年创办的国际公共广播(Public Radio International,PRI)。这三家广播系统录制节目,经由上百家地方电台播出。此外,美国还有一些著名广播电台,如纽约公共电台(WNYC)、芝加哥公共电台(WBEZ),录制全国性的新闻、评论及娱乐节目。纽约公共电台是纽约地区最早的广播电台,1924年开播,总部位于纽约曼哈顿。"820 AM"是美国纽约公共电台最为著名的电台栏目,注重节目内容的思想性、知识性、科学性和公共性,以及节目内容和形式的丰富性,以全国性的新闻资讯和富有文化色彩的节目而闻名。

3. 互联网及新媒体。互联网的诞生为美国媒体传播信息提供了新的手段。在美国,几乎所有的主流媒体都拥有自己的网站。一些媒体网站上的信息是完全免费的,而有一些媒体则只免费开放一部分。2014年是美国媒体急剧变化的一年,手机和在线视频等数字媒体的广告收入大幅上涨,网上购物营业额飙升,社交媒体成为新闻消费的首选平台。网络新闻有两类,一类是纸媒或广播节目的电子版,被称为"遗产新闻"(Legacy News),还有一类是诞生在网络中的新闻,被称为"数字土著新闻直销"(Digital-

native News Outlets)。皮尤研究中心在2018年6月所做的调查显示,在美国成年人当中,十位中有九人通过手机或电脑获取新闻。"数字土著新闻直销"中,约86%提供官方苹果手机应用,71%播放博客,63%允许读者发表评论。①

社交媒体正在成为美国人获取新闻的一个重要渠道。在美国使用较多且较有影响的社交媒体主要有:"脸书"(Facebook)、谷歌(Google:包含 Google+、YouTube)、"推特"(Twitter)。据统计,2016年,62%的美国成年人从社交媒体中获取新闻,2012年这一数字为49%。其中,2/3"脸书"用户从"脸书"获取新闻,59%的"推特"用户从"推特"获取新闻,7/10的红迪网(Reddit)用户从该网获取新闻,31%的汤博乐(Tumblr)用户从汤博乐获取新闻。② 2012年至今,皮尤研究中心对美国社交媒体的发展状况进行持续跟踪研究。2018年3月的调查结果显示,约2/3(68%)的美国成年人为"脸书"用户,其中约3/4的人每天登录"脸书",在65岁及以上的人群中,绝大多数美国人使用"脸书"。研究还显示,"脸书"和"优图"(YouTube)在美国社交媒体中居主导地位。与此同时,18—24岁的年轻人倾向于使用多样化的社交媒体平台,如"快聊"(Snapchat)、"推特"和"照片墙"(Instagram)。③

---

① Pew Research Center, "Digital News Fact Sheet", in "State of the News Media," June 6, 2018, available at: http://www.jounralism.org/fact-sheet/digital-news/, 2018-06-10.

② Jefferey Gottfried, "News Use Across Social Media", May 26, 2016, available at: http://www.journalism.org/2016/05/26/news-use-across-social-media-platforms-2016/, 2018-06-10.

③ Aaron Smith and Monica Anderson, "Social Media Use in 2018: A Majority of Americans Use Facebook and YouTube, but Young Adult are Especially Heavy Users of Snapchat and Instagram", March 1, 2018, Pew Research Center: Internet & Technology, available at: http://www.pewinternet.org/2018/03/01/social-media-use-in-2018/, 2018-06-10.

（二）以自由主义为主导的新闻理念和精英化倾向

美国的主流媒体是以自由主义和精英主义为主导的，这与美国独特的政治文化传统密不可分。

美国的政治思想源自欧洲，特别是英国。美国承袭的是源自英国哲学家洛克的自由主义学说。早在北美殖民地时期，洛克的"天赋人权"和有关政府的起源、范围和目的学说已广为传播，并深刻影响了北美殖民地人民摆脱殖民统治和整个美国历史进程。中国社会科学院荣誉学部委员资中筠在《20世纪的美国》一书中谈到美国源自欧洲的自由主义传统。她写道，尽管在美国有保守主义和自由主义之分，保守主义倾向于放任主义的经济政策，自由主义主张政府干预，多一些规章制度，但"这两种思潮归根到底都属于广义的'自由主义'"。"事实上，美国最激进的改良没有脱出自由主义的框架。"①北京大学历史系王希教授谈到了洛克学说对北美独立战争的影响。"北美殖民者显然毫不费力地领悟和接受了洛克的理论，并在不久的将来将其付诸实践。殖民者不仅熟悉洛克理论的英国背景，而且他们已在殖民地开始了社会契约的实践。"②

美国政治文化具有鲜明的精英主义特征。北京大学国际关系学院唐士其教授对美国政治文化的精英主义传统进行过深入探讨。他认为，"虽然立国者宣称人人生而平等，但他们同时又反复强调理性在公共与私人生活中的指导作用，强调智慧有德之士管理公共事务的正当性和必要性。……在现实生活中，美国人一直在精英和大众两个层面上自觉地维护这种独特的盎格鲁-撒克逊新教精英主义文化传统"③。

美国传统主流媒体鲜明地体现出美国政治文化的自由主义

---

① 资中筠：《20世纪的美国》（修订版），北京：商务印书馆，2018年，第7、9页。
② 王希：《原则与妥协：美国宪法的精神与实践》，第33页。
③ 唐士其：《美国政治文化的二元结构及其影响》，《美国研究》，2008年第2期，第16、17页。

和精英主义这两大特征。

美国的新闻理念(News Value)是以自由主义思想为主导的，其核心理念是：(1) 独立的媒体，不受政府、商业利益甚至公众干扰；(2) 为公众知情权服务；(3) 探求和反映真相；(4) 客观公正地报道。[①] 由此，媒体肩负着多重社会责任，它既是鼓励民众就公共事务进行多元化讨论的公共论坛，也是反对政府权力滥用的"看门狗"和鼓励民众了解和参与政治进程的动员者。在美国，媒体绝大部分是私营的，独立于政府和权力是大多数媒体自我标榜的新闻理念。美联社在其官方网站发布的《美联社新闻理念和原则宣言》详尽阐述了美联社的新闻理念。该宣言写道："在过去一个半世纪，美联社的男人们和女人们有幸带给世界真相。他们达到一个新高度，克服了巨大的障碍，当然，也做出了巨大的牺牲，以确保所报道的新闻迅速、准确和诚实。我们的努力赢得了信任：越来越多的人从美联社而不是其他来源获取新闻。在 21 世纪，新闻以前所未有之多的方式传递……但我们在收集和传递新闻时始终坚持诚信和道德行为的最高标准。'我不是说美联社完美无缺，它本身带有人类与生俱来的弱点，但在报道世界正在发生的事情时，我们竭力做到真实、不带任何偏见，达到道德最高标准。'美联社前总裁梅尔维尔·斯通 1914 年曾这样写道，今天仍将如此。"[②]此外，从普利策新闻奖自 1917 年设立以来的获奖作品中也可看出美国媒体的新闻理念和价值追求。获奖作品多为负面报道，尤其是揭露性的调查报道，与战争、灾难有关的报道，关注社会福利、公共健康、经济与政治诚信、人权保障等方面的报道。

---

① 〔美〕迈克尔·埃默里等：《美国新闻史：大众传播媒介解释史》，展江、殷文等译，北京：新华出版社，2001 年，"译者的话"，第 861—862 页。

② Assoiated Press, "Associated Press Statement of News Values and Principles", available at: https://www.ap.org/about/news-values-and-principles/downloads/ap-news-values-and-principles.pdf, 2018-7-23.

美国传统主流媒体具有明显的精英化倾向,主要体现在媒体从业人员、受众和媒体的地域分布上。2016年,美国总统大选结果揭晓后,《大西洋月刊》资深专栏作家安德鲁·迈克吉尔撰文反思美国媒体的精英化问题。他认为,美国媒体精英化趋势明显。明尼苏达大学的研究显示,1960年,约1/3的新闻从业人员没上过大学,2015年这一数字为8.3%。美国人口普查数据显示,2015年全美约46%的25岁及25岁以上的人口没上过大学。新闻从业人员大多居住在东西海岸。2011年,92%的新闻从业人员在大都市区工作,半个世纪前,这一数字为75%。纽约曼哈顿新闻中心最为集中,1990年至2005年,13%的媒体总部位于曼哈顿。从就业市场来看,记者很难在中西部地区找到工作,绝大部分媒体工作机会来自纽约和华盛顿。此外,数据显示,在新闻从业人员的种族构成上,约80%为白人。①

(三)与政府的关系:小骂大帮忙

尽管美国各大主流媒体大多自诩独立于政府、超党派,起着监督政府的"看门狗"作用,如美国有线电视新闻网在其广告词中说它"使权力掌管者为自己的决定负责"(to hold the power more accountable),但多项研究显示,美国媒体与政府是一种既博弈又相互依赖的关系。范士明归纳和总结了美国媒体与政府对立和共生的两种观点,认为美国媒体具有挑战权威和监督政府的偏好,政府对传媒的影响更多地依赖软性干预。② 北京外国语大学

---

① Andrew McGill, "U. S. Media's Real Elitism Problem: Donald Trump's Victory Caught Mainstream News Outlets Off Guard. Were Reporters too Insulated to See His Growing Support", *The Atlantic*, Nov. 19, 2016, available at: https://www.theatlantic.com/politics/archive/2016/11/fixing-americas-nearsighted-press-corps/508088/, 2018-7-23.

② 范士明:《美国的新闻与出版》,载于袁明主编:《美国社会文化十五讲》,第216—217页。

翟峥教授梳理了从1897年麦金莱总统至2009年小布什总统卸任百余年来美国白宫政治传播体系的发展轨迹，从而总结出现代白宫传播体系的构成，认为"在现代总统与媒体的交往中，总统逐渐把利用媒体传播观点、塑造形象、影响民意变成一种自觉行为，一步步把各种政治传播手段加以正规化、程序化和制度化，最终建立起一整套完善的体系"①。美国宾夕法尼亚大学沃顿商学院荣誉财经教授爱德华·赫尔曼（Edward S. Herman）与麻省理工学院语言与哲学系教授诺姆·乔姆斯基（Noam Chomsky）强调美国媒体与政府合作及其作为宣传工具的功能。在《制造共识：大众传媒的政治经济学》一书中，他们运用"宣传模型"（Propaganda Model）的分析体系，对数十年间美国主流媒体对于越战、水门事件、科索沃战争，以及针对世界贸易组织、世界银行和国际货币基金组织的抗议活动的报道进行分析比较认为，美国新闻媒体与其以往执着、无所不在地追求真理和捍卫正义的形象截然不同，它们在实践中维护的是在美国国内社会、国家及全球秩序之中起主导作用的精英阶层的经济、社会和政治议程。他们写道："美国媒体是为控制它并为它提供资金支持的强大社会利益集团服务并代其从事宣传。""美国的大众媒体是效率高、力量大的意识形态机构，其所行使的是对体系提供支持的宣传功能，而其所依靠的则是市场力量、内化了的概念及自我审查而又无须实施明显的威胁手段。"②

总体来看，"小骂大帮忙"是美国媒体与政府关系较为真实的写照。尽管美国媒体受到宪法保护并享有充分的新闻自由，但是，美国的媒体从业人员在言论方面是与美国的主流价值观和美国的政治制度相一致的，不得违背相关法律规定，这可以从美国

---

① 翟峥：《现代美国白宫政治传播体系（1897—2009）》，北京：世界知识出版社，2012年，第193页。

② Edward S. Herman and Noam Chomsky, *Manufacturing Consent: The Political Economy of the Mass Media*, New York: Pantheon Books, 2002, pp. xi, 306.

各媒体的工作守则中体现出来。美国报纸主编协会(ASNE)是美国最早的新闻从业人员协会。1922年,该协会制定了《新闻记者守则》(Canons of Journalism),该守则于1975年修订。《新闻记者守则》明确了媒体的责任,鼓励新闻从业人员遵守更高的道德和职业标准,包括责任、公允真实和准确、公正、公平、光明磊落六个方面。《新闻记者守则》在结语中,重申上述原则是为了保持、保护和加强美国媒体和人民之间的信任和尊重的纽带。① 美国其他一些媒体协会、专业记者协会、赫斯特报系、美联社等,均制定了自己的职业守则或道德规范,有的以美国报纸主编协会的《记者行为原则宣言》为蓝本,有的参照政府的相关法律规定制定自律条款。有些非常详细,如规定"除非万不得已,受请标准不得超过20美元"。

美国政府通过如下渠道对媒体进行监管。一是相关法律法规。联邦通讯委员会(FCC)是美国联邦政府分管广播事业的一个独立的行政和决策机构。它的前身是联邦无线电委员会,该委员会根据美国国会通过的《1927年无线电法》(Radio Act of 1927)而成立,负责向广播电台发放许可证,并具有一定的管理权。20世纪最后的20年,互联网迅猛发展,美国民众获取信息的渠道已不再主要依赖传统媒体。为因应数字时代的新变化,1996年1月,美国国会通过《1996年电信法》(Telecommunications Act of 1996),对实行了62年的《1934年通讯法》进行大幅修正,包括:电信服务、广播服务、有线电视服务、法令改革、猥亵与犯罪、对其他法律的效益,以及其他条文内容。② 二是联邦最高法院的释宪。根据美国宪法,联邦最高法院拥有宪法解释权。联邦最高法院有权决定言论自由的限度,决定何种言论或出版物应受宪法第一条

---

① "ASNE Statement of Principles," https://www.asne.org/asne-principles,2018-06-10.

② Telecommunications Act of 1996, available at: https://legcounsel.house.gov/Comps/Telecommunications%20Act%20Of%201996.pdf,2018-06-10.

修正案的保护,何种言论违宪。1919年的"申克诉美国案"①是联邦最高法院审理的第一个涉及言论自由的案件,此后,法院陆续做出多项重要裁决,以因应美国社会和国际局势的变化,对宪法第一条修正案做出解释。综观美国联邦最高法院所做的有关宪法第一条修正案的裁决,审理的案件大多涉及如下三类具有争议的言论:(1)宣传以"非法的暴力"推翻政府或现制度的言论;(2)对政府和政府官员(包括总统)的批评;(3)淫秽。② 上述三类言论的认定标准,特别是对前两类的认定,在美国一直饱受争议。在不同历史时期,认定标准亦有所不同。

总之,美国宪法第一条修正案、联邦最高法院有关言论自由的裁决、相关法律法规、美国新闻机构制定的职业守则,以及20世纪60年代民权运动以后出现的"政治正确"等因素,共同形成了美国媒体所共同遵守的原则,也就是美国媒体的"政治正确",即美国宪法第一条修正案赋予言论自由的权利,国会不得制定剥夺人们言论或出版自由的法律。然而,言论自由是有限度的,大致可以归结如下:(1)不得造成"明显和现实的危险";(2)不得冒犯不同宗教信仰或政见持有者;(3)不得冒犯包括残疾人、少数族裔、女性、同性恋者在内的弱势群体;(4)不得损害未成年人的权益,如制作或传播淫秽作品;(5)不得违反战争时期的特殊规定。

三、特朗普的挑战

自2016年美国大选至今,美国媒体呈现出一幅非常独特的景象。一方面,选前美国主流媒体、民调和智库报告,几乎"一边

---

① *Scheck v. U. S.*,249 U. S. 47,1919, available at: https://supreme.justia.com/cases/federal/us/249/47/,2018-06-10.

② 参阅李道揆:《美国政府和美国政治》,北京:商务印书馆,1999年,第130—138页。

倒"地认为希拉里将以明显的优势取胜；另一方面，特朗普上任后，一改以往美国总统与新闻界保持接触与沟通的传统做法，公开与主流媒体为敌，而主流媒体也并未因特朗普入主白宫而停止对他的指责和攻击。自美国建国两百多年来美国总统与媒体之间的既相互博弈又相互依赖的共生关系被打破。这两种情况在美国历史上几乎是前所未有的。

特朗普在就任总统后的第一次记者招待会上，痛斥美国有线电视新闻网、新闻聚合网站嗡嗡喂（BuzzFeed）制造假新闻。他在"推特"上称这些主流媒体是"美国人民的公敌"。2017年1月17日，特朗普在自己的"推特"账户上颁发"十大假新闻奖"，"获奖者"来自《纽约时报》、《华盛顿邮报》、美国有线电视新闻网、美国广播公司等。与此同时，共和党官方网站公布"假新闻"获奖者名单。特朗普说，他要把十大"假新闻"颁给"最腐败、最具有偏见的主流媒体"。①

---

① 所谓获奖的"十大假新闻"是：(1)《纽约时报》记者克鲁格曼称，特朗普获得历史性胜利后，美国经济将永远不会复苏。(2) 美国广播公司记者罗斯的错误报道使美国股市一夜大跌。罗斯报道说，特朗普在2016年大选期间下令让国家安全顾问弗林与俄罗斯官员接触。(3) 美国有线电视新闻网错误报道称，特朗普和他的儿子小特朗普获取维基解密的黑客文件。(4)《时代周刊》报道称，特朗普从白宫椭圆形办公室撤走了马丁·路德·金的半身像。(5)《华盛顿邮报》报道说，特朗普在佛罗里达州彭萨科拉（Pensacola）的大型造势集会现场是空的。实际情况是，不诚实的记者在人群开始入场前拍摄空无一人的体育场的照片。(6) 美国有线电视新闻网错误剪接一段视频，让特朗普在访日期间，挑衅性地大量喂鱼，其实是日本首相首先喂鱼。(7) 美国有线电视新闻网报道称，前白宫通讯联络办公室主任斯卡拉姆齐（Anthony Scaramucci）与俄罗斯人会面，随后美国有线电视新闻网以"重大发展进行中"为由撤掉该报道。(8)《新闻周刊》报道，波兰总统夫人没有与特朗普握手。(9) 美国有线电视新闻网错误报道称，联邦调查局前局长科米对特朗普的说法提出异议，特朗普被告知自己没有受到调查。(10)《纽约时报》头版错误报道称，特朗普政府隐藏气候报告。参见 Team GOP Media, "The Highly-Anticipated 2017 Fake News Awards," GOP, available at：https://www.gop.com/the-highly-anticipated-2017-fake-news-awards/, GOP, January 17, 2018, 2018-06-01; Matt Flegenheimer and Michael M. Grynbaum, "Trump Hands Out 'Fake News Awards,' Sans the Red Carpet," *The New York Times*, Jan. 17, 2018, available at：https://www.nytimes.com/2018/01/17/business/media/fake-news-awards.html, 2018-06-01.

特朗普利用一切机会讽刺挖苦美国主流媒体。2018年4月，美国司法部以危害国家安全为由宣布对非法入境者实施"零容忍"政策，造成近两千名未成年人与家长分离。2018年6月21日，美国第一夫人梅拉尼娅探访位于得克萨斯州美墨边境的一所非法移民未成年人安置中心。她当日登机前所穿军绿色外衣背面印有文字"我真的不在乎，你呢？"（I REALLY DON'T CARE, DO U），引发争议。特朗普在推特上说，如果真要解读的话，梅拉尼娅外衣上的这句话是指制造并传播假新闻的媒体，梅拉尼娅知道他们是多么不诚实，所以她真的不在意。

在媒体方面，《纽约时报》《华盛顿邮报》、美国有线电视新闻网等美国主流媒体在特朗普胜选后发起了"媒体保卫战"。2016年11月21日，特朗普来到《纽约时报》总部，与编辑、专栏作者和记者座谈。11月24日，《纽约时报》就发表了专栏作家查尔斯·布洛（Charles M. Blow）的评论文章——《不，我们绝不可能好好相处》。布洛在文章中写道："你（特朗普）对这个国家和这个国家的许多公民造成了真正的伤害，我永远不会——永远不会——忘记这一点。……让我在感恩节这一天这样说：感谢有这个平台，因为只要世上还有油墨与像素，我便会一直咄咄逼人地紧盯着你。"[1]2018年8月15日，《波士顿环球邮报》邀请全美350家新闻机构联合发表社论，共同反击特朗普对媒体的"人民的公敌"的指责。《波士顿环球邮报》在题为"一个自由的媒体需要你"的社论中说，美国之所以伟大，就是依赖享有新闻自由的媒体道出真相，把媒体说成是"人民的公敌"，非但不符合民主精神，也将美国的

---

[1] Charles M. Blow, "No, Trump, We Can't Just Get Along," *The New York Times*, Nov. 24, 2016, available at: http://www.nytimes.com/2016/11/23/opinion/no-trump-we-cant-just-get-along.html?action=click&contentCollection=Style&module=Trending&version=Full&region=Marginalia&pgtype=article, 2018-06-10.

法治置于险境。① 面对350家媒体的联合指责，特朗普次日发推特反击，嘲笑《波士顿环球邮报》因亏损被迫卖给衰败的《纽约时报》。

特朗普与美国传统主流媒体之间剑拔弩张的紧张关系，凸显这一时期美国传统主流媒体与民主政治所面临的挑战和危机。特朗普与美国传统主流媒体的对抗，部分地反映了美国政治极化的程度。一般地说，提供信息、表达民意、监督权力、联系社会等，是新闻媒体最重要的社会功能。具体到有关大选的报道，媒体应当尽量准确、客观、全面地提供候选人信息，就候选人提供的公共政策进行报道，展开讨论，以有利于选民做出理性的选择。但是，在2016年美国大选的报道中，美国主流媒体呈现出非常明显的一边倒倾向，约200家媒体选择支持希拉里·克林顿，支持特朗普的媒体不到20家。此外，"一边倒"还体现在民调数据上。皮尤、盖洛普等发布的民调数据显示，希拉里·克林顿始终处于大幅领先地位。此次大选美国主流媒体和民调机构对特朗普当选的误判，凸显媒体与民意的脱节。研究显示，近年来，公众对传统媒体的信任度在下降。2016年7月7日，皮尤研究中心发布的《现代新闻消费者：数字化时代新闻态度与实践》研究报告显示，只有32%的受访者对主流媒体持"较好"或"相当信任"的态度，这一数据比一年前跌了8个百分点。在共和党支持者中，这一数字更低，只有14%。② 结果证明他们都错了。

尤其是特朗普胜选及执政后与媒体的关系，引发研究者对美国媒体及其所面临的挑战的反思。其中，美国主流传统媒体中的

---

① Editorial Board, "A Free Press Needs You," *The Boston Globe*, August 15, 2018.

② Amy Mitchell, Jeffrey Gottfried, Michael Barthel, and Elisa Shearer, "The Modern News Consumer: News Attitudes and Practices in the Digital Era," July 7, 2016, available at: http://assets.pewresearch.org/wp-content/uploads/sites/13/2016/07/07104931/PJ_2016.07.07_Modern-News-Consumer_FINAL.pdf, 2018-06-01.

自由与保守势力的失衡、假新闻,以及右翼媒体的复兴成为关注的焦点。关键是问题出在哪里?

(一) 公信力和社会监督作用在削弱

尽管美国各大主流媒体都标榜公正、客观、真实,但在现实生活中,绝对客观公正的报道几乎是不存在的,任何一篇报道都不可避免地带有编辑记者个人的价值判断。与此同时,任何媒体都是以商业利益为主要目的,这是媒体的生存之本。爱德华·赫尔曼与诺姆·乔姆斯基的研究注意到美国主流媒体的报道中的偏见及精英化、商业化趋势。他们在《制造共识:大众传媒的政治经济学》一书中谈到,"新闻或社论都会受到利益相关方的强烈影响并展示某种可怕的偏见。……在我们所分析的重要选举中,这种两分法的处理手段以及偏见达到了相当高的程度"。[1] 他们重点研究了美国主流媒体"与占统治地位的经济体系中政治经济的结合",发现"自1990年以后,20家企业控制着为美国公众提供视听体验的几乎所有媒体。……正是这些企业压倒性的集体力量,其相互间的企业关系和统一的文化和政治价值观使得个人在美国民主社会中的作用令人质疑"[2]。资中筠先生在《20世纪的美国》(修订版)一书"后记"中谈到美国软实力的来源和缺陷时涉及媒体,她写道:"高度商业化的媒体往往把市场利润的考虑置于真相和正义之上,从而削弱监督的力量。"[3]

美国主流媒体纷繁复杂,观点不尽相同。几乎每家媒体都自我标榜为非党派、新闻报道准确而不带任何偏见。然而,研究显示,自20世纪60年代以来,美国主流媒体党派色彩明显,呈现出向民主党、自由派倾斜的失衡现象,这在2016年美国大选中表现

---

[1] Edward S. Herman and Noam Chomsky, *Manufacturing Consent: The Political Economy of the Mass Media*, Introduction, p. xix.

[2] Ibid, p. xiii.

[3] 资中筠:《20世纪的美国》(修订版),第372页。

得尤为明显。2016年1月,皮尤研究中心对在美国影响较大的主要媒体的受众政治立场和党派倾向进行研究,从而绘制出美国主要媒体的政治倾向版图。皮尤把媒体置于有自由主义和保守主义意识形态的政治版图中,自由主义居左,保守主义居右。研究发现,绝大部分美国媒体居左,倾向左翼自由主义,只有为数不多的媒体居右,倾向右翼保守势力。具体如图1所示。

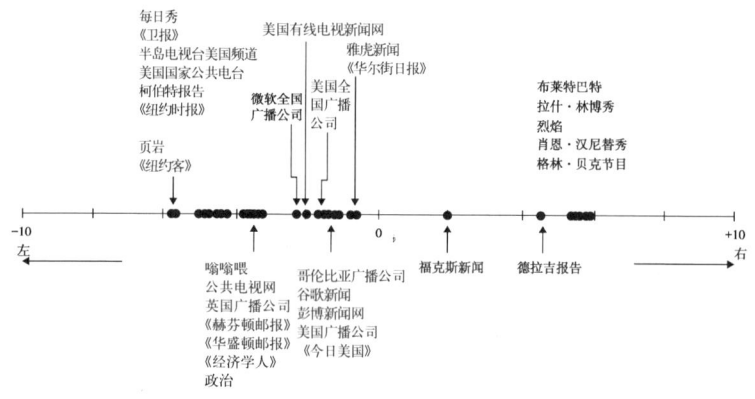

图1 美国媒体的政治倾向版图①

资料来源:Pew Research Center, "Ideological Placement of Each Source's Audience," January 26, 2016, available at: http://www.pewresearch.org/pj_14-10-21_me-diapolarization-08-2/.

---

① 皮尤研究中心的此项研究在有关美国媒体的政治倾向研究中被广泛接受。从左至右依次为:《纽约客》(New Yorker)、页岩(Slate,网络杂志)、每日秀(Daily Show,美国深夜脱口秀)、《卫报》(The Guardian)、半岛电视台美国频道(Al Jazeera America)、美国国家公共电台(NPR)、柯伯特报告(Colbert Report,深夜政治讽刺脱口秀)、《纽约时报》(New York Times)、嗡嗡喂(Buzz Feed,新闻聚合网站)、公共电视网(PBS)、英国广播公司(BBC)、《赫芬顿邮报》(Huffington Post)、《华盛顿邮报》(Washington Post)、《经济学人》(The Economist)、政治(Politico,政治新闻网站)、微软全国广播公司(MSNBC)、美国有线电视新闻网(CNN)、美国全国广播公司(NBC News)、哥伦比亚广播公司(CBS News)、谷歌新闻(Google News)、彭博新闻网(Bloomberg)、美国广播公司(ABC News)、《今日美国》(USA Today)、雅虎新闻(Yahoo News)、《华尔街日报》(Wall Street Journal)、福克斯新闻(Fox News)、德拉吉报告(Drudge Report,新闻聚合网站)、布莱特巴特(Breitbart,新闻评论网)、拉什·林博秀(Rush Limbaugh Show,政治脱口秀)、烈焰(The Blaze,新闻评论网)、肖恩·汉尼替秀(Sean Hannity Show,脱口秀)、格林·贝克节目(Glenn Beck Program,谈话类节目)。

皮尤研究中心的上述成果在美国学术界产生很大影响,2016年特朗普胜选后美国学术界出现许多反思美国主流媒体的研究文章。在涉及美国主流媒体的政治倾向时,大多引用皮尤的此项研究成果。美国密歇根大学新闻学院的研究者对皮尤的上述研究做了进一步说明。他们的结论如下:(1)温和而求同存异的媒体有《华尔街日报》《今日美国》、BBC新闻;(2)近乎居中的媒体有美国国家公共电台、美国公共电视网"新闻时间";(3)左倾的媒体有《纽约时报》《华盛顿邮报》;(4)极左的媒体有《赫芬顿邮报》《琼斯母亲》;(5)右倾的媒体有福克斯新闻;(6)极右的媒体有烈焰、德拉吉报告。①

美国媒体的失衡不仅体现在上述党派倾向的失衡,还体现在地域失衡上。《大西洋月刊》根据美国劳工统计局的数据绘制出2009—2015年美国编辑和记者地域分布图(图2和图3),具体如下:

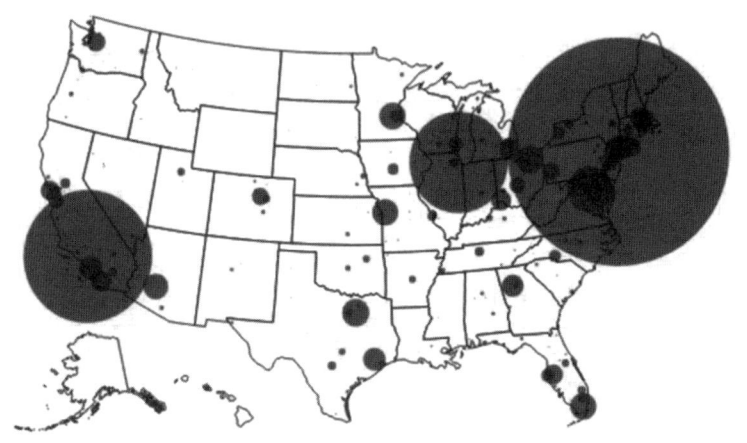

图2 1990年美国编辑和记者分布图

---

① "'Fake News,' Lies and Propaganda: How to Sort Fact from Fiction", Research Guides, University of Michigan Library, available at: http://guides.lib.umich.edu/c.php?g=637508&p=4462444,2018-06-10.

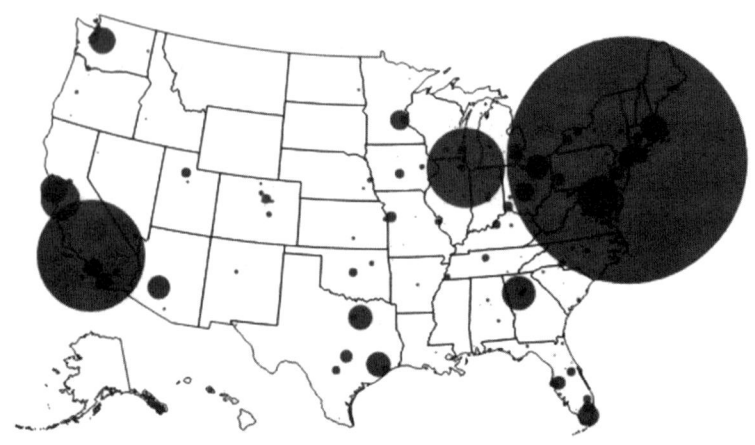

图 3　2015 年美国编辑和记者分布图

资料来源：Andrew McGill, "U. S. Media's Real Elitism Problem: Donald Trump's Victory Caught Mainstream News Outlets Off Guard. Were Reporters too Insulated to See Its Growing Support?" *The Atlantic*, Nov. 19, 2016.

如上图所示，2009—2015 年，美国全国性的媒体主要集中在纽约、华盛顿、洛杉矶等大都市，且向东西海岸集中化趋势增加。

在美国新闻从业人员的种族构成方面，绝大部分新闻编辑记者为白人。美国新闻编辑学会（American Society of News Editors）每年对美国新闻从业人员的多元化问题进行统计并发表年度研究报告。该学会 2017 年的研究报告显示，在美国新闻从业人员中，少数族裔人数在传统主流媒体中占 16.6%，2016 年为 17%，下降了 1 个百分点；少数族裔在网络媒体中占 24.3%，2016 年为 23.3%，上升了 0.7 个百分点。①

日益明显的政治倾向、党派立场，以及精英化和都市化导致的"小圈子"思维，使主流媒体的编辑记者们没能更深入地了解不

---

① ASNE, "2017 Survey: Google News Lab Release 2017 Diversity Survey Result with Interactive Website", http://www.asne.org/diversity-survey-2017.

同背景、不同地区的美国普通民众,没能深切感受到"锈带"的白人蓝领的诉求。过度的党派倾向和对商业利益的追求,模糊了观点(opinion)和事实(fact)之间的界限,最终导致了2016年大选中媒体对民意的误判,从而在很大程度上失去了民众对媒体的信任,损害了媒体的社会监督的责任。

(二)假新闻泛滥的挑战

假新闻(fake news 或 alternative truth)是今天美国传统媒体面临的最严峻的挑战。2016年11月16日,《牛津词典》把"后真相"(post-truth)定为2016年的年度词。《牛津词典》的编辑认为,之所以做出这个决定,是因为在过去一年,在富有争议的"英国脱欧"和美国总统大选期间,该词在全球的使用率飙升了2000%。所谓假新闻,是指刻意以传统新闻媒体或是社会化媒体的形式来传播的错误资讯,为了误导大众,以达到其政治及经济的目的。

假新闻在2016年美国总统大选中异军突起。除了传播手段多样化、自媒体发展迅速外,传统主流媒体的编采立场偏颇及公信力下降,也是导致假新闻泛滥的主要原因之一。报纸、电视、广播等传统媒体,出于对商业利益、信誉和法律等因素考虑,遵守业内已经存在的一套职业操守,包括来源透明、事实确凿、勘误声明等,从而维持其可信度。他们如果刊发错误信息,将面临法律诉讼。假新闻制造者通过匿名网站传播假新闻,根本无从查找信息来源。通常,极右翼人士特别偏好转载假新闻。一些没有标示维护者或编辑者的匿名网站,由于很难针对制造假新闻的作者起诉,因而成为假新闻的传播渠道之一。

牛津大学牛津网络学院的菲利普·哈罗德(Philip N. Howard)教授研究了竞选前美国的网络流量。他发现针对密歇根州选情的所有新闻中大约一半都是虚假或垃圾内容,而另一半则有真实专业新闻来源。① 在 2016 年美国总统大选的最后三个月中,"脸书"中排名前 20 的有关竞选的虚假新闻文章中有 17 篇是反希拉里·克林顿或亲特朗普的。"脸书"用户与这些内容的互动,比与真实新闻机构报道的互动更为频繁。②

在 2016 年美国大选期间流传甚广的"比萨门"事件,对希拉里·克林顿的选情产生了极大的负面影响。所谓"比萨门"事件是指,2016 年 12 月,一位持枪的北卡罗来纳男子埃德加·麦迪逊·韦尔奇,前往首都华盛顿特区,向"乒乓彗星"(Comet Ping Pong)比萨店开枪,起因是他读到一篇指控民主党领袖在比萨店暗道从事娈童犯罪活动的假新闻的报道。这类故事易于迅速爆红。在与检察官认罪协商后,韦尔奇对跨州运输武器的联邦指控和使用危险武器袭击的哥伦比亚特区指控认罪。2017 年 6 月 22 日,韦尔奇被判四年监禁并同意赔偿饭店损失 5744.33 美元。③事后,比萨店老板阿莱方蒂斯上网查找了这种指控的来龙去脉。他发现了与此相关的假新闻文章,说克林顿以该餐厅后面的房间为基地,绑架、侵害和贩卖儿童。这些文章出现在"脸书"、"新民族主义者"(The New Nationalist)、"警惕的公民"(The Vigilant

---

① Scott Pelley, "How Fake News Becomes A Popular, Trending Topic: The Phrase 'Fake News' has been Used by Trump to Discredit Responsible Reporting That He Dislikes. , But 60 Minutes Investigation Looks at Truly Fake News Createdby Con-artists", CBS News. March 26, 2017, https://www.cbsnews.com/news/how-fake-news-find-your-social-media-feeds/, 2018-06-01.

② Craig Silverman, "This Analysis Shows How Viral Fake Election News Stories Outperformed Real News On Facebook A BuzzFeed News Analysis Found that Top Fake Election News Stories Generated More Total Engagement on Facebook Than Top Election Stories from 19 Major News Outlets Combined", Nov. 17, 2016, available at: https://www.buzzfeed.com/craigsilverman/viral-fake-election-news-outperformed-real-news-on-facebook? utm_term=.kc4Xy7yb2#.xdnkZqZvA, 2018-06-01.

③ C. Eugene Emery Jr. "Evidence Ridiculously Thin for Sensational Claim of Huge Underground Clinton Sex Network", November 4th, 2016, PolitiFact, available at: http://www.politifact.com/truth-o-meter/statements/2016/nov/04/conservative-daily-post/evidence-ridiculously-thin-sensational-claim-huge-/, 2018-06-01.

Citizen)等网站上,标题相当耸人听闻,"比萨门:如何揭露华盛顿神秘精英的病态世界"①。

如今在美国,主流传统媒体制造并传播假新闻的现象非常罕见,但在社交媒体上每个人都有发言的权利,这让社交媒体成了假新闻最大的源头。为此,苹果、谷歌、"脸书"等纷纷采取措施整治假新闻。苹果公司首席执行官库克在接受《每日电讯报》采访时说,"假新闻正在杀死人们的思想,全世界的政府和科技公司都有必要行动起来遏制假新闻"。他宣布苹果正在开发一套工具来过滤假新闻,同时又不影响言论自由。库克所说的工具就是把决定权交给用户,让用户在看到疑似假新闻的消息时对其进行标记,被标记得过多的假新闻将会被过滤掉。这和苹果在处理垃圾邮件或垃圾日历邀请时的做法很类似,因为这种将决定权交给用户的做法不违反苹果的隐私政策。②

谷歌宣布与名为"反复核查"(Crosscheck)的假新闻监督机构合作,在谷歌新闻搜索中帮助公众判定媒体报道的真实性。反复核查采取人工核查的方式,与它合作的媒体包括来自法新社、嗡嗡喂、全球之声等。谷歌还从它的互联网广告(AdSense)联盟中移除了超过200家发行商,因为他们通过在假新闻中插播广告而获利。

(三)另类右翼媒体兴起

近年来,全球化在世界范围内受挫,经济放缓、美国社会的一

---

① Cecilia Kang, "Fake News Onslaught Targets Pizzeria as Nest of Child-Trafficking", *The New York Times*, Nov. 21, 2016, available at: https://www.nytimes.com/2016/11/21/technology/fact-check-this-pizzeria-is-not-a-child-trafficking-site.html?_ga=2.62992233.734660439.1527772236-1206644628.1415321810, 2018-06-01.

② Kevin Rawlinson, "Fake News Is 'Killing People's Minds', Says Apple Boss Tim Cook: Apple Chief Calls On Governments and Technology Companies to Crack Down on Misinformation in Public Discourse", *The Guardian*, Feb. 10, 2017, available at: https://www.theguardian.com/technology/2017/feb/11/fake-news-is-killing-peoples-minds-says-apple-boss-tim-cook, 2018-06-01.

些"政治正确"和"肯定性行动计划"矫枉过正的做法、日益加剧的种族冲突、社会阶层固化,以及愈演愈烈的政治极化,使得美国社会思潮出现急剧右转。美国中下层白人劳工阶层对华尔街大企业和华盛顿政客的失望和不满,催生了美国右翼媒体的复兴和另类右翼媒体的崛起。

按照皮尤研究中心的划分,福克斯新闻属于右翼偏温和的媒体,德拉吉报告是中右媒体,布莱特巴特、拉什·林博秀、烈焰、肖恩·汉尼替秀、格伦·贝克节目为极右的媒体。这些右翼媒体在特朗普胜选和选后与传统主流媒体的持久较量中发挥了重要作用。

福克斯新闻网是福克斯娱乐集团(Fox Entertainment Group)下属的子公司,1996年由默多克创办。创办之初,默多克聘请著名共和党媒体顾问、消费者与商业频道(Consumer News and Business Channel)首席执行官罗杰·埃利斯(Roger Ailes)担任福克斯新闻网首席执行官。福克斯新闻网发展迅速,目前已经成为美国主要新闻网之一。2018年,福克斯新闻网拥有9470万用户,占美国有线电视总用户的81.4%。[①]

福克斯新闻网带有很强的共和党倾向,曾强烈抨击奥巴马政府的经济政策、医保改革等,在2009年曾与奥巴马政府爆发激烈口水战,被视为共和党的喉舌。尽管如此,福克斯新闻网在美国右翼媒体的阵营中,是唯一右倾偏左的媒体。值得注意的是,尽管福克斯新闻网带有强烈的共和党右翼色彩,但它旗下的新闻节目对特朗普的政策立场态度并不一致。"福克斯新闻"较为中立;"福克斯新闻时间"对特朗普的政策多有批评,因为在"福克斯新闻时间"的编辑记者看来,特朗普不是传统的共和党人,特朗普的

---

① Della Vigna and Ethan Kaplan, "The Fox News Effect: Media Bias and Voting", NBER Working Paper, April 2006, National Bureau of Economic Research, MA., available at: http://nber.org/papers/w12169.pdf, 2018-06-01.

政策时而偏左,时而偏右,违背了传统共和党人的理念;"福克斯和朋友"对特朗普的支持率达8%,特朗普与该节目保持很好的合作关系。他经常收看这个节目,接受专访,甚至回答观察现场打来的电话。

另类右翼(Alt-right)是2016年美国大选以来出现的一个令人瞩目的社会现象。① 它脱胎于20世纪八九十年代美国"白人民族主义者"(white nationalist)运动。另类右翼的追随者以白人种族主义者和刚毕业的大学生为主。另类右翼群体大多都信奉"白人至上主义"。2016年11月,国家政策研究所(National Policy Institute)在首都华盛顿召开年会,该研究所总裁理查德·斯宾塞是"另类右翼"的主要召集人。会上,他不仅用德语重复了纳粹德国指责犹太人的用语,而且高呼:"我们的种族万岁!胜利万岁!(Hail victory!)"另类右翼是一个松散的团体,主要活跃在网络上,大量使用互联网、社交媒体来传播其主张,这催生了另类右翼媒体的出现和发展。

"大约"(Circa)是另类右翼的著名网站,创建于2012年,2015年被美国右翼媒体机构辛克莱尔广播集团(Sinclair Broadcast Group)收购。早在2012年,该网站就推出苹果系统的手机应用,借助于强大的推送、分享和互动功能,为用户提供24小时不间断新闻。尽管"大约"宣称,其所推送的新闻是纯粹的,不带有任何偏见和倾向性的看法,但它鲜明的白人至上、反犹和种族主义立场,以及分享新闻和照片、视频的手段,吸引了以年轻群体为主的另类右翼支持者。"大约"是特朗普上台后美国唯一宣称特朗普与"通俄门"无关的媒体。

"布莱特巴特"新闻网是美国一个极右翼新闻及评论网站,由

---

① 张业亮:《另类右翼的崛起及其对特朗普主义的影响》,《美国研究》,2017年第4期。

保守派评论员安德鲁·布莱特巴特(Andrew Breibart)于 2007 年在以色列创办,其宗旨是成立一个"理直气壮地亲自由和以色列"的网站。在史蒂夫·班农(Steve Bannon)任执行长后,该网站转为支持欧洲右翼民粹主义和美国右翼。该网站总部现位于美国洛杉矶,在得克萨斯州和英国设有分社。尽管班农已经离开白宫,但"布莱特巴特"新闻网的发展势头和影响依然未减。

哈佛大学互联网与社会伯克曼·克莱恩中心的罗伯特·法瑞斯等学者研究了 2016 年美国大选期间 125 万篇网络新闻报道的传播途径,得出结论认为,大选期间的新闻传播渠道严重失衡,右翼媒体主导了舆论走向。混淆视听的假新闻,如"希拉里最多还能生存一年""希拉里及其助手与恐怖主义有染",以及"比萨门"等,大多出自非主流的、新近创办的另类右翼网络媒体。①

值得注意的是,近些年发生了一些美国媒体逐渐向右转的迹象。2018 年 6 月,《匹兹堡邮报》(*Pittsburgh Post-Gazette*)漫画家罗伯·罗杰斯被解雇,他在该报工作长达 25 年,解雇原因是他在漫画作品中嘲笑特朗普。罗杰斯的漫画作品每周发表在《匹兹堡邮报》上,但自 2018 年 5 月底以后便消失了。在解雇前的 3 个月,他的 19 幅漫画均被发行人或版面编辑退稿,其中一幅是特朗普在鞭打一个刻有"真理、荣耀和法治"碑文的墓碑。罗杰斯被解雇事件,在美国社会引发很大争议。《纽约时报》发表的评论文章认为,它显示出《匹兹堡邮报》及其姊妹报正在向右转。②

---

① Robert Faris, Hal Roberts, Bruce Etling, Nikki Bourassa, Ethan Zuckerman, Yochai Benkler, "Partisanship, Propaganda, & Disinformation Online Media & the 2016 U. S. Presidential Election," Berkman Klein Center for Internet & Society at Harvard University, August 2017, available at: http://dash.harvard.edu/bitstream/handle/1/33759251/2017_08-electionReport_0.pdf? sequence=9,2018-06-01.

② Kim Lyons, "Pittsburgh Post-Gazette Cartoonist Fired as Paper Shifts Right," *The New York Times*, June 15,2018.

(四) 受众获取信息渠道的多样化

在数字化时代,随着手机应用的普及、社交媒体和数字媒体的飞速发展,美国民众获取信息的渠道日益多样化,主流媒体不再是他们获取信息的主要渠道。对于位于中西部"锈带"和乡村的中下层劳工群体来说,他们从当地报纸而不是总部位于大城市的美国主流媒体以及在宗教聚会时获取信息。

美国社会学和媒体学者弗兰西斯卡·特里波蒂(Francesca Tripodi)对特朗普的坚定支持者白人福音派基督徒获取信息的渠道和阅读习惯进行了研究。她写道:"特朗普结过三次婚,公开夸耀占女人便宜,还建立了一个'赌博王国',但为什么那么多福音派基督徒支持他?有一种说法是……特朗普总统的支持者是'被骗'投票给他的,因为俄罗斯人利用自动程序地向他们灌输源源不断的错误信息。"特里波蒂认为,这种"说法"对白人福音派基督徒不适用。通过对弗吉尼亚等东南部州的中产阶级社区进行的民族志研究,特里波蒂发现,福音派基督徒并不是不看新闻的人。相反,他们非常认真地阅读新闻,但有一个重要的不同。福音派基督徒不依赖主流媒体,而是往往阅读原始材料(演讲和推文)并讨论和解读它们。她认为,其原因是福音派基督徒所受的教育是阅读圣经文本,而不是依赖其他人的解读。他们还学会了假定主流媒体对生命的多数核心信条的看法是错误的。她写道:"我看到数百名保守的福音派基督徒把圣经批评的方法用于……主流媒体,宁愿自己动手对一些问题进行研究,而不相信权威媒体。"[①]

《金融时报》的评论文章认为,尽管特里波蒂的理论没有完全

[①] Francesca Tripodi, "Alternative Facts, Alternative Truths Calls for 'Media Literacy' Ignore the Diligent Reading Practices of Evangelical Conservatives in the US", M Points, Feb. 23, 2018, available at: https://points.datasociety.net/alternative-facts-alternative-truths-ab9d446b06c, 2018-06-01.

解释特朗普获得支持这种现象,但这个理论值得人们深思,因为"认识论"(即认识的本质)中的差异对于当今美国政治很重要。更具体地来说,自由派媒体往往认为只有一种基于理性、逻辑和事实的正确的"认识论"。很多选民支持各种不同的认识论,而且讨厌为此被嘲笑。如今美国的挑战不只是人们看到的新闻是不同的,还在于他们在用不同的方式解读新闻。①

四、改变的公众

如果把美国比喻成李普曼《公众舆论》中的那座太平洋上的小岛,美国人便是居住在岛上的居民。经过两百多年的发展,美国的媒体变了,美国的公众也变了。两者中后者是因,前者是果。换句话说,美国的媒体伴随着美国的社会发展状况而改变。

无论是李普曼还是杜威,他们的学说都是对他们所处时代的反映。李普曼和杜威的上述三本著作的初版均是在20世纪20年代,当时的美国处于进步主义的改革年代,美国的国内外政策在发生巨变。

从国际方面讲,1898年美西战争后,美国崛起为世界强国,在政治上和经济上控制了中美洲和加勒比地区,成为西半球无可争议的霸主;第一次世界大战后,尽管当时的总统威尔逊所设计的国际秩序及通过这一秩序实现和平的目标并未实现,但他一整套的自由国际主义思想却对美国产生了深远的影响。威尔逊所倡导的"促进民主"和"捍卫自由"的责任,成为此后美国外交政策的基石。② 从国内方面看,在19世纪最后20年到第一次世界大战

---

① Gillian Tett, "True Believers: Why US Evangelicals Support Trump," *Financial Times*, April 25, 2018.
② 王立新:《踌躇的霸权:美国崛起后的身份困惑与秩序追求(1913—1945)》,北京:中国社会科学出版社,2015年,第16、83页。

结束,美国经历了全面的社会转型:美国在19世纪三四十年代迅速从农业国变为工业国,1894年,美国的工业产值居世界首位,到20世纪20年代美国已实现工业化。社会财富大大增加,大财团开始形成,贫富差距、移民、种族、劳工权益保护、失地农民、政治腐败等问题突出表现出来。马克·吐温把美国19世纪最后20年称为"镀金时代"。

20世纪初,面对急剧工业化所带来的社会问题,在劳工运动和农场主抗议、民粹主义运动的推动下,在麦金莱、西奥多·罗斯福、威廉·塔夫脱和伍德罗·威尔逊四任总统时期,美国出现了自上而下的政治、经济和社会改革。在西奥多·罗斯福政府时期,改革推向顶点。

在进步主义时期,媒体在推动社会改革方面作用巨大。20世纪初,美国新闻界涌现出一批具有社会良心的记者,他们在报刊上发表文章,揭露社会、经济和政治时弊。1906年,西奥多·罗斯福总统把这些记者称为"耙粪者"(Muckrakers),"耙粪运动"由此得名。1902—1912年,他们在《麦克卢尔杂志》(McClure's Magazine)、《人人杂志》(Everybody's Magazine)和《科里尔周刊》(Collier's Weekly)上发表文章,揭露时弊,唤起美国社会对政治腐败、社会不公、环境污染、食品安全及弱势群体保护等问题的关注。林肯·斯蒂芬斯(Lincoln Steffens,1866—1936)是"耙粪运动"重要的代表人物,被誉为"揭开地狱盖子的美国新闻人"。他在任《麦克卢尔杂志》记者期间,分别调查了费城、芝加哥、纽约等城市的政治状况,并把这些见闻记录下来,以"城市之丑"为题,发表系列文章揭露当时在圣路易斯、明尼阿波利斯、芝加哥等城市盛行的警察贪污和市政腐败行为。1905—1906年,他继续撰文,揭露密苏里、罗得岛州的政治腐败。继而,他又将注意力转向揭露联邦政府的腐败。艾达·塔贝尔(Ida Tarbell,1857—1944)是"耙粪运动"的另一重要人物,曾任《麦克卢尔杂志》的记者。自1900年起,她开始调查美孚石油公司情况。经过五年多的实地考察,1904 年,她在《麦克卢尔杂志》上以系列文章的形式,发表《美孚石油公司史》(History of the Standard Oil Company),揭露洛克菲勒公司垄断石油的手段。塔贝尔的文章在美国社会引起了强烈反响,当时,洛克菲勒公司被视为美国经济制度成功的象征,而塔贝尔对该公司起源和积累财富手段的揭发令很多美国人感到震惊。

美国是一个移民国家。一方面,美国幅员辽阔,拓荒、发展经济需要源源不断的劳动力;另一方面,正如历史学家小阿瑟·M. 施莱辛格在《美国的分裂》一书中所言,美国是个熔炉,美国人坚信他们有力量同化来自世界各地的移民,然而,这个熔炉"不可避免地带有以英裔为中心的味道。无论如何,盎格鲁-撒克逊白人新教传统好歹已经存在了两个世纪,并且在主要方面至今仍然是美国文化与社会的主导力量。这一传统为来自其他国家的移民提供了求得一致的标准和同化的基质"。①

然而,随着移民源源不断地涌入,早期到来的美国人对外来移民所持不同宗教信仰和带来的一些社会问题产生了不同程度的担忧和恐惧。以 1882 年美国国会通过并实施的《排华法案》为开端,美国采取限制和选择的移民政策,限制移民入境,减少移民数量,选择美国所需要的移民入境,拒绝不需要的移民入境美国。②

尽管如此,自美国建国截至 20 世纪中叶,鼓励和接纳外来移民一直是美国社会的主流。如果以李普曼故事中的"岛"来比喻进步主义时期的美国,"岛"上居民是多元的,来自东欧、爱尔兰乃至亚洲等世界其他地方的移民不断涌入美国;"岛"上的社会风气

---

① Arthur M. Schlesinger Jr., *The Disuniting of America*: *Reflecting of America*, New York: W. W. Norton & Company, 1992, p. 28;梁茂信:《美国移民政策研究》,长春:东北师范大学出版社,1996 年,"序言",第 2 页;王缉思主编:《高处不胜寒:冷战后美国的全球战略和世界地位》,北京:世界知识出版社,1999 年,第 10 页。
② 参阅梁茂信:《美国移民政策研究》,绪论及第一、二章。

是积极、向上、进取和改革的;"岛"上的主流媒体是以报纸为主、由知识精英主导的、以"看门狗"为己任的。在20世纪20年代,美国社会关注的主要问题是如何解决转型时期出现的垄断、贫富差距、食品安全、环境污染,以及如何保障失地农民、女工、童工的合法权益等问题。

进入21世纪以来,美国的政治、经济、社会状况和国际地位发生了非常大的变化。那么,在今天的美国这座"岛"上,谁是"公众"?"岛"上居民的身份认同如何?他们面临着哪些问题?

第一,身份认同和对主流文化的忧虑。移民国家的特性决定了美国政治体制、文化和思想的多元。"合众为一"作为美国的国训,被印在美元钞票上和国徽的正面,意为尽管美国社会成员来自世界各地,肤色不同,文化背景和宗教信仰各异,但人们相互尊重,承认自由、民主、公民权利、政教分离、分权与制衡、私有财产不可侵犯、法治等美国人一致接受的基本原则,这是美国的核心价值观,它把有着不同肤色、不同宗教信仰的美国人凝聚在一起。

然而,在现实生活中,美国从未实现多元和宽容,美国的政治精英和普通民众以各种方式维护白人盎格鲁-撒克逊新教(瓦斯普)主流文化传统。正如唐士其教授所言:"在现实生活中,美国人一直在精英和大众两个层面上自觉维护这种独特的盎格鲁-撒克逊新教精英主义文化传统。这尤其体现为对文化与宗教方面的'异类'群体的排斥,甚至表现为某种形式的种族主义。""在普通民众方面,虽然他们总是自豪地把自己的国家称为移民治国,但在美国历史上,从来没有哪一个时期多数人表示赞成接纳更多的外来移民。相反,大量的移民,总是在美国人中引起某种恐惧和排斥情绪。"[①]他认为:"可以认为,在未来二三十年间,美国政治

[①] 唐士其:《美国政治文化的二元结构及其影响》,《美国研究》,2008年第2期,第18—19页。

生活中有可能出现一些前所未有的现象,它们将对美国政治制度在种族、文化和价值观念方面的超越性进行严格的检验。"①客观而言,移民在为美国创造财富的同时,也带来了一些社会问题。首先是美国人口结构的变化。美国自1790年以来每十年进行一次人口普查。美国人口结构的变化一方面体现在人口普查中的族群分类上,另一方面体现在各族群人口数量上。在族群分类上,1790年第一次人口普查时的族群分类是"白人男性/女性"(White Male/Female)、"黑人男性/女性"(Negro Male/Female)和"其他种族男性/女性"(Other Races Male/Female)。1970年人口普查族群选项上开始增加"拉美裔";2000年族群分类为"白人、黑人、美国印第安人和阿拉斯加土著居民、亚裔、夏威夷土著和其他太平洋岛民、其他种族、两个种族以上"。2010年人口普查中对拉美裔及其来源进行进一步的统计,即是否来自墨西哥、波多黎各、古巴或其他拉美国家。② 在人口数量上,人口普查数据显示,拉美裔人口增长最为迅速,白人人口数量在全美人口的比例中呈下降趋势。2010年人口普查数据显示,美国总人口是3.08亿,少数族裔人口为1.11亿,占美国总人口的36.3%。在2000—2010年的十年间,美国白人人口从1.946亿增加到1.968亿,增长率仅为1%,白人人口在美国人口总数中的占比从69%下降为64%;拉美裔人口从2000年的3530万增加到2010年的5050万,增长率达43%,占美国总人口的16.3%;美国黑人人口总数为3890万,仅占美国人口总数的13%,已经不再是美国第二大族群;亚裔人口为1470万,虽然占美国人口总数仅为4.8%,但人口增长率超过拉美裔,为各族裔中人口增长速度最快的。2010年的

---

① 唐士其:《美国政治文化的二元结构及其影响》,《美国研究》,2008年第2期,第29页。

② Bureau of the Census, *Historical Statistics of the United States: Colonial Times to 1970*. Bicentennial Edition, U. S. Department of Commerce,1975,part 1,p. 3.

人口普查数据还显示,美国人口增长主要来自少数族裔,拉美裔人口在很多州超过预期。① 美国人口普查数据预测,到21世纪中叶,美国人口将超过4.3亿。届时人口的种族构成将进一步多元,白人将失去占人口大多数的族群地位。皮尤研究中心的调查数据显示,从移民的来源国看,拉丁美洲各国,特别是墨西哥,是美国最主要的移民来源国。据统计,自1965年移民法颁布至2015年,共有5852.5万移民合法进入美国,其中2975万移民来自拉丁美洲,占移民总数的51%。而在来自拉丁美洲的移民人口中,1627.5万移民来自墨西哥,占移民人口总数的28%。中国位居第二,约317.5万人移民至美国,占移民总数的5%。② 此外,目前美国境内大约有1100万非法移民,其中大部分来自墨西哥等拉美国家。

美国人口结构的巨大变化和大量非法移民的涌入,对美国政治、经济和社会文化产生重大影响,也引发美国社会各界的担忧。美国哈佛大学政治学教授亨廷顿在《我们是谁?美国国家特性面临挑战》一书中,论述了21世纪美国国家特性所面临的挑战。他写道:"盎格鲁-撒克逊新教文化对美国人的身份特性来说,三个世纪以来一直居于中心地位。正是它使美国人有了共同之处。但在20世纪后期,这一文化的重要地位和实质内容受到以下方面的挑战:来自拉丁美洲和亚洲的移民新浪潮;学术界和政界流行的多元文化主义和多样性理论;西班牙语有形成美国第二语言

---

① 2000、2010年美国人口普查数据参见美国人口普查局官方网站:https://factfinder.census.gov/rest/dnldController/deliver?_ts=551528312223.
② Mark Hugo Loper, Jeffrey Passet, and Molly Rohar, "Modern Immigration Wave Brings 59 Million to U. S., Driving Population Growth and Change Through 2065: Views of Immigration's Impact on U. S. Society Mixed", September 28, 2015, p. 11, available at: http://assets.pewresearch.org/wp-content/uploads/sites/7/2015/09/2015-09-28_modern-immigration-wave_REPORT.pdf.

之势,美国社会中出现了拉美裔化的倾向。"① 此外,大量非法移民滞留美国境内带来的一系列社会问题。一是安置和管理非法移民成本巨大。2016 年 9 月,美国移民研究联合会(Federation of American Immigration Research,FAIR)发表的研究报告《教室中的大象:大量移民对公立教育的影响》显示,美国政府每年在移民相关问题上花费高达 3000 亿美元,美国移民家庭每年平均享受福利 6234 美元,比美国本土家庭高出 41%。② 二是非法移民从事一些难以吸引在美国本土出生的工人的工作,且薪水低廉,因而受到雇主的欢迎。不少美国人担心移民(合法和非法)抢走了美国人的工作机会。2014 年,美国移民研究中心(Center for Immigration Studies,CIS)的研究报告显示,美国新增的工作机会全部由移民获取。在 2000—2014 年的 14 年间,在 16—65 岁的适龄工作人群中,移民(包括非法移民)就业人数增加 570 万,本土美国人就业人数下降 12.7 万。③ 三是贩毒、暴力犯罪、边境安全和恐怖主义袭击。美国是世界上最大的毒品消费国家,吸毒者超过 3500 万。研究显示,约 70%的毒品来自墨西哥。美墨边境毒品走私现象屡禁不绝,暴力犯罪频发。美国移民与海关执法局的数据显示,2015 年,有 1.9723 万名非法移民被宣判有罪,所犯罪行包括杀人罪、绑架、性犯罪、抢劫和走私毒品。2016 财政年度,24.0255 万名非法

---

① Samuel P. Huntington, *Who Are We: The Challenges to America's National Identity*, New York: Simon & Schuster Paperbacks, 2004, Forward, p. xvi. 中译本参见[美]塞缪尔·亨廷顿:《我们是谁? 美国国家特性面临的挑战》,程克雄译,北京:新华出版社,2005 年。

② The President Executive Order 13166: Improving Access to Services for Persons With Limited English Proficiency, Department of Justice, available at: https://www.gpo.gov/fdsys/pkg/FR-2000-08-16/pdf/00-20938.pdf, 2018-8-22.

③ Steven A. Camarota and Karen Zeigle, "All Employment Growth Since 2000 Went to Immigrants Number of U. S.-born not working grew by 17 million", June 27, 2014, https://cis.org/All-Employment-Growth-2000-Went-Immigrants.

移民被递解出境,其中 13.8669 万人被判有罪,占递解总人数的 58%。① 2016 年,美国参议院移民小组委员会透露,自"9·11"恐怖袭击到 2014 年底,至少有 380 名外国出生的人在美国本土发生的恐怖袭击中被判有罪。不少美国人认为,每年有大量非法移民经墨西哥偷渡进入美国,其中难免有恐怖分子混入其中。在竞选期间,特朗普多次称墨西哥移民是"毒贩""抢劫犯",誓言要在美墨边境筑墙。

第二,极化的美国政治。近年来,美国政治极化愈演愈烈。政治极化意味着两个政治阵营内部越来越同质化,同时,两者之间越来越异质化。不少研究和民调都显示,这种趋势愈加强烈,无论是民主党还是共和党的支持者在近年都有政治极化的趋向,导致他们的立场与对手越走越远、政策主张大相径庭。特别是 2016 年总统大选后,很多美国人的政治态度从分歧走向对立,在越来越多的议题上,美国人的立场与观点开始走极端。

美国政治极化最主要的原因是贫富差距加大和社会阶层固化。研究显示,在过去 50 年间,黑人向上的社会流动比率远低于白人,长期的经济不平等造成的恶性循环很难轻易消除。黑人之所以受到歧视,是因为他们中的绝大部分人在经济上仍然处于低下水平,黑人失业率高、犯罪率高、单亲家庭多,他们想要进入主流社会的路仍然十分漫长。白人蓝领在美国社会结构中是一个不断陷落的群体。虽然美国逐渐走出金融危机阴影,就业形势好转,但美国中下层民众并没有享受到整体经济增长所带来的红利。2008 年金融危机以来,他们的境遇每况愈下,却没有足够的知识和社会地位为自己发声。近一个时期特别是特朗普胜选后,美国学界有诸多研究揭示过去半个世纪美国向上的社会流动停

---

① U. S. Immigration and Customs Enforcement,"Fiscal Year 2016 ICE Enforcement and Removal Operations Report", available at: https://www.ice.gov/sites/de-fault/files/documents/Report/2016/removal-stats-2016.pdf.

滞、美国贫富差距加大和白人中产阶级贫困的问题。美国社会政治学者查尔斯·莫雷在2012年出版的《分崩离析：美国白人五十年(1960—2010)》一书中，对一个以白人居民为主的渔民小镇中的家庭婚姻、居民工作态度、个人诚信和信仰四个方面进行个案研究，进而对中下层白人进行综合研究。结果显示，美国中下层白人的陷落在过去15年间加速了。① 美国历史学者南希·伊森伯格(Nancy Isenberg)在新近出版的《白人垃圾：美国四百年未曾讲述的阶层史》一书中，对北美殖民地至今400多年来白人的生活状况进行考察。她打破了"美国人幸运地没有重蹈英国覆辙，免于阶层固化"的神话，认为贫穷的白人已经成为美国一个单独的族类，正在成为"白人垃圾"。② 美国智库布鲁金斯学会下属的经济政策项目"汉密尔顿计划"2017年发表的报告显示，2016年，约4060万美国人生活在联邦政府确定的贫困线以下，占美国总人口的12.7%。从1980年至2014年，美国的贫困人口数量逐年增加，从1980年的2930万人增加到4670万人。统计数据显示，1980—2016年增加的贫困人口中，绝大部分为劳动适龄人口。抛开通货膨胀等其他因素，1990—2013年，没有高中文凭的美国男性的中位数收入降低了20%，仅有高中文凭的美国男性中位数收入也降低了13%。③ 哈佛大学公共政策学家罗伯特·普特南在2015年出版的《我们的孩子：美国梦在危机中》中，④通过大量的

---

① Charles Murray, *Coming Apart: The State of White America, 1960-2010*, New York: Crown Forum, 2012.

② Nancy Isenberg, *White Trash: the 400-Year Untold History of Class in America*, New York: Penguin Random House, 2016.

③ Jay Shambaugh, Lauren Bauer, and Audrey Breitwieser, "Who Is Poor in the United States? A Hamilton Project Annual Report", October 2017, available at: https://www.brookings.edu/wp-content/uploads/2017/10/es_10112017_who_poor_2017_an-nual_report_hamilton_project.pdf, 2018-06-10.

④ Robert D. Putnam, *Our Kids: The American Dream in Crisis*, New York: Simon & Schuster Paperbacks, 2015. 中译本参见罗伯特·普特南：《阶级世代：穷小孩与富小孩的机会不平等》，李宗义、许雅淑译，新北：远足文化事业股份有限公司，2016年。

采访和数据例证,生动展现了美国教育的现状,以及美国社会半个世纪来日益拉大的阶级鸿沟。普特南和他的研究团队在采访了107个家庭,翻遍近几十年美国社会的各种统计资料后,得出了一个残酷的结论:在美国,阶层流动几近停顿,穷人再努力,也是出头无望。出身于工人阶级家庭的穷孩子难以"向上流动",下一代美国人的美国梦处于危机之中。普特南写道:"20世纪50年代,我的故乡仿佛是美国梦的化身,不论出身背景如何,每个人都有相当不错的机会。然而半个世纪之后,俄亥俄州克林顿港的生活有如美国人的噩梦,生命的轨迹将小镇一分为二,社区里弱势的小孩根本难以想象那天之骄子严重的未来。克林顿港的故事摇身一变,化为全美各地常见的悲剧。"①

普特南在《我们的孩子:美国梦在危机中》一书里讲述的俄亥俄州克林顿港的故事是当今美国社会的缩影。第二次世界大战结束后,美国经济快速发展,进入社会各阶层共同富裕的"丰裕时代"。然而,在后冷战的全球化时代,制造业向新兴国家转移,自动化和智能化的发展,导致美国地区、阶层差异加大,"锈带"蓝领工人失业严重。美国国内上层、西海岸和东北部成为全球化的受益者,而美国中产阶级、传统制造业地区"锈带"却成为全球化的失败者。这导致近年来美国红蓝州、城乡对立,种族、阶层对立加剧。

特朗普的支持者主要来自位于美国"锈带"的中下层白人,2016年他们用选票把特朗普送进白宫。特朗普种种"政治不正确"的反移民、反"肯定性行动计划"的言论说出了他们想说又碍于"政治正确"而不敢说的话。特朗普利用了美国社会普遍存在的对于政客精英阶层的不满,紧紧抓住了这一点,即美国普通阶层并没有享受到全球化和整体经济增长所带来的红利。特朗普

---

① Robert D. Putnam, *Our Kids: The American Dream in Crisis*, p.1.

政府终止梦想者计划、退出巴黎气候协定、对华经贸摩擦,宣布要在美墨边境建造隔离墙,以及特朗普秉持的"美国优先""把制造业带回美国"的政策,深得"锈带"中下层白人的支持。

结 语

弗朗西斯·福山在新近发表的《反对身份政治:新部族主义与民主的危机》一文中谈到当今美国和国际政治面临的一个新问题,即身份政治的兴起。他认为,20世纪政治在很大程度上是由经济问题界定的,然而界定当今政治的与其说是经济或意识形态,不如说是身份问题,这种身份通常明显是与种族、族裔或宗教有关。他写道,目前美国政治体系的失衡和衰退与日益扩大的两极分化有关,这使政府的日常管理成了在边缘上的试探。这主要是右翼的问题。他引用政治学家托马斯·曼的分析,即共和党转向极右的速度比民主党转向相反的方向的速度要快得多,但双方都已经离开了中间选民。福山认为,身份政治本身并没有错,它是对不公正的自然且不可避免的反应。特朗普的崛起体现出的不是对身份政治的保守拒绝,而是反映了右翼对身份政治的接受。①

北京大学国际关系学院王缉思教授认为,世界政治进入新阶段。"许多国家正在发生的政治公正缺失、社会裂痕加深的现象,国际舞台上愈演愈烈的经贸摩擦、军备竞赛和地缘政治争夺,还有地球生态环境的破坏和技术革新的副作用,都应当引起我们的

---

① Francis Fukuyama, "Against Identity: The New Tribalism and the Crisis of Democracy", *Foreign Affairs*, September/October 2018, available at: http://www.foreignaffairs.com/articles/americas/2018-08-14/against-identity.

足够警惕。"①福山提出的"身份政治"分析视角和王缉思教授的"世界政治进入新阶段"的看法有异曲同工之妙,他们在文中谈到的极化、贫富差距、反全球化、反移民、民粹主义和民族主义合流并同时上升,以及身份政治问题,既是美国也是当今世界政治的缩影。

从1704年美国第一份报纸出现以来,美国传统主流媒体在推动社会进步方面有着辉煌的过去和不可磨灭的功绩,发挥了无可替代的"看门狗"的社会监督作用。在特朗普时代,面对来自特朗普为代表的政治与社会力量的公开对抗,美国主流媒体发起了"媒体保卫战"。他们试图坚持和捍卫传统的理念,但如何改变其过度的党派倾向和对商业利益的追求,恢复其受损的公信力,维护其行使社会监督的责任,改变精英化、都市化和小圈子化以致与某些重要的中下层蓝领严重脱离的倾向等,是非常严峻的挑战。另一方面,在媒体革命的大背景下,如何对自媒体、社交媒体和互联网进行更有效的监管,如何甄别假新闻,如何保护数据隐私,是当今世界所面临的共同问题。对于从事美国研究的人来说,对美国媒体的新变化及其面临的挑战应有足够的了解和认识。

---

① 参见王缉思:《世界政治进入新阶段》,载《中国国际战略评论(2018)》(上),北京:世界知识出版社,2018年,第1—13页。

特朗普时代美国激进右翼的谱系:观察与分析

赵蒙旸

2016年唐纳德·特朗普当选美国总统,被视为全球右翼民粹势力卷土重来的关键胜利,支持特朗普的美国选民,在大选之后也成了国际传媒与学界的"新宠"。特朗普的胜利在给相当一部分选民带来情绪重创的同时,也推动他们——不管是处在局中的美国选民还是外国观察家——急切地寻找对这一令人感到震惊的政治现象的合理解释。

这种突然爆发的求知欲,让描述、解释和预测这个"愤怒之年""反智之年""极端之年"成为一项新兴的学术和政治产业。记者们架着长枪短炮进入各个"锈带"和"红州"的乡村,搜寻着失落的美国梦的蛛丝马迹。学者们则开始在新的研究领域下注,关于"假新闻""阴谋论""另类右翼"的畅销书和学术作品源源不断地问世。2016年后变幻的世界局势,民粹右翼在欧洲和拉美诸国的节节胜利,也在不断给传媒和学界提供新的写作素材。

然而,纷繁多彩的叙述角度,尽管从不同侧面揭示了美国乃至所有民主国家的时代精神,却依旧存在系统性的不足。已有的研究倾向于认为,无论是特朗普的支持者,还是极端右翼运动的参与者,主要都是未受到良好教育的中部和南部的乡村居民;而东北部和沿海地区的城市居民,特别是受过大学教育的千禧一代,则被认为是民主党的铁票和自由主义价值观的捍卫者。本文着重观察和分析目前美国政治中的草根"激进右翼"(Radical Right)群体,以期对当前美国右翼势力进行分类,从而更全面地了解特朗普时代的美国政治生态。

本文提出的基本观点是:当代的"激进右翼"为一场持续多年,与美国体制中的左翼权力精英和更广泛意义上的社会左派进行对抗的社会运动,①它在发展和演进过程中,实际上是与进步主义运动共享策略和资源的,所以在研究方法上,可以采用之前分析进步主义运动的理论和思路。② 基于这一前提,本文将重点分析这些右翼势力的组织基础和动员策略,同时总结2017年震惊世界的夏洛茨维尔集会到2018年美国中期选举期间激进右翼组织的发展特点。本文不涉及传统建制保守派、体制内部的激进右翼势力,也不包括消失或转入地下的激进右翼势力,比如红极一时的茶党。

本文第一部分介绍美国激进右翼的操作性概念,总结已有研究。第二部分聚焦当前三类主要的激进右翼类型,包括传统极端右翼、互联网另类右翼,以及新涌现的极端右翼。第三部分讨论激进右翼在夏洛茨维尔事件后的新动态,并着重介绍激进右翼在美国高校的活动。最后部分将激进右翼放置在美国社会运动的大背景下加以讨论。

一、激进右翼、特朗普支持者与种族主义焦虑

激进右翼的概念最早由美国政治学家李普塞特(Seymour

---

① Manuela Caiani and Donatella della Porta, "The Radical Right as Social Movement Organizations", in Jens Rydgren ed., *The Oxford Handbook of the Radical Right*, Oxford, United Kingdom: Oxford University Press, 2018.
② Ruth Braunstein, *Prophets and Patriots: Faith in Democracy across the Political Divide*, Oakland, California: University of California Press, 2017.

Martin Lipset)提出,特指美国语境下相对主流改良派右翼的极端保守派,后者主张用包括从群众运动到暴力私刑等更彻底、激进、民粹的手段来变革目前政治经济体制,退回到传统的单一族群主导或种族隔离的社会。① 在意识形态上,他们是以一种"反动的"(reactionary)的形式存在,反对进步主义、民主党、社会民主主义、马克思主义、无政府主义、政治正确和全球化等。美国社会学家罗里·麦克维(Rory McVeigh)曾一针见血地指出,所谓"反动",就是曾经拥有相对优势的社会群体试图保存、恢复、扩大自己权利和特权的运动。② 因此,激进右翼在不同的时代、不同国家也有多种表现方式。在美国,其最典型的例子包括20世纪10年代的第二波"三K党"、20世纪50年代的"麦卡锡主义"、20世纪六七十年代的"约翰·伯奇协会"(John Birch Society)和奥巴马任内的"茶党"等。特朗普上台前后出现的激进右翼势力则是极端右翼光谱中的最新一股力量。③

本文不采用更流行的"另类右翼"(Alternative Right,Altright)一词指代新崛起的极端保守派,这是因为另类右翼一词的边界并不清晰,缺乏学理上的严格界定,更多的是主流媒体合力热炒出来的一个概念。特朗普竞选期间,关于另类右翼的科普和揭秘报道就已经大量出现,将特朗普个人和其班底画成另类右翼图腾"一群悲伤青蛙"的图片也在互联网上被广泛传阅。特朗普获胜后的一周,被认为创立另类右翼概念的理查德·斯宾塞

---

① Seymour Martin Lipset, "The Radical Right: A problem for American democracy", *The British Journal of Sociology*, Vol. 6, No. 2, 1955, pp. 176 – 209.
② Rory McVeigh, *The Rise of the Ku Klux Klan: Right-Wing Movements and National Politics*, Minneapolis: University Of Minnesota Press, 2009.
③ Nancy MacLean, *Democracy in Chains: The Deep History of the Radical Right's Stealth Plan for America*, New York: Penguin Books, 2017; David Neiwert, *Alt-America: The Rise of the Radical Right in the Age of Trump*, London; New York: Verso, 2017; Jens Rydgren, "The Radical Right," in *The Oxford Handbook of the Radical Right*.

(Richard Spencer)在其所属智库国家政策研究所召开庆祝大会,吸引了大量特朗普的铁杆支持者的参加。这群人在会场上行纳粹礼的举动被拍下,让"另类右翼"这一名词一下子登上了网络热搜榜。特朗普本人从未公开支持和反对过另类右翼,但作为他早期智囊的史蒂夫·班农(Stere Bannon)的短暂上任,使得白人民族主义者可以将自己的政治野心与主流政治完美对接。曾经只是小众极右网站的布莱特巴特(Breitbart)新闻网点击量也出现了井喷。2017 年 8 月 12 日,以抗议拆除南部邦联罗伯特·李将军的雕像为导火索,全美各地的极端右翼人士和闻讯赶去的抗议者在弗吉尼亚州夏洛茨维尔市发生了严重冲突,一名右翼分子开车冲撞进步派集会人群,导致一人死亡,多人受伤。① 就在这桩悲剧震惊全美的同时,"另类右翼"也正式飘入了普通人的词库。一时间,夏洛茨维尔抗议中的各类元素成了大众科普话题,"另类右翼"也一跃而成美国激进右翼势力的代名词。②

出版市场也迅速迎合了公众对各类激进右翼的好奇心。美国专栏作家安吉拉·内格尔(Angela Nagle)的《杀死麻瓜:从 4Chan、Tumblr 的网络文化战争到特朗普和另类右翼》详细论述了网络另类右翼的理论鼻祖和亚文化根源;③英国广播公司(BBC)记者迈克·文德林(Mike Wendling)的《另类右翼:从 4Chan 到白宫》主要揭露了另类右翼在 2016 年前的网络组织活动和阵营内部的分化;④阿拉巴马大学政治学者乔治·霍利

---

① 该名凶手于 2018 年 12 月被控一级谋杀,并面临终身监禁。见:https://www.nytimes.com/2018/12/11/us/james-fields-charlottesville-sentence.html。

② "Deconstructing the Symbols and Slogans Spotted in Charlottesville," *Washington Post*, August 18, 2017, available at: https://www.washingtonpost.com/graphics/2017/local/charlottesville-videos/.

③ Angela Nagle, *Kill All Normies: Online Culture Wars From 4Chan And Tumblr To Trump And The Alt-Right*, Winchester, UK; Washington, USA: Zero Books, 2017.

④ Mike Wendling, *Alt-Right: From 4Chan to the White House*, London: Pluto Press, 2018.

(George Hawley)在《理解另类右翼》中访谈了部分另类右翼的核心人物,强调了他们在意识形态上与主流保守派的根本分歧;①挪威记者维加斯·特诺德尔(Vegas Tenold)在白人至上主义运动中潜伏长达 6 年,最终出版了《一切你所爱终将燃烧,美国白人民族主义复兴的内幕》,对其中几位著名人物的沉浮做了深入描述。② 可惜的是,这些书籍往往以一种自由主义猎奇的心态,描绘激进右翼如何通过理论挪用、阴谋论、假新闻和亚文化暗语撕破这个时代政治正确的假面。尽管论述详尽,但它们倾向于将极右翼思潮看作一种当前美国政治的例外状态——少数不得志的边缘白人群体对早已成为共识的多元文化主义价值观的挑战。

然而,被称为激进右翼的人,并不都是躲在某个南方小镇上网的落魄青年,也不都是文着卐字符的新纳粹分子。他们中间很多人受过良好的教育,拥有稳定的收入,而且生活在现代都市里,与拥有自由主义观念的进步派人士出入同样的咖啡厅、博物馆和电影院。在成为夏洛茨维尔"右翼联合"(Unite the Right)抗议组织者之前,杰森·凯斯勒(Jason Kessler)只是当地一个混合族群社区的普通租客,他的黑人邻居们从未感觉他是一个白人民族主义者。③ 推特上著名的极右翼"巨魔"、特朗普支持者瑞基·范因(Ricky Vaughn)是一位住在纽约曼哈顿的白领人士。④ 白人至上

---

① George Hawley, *Making Sense of the Alt-Right*, New York: Columbia University Press, 2017.
② Vegas Tenold, *Everything You Love Will Burn: Inside the Rebirth of White Nationalism in America* (New York, NY: Nation Books, 2018).
③ Jordy Yager, "Living Next Door to a White Supremacist", *The New Yorker*, August 23, 2017, available at: https://www.newyorker.com/news/news-desk/living-next-door-to-a-white-supremacist.
④ Luke O'Brien, "Trump's Most Influential White Nationalist Troll Is A Middlebury Grad Who Lives In Manhattan", *Huffington Post*, April 5, 2018, available at: https://www.huffingtonpost.com/entry/trump-white-nationalist-troll-ricky-vaughn_us_5ac53167e4b09ef3b2432627.

主义者艾略特·克莱恩(Elliott Kline)曾表示:公众以为极右派都是一些400磅重的白垃圾,我们要证明给他们看我们并不是他们所想象的人群。① 斯宾塞对另类右翼核心支持者的描绘则更为直观:"30岁的技术人士,无神论者,居住在东西海岸。"《理解另类右翼》的作者霍利也承认,另类右翼群体的教育水平和无神论者的比例恐怕都超过了同类美国人口的平均数。长期跟踪美国仇恨组织生态的"南方贫困法律中心"(Southern Poverty Law Center)的统计则显示,极右翼组织的分布和美国人口密度基本一致,传统上认为的大蓝州(即民主党势力占绝对优势的州),包括加利福尼亚州、纽约州、华盛顿州、俄勒冈州、伊利诺伊州等,都有大量的新纳粹和白人民族主义组织存在。② 至于激进右翼中的活跃分子,也很少是来自经济贫困的家庭。出身白人至上主义者家庭的德里克·布莱克在回顾自己成长经历时提到,参与激进右翼运动的人一般是中上阶层,律师或银行家,而非南部穷人。③ 这些观察符合社会运动研究的基本结论,即中上层比底层更有资源参与运动。④ 可惜的是,这些并不难获取的证据,却往往被那些笃信极右翼都是社会末流或红脖乡下人的刻板印象所淹没。

---

① Emma Cott, "How Our Reporter Uncovered a Lie That Propelled an Alt-Right Extremist's Rise," *The New York Times*, February 5, 2018, available at: https://www.nytimes.com/2018/02/05/insider/confronting-a-white-nationalist-elimosley.html.

② 详见"Hate Map," n. d. Southern Poverty Law Center. available at: https://www.splcenter.org/hate-map;以下的文章则说明,一个地区教育程度和仇恨组织之间的关系,只有在中西部地区才比较明显。换言之,很多东西海岸的教育发达地区同样有仇恨组织,见:Richard Medina, M., Emily Nicolosi, Simon Brewer, and Andrewo M. Linke, "Geographies of Organized Hate in America: A Regional Analysis," *Annals of the American Association of Geographers*, Vol. 108, No. 4, (2018):1006 – 1021.

③ Lucas Ward, "Ex-White Nationalist Explains Supremacist Organizing|News|The Harvard Crimson," *The Harvard Crimson*, October 19, 2017, available at: http://www.thecrimson.com/article/2017/10/19/ex-white-nationalist-talks-iop/.

④ Hahrie Han, *Moved to Action: Motivation, Participation, and Inequality in American Politics*(Stanford, Calif: Stanford University Press, 2009).

这种对极右翼的他者化倾向并非孤例。2016年起,绝大部分关于特朗普支持者的分析都预设了他们来自美国锈带或阿巴拉契亚地区的底层白人。最早,也是最著名的代表作品莫过于已经有中文版的《乡下人的悲歌》一书,作者是出身"锈带"爱尔兰裔家庭的硅谷精英万斯(J. D. Vance)。他在特朗普当选前撰写了这本回忆录,将视角对准了"白垃圾"们贫困的家乡、无望的家族和糟糕的个人生活方式。该书借着大选后的政治强震冲上了畅销书的榜单,万斯一夜之间也被贴上了"锈带"工人代言人的标签。① 著名社会学家阿利·霍奇柴尔德(Arlie Hochschild)紧接着出版了另一本影响巨大的著作《故土的陌生人:美国右翼的愤怒与哀痛》(已有中译本),其中提出了经典的插队比喻:路易斯安那的底层白人认为在排队等待实现美国梦的过程中,他们不断被黑人、女性和移民插队赶超,这些人的后来居上让底层白人产生了针对少数族裔和上层精英的愤怒。② 进入2018年后,这种出版热潮依然不减。另一位社会学家罗伯特·伍斯诺(Robert Wuthnow)基于自己十多年的基层调研数据,出版了《被抛弃的人:乡村美国的衰落和愤怒》,从文化角度描绘了乡村居民对城市精英的不满,而这种不满甚至可以追溯到美国重建时期联邦政府对乡村的干预;③ 著名记者莎拉·肯迪佐(Sarah Kendzior)三年前关于失业和种族关系的一系列报道被人重新发现,以《美国中部的视角:被遗忘的美国的报道》为名结集重新发表;④ 历史学者伊丽莎白·凯特

---

① J. D. Vance, *Hillbilly Elegy: A Memoir of a Family and Culture in Crisis*, New York: Harper Paperbacks, 2016.

② Arlie Russell Hochschild, *Strangers in Their Own Land: Anger and Mourning on the American Right*, New York London: The New Press, 2017.

③ Robert Wuthnow, *The Left Behind: Decline and Rage in Rural America*, Princeton: Princeton University Press, 2018.

④ Sarah Kendzior, *The View from Flyover Country: Dispatches from the Forgotten America*, New York: Flatiron Books, 2018.

(Elizabeth Catte)则出版了《你理解错了阿巴拉契亚》,通过呈现该地区激进主义的历史,试图颠覆万斯的保守派叙述。① 但另一位保守派记者蒂默斯·卡尼(Timothy Carney)则试图在新书《异化美国:为何一些地方繁荣另一些地方凋敝》中继承万斯的逻辑,继续讲述宗教和家庭生活的衰落如何给白人社区带来了毁灭性的打击。②

这些图书的原作者,既包括万斯这类特朗普的支持者,也有凯特这种坚定的左派,有建制学院派,也有知名记者。然而,尽管很多人的出发点是提供一个更全面的右翼图景,弥合不断加深的极化政治,但他们依然不经意塑造并强化了"被遗忘、被损害的边缘白人奋起反抗"的神话。特别是全球化下美国白人工人阶级停滞不前的生活状况被认为是解释特朗普上台的关键,似乎只要理解了这些边缘人口的愤怒,也就意味着看清了这个乱象丛生的时代。

这种矫枉过正的关注显然忽视了不少反向的经验证据:平均来看,典型的特朗普支持者与主流共和党的选民并无明显的不同,两者均是有着大学本科学历的中产阶级白人男性,而非财富居于底层的白人。③ 特朗普的冒犯女性的言论也并未让他在选举中付出足够的代价,他获得了大量不同阶层的白人女性支持。拥有大学以上学历的白人女性中有高达 45% 的投票支持特朗普。④

---

① Elizabeth Catte, *What You Are Getting Wrong About Appalachia*, Cleveland, Ohio: Belt Publishing, 2018.
② Timothy P. Carney, *Alienated America: Why Some Places Thrive While Others Collapse*, S. l.: Harper., 2019.
③ Eric Sasson, "Blame Trump's Victory on College-Educated Whites, Not the Working Class", *The New Republic*, November 15, 2016, available at: https://newrepublic.com/article/138754/blame-trumps-victory-college-educated-whites-not-working-class.
④ Sarah Jaffe, "Why Did a Majority of White Women Vote for Trump?" *New Labor Forum*, Vol. 27, No. 1, 2018, pp. 18–26.

政治学家戴安娜·慕兹(Diana Mutz)的研究发现,对于白人相对地位下降的担忧,对美国国际地位衰落的焦虑,可以更好地解释他们对特朗普的支持。单单经济上的困顿和相对的剥夺不足以解释 2016 年他们的投票行为。她在结论中写道:"2016 年的大选,反映出那些优势群体想要维持既得利益的努力,反映出那些本来就有钱有势的人想继续维持统治的动机。"①这一发现也得到了另外三位政治学家的支持,他们在新书《身份危机:2016 年总统选举和对美国意义的争夺》中呈现的数据显示,各个阶层的保守派对少数族裔、移民和穆斯林的怨恨才是特朗普上台更本质的原因。②

传媒与部分学界对白人工人阶级的过度执着和对激进右翼的脸谱化描写,虽然个中不乏严谨的问题意识和强烈的社会关怀,却也同时反映出都市文化精英在特朗普任下精神上的焦虑与政治上的肤浅——他们不愿面对美国种族主义根深蒂固的现实。通过将特朗普支持者和激进右翼描绘成远在中部的、没受过教育的反智红脖和躲在网络空间暗发牢骚的另类右翼,自由派的文化精英们希望借此强化已有的社会分界:是农村的、非理性的、匿名的"他者"选出了特朗普,而非城市的、有教养的和光明磊落的"我们"。当论述者和论述对象之间的距离足够大,前者对于后者的批判就永远不会殃及自身。建制精英尽管送了更多的选票给特朗普,他们却似乎不需要为白人至上主义的再次崛起负责。然而讽刺的地方在于,这些激进右翼的精英论述者又清一色都是白人。正是他们的优势族裔身份,保证了他们可以以一个相对中立

---

① Diana Mutz, "Status Threat, Not Economic Hardship, Explains the 2016 Presidential Vote," *Proceedings of the National Academy of Sciences*, Vol. 115, No. 19(2018), pp. E4330-39.

② John Sides, Michael Tesler, and Lynn Vavreck. *Identity Crisis: The 2016 Presidential Campaign and the Battle for the Meaning of America*, Princeton, NJ: Princeton University Press, 2018.

的研究者身份,安全进入特朗普支持者和极端右翼的社交圈子,而不至于受到骚扰和威胁。

先入为主的视角和自视甚高的定位导致了早先研究者对美国右翼政治的误读。笔者则希望在借鉴这些已有研究成果的基础上,试图批判地看待并修正已有的激进右翼论述,将激进右翼看作一场持续的、全国范围的、吸引了大量中产精英分子参与的社会运动。

二、美国激进右翼势力群像

投票给特朗普的人中的大多数都称不上是激进右翼,不少桑德斯的支持者在愤怒之下将自己的选票转投给特朗普,他们显然也不是激进右翼。但反过来说,只要是激进右翼,就几乎肯定是特朗普的支持者。然而,激进右翼并非盲目地跟随特朗普的议程,他们的支持是策略性的,希望借此来将自己的极端声音放大。正如美国社会学家杰西·丹妮尔斯(Jessie Daniels)所概括,白人至上主义者是"创新的机会主义者(Innovation Opportunists)"。[1] 特朗普的一条推特,左派的一场游行,一本流行漫画,都可以成为他们加工的素材,最终推进自己的政治议程。

因此,每种社会思潮、每场社会运动都有自己独立于主流选举政治的脉搏和命运。特朗普的上台为右翼激进主义提供了关键的政治机遇窗口,却远非其发展壮大最重要的元素。或者说,特朗普的上台属于宏观结构条件,要更深入理解激进右翼的发展,还应当从中观的组织和网络视角去分析。[2]

本节整理介绍激进右翼的三种组织类型,叙述重点放在它们

---

[1] Jessie Daniels, "The Algorithmic Rise of the 'Alt-Right'", *Contexts*, Vol. 17, No. 1, 2018, pp. 60 – 65.

[2] Manuela Caiani and Donatella della Porta, "The Radical Right as Social Movement Organizations", in *The Oxford Handbook of the Radical Right*.

的核心组织、活跃平台和发展现状。这三种类型之间存在继承和交叉的关系,一些新组织脱胎于旧的激进右翼团体,组织化的成员也往往活跃在互联网上。

(一) 传统极端右翼

这里的传统极端右翼指的是2000年以前就存在的老牌极端右翼势力,包含各类三K党、新邦联和新纳粹组织,以及一些20世纪90年代成立的白人至上主义网站。这些组织历史悠久,往往并不介意以极端种族主义者的身份示人,线下高调行纳粹礼、焚烧十字架。它们与当今主流多元文化主义间的冲突也最为剧烈。这种不合时宜的极端,一方面使得他们的整体影响力日渐式微,另一方面则有利于维系旧成员间的强纽带。这两个因素共同导致这些组织的老龄化程度严重,组织内难见到30岁以下的成员。

三K党(Ku Klux Klan)是这一类中最有代表性的组织形态。美国的三K党是历史上三波类似运动的统称,而非一个单一的、具有自始至终的延续性的组织。最早的三K党出现在美国内战后的重建时期,由一些反对共和党激进重建的前南部邦联士兵和军官发起组织,采用暴力手段支持种族隔离,反对黑人解放。他们在骚扰和杀害黑人的行动中逐渐确立了后来为人所熟知的服装扮相,通体长袍加蒙面的兜顶尖帽。第一波三K党运动手段残忍,很快被联邦政府宣告为恐怖主义而遭到镇压。美国南方激进重建的失败和随后《吉姆·克劳法》(支持种族隔离的法律)的确立,也使得三K党认为使命已经完成而自行解散。直到20世纪10年代,出现了最著名的第二波三K党运动。① 借着1915年美化三K党的电影《一个

---

① Eric Foner, *Reconstruction: America's Unfinished Revolution, 1863 – 1877*, New York: HarperCollins, 1988.

国家的诞生》的大热,沉寂多年的白人民族主义势力死灰复燃。第二波三K党除了排斥黑人,也与时俱进地反对当时涌入的犹太人和中南欧天主教移民。同时,他们创立了经典的焚烧十字架仪式,一直沿用到今天。

与20世纪初第二波三K党的规模相比,如今尚存的传统极右组织早已失去了群众基础。20世纪20年代,三K党主办方号称拥有400万付费会员,会员数超过"美国劳工联合会"(American Federation of Labor, AFL),但是该数字绝对被夸大。根据前述社会学家罗里·麦克维的统计,在144座美国当年人口超五万的城市中,有101个都有三K党的活动。在政治影响方面,当时中西部很多政客、学校校长和社区领袖都是公开的三K党党员。[1] 宗教势力方面,如今被白人至上思潮改成"白人大屠杀"(white genocide)论的"种族自杀论"(race suicide),是当时超过半数的宗教团体的共识。[2] 商业操作上,三K党精于运营自己的周边产业,包括人寿保险、衣物干洗店等。[3] 面对一战后的政治危机、俄国十月革命带来的"红色"恐慌、西班牙大流感的威胁,加上美国国内失业率的高企和工会运动的冲击,白人至上主义与时代精神进行了完美的对接。

第二波三K党对美国社会的影响却从未消退。美国历史学家琳达·戈登(Linda Gordon)在2017年出版了《第二波三K党》,通过重新梳理20世纪初三K党运动的历史,她给出了令人

---

[1] Rory McVeigh, *The Rise of the Ku Klux Klan: Right-Wing Movements and National Politics*, Minneapolis: University Of Minnesota Press, 2009.

[2] Melissa J. Wilde and Sabrina Danielsen, "Fewer and Better Children: Race, Class, Religion, and Birth Control Reform in America", *American Journal of Sociology*, Vol. 119, No. 6, 2014, pp. 1710 – 1760.

[3] Roland G. Fryer and Steven D. Levitt, "Hatred and Profits: Under the Hood of the Ku Klux Klan", *The Quarterly Journal of Economics*, Vol. 127, No. 4 (2012), pp. 1883 – 1925.

信服的结论:由于第二波三 K 党的退潮主要源于内部腐败而非外界抗议,白人至上主义一直都是埋藏在美国政治中的暗线。① 换言之,它可以在任何合适的场合下破土重生,一边与建制共和党结盟,一遍吸引左翼已有的人力物力。

20 世纪五六十年代,面对风起云涌的民权运动,潜伏地下多年的三 K 党再次倾巢而出,在南方各州挑起内乱。1964 年"密西西比自由之夏"运动期间,三 K 党更是涉嫌杀害三名志愿者,主谋逃脱了罪责,直到 40 年后才被追究刑事责任。② 20 世纪 60 年代这波三 K 党的活动,潜移默化地改变了美国南部政治。社会学研究发现,20 世纪 60 年代有三 K 党组织的县,在接下来几十年中,因为社区纽带的断裂、社会信任的瓦解,出现了更多的杀人案件。③ 同时,这些地区投票转向共和党的比例也显著更高。④

如今的三 K 党作为硬核白人至上运动,组织结构已经分崩离析,早就无法再用渗透选举、暴力仇杀等方式作为动员手段。即使是极右翼的年轻支持者,对他们往往也不再感兴趣。三 K 党对新崛起的激进右翼也不以为然,更有成员相信阴谋论,认为所谓的另类右翼是美国政府用于瓦解白人至上主义的秘密项目。

2016 年的竞选一度让三 K 党看到机会,他们的党报之一《十

---

① Linda Gordon, *The Second Coming of the KKK: The Ku Klux Klan of the 1920s and the American Political Tradition*, New York: Liveright,2017.

② Richard Goldstein, "Edgar Ray Killen, Convicted in' 64 Killings of Rights Workers, Dies at 92", *The New York Times*, January 19,2018, available at: https://www.nytimes.com/2018/01/12/obituaries/edgar-ray-killen-convicted-in-64-killings-of-rights-worker-dies-at-92.html.

③ Rory McVeigh and David Cunningham, "Enduring Consequences of Right-Wing Extremism: Klan Mobilization and Homicides in Southern Counties", *Social Forces*, Vol. 90, No. 3,2012,pp. 843 – 862.

④ Rory McVeigh, David Cunningham, and Justin Farrell, "Political Polarization as a Social Movement Outcome:1960s Klan Activism and Its Enduring Impact on Political Realignment in Southern Counties,1960 to 2000", *American Sociological Review*, Vol. 79, No. 6,2014,pp. 1144 – 71.

字军》(*Crusader*)用了首页整版来支持特朗普。① 最主要的三 K 党组织"三 K 党骑士团"前领导人大卫·杜克(David Duke)和现任主席托马斯·罗伯(Thomas Robb)都在策略上支持特朗普,认为其能将白人权力的议题重新带回国际政治,但这种策略野心并没有什么成效。2016 年后,几乎所有类别的激进右翼组织数量都有一定程度的上涨,唯独各类三 K 党组织的数量直线下降,目前已经跌到不足 100 个。② 靠着大卫·杜克残存的符号影响力,他们继续在一些地区展开有限的活动。

相对从高峰跌至谷底的三 K 党,新纳粹势力在美国的存续更稳定。其中,成立于 1994 年,前身是美国纳粹党的"国家社会主义运动"(National Socialist Movement,NSM),得益于 21 世纪初一些其他纳粹组织的解体,目前是美国最大的新纳粹组织。虽然大本营在底特律,但"国家社会主义运动"不只在中西部发展,而是遍布全美,比如其总部外最大的据点,就在宾夕法尼亚州北部小镇尤里西斯。③ 由于美国从未将纳粹组织非法化,纳粹思潮和欧洲的联系又更加紧密,"国家社会主义运动"相对三 K 党的活动空间更大。它有专门的青少年分部,甚至创立了自己的唱片品牌。这种商业化的运作,已经被欧洲的新纳粹所借鉴,来打造他们的右翼品牌。④ 总体来看,过去十年,尽管反犹和白人至上的核

---

① Peter Holley, "KKK's Official Newspaper Supports Donald Trump for President", *Washington Post*, November 2, 2016, available at: https://www.washingtonpost.com/news/post-politics/wp/2016/11/01/the-kkks-official-newspaper-has-endorsed-donald-trump-for-president/.

② "Knights of the Ku Klux Klan", *Southern Poverty Law Center*, available at: https://www.splcenter.org/fighting-hate/extremist-files/group/knights-ku-klux-klan.

③ Gabriel Pogrund, "How White Supremacists Split a Quiet Rust Belt Town", *Washington Post*, July 28, 2018, available at: https://www.washingtonpost.com/politics/how-white-supremacists-split-a-quiet-rust-belt-town/2018/07/28/15a7e414-85df-11e8-8f6c-46cb43e3f306_story.html.

④ Cynthia Miller-Idriss, *The Extreme Gone Mainstream: Commercialization and Far Right Youth Culture in Germany*, Princeton: Princeton University Press, 2018.

心意识形态并未改变,"国家社会主义运动"一直在努力褪去自己太过招摇的纳粹形象。比如它开始更多参与反移民运动,训练成员在美墨边境巡查,试图抓捕偷越边境者。① 同时,它更多和其他新邦联、白人民族主义组织合作,试图和当前的舆论焦点进行更积极的对话。特朗普上台后,"国家社会主义运动"与三K党一样采取策略性的支持。他们悄悄更改了自己的标志,用知名度更低的"奥达尔"(Odal)符文来替代卍字符。"国家社会主义运动"深度参与了2017年夏洛茨维尔集会的组织工作,在后期流传的媒体图片中,也很容易发现"国家社会主义运动"的旗帜和标志。

当然,这些调整策略并不能挽救传统极端右翼总体的颓势。夸张的口号、过时的宣传、劣迹斑斑历史带来的糟糕形象,让这类组织的退场只是个时间问题。也许核心参与者还都在,但受众显然不再买账。互联网上最古老的白人至上主义论坛,由前三K党领导人之一唐·布莱克(Don Black)创立的"暴锋"(Stormfront)网在巅峰期有30多万注册会员。"暴锋"在特朗普当选前后短暂复兴了几个月,随后持续陷入低迷,目前已经因为捐款不足入不敷出。② 相比之下,2013年才成立的新纳粹网站"每日冲锋队"(Daily Stormer),以数字货币交易方式就已经收到25万美元的捐款,日访问量更是在2016年后超过了"暴锋"。③ 与后者相比,"每日冲锋队"的网页界面更加现代,涵盖的内容更加多元,与当红电视剧、游戏等流行文化元素结合紧密。归根结底,白人民族

---

① Julie Platner, "A Look into America's NSM Neo-Nazis", *Al Jazeera*, November 18, 2016, available at: https://www.aljazeera.com/indepth/features/2015/06/magazine-documenting-america-white-nationalists-150609095548558.html.

② Kelly Weill, "Stormfront, the Internet's Oldest White Supremacist Site, Says It's Going Broke," *The Daily Beast*, April 10, 2018, available at: https://www.thedailybeast.com/stormfront-the-internets-oldest-white-supremacist-site-says-its-going-broke.

③ Keegan Hankes, "Eye of the Stormer," *Southern Poverty Law Center*, February 9, 2017, available at: https://www.splcenter.org/fighting-hate/intelligence-report/2017/eye-stormer.

主义已经被改造成为更隐蔽的,也更适合年轻人的组织形态。

(二)另类右翼及其亚文化起源

和老牌极端右翼组织衰落同时发生的,是社交媒体平台另类右翼的全面崛起。这些另类右翼继承了"白人至上"的核心理念,同时采用更先进灵活的社交媒体传播方式。另类右翼的规模和活动范围有多大?他们如何摸爬滚打多年,形成2016年后的浩大声势?他们与亚文化符号间千丝万缕的联系又是如何建立起来的?笔者在下面的内容中尝试着给予解答。

另类右翼的构成极其多元,有小镇青年,也有都市白领,有死硬的新纳粹分子,也有只是对民主党的身份政治感到厌倦的大学生。一些希望脱离种族主义标签的人,会称自己为"另类温和派"(Alt-lite),以区别仇恨色彩更强烈的"另类右翼"(Alt-right)。但总的来说,他们都讨厌政治正确,反对多元文化主义,支持特朗普和美国优先,排斥两党所代表的精英政治。在这个基础共识之上,他们参与着从"拥枪"到"反穆"的一系列网上行动。同时,他们娴熟掌握"文本盗猎"(textual poaching)的技术,即将流行文化中看似价值中立的概念和标志颠覆性地改造成另类右翼的暗语。①

从用户行为看,另类右翼既是在4Chan②和红迪网(Reddit)的另类右翼板块③发送悲伤青蛙④图片的宅男,也是在脸书、推

---

① 见 Michel de Certeau, *The Practice of Everyday Life* (CA: University of California Press,1984)和 Richard C. King, and David J. Leonard, *Beyond Hate*(Farnham, Surrey; Burlington, VT: Routludge,2014)。

② 4Chan 是 2003 年建立的网络匿名论坛,以动漫和贴图著名。

③ 曾经是除了 4Chan 外最受欢迎的另类右翼站点,2017 年被红迪网(Reddit)官方关闭。关于红迪网(Reddit)子论坛的数据分析可见 https://fivethirtyeight.com/features/dissecting-trumps-most-rabid-online-following/。

④ 另类右翼最喜欢用的一套表情包。

特、优图（YouTube）上散布假新闻、阴谋论和仇恨言论的网络博主。由于大部分人跨平台使用，很难估计另类右翼支持者的总数量。但仅仅其最重要发源地 4Chan 的"政治不正确"一个板块，目前就至少有 12 万用户，每小时都有几千条新帖。① 数据科学家团队就其 2016 年数据进行的统计显示，"政治不正确"板块白天高峰期每小时发起 150 个以上的新话题。相对地，其"运动"和"国际"两个板块的热度，不及前者的三分之一。② "欧盟声音-政治卓越网络"（VOX-Pol）2018 年的研究报告显示，推特上与另类右翼有关的账户保守估计有 10 万多个。即使推特不断封禁极右翼账号，研究者还是抓取到了三万名活跃用户。③

熟练运用社交媒体、知晓各种流行文化符号的另类右翼的崛起，绝不是一夜之间完成的。与其说另类右翼从亚文化圈层中获得动员的灵感，不如说这些圈层本身就是另类右翼的理想栖息地。其中，反女权运动/男性权利运动和游戏社区，为另类右翼输送了最多的人力、理论和策略资源。

互联网另类右翼的最直接起源之一，是 20 世纪 70 年代萌芽的"男性权利运动"（Men's Rights Movement）。彼时紧接着民权运动出现的美国女权运动方兴未艾，第二波女权主义理论启蒙了整整一代人，男性权利运动就是保守派对其最直接的反应。当女权主义者强调女性被禁锢在家庭中时，男性权利运动反过来辩解说男性则是被放逐在家庭之外，承受更多的经济和社会压力。20

---

① 政治不正确板块（/pol/—Politically incorrect）是各类激进右翼的主要活动据点，仇恨言论随处可见。更详细的实时数据可见 https://archive.4plebs.org/pol/statistics/。

② Gabriel Emile Hine, Jeremiah Onaolapo, Emiliano De Cristofaro, Nicolas Kourtellis, Ilias Leontiadis, Riginos Samaras, Gianluca Stringhini, and Jeremy Blackburn, "Kek, Cucks, and God Emperor Trump: A Measurement Study of 4chan's Politically Incorrect Forum and Its Effects on the Web", October, 2017, available at: https://arxiv.org/abs/1610.03452v5.

③ J. M. Berger, "The Alt-Right Twitter Census: Defining and Describing the Audience for Alt-Right Content on Twitter", VOX-Pol Network of Excellence, 2018.

世纪70年代开始,男性权利运动者建立了"全国男性大会"(National Congress for Men)、"男性权利公司"(Men's Rights Inc.)等多个正式组织来说服政客,推动政策。进入博客年代后,男性用户依然主导着舆论场,男性权利运动借助网络的力量也达到鼎盛。从组织架构上,个人博客逐步演化成集体博客,集体博客变成核心网站,网站与其他非政府团体和社运组织结成同盟,共同组成了被叫作"男性空间"(Manosphere)的线上公共社群。①

在核心诉求上,男性权利运动的口号也越发多元,甚至发展出了很多不同的流派,旗下既有"搭讪艺术家"(pick-up artist,PUA)这种互相比拼性魅力的社群,也有"走自己路的男人们"(Men Going Their Own Way,MGTOW)这类提倡远离一切异性,拒绝一切长期关系的厌女思潮。但不同的流派,享用的是同一套文化意识形态,即"红色药丸"(Red Pill)哲学。"红色药丸"本是电影《黑客帝国》中象征觉醒的符号,男性权利运动将其征用为自身的形象,暗示主流文化对男性作为女性"压迫者"的塑造是一场骗局。而只有吞下红色药丸,才得以揭开政治正确的帐幕,看到男性才是被压迫者的真相。男性权利运动的支持者在日常发言中,会频繁使用一些特定的概念,比如"被主流压迫的'弱势男性'(Beta Male)"、"支持女权和屈从于女性的'软弱男性'(Mangina)"、女性对男性的命令(Female Imperative)、"女性对男性的歧视"(Misandry),以此模糊进而颠倒强势性别的身份,将自己塑造成女权大行其道的受害者。②

另类右翼运动也沿用了红色药丸的概念,将男性受压迫的语境拓展到了白人。4Chan和红迪网(Reddit)社区的"红色药丸"(Red Pill)子论坛,聚集了大量另类右翼板块的用户。这些运动

---

① Michael Kimmel, *Angry White Men: American Masculinity at the End of an Era*, New York: Nation Books, 2013.
② Ibid.

间的交叉性,也存在于核心人物上。如今最流行的男性权利运动代表是加拿大心理学家乔丹·彼得森(Jordan Peterson)。不错的口才、娴熟的诡辩技巧和近乎玄学的文风让他赢得了大量另类右翼社区的粉丝,也使得反女权思潮和另类右翼之间的联系变得更为紧密。本文开头提到的极右翼"巨魔"瑞基·范因在回顾自己的思想历程时,提到自己早期的"启蒙"要归功于阅读反女权的理论。而著名阴谋论博主、"另类温和派"代表人物迈克·切尔诺维奇(Mike Cernovich)同时也是男性权利运动的先锋。

除此之外,互联网游戏社区也是另类右翼活跃的空间。从游戏公司到产品再到玩家,游戏业一直以来都由男性垄断。游戏的剧情往往体现高度的男性中心主义,女性角色被物化,人数不占优的女玩家则被贴上菜鸟的标签,在游戏社区被嘲讽和排挤。2016 年一项基于亚马逊旗下游戏直播平台"抽搐"(Twitch)的大数据研究显示,女性播主下的评论更多涉及对女性的物化,男性播主下的评论则基本和游戏本身相关。① 电子游戏作为一个男性明显占据上风的领域,培养出大量反政治正确的先锋也不奇怪。

2014 年,游戏业发生了标志性公共事件"玩家门"(Gamergate)。尽管大部分参与者的初衷是改变游戏业的职业伦理、反对裙带关系影响游戏评论,然而"玩家门"作为一场草根发起的、去中心的网络运动,一开始就染上了网络霸凌和性别歧视的色彩。被污蔑和攻击的对象往往都是女性游戏设计师和记者,大量白人男性玩家对受害人进行了持续的、系统的骚扰和死亡威胁。② 在这场右翼的逆袭中,原本中性的"社会正义战士"(Social

---

① Supun Nakandala, Giovanni Luca Ciampaglia, Norman Makoto Su, and Yong-Yeol Ahn, "Gendered Conversation in a Social Game-Streaming Platform", *ArXiv:1611.06459[Cs]*, November,2016, available at: http://arxiv.org/abs/1611.06459.

② Torill Elvira Mortensen, "Anger, Fear, and Games: The Long Event of #GamerGate", *Games and Culture*, Vol. 13, No. 8,2018,pp. 787 - 806.

Justice Warrior)一词彻底带上了贬义,用于嘲讽那些关注社会正义、支持政治正确的进步派用户。这个名词的缩写 SJW 后来成为另类右翼攻击左翼的通用语。另类右翼弄潮儿米罗·依安诺波洛斯(Milo Yiannopoulos),也是借"玩家门"中的出格言论吸引到了最初的一批拥趸。

"玩家门"成了互联网游戏社区政治化和右翼化的分水岭。自此,对支持政治正确的用户进行"集体骚扰"(Trolling)成了右翼玩家的一种集体文化,并逐步扩散到其他右翼社会群体。即使是不玩游戏的激进右翼,也开始使用游戏平台来进行内部动员。夏洛茨维尔集会的动员,就高度依赖玩家间的群聊工具"纷争"(Discord)。无政府主义网站"独角兽起义"(Unicorn Riot)在集会之后发布了几万条参与者之间的秘密聊天记录,显示主要极端右翼团体早在半年前就开始利用"纷争"(Discord)组织内部培训、购买物资、协调拼车住宿。① 著名游戏分销商"蒸汽"(Steam)旗下的游戏论坛,以及上述提到的直播平台"抽搐"(Twitch),现在也已成为右翼言论的重灾区。②

另类右翼为何热衷于使用"纷争"(Discord)这类小众平台?原因首先在于主流互联网空间一直都在清理极端右翼人员的账号,逼迫右翼不断另寻他处。推特从 2016 年就开始陆续移除白人至上主义者的账户。2017 年 2 月,红迪网(Reddit)旗下三个最著名的另类右翼板块被关闭。2017 年 8 月夏洛茨维尔集会后,

---

① Unicorn Riot, "Charlottesville Violence Planned Over Discord Servers: Unicorn Riot Reports", *Unicorn Riot*, September 5, 2017, available at: https://unicornriot.ninja/2017/charlottesville-violence-planned-discord-servers-unicorn-riot-reports/.

② Wes Fenlon, "Steam Has a Hate Group Problem Because Valve Fails to Enforce Its Own Rules", *PC Gamer*, August 13, 2018, available at: https://www.pcgamer.com/steam-has-a-hate-group-problem-because-valve-fails-to-enforce-its-own-rules/.; Anya Kamenetz, "Right-Wing Hate Groups Are Recruiting Video Gamers", *NPR. Org*, November 5, 2018, available at: https://www.npr.org/2018/11/05/660642531/right-wing-hate-groups-are-recruiting-video-gamers.

"纷争"(Discord)的不少极端右翼空间也被打掉。2018年8月,著名民粹右翼、阴谋论者艾力克斯·琼斯(Alex Jones)掌控的"信息战"(infowars)的绝大部分主流网络账号均被关闭,包括脸书、优图、声田(Spotify)、微米儿(Vimeo)等。9月,推特和苹果商店也相继封禁了"信息战"。

其次,另类右翼往往奉行自由意志主义,反感硅谷所代表的民主党精英价值,厌恶主流社交平台出于社会责任所做的自我审查。依此逻辑,也不难理解互联网极端右翼对于加密货币和区块链的痴迷。这些概念所代表的去管制和极端自由市场理念,完美符合另类右翼的意识形态。①

因此,即使很多右翼支持者的账户并没有被删除,他们也往往自愿将发声平台迁移到非主流网站、独立博客和加密群聊工具之上。过去两年,一个保守派创办的社交媒体Gab,结合了红迪网(Reddit)和推特的优点,依赖用户捐助而不做言论审查,一步步成了各类激进右翼长期驻扎的营地,截至2018年末已经累计吸引了85万用户。夏洛茨维尔集会之后,因预计到未来的审查,核心的激进右翼团体也纷纷开设Gab账号以备不测。2018年匹兹堡犹太教堂枪杀案的枪手也是Gab的活跃用户。② 2018年初的一项研究显示,Gab的仇恨言论比例是推特的两倍多。③ 除此之

---

① Kelly Weill, "Bitcoin Donations to Alt-Right Surge Ahead of Charlottesville Anniversary", *The Daily Beast*, August 8, 2018, available at: https://www.thedailybeast.com/bitcoin-donations-to-alt-right-surge-ahead-of-charlottesville-anniversary.

② Adi Robertson, "Gab Is Back Online", *The Verge*, November 5, 2018, available at: https://www.theverge.com/2018/11/5/18049132/gab-social-network-online-synagogue-shooting-deplatforming-return-godaddy-paypal-stripe-ban.

③ Savvas Zannettou, Barry Bradlyn, Emiliano De Cristofaro, Haewoon Kwak, Michael Sirivianos, Gianluca Stringhini, and Jeremy Blackburn, "What Is Gab? A Bastion of Free Speech or an Alt-Right Echo Chamber?" *Companion Proceedings of the The Web Conference* (2018), pp. 1007–14, available at: https://doi.org/10.1145/3184558.3191531.

外,俄罗斯人创办的社交应用程序(VKontakte)和通信软件"电报"(Telegram)不受美国政策和舆论管制,也是右翼们经常使用的平台。

有分析家认为社交媒体上的另类右翼由于缺乏组织性,难以形成气候。的确,这样一个没有明确边界的虚拟社区,对大部分人来说只是一个发泄不满的"树洞",但它更重要的作用,是成为线下激进右翼的孵化器。按照社会运动招募的视角,由于参与运动需要花费不小的成本,每个人都需要经过好几个阶段才会慢慢转变为积极分子。[1] 不少研究已经发现,在线右翼极端内容是塑造行动者、促成线下暴力的关键。[2] 因此,斯宾塞、依安诺波洛斯、切尔诺维奇等另类右翼核心人物才格外重视新媒体,构筑了一个系统的网络宣传体系。[3] 按照另类右翼自己的词汇,互联网右翼社区提供了一个吞下"红色药丸"的机遇。而激进右翼运动家要做的,就是把这批互联网筛选出来的同情者进一步转换为积极的运动参与者,将线上的个人表达升级为线下的集体行动。

(三)新激进右翼团体

新一代的激进右翼在积极发展社交媒体据点的同时,也在组织建设上超越了上一代人。过去几年来新成立的极端团体,由于与时

---

[1] Dirk Oegema and Bert Klandermans, "Why Social Movement Sympathizers Don't Participate: Erosion and Nonconversion of Support", *American Sociological Review*, Vol. 59, No. 5, 1984, pp. 703–722.

[2] Daniel Koehler, "The Radical Online: Individual Radicalization Processes and the Role of the Internet", *Journal for Deradicalization* No. 1(Winter 2014), pp. 116–134.; Ghayda Hassan, Sébastien Brouillette-Alarie, Séraphin Alava, Divina Frau-Meigs, Lysiane Lavoie, Arber Fetiu, Wynnpaul Varela, et al., "Exposure to Extremist Online Content Could Lead to Violent Radicalization: A Systematic Review of Empirical Evidence", *International Journal of Developmental Science*, Vol. 12, No. 1–2, 2018, pp. 71–88.

[3] Rebecca Lewis, "Alternative Influence", *Data & Society* (2018), available at: https://datasociety.net/output/alternative-influence/.

俱进的理念和传播模式,逐渐占据了激进右翼的主流。而这些新涌现的团体,按照与老牌组织的继承关系,又有两种不同的发展模式:硬核极端右翼的集中化动员和兄弟会模式的分散化动员。

首先是一些部分继承了传统极端右翼风格的组织。这种风格的继承主要表现在采用较为集中化的组织形式,同时在意识形态宣传上秉承直接、明显的白人至上主义宗旨。成立于2015年的"美国先锋"(Vanguard America, VA)是其中的典型代表,由于在夏洛茨维尔集会上的高调亮相而受到媒体的关注。"美国先锋"从不掩饰自己的仇恨色彩,这从它将"血与土"作为官网域名就可以看出。"美国先锋"在右翼组织联合集会后分裂,2018年才19岁的托马斯·卢梭(Thomas Rousseau)接管了网站,将大部队并入一个自己创立的新组织"爱国者前线"(Patriot Front, PF)。"爱国者前线"并未和后文将提到的"欧洲认同"等组织一样,采用更温和的立场来招揽受众。相反,"爱国者前线"变得更加激进,在公开集会中使用墨索里尼的法西斯束棒标志。2018年8月,他们更是出动几十人袭击了得克萨斯州的美国移民和海关执法局(ICE)办公大楼,占领此处作为运动的临时驻地。①

另一个有代表性的团体则是前述每日冲锋队的线下组织"冲锋队读书会"(Stormer Book Club)。2016年,运营了三年的"每日冲锋队"网站借着特朗普崛起的东风,开始往线下发展,一口气建立了30多个地方俱乐部。尽管在地理分布上是去中心的,"冲锋队读书会"的每个分部和成员都要接受严格的审核。每日冲锋队的负责人和写手安德鲁·安格林(Andrew Anglin)还设计了成员的着装搭配,以保证行动上的统一。2018年4月,"冲锋队读书

---

① David Neiwert, "Masked Fascists of Patriot Front Attack San Antonio ICE Protest Camp", *Southern Poverty Law Center*, August 1, 2018, available at: https://www. splcenter. org/hatewatch/2018/08/01/masked-fascists-patriot-front-attack-san-antonio-ice-protest-camp.

会"开展了"白人美国行动"(Operation White America),各分部同时在辖区内张贴宣传每日冲锋队的广告,成功引发了一些社区的恐慌。①

然而,由于组织方式经常是少数人高度集权,全权负责大政方针,这类组织的弊端也相当明显:领导人的丑闻可以迅速导致组织解体。成立于 2013 年的"传统主义工人党"(Traditionalist Worker Party),有效整合了白人工人阶级的话语,以"反资本主义"与"极端白人民族主义"的面貌示人,可以说曾经是最有"前途"的极端右翼组织。负责人马修·海姆巴赫(Matthew Heimbach)作为"九〇后",被视为白人至上主义运动的未来新星,媒体称之为"小小元首"。② 他在巴尔的摩陶森大学就读本科期间,就在校内创办了白人学生社团,并用与三 K 党类似的社区巡视手段来恐吓少数族裔学生。他不仅将自己在学生时代积攒的人脉整合进了"传统主义工人党",还推动建立了极端右翼组织的统一战线"国民阵线"(National Front)。③ 然而,2018 年初,海姆巴赫却因为家暴被拘捕。没了主心骨的传统主义工人党一夜间四分五裂,很快宣布解散。④

兄弟会俱乐部则代表了第二种新涌现出的,立场上更温和、行动上却更激进的极端右翼组织。它们的出现和左翼反法西斯

---

① Azzmador,"Stormer Book Club's Operation White America a Smashing Success!" *Daily Stormer*, April 7, 2018, available at: https://dailystormer. name/stormer-book-clubs-operation-white-america-a-smashing-success/.
② Vegas Tenold,"The Little Führer: A Day in the Life of the New Generation of Nationalists", *Al Jazeera America*, July 26, 2015, available at: http://projects.aljazeera.com/2015/07/hate-groups/.
③ 此组织和法国、英国的极右政党国民阵线没有直接关系。
④ Allie Conti and Matt Taylor,"The White Nationalist in That Bizarre Love Triangle Is Going to Jail", *Vice*, May 15, 2018, available at: https://www.vice.com/en_us/article/mbkadb/matthew-heimbach-the-white-nationalist-in-that-bizarre-love-triangle-is-going-to-jail.

组织(Antifascist)的崛起有很大的关系。2016年大选后,社会抗议潮不断,一些左翼无政府主义团体和个人开始重新拾起反法西斯主义的口号,并采用"黑块"(Black Bloc)战术进行街头示威,与其他和平游行的人群形成了鲜明的对比。"黑块"战术起源于欧洲20世纪70年代的自治运动,反政府青年为了避免被警察秋后算账,用黑布蒙面后再列队上街,久而久之,这种战术成为了一种象征无政府主义、反资本主义、反全球化的街头景观。"黑块"在20世纪90年代末传入美国,在1999年西雅图反全球化抗议中大显身手,蒙面抗议者冲击了耐克、星巴克、Gap等跨国企业的店面,严重干扰了当天世贸组织(WTO)会议的进程。此后,2011年的占领华尔街运动和历次在美国举行的二十国集团(G20)峰会中,都可以看到"黑块"的出场。[①]

2016年大选后出现的这波无政府主义"黑块",刺激激进右翼力量组建了对等的专业抗议组织。这些团体表面上与白人至上主义思潮切割,仅把自己定位成反穆斯林、反女权、反左派暴力的温和另类右派。由于不公开声明自己的右翼理念,它们主要以保护言论自由之名来污名化进步派。它们在组织上较为去中心化,允许地方分部相对独立运作。在线下行动上,这类组织主要负责"武斗",成员往往全副武装,佩戴头盔盾牌,甚至持枪出现在集会上。这既是为了保护其他激进右翼组织集会的安全性,也是为了吸引左翼反法西斯主义者的火力。

由青年媒体 Vice 联合创始人加文·麦金尼斯(Gavin McInnes)于 2015 年组建的"骄傲男孩"(Proud Boys,PB),可谓兄弟会俱乐部模式最早,也是目前为止最成功的试验。在麦金尼斯眼中,"骄傲男孩"试图吸引的是所谓的西方沙文主义者(western chauvinist),反对

---

① A. K. Thompson, *Black Bloc, White Riot: Antiglobalization and the Genealogy of Dissent*, Edinburgh; Oakland, CA:AK Press,2010.

多元文化主义,相信西方文明高于一切。与严格招募纯种白人的大量激进右翼有所不同,"骄傲男孩"声称欢迎少数族裔和同性恋者(LGBT)加入组织。但做出这种姿态,是典型的为了掩盖种族主义所进行的"装点门面"(tokenism)行为。事实上,"骄傲男孩"成员和白人至上主义团体一直都有着紧密的联系。① 除了"骄傲男孩"外,"抵抗马克思主义"(Resist Marxism,RM)和"爱国者祷告"(Patriot Prayer,PP)也是目前比较大的同类型俱乐部。"抵抗马克思主义"是"骄傲男孩"成员凯尔·查普曼(Kyle Chapman)于2017年才创办的松散的组织联盟。2017年初,查普曼因为持盾牌和棍棒殴打伯克利的反法西斯主义者而一战封神。"抵抗马克思主义"组织的纲领同样避免明确提及种族主义的内容,而只强调左派思潮对言论自由的威胁。针对极右翼参与"抵抗马克思主义"集会的指责,"抵抗马克思主义"一律用"无法控制谁到场"加以回应。② "爱国者祷告"成立于2016年,其主要活动范围在西海岸。2018年,他们频繁与"骄傲男孩"等组织言论自由集会,每次都能吸引大批的进步派示威者前去抗议。和"骄傲男孩"类似,"爱国者祷告"创办者乔尔·吉布森(Joey Gibson)擅长将自己的日裔血统和组织中的极少数有色人种作为挡箭牌,声称自己并非种族主义者,这也使得"爱国者祷告"可以在夏洛茨维尔集会后维持较为正面的公众形象。

为了和左翼激进组织对峙,吸引学生群体,造成更大的舆论影响,兄弟会俱乐部的据点往往设立在主要的大城市。"骄傲男孩"组织的大本营在纽约,早在2017年初,他们就开始在大城市

---

① Jane Coaston,"The Proud Boys, the Bizarre Far-Right Street Fighters behind Violence in New York, Explained", *Vox*, October 15, 2018, available at: https://www.vox.com/2018/10/15/17978358/proud-boys-gavin-mcinnes-manhattan-gop-violence.

② Luke Barnes,"Exclusive: Leaks Show How Boston 'Free Speech' Group Acts as a Front for Far-Right Organizing", *Think Progress*, May 18, 2018, available at: https://thinkprogress.org/resist-marxism-front-for-far-right-organizing-9bd959325ae1/.

频繁参与集会,组织演讲。截至2019年,"抵抗马克思主义"的三个分部分别在波士顿、纽约和普罗维登斯,都是进步派组织和高校云集的大城市。而西海岸的波特兰和西雅图,俨然已成为"爱国者祷告"新的运动中心。2018年,"爱国者祷告"组织的每一场线下集会,几乎都引发了和反法西斯主义者之间的激烈冲突。① 由于双方都使用了暴力,激进右翼也有充分的理由霸占道德制高点,谴责左派妨碍了言论自由。

由于成员以白人男性为主,② 不管是硬核极右还是相对温和的兄弟会俱乐部,新激进右翼组织内部建设都强调"兄弟情谊"的构建。这是三K党以降的几乎所有激进右翼组织最常见的内部动员哲学,也是成员更多元的左翼组织力所不能及的。因此,同样的成员数量,激进右翼组织的行动力往往大于左翼组织。

通过一起郊游、狩猎、泡吧、运动等,组织可以培养成员的认同感和凝聚力,同时增加退出组织的成本。参与线下活动本身,也是一种塑造新成员价值观的渠道。已有的右翼运动研究文献也发现,不少核心的运动家,是在线下的参与过程中,才渐渐有了比较清晰的政治理念。③

---

① Shane Dixon Kavanaugh,"Bear Spray, Bloody Brawls at Patriot Prayer 'law and Order' March in Portland", *OregonLive.com*, October 13, 2018, available at: https://www.oregonlive.com/portland/index.ssf/2018/10/patriot_prayer_flash_march_cal.html.

② 极右翼运动中也有不少女性成员,且发挥关键的家庭教育、社区团结、网络联结作用。限于篇幅,本文不单独讨论。

③ Ziad W Munson, *The Making of Pro-Life Activists: How Social Movement Mobilization Works*, Chicago: University of Chicago Press, 2009.

三、激进右翼运动的调试与创新

(一) 后夏洛茨维尔的阵地战

到笔者写作本文时,夏洛茨维尔"右翼联合"集会已经过去两年多,集会上的暴力和人员伤亡,让另类右翼登上头条的同时,也失去了主流社会,包括建制保守派的同情。如今,另类右翼的体制内精神领袖班农早就被请出政治中心,移居欧洲去策划他的右翼版世界革命;没了光环加持的布莱特巴特新闻网点击量直线下滑,福克斯新闻网重新掌握了报道主动权;[①]曾经的"海报男孩"依安诺波洛斯受煽动暴力等丑闻影响,不再是媒体的宠儿;更极端的白人至上阵营里,领导组织联盟"国民阵线"的青年导师海姆巴赫因为被捕而暂时淡出;而极右翼的不少核心人物,包括理查德·斯宾塞和安德鲁·安格林,则深陷漫长的法律纠纷中自顾不暇。

同时,激进右翼的网络阵地也似乎岌岌可危。"剑桥分析数据丑闻"等事件让主要的互联网企业承受了巨大的社会压力,从而更主动地展开对平台的监管。更多的极右翼论坛和群组被关闭;网络服务商纷纷拒绝托管仇恨网站的数据;推特等主流社交媒体,则开始更严肃地清理平台上的水军、机器人和右翼极端账号。这场后夏洛茨维尔的组织和经济危机,当然不足以将之前势头良好的激进右翼阵营连根拔起,但确实使它们大伤元气。

尽管在意识形态上大相径庭,激进右翼的命运却和当年面对外部镇压陷入危机的新左派运动和黑人民权运动类似。[②] 面对不

---

① Jason Schwartz, "Breitbart's Readership Plunges", *Politico*, March 20, 2018, available at:http://politi.co/2ICNuCh.

② Christian Davenport, *How Social Movements Die: Repression and Demobilization of the Republic of New Africa*, New York: Cambridge University Press, 2014; Max Elbaum, *Revolution in the Air: Sixties Radicals Turn to Lenin, Mao and Che*, New edition, London: Verso, 2018.

利的社会环境，激进右翼的阵营内部，也出现了强硬路线和温和路线的分化。强硬路线主张继续组织频繁的线下集会，维持鲜明的种族主义口号。大部分老牌的极右翼组织都待在这个阵营，试图守住基本盘。比如"国家社会主义运动"尽管元气大伤，依然坚持定期集会，他们在 2018 年 4 月佐治亚州的集会后甚至焚烧了卐字符。扛起 2017 年右翼联合集会大梁的杰森·凯斯勒也是强硬路线的代表人物，他不仅在一周年时面对右翼内部的反对声浪，再次发动右翼集会，更是在夏洛茨维尔方面拒接游行申请后将对方告上了法庭。

但凯斯勒这种强硬路线的支持者正在锐减。不少夏洛茨维尔集会的核心参与者认为，继续目前的大规模集会路线不利于团结激进右翼思潮的同情者。另外，只有彻底脱离"另类右翼"的标签，才能维持较为正面的公共形象。2016 年成立于旧金山湾区，由新纳粹青年运动组织更名而来的"欧洲认同"（Identity Evropa）①，是这一派的典型代表。"欧洲认同"之前的领导者艾略特·克莱恩属于极端强硬派，曾鼓动旗下成员在夏洛茨维尔集会上高喊反犹口号"犹太人不能取代我们"（Jews will not replace us）。但 2017 年 12 月新上台的负责人派崔克·凯西（Patrick Casey）主张用更温和的"认同至上主义"（Identitarianism）来重新命名自己。认同至上主义在欧洲早就是极右的代名词，但美国读者对其还比较陌生。在公开的宣传话语上，"欧洲认同"更新了官网，避免直接提及太过明显的种族主义主张，而多用公民责任、统一、传统、爱国心等更像主流保守派的词汇，口号也成了"我们这一代，我们的未来，我们最后的机会"这种左右通用的句子。

在组织策略方面，"欧洲认同"主张稳扎稳打，避免冒进。具

---

① 2019 年 3 月，"欧洲认同"再次重组更名为"美国认同运动"（American Identity Movement）。

体来说，是在各个社区、各大高校派发宣传品，慢慢发展会员邀请制的俱乐部，走"阵地战"。他们很少参与和组织大规模集会，而是印刷大量设计精美的海报、贺卡、贴纸在各个社区进行派发；制作横幅，以快闪的形式悬挂在主要路段，比如高速公路入口、高架桥顶部。此外，他们也善于宣传自己热爱公益的形象，经常打扫公园、帮助流浪汉。在行动结束后，他们将相关照片和视频发送到社交媒体，来获取更多的关注。① "欧洲认同"官方将这种游击队式的发展模式叫作"围攻计划"（Project Siege），通过线下宣传，鼓励潜在参与者从互联网获取更多信息，从而有机会成为核心支持者。因为成本低廉，这种创新的游击队模式正在被各种新组织效仿。上文提到的"爱国者前线"和"冲锋队读书会"，虽然立场比"欧洲认同"更激进，也正在通过疯狂张贴海报和悬挂横幅来扩大成员的基数。②

仅2018年，"欧洲认同"就开展了多次有标志意义的行动。首先是在湾区奥克兰市进入旧金山市的芳草地隧道入口悬挂嘲讽"庇护城市"（Sanctuary City）政策的大幅标语。③ 庇护城市是部分美国地方行政单位施行的保护无证移民的政策或非正式条例，主要表现在不让辖区内警察和政府官员检查疑犯的移民身份，也尽量避免拘留和超时羁押无证移民。庇护城市运动诞生于

---

① Jack Dobbs,"White Supremacist Organization Recruiting on Campus," *College Heights Herald*, December 3, 2018, available at: https://wkuherald.com/news/white-supremacist-organization-recruiting-on-campus/article_cc85c38a-f75f-11e8-bdc2-375f473835bf.html.

② "Meet 'Patriot Front': Neo-Nazi Network Aims to Blur Lines with Militiamen, the Alt-Right", *Southern Poverty Law Center*, December 11, 2017, available at: https://www.splcenter.org/hatewatch/2017/12/11/meet-patriot-front-neo-nazi-network-aims-blur-lines-militiamen-alt-right.

③ Michael Barba,"White Nationalists Hang Sanctuary City 'Danger' Sign over SF Bay Bridge", *The San Francisco Examiner*, January 28, 2018, available at: http://www.sfexaminer.com/white-nationalists-hang-sanctuary-city-danger-sign-sf-bay-bridge/.

20世纪80年代,因民间对中美洲难民的声援而发生,迄今为止已经取得了惊人的成绩。全美300多个行政单位都推行了保护难民和无证移民的政策,自由派媒体也几乎不再使用"非法移民"的称谓。然而,特朗普上任几天后,就颁布行政令取消庇护城市的联邦拨款,引发了美国各大城市与当局长达一年多的拉锯战。其间,一些城市因为担心拨款流失而放弃了庇护城市政策,但纽约、芝加哥等主要大城市,包括法律意义上第一座庇护城市旧金山,均采取毫不妥协的态度。这也是"欧洲认同"选择旧金山为抗议地点的动机。标语条幅尽管很快就被撤下,图片却已经迅速流传开来,而主流媒体的报道,则成为了"欧洲认同"的免费广告。

"欧洲认同"的另一个成功策划则是2018年7月底的纽约行动。一大群成员在曼哈顿的墨西哥总领馆前身穿建筑工人服装示威,并打出支持特朗普建墙的标语"Build the Wall",受到传媒的广泛关注。随后,"欧洲认同"紧接着在城市北部的崔恩堡公园悬挂巨大的反移民横幅,释放烟幕弹制造恐怖气氛。[1] 由于这些行动具备快闪族(Flash Mobs)的特质,创造性地利用城市空间,成员不会在一个地点长期停留,他们也就不需要获得游行许可,也避免了警方的执法和进步派闻讯前来的抗议。[2]

"欧洲认同"的这一系列行动充分说明,虽然夏洛茨维尔事件后短期难再有大规模的右翼集会,激进右翼组织并未丧失它们的社运动员能力。他们不仅未蜷缩回乡村和南方小镇,而且以新形式继续在城市和高校发展。用安德鲁·安格林的话来说

---

[1] Corinne Ramey, "White Nationalists Rally in Liberal New York City", *The Wall Street Journal*, July 31, 2018, available at: https://www.wsj.com/articles/white-nationalists-rally-in-liberal-new-york-1533073903.

[2] Virág Molnár, "Reframing Public Space Through Digital Mobilization: Flash Mobs and Contemporary Urban Youth Culture", *Space and Culture*, Vol. 17, No. 1, 2014, pp. 43–58.

就是,"我们没法在抗议组织上获胜,但是我们正在赢得一场文化战争"。①

(二) 激进右翼的高校策略

基于不同国家的社运研究均显示,高校学生空余时间多,住在集体宿舍,容易受同辈影响而参与政治行动。② 这种天然的亲社运色彩,让高校成为美国激进右翼动员策略的重中之重。"反诽谤联盟"(Anti-Defamation League,ADL)的统计显示,2017年激进右翼组织的宣传品出现在全美216所高校,既包括普林斯顿大学、宾夕法尼亚大学这种常春藤名校,也有普通的公立学校和社区学院。与2016年相比,2017年极右翼组织在校园中的活动频率提升了三倍多,而最活跃的恰恰是过去五年新成立的组织。③

可惜这些右翼组织的高校活动,往往被美国主流传媒所忽略。传媒的一大"功绩",即将高校描绘成自由派的同温层,默认年轻人是天然的进步主义支持者。实际上,高等学府一直都是美国历史上各类保守主义思潮的重要策源地,高校学生中保守派的比例也从来都不低,圣母大学、杨百翰大学、自由大学等宗教背景学校则更是保守派的大本营。康涅狄格大学的心理学家在招募本校学生做调查测验时发现,样本反映的平均意识形态是中间偏

---

① Jane Coaston, "The Alt-Right Is Debating Whether to Try to Look Less like Nazis", *Vox*, August 10, 2018, available at: https://www.vox.com/2018/8/10/17670996/alt-right-unite-the-right-nazis-charlottesville.

② Nick Crossley, "Social Networks and Student Activism: On the Politicising Effect of Campus Connections", *The Sociological Review*, Vol. 56, No. 1, 2008, pp. 18 – 38; Doug McAdam, *Freedom Summer*, New York: Oxford University Press, 1990; Dingxin Zhao, "Ecologies of Social Movements: Student Mobilization during the 1989 Prodemocracy Movement in Beijing," *American Journal of Sociology*, Vol. 103, No. 6, 1998, pp. 1493 – 1529.

③ Anti-Defamation League, "White Supremacist Propaganda Surges on Campus", *Anti-Defamation League*, January 29, 2018, available at: https://www.adl.org/resources/reports/white-supremacist-propaganda-surges-on-campus.

左,远非由左派主导。① 如果查看更具代表性的全国统计结果,相关趋势就更明显了:被称为 i 世代的美国"九五后",和作为"千禧一代"的"八〇后"相比之前几个时代的年轻人,有更多人自称是保守派。在种族、性别平等问题上,年轻一代自 20 世纪 80 年代起也没有什么明显的态度变化。② 在一些特定的社会议题,比如控枪上,所有美国人不论年龄都变得更支持持枪权了。根据皮尤研究中心的调查,2000 年,18—29 岁的青年中 77% 支持控枪,2017 年,在经历了无数次校园枪击后,这个数字反而下降到了 58%。③ 在各项社会议题上,只有对同性恋者的态度呈现出明显的进步。④

保守主义在美国青年中的传播,离不开高校内保守派组织的努力。遍布各大校园,以学生俱乐部形式存在的"大学共和党人"(College Republican,CR)是美国最古老的校园共和党组织,成立于 1892 年。"大学共和党人"官方宣称其会员高达 25 万人,这个数字超过对应的"大学民主党人",是 20 世纪 60 年代最著名的新左派组织"学生争取民主社会"(Students for a Democratic Society,SDS)鼎盛期会员数的两倍还多。"大学共和党人"虽然相对独立于党派,

---

① Mora A. Reinka and Colin Wayne Leach,"Racialized Images: Tracing Appraisals of Police Force and Protest", *Journal of Personality and Social Psychology*, Vol. 115, No. 5, 2018, pp. 763-787.

② Jean M. Twenge, Nathan Honeycutt, Radmila Prislin, and Ryne A. Sherman,"More Polarized but More Independent: Political Party Identification and Ideological Self-Categorization Among U. S. Adults, College Students, and Late Adolescents, 1970-2015", *Personality & Social Psychology Bulletin*, Vol. 42, No. 10, 2016, pp. 1364-1383.

③ "Public Views About Guns", *Pew Research Center*, June 22, 2017, available at:http://www.people-press.org/2017/06/22/public-views-about-guns/.

④ Andrew Flores,"National Trends in Public Opinion on LGBT Rights in the United States", November, 2014, available at: https://escholarship.org/uc/item/72t8q7pg.

但依然隶属于地方共和党。①

当然,"大学共和党人"主要还是建制保守派组织,在纲领上不会公开支持极端右翼的观点。但是首先,和互联网的作用类似,主流保守派社团是培养激进右翼的主要平台之一。在缺乏激进右翼校园组织的学校,激进右派学生往往退而求其次加入"大学共和党人"。在夏洛茨维尔集会的参与者中,人们也确实发现了"大学共和党人"成员的身影。② 其次,过去两年,激进派在"大学共和党人"不少高校分部的选举中获胜,这些组织逐步被激进右翼所控制。③ 依安诺波洛斯和查尔斯·穆雷(Charles Murray)等人的高校巡回讲座,正是"大学共和党人"在操办,也正是"大学共和党人"将"伯克利被左派控制"的论调不断传递给媒体。2018年2月,西雅图华盛顿大学的"大学共和党人"邀请了前述的"爱国者祷告"在校园内组织集会,最终也导致了左右两派抗议者的混战。④ "大学共和党人"能被另类右翼入侵也再次表明,右翼激进主义尽管相对独立于建制保守派,却一直都在汲取后者的营养。这两年,保守派阵营最重要的年会"保守政治行动会议"(Conservative Political Action Conference,CPAC)反复邀请争议

---

① Amy J. Binder and Kate Wood, *Becoming Right: How Campuses Shape Young Conservatives*, Princeton, NJ: Princeton University Press, 2012.

② Nick Roll, "College Students Unmasked as 'Unite the Right' Protesters", *Inside Higher Ed*, August 15, 2017, available at: https://www.insidehighered.com/news/2017/08/15/college-students-unmasked-unite-right-protesters.

③ Watanabe, Teresa, and Rosanna Xia, "Ally of Milo Yiannopoulos Wins Control of California College Republicans", *Latimes.com*, October 22, 2017, available at: https://www.latimes.com/local/lanow/la-me-california-college-republicans-20171021-story.html.

④ Jessica Lee and Scott Greenstone, "Real-Time Updates from the UW Patriot Prayer Rally and Counterprotest", *The Seattle Times*, February 10, 2018, available at: https://www.seattletimes.com/seattle-news/follow-patriot-prayers-controversial-ral-ly-at-university-of-washington-today/.

性的白人至上主义者,①各大城市的共和党俱乐部多次邀请激进右翼人士演讲②,也证明了主流保守派并非与激进右翼势不两立,反而积极提供平台让后者主流化。

除了"大学共和党人"外,民权运动时期扮演重要角色的"争取自由的美国青年"(Young Americans for Freedom, YAF)③,以及2008年罗恩·保罗(Ron Paul)参加总统竞选后成立的"自由美国青年"(Young Americans for Liberty, YAL)也发展迅速。各大法学院内往往也都有保守派组织,最有代表性的是1982年组建的"联邦主义学会"(The Federalist Society, FS),吸收保守派和自由意志主义的法学学者,他们往往会组织一些偏重学术色彩的讨论,比如"反同性恋"的社会学家马克·瑞格纳勒斯(Mark Regnerus)就通过"联邦主义学会"推销过他的新书。著名的极端保守派安·库尔特(Ann Coulter)在就读密歇根法学博士期间,是学校"联邦主义学会"的主席。

除了"大学共和党人"和"联邦主义学会"这种历史悠久,资金充足的保守派组织,特朗普的"学生后援团"(Students for Trump, S4T)是专为特朗普竞选成立的全国性学生组织。从2015年的一个推特账号,到2016大选前的5000名学生会员和40个州的200多个支部,"学生后援团"的爆炸性成长并不逊于任何进步派学生组织。④ 在特朗

---

① Christopher Mathias, "There Sure Were A Bunch Of White Nationalists At CPAC, Huh?" *Huffington Post*, March 1, 2018, available at: https://www.huffingtonpost.com/entry/cpac-white-nationalists_us_5a971c92e4b09c872bb0e770.

② 曼哈顿的共和党俱乐部邀请"骄傲男孩"的领导人麦金尼斯,见: https://www.eventbrite.com/e/gavin-mcinnes-at-the-met-club-tickets-50991398646.

③ 以下著作对"争取自由的美国青年"有深入的讨论: Rebecca E. Klatch, *A Generation Divided: The New Left, the New Right, and the 1960s*, Berkeley, Calif: University of California Press, 1999.

④ Sarah Brown, "Meet the Young Republicans Who Founded 'Students for Trump'", *The Chronicle of Higher Education*, August 2, 2016, available at: https://www.chronicle.com/article/Meet-the-Young-Republicans-Who/237333.

普当选前,"学生后援团"策划得最成功的活动当数"Chalkening",即号召全美国的保守派大学生在校园人行道上用粉笔写下支持特朗普的话,这一提议得到了几十所高校的响应。① 尽管名义上独立,"学生后援团"和特朗普竞选团队一直有着紧密的合作,他们也拒绝向税务部门提供活动资金的来源。

新纳粹和另类右翼组织也在拓展自己的高校网络。2017年新闻媒体嗡嗡喂(Buzzfeed)曝出的布莱特巴特新闻网内部通信显示依安诺波洛斯经常通过高校演讲来寻觅新的学生写手。② 上文提到的"欧洲认同"已经在很多高校建立了分部,他们简洁的标志、娴熟的新媒体策略容易收获新的支持者。在"欧洲认同"的官方推特宣传中,可以发现他们经常进出大学校园张贴海报。反诽谤联盟的统计也显示他们目前是渗透美国高校最成功的激进右翼团体,已经有能力在西海岸的校园内部独立举办活动,他们的成功也已经引起学界的注意。③

除了发展自身的实力,右翼还采用非制度性和制度性渠道与大学管理层以及左派进行对抗。2016年末,保守派团体"美国的转折点"(Turning Point USA)建立了"教授关注列表"(Professor Watchlist)④,将意识形态偏左翼的200多名高校教师列入其中。"美国的转折点"本身只是传统保守派组织,但名单客观上为激进右

---

① Max Kutner, "The Chalkening Shows Trump's Young Supporters Aren't Typical College Republicans", *Newsweek*, April 9, 2016, available at: https://www.news-week.com/2016/04/29/students-trump-old-row-chalkening-445923.html.

② Joseph Bernstein, "Here's How Breitbart And Milo Smuggled Nazi and White Nationalist Ideas Into The Mainstream", *BuzzFeed News*, October 5, 2017, available at: https://www.buzzfeednews.com/article/josephbernstein/heres-how-breitbart-and-milo-smuggled-white-nationalism.

③ Jelani Ince, Brandon M. Finlay, and Fabio Rojas, "College Campus Activism: Distinguishing between Liberal Reformers and Conservative Crusaders," *Sociology Compass*, Vol.12, No.9, 2018, available at: https://doi.org/10.1111/soc4.12603.

④ 教授关注列表官网: https://www.professorwatchlist.org/.

翼的行动提供了弹药。这两年，很多名单上的教师都受到不同程度的人身攻击。因为多次在推特上讥讽白人至上主义，德雷塞尔大学原政治学教授马赫（George Ciccariello-Maher）多次收到死亡威胁，他也被迫于2017年末辞职。① 右翼在制度性渠道上的成果同样不菲。2018年6月，华盛顿大学和其"大学共和党人"分部和解，校方同意支付高达12万美元的法律费用给"大学共和党人"，并承诺不再强制向经费紧张的学生组织征收活动的安保费用。② 2018年7月，在长达一年的诉讼争议后，伯克利向本校"自由美国青年"妥协，承诺以同样标准对待保守和自由派学生组织，并降低学生组织的注册门槛。③ 12月，伯克利再次做出妥协，支付七万美元给"大学共和党人"和另外一个保守派组织，并取消大多数学生活动的安保费用。④

主流社会为何会形成高校被自由派占领的印象？除了传媒和保守派不遗余力地形象塑造，从社会学的角度，还有两个因素值得关注：美国高校兄弟姐妹会组成的希腊系统（Greek System）和年轻人专业选择的意识形态化。这两点加剧了高校内部的政治极化，拉大了自由派和保守派学生之间的距离，也让自由派学

---

① Marwa Eltagouri, "Professor Who Tweeted, 'All I Want for Christmas Is White Genocide,' Resigns after Year of Threats," *Washington Post*, December 29, 2017, available at: https://www.washingtonpost.com/news/grade-point/wp/2017/12/29/professor-who-tweeted-all-i-want-for-christmas-is-white-genocide-resigns-after-year-of-threats/.

② Katherine Long, "UW to Pay ＄122,500 in Legal Fees in Settlement with College Republicans over Free Speech," *The Seattle Times*, June 18, 2018, available at: https://www.seattletimes.com/seattle-news/uw-to-pay-127000-in-legal-fees-in-settlement-with-college-republicans-over-free-speech/.

③ Nanette Asimov, "UC Berkeley Settles Conservative Students' Free-Speech Lawsuit," *SFChronicle.com*, July 3, 2018, available at: https://www.sfchronicle.com/education/article/UC-Berkeley-settles-conservative-students-13045261.php.

④ Natalie Orenstein, "UC Berkeley and College Republicans Settle Free-Speech Case," *Berkeleyside*, December 3, 2018, available at: https://www.berkeleyside.com/2018/12/03/uc-berkeley-and-college-republicans-settle-free-speech-case.

生错误地认为校园中不存在保守派。

首先,在绝大多数美国高校,尤其是寄宿制学校,都存在独特的希腊系统,也就是兄弟会(Fraternity)、姐妹会(Sorority)。同一个兄弟姐妹会的成员居住在同一栋以希腊字母为标志的楼内,形成一个紧密的小社区。1825年,纽约的联合学院设立了历史上第一个兄弟会,这种模式很快从新英格兰地区扩散到全美。大约50年后,又出现了第一个姐妹会。

历史上看,由于早年只有白人精英才能接受高等教育,希腊系统的学生和其他学生之间并没有阶层上的明显差距。但随着20世纪高等教育的逐步普及,少数族裔和移民逐步进入高校,希腊系统就逐渐成为中上层白人在高校进行隐形种族和阶级隔离的方式。因此,往往越是强调精英的大学,希腊系统就越健全。在录取上,希腊系统往往优先考虑高收入家庭的白人学生,拒绝设立专门针对低收入学生的社团,而极少数少数族裔的社团,则处在十分边缘的地位。两位社会学家的定量研究显示,希腊系统的覆盖面确实与学生间的不平等正相关。[1]

从空间政治的角度看,兄弟姐妹会成员的群居方式,形成了独一无二的白人帮派文化。即使成员毕业,他们也隶属于密集的兄弟姐妹会校友网络,其帮助新生适应社区,给毕业生推荐工作机会等。频繁的日常互动,对保守思潮的传播与维持非常有利。希腊系统与其他学生的居住隔离,也使得系统外的自由派学生难以接触到这些保守派阵地。另外,女权运动的成果也极少辐射到自成一体的希腊系统内部。姐妹会往往实行严格的禁酒、性别隔离和派对管制,宣扬传统家庭伦理,而兄弟会文化却鼓励嗑药和

---

[1] Laura T. Hamilton and Simon Cheng, "Going Greek: The Organization of Campus Life and Class-Based Graduation Gaps", *Social Forces*, Vol. 96, No. 3, 2018, pp. 977-1008.

派对狂欢,这种赤裸裸的不平等导致频发的校园性侵案。①

保守派媒体自身从不掩饰希腊系统的右翼色彩。② 据笔者的个人观察,综合传媒报道,不少高校共和党组织的领导者同时也是兄弟姐妹会的成员甚至是管理者。③ 关于兄弟会涉嫌种族歧视的新闻也一直层出不穷。2018年4月,网络上相继流出雪城大学的Theta Tau兄弟会和加州理工学院的Lambda Chi Alpha兄弟会严重种族歧视和排外的新闻,引发舆论哗然,相关分部被迫关闭。④

其次是美国年轻人的专业选择问题。与很多其他国家的情况类似,右派往往选择理科、法律、商科,左派则倾向于聚集在社会学、英语等人文社科专业,第一代、第二代移民则往往涌入计算机等学科,因为这往往是唯一的阶层上升渠道。⑤ 不同专业的课

---

① Elizabeth A. Armstrong, Laura Hamilton, and Brian Sweeney, "Sexual Assault on Campus: A Multilevel, Integrative Approach to Party Rape", *Social Problems*, Vol. 53, No. 4, 2006, pp. 483-499.

② Betsy Woodruff, "Are Frat Brothers Natural Conservatives?" *National Review*, January 26, 2013, available at: https://www.nationalreview.com/2013/01/are-frat-brothers-natural-conservatives-betsy-woodruff/.

③ Missy Pedulla, "Meet the New OU College Republicans President", *The Post*, June 15, 2018, available at: https://www.thepostathens.com/article/2018/06/college-republicans-president-missy-pedulla.

④ Julie McMahon, "Syracuse University Theta Tau Case: Appeals Process Ends; College Won't Say Outcome", Syracuse.com, July 30, 2018, available at: https://www.syracuse.com/su-news/index.ssf/2018/07/syracuse_universitys_campus_judicial_process_ends_in_theta_tau_case_college_wont.html.; Tyler Pratt, "White Supremacist Propaganda Appears at Cal Poly as Greek System Suspended", *KQED*, April 19, 2018, available at: https://www.kqed.org/news/11663397/white-supremacist-propaganda-appears-on-cal-poly-campus-after-frat-suspensions.

⑤ Stephen R. Porter and Paul D. Umbach, "College Major Choice: An Analysis of Person-Environment Fit", *Research in Higher Education*, Vol. 47, No. 4(2006), pp. 429-449.; Jon Shields, "Opinion | Why America Needs More Conservative Liberal Arts Majors", *NBC News*, November 8, 2017, available at: https://www.nbcnews.com/think/opinion/when-college-classrooms-become-ideologically-segregated-everyone-suffers-nc-na804881.; Siqi Han, "Staying in STEM or Changing Course: Do Natives and Immigrants Pursue the Path of Least Resistance?" *Social Science Research*, Vol. 58(July, 2016), pp. 165-183.

程训练,又进一步强化了学生既有的政治观念,也同时创造出对不同专业学生的刻板印象:商学院的保守派精英、社会学系的激进左派和计算机系不问政治的移民码农。这对校园内部的社会运动,比如2016年后风起云涌的高校研究生工会运动,造成了非常大的动员上的"瓶颈"。与一些院系极高的支持率相对的,是另一些学院的事不关己或激烈抵制。但是,如果进步派学生只和同系的师生交流,只通过谁出席抗议来估计校园的普遍意识形态,他们确实容易形成高校是左派避风港的错觉。

因此,美国高校内部的空间分部、专业格局,加上传媒的误解,使得大众,包括很多大学生自己普遍高估高校的自由化程度。这也让保守派和激进右翼的校园工作变得更为隐蔽和容易。

四、社会运动社会中的激进右翼

前文主要讨论了各类激进右翼在特朗普执政当下的组织情况。除此之外,激进右翼的再次崛起,不仅与其深厚的历史传承、创新的动员方式相关,也与美国的政治极化、运动社会的大背景不可分离。特朗普的上任激起的不仅是白宫内部的风暴,更是新一轮社会抗议潮的来临。不论是保守派还是进步派,都更加依赖于街头运动来解决问题。女权大游行、为生命游行、夏洛茨维尔集会、言论自由集会、研究生工会运动、公立学校教师罢工,各色光谱的社会运动轮番上阵,抢占舆论高地。根据志愿者团队"抗议人数统计联盟"(Crowd Counting Consortium)的不完全统计,2017年美国境内发生了大大小小8700多次抗议,预计参与人次为600万到900万。① 当街头的行动被看成是一种正当、合法、制

---

① "抗议人数统计联盟"是2017年女权大游行期间成立的团队,定期发布美国本土的抗议数据,见:https://sites.google.com/view/crowdcountingconsortium/home.

度化的伸张弱势群体权益、获取更高政治地位的手段,社会学家所说的"社会运动社会"(Social Movement Society)就出现了。①

近些年来,美国的抗争政治研究愈发强调"社会运动场域"(Social Movement Field)的概念,超越对单一组织的深描,强调不同倾向的个人和组织间的互动和对抗,用网络的视角来看待运动的演进。② 同理,激进右翼在如今竞争激烈的社会运动场域中,如何策略性地站稳自己的脚跟?

首先,正如哈特和奈格里等左翼学者所言,作为一种应激性的意识形态,保守主义能够最大限度地吸收和改造左翼运动的知识。③ 随着数字媒体的普及,社会运动的学习成本直线下降,运动策略的"盗版"也越发容易和普遍:当反法西斯主义者头裹黑布焚烧美国国旗,极右分子立即戴着白手套和盾牌出街了;当女权主义者举着"我的身体,我的选择"(My Body, My Choice)的标语经过中央公园,反移民团体正在大街小巷张贴"我的国界,我的选择"(My Border, My Choice)的宣传单。

也就是说,任何话语都可能被打包再利用,任何组织都无法独占资源。然而,由于激进右翼在暗处,进步派运动在明处,前者对后者的学习,要大大多过后者对前者的学习。激进右翼从而享

---

① David S. Meyer and Sidney G. Tarrow, *The Social Movement Society: Contentious Politics for a New Century*, Rowman & Littlefield, 1998.

② 代表性文献包括: Neil Fligstein and Doug McAdam, *A Theory of Fields*, Oxford New York Auckland: Oxford University Press, 2012; Michael T. Heaney and Fabio Rojas, "Hybrid Activism: Social Movement Mobilization in a Multimovement Environment", *American Journal of Sociology*, Vol. 119, No. 4, 2014, pp. 1047–1103.; Adam D. Reich, "The Organizational Trace of an Insurgent Moment: Occupy Wall Street and New York City's Social Movement Field, 2004 to 2015", *Socius*, March 2017, at: https://doi.org/10.1177/2378023117700651; Dan Wang, Alessandro Piazza, and Sarah A. Soule, "Boundary-Spanning in Social Movements: Antecedents and Outcomes", *Annual Review of Sociology*, Vol. 44, No. 1, 2018, pp. 167–187.

③ Michael Hardt and Antonio Negri, *Assembly*, New York: Oxford University Press, 2017.

受着巨大的后发优势。比如几年前,躺倒在地、呼吁人们关注社会正义问题的"装死"(Die in)①手法,还是进步派组织的专利,如今,白人至上主义者也用这一招来抗议对"白人的杀害"。

其次,在组织策略上,激进右翼显得比进步派更左翼,更民粹,更国际主义。这主要表现在他们并不介意塑造运动明星,乐于用集中化的方式组织社会运动。同时,他们高度关注国际议题,积极接触国际上的极端右翼。前述引用的推特右翼研究发现,另类右翼最关注的前 25 个账户中,有 10 个是外国账户。②

相比之下,美国当今的进步派面对暴力色彩的思潮显然是畏首畏尾的。这种谨慎也有着历史原因。当年的新左派运动和其后的"新共产主义"运动,对世界形势的解释往往陷入一种浪漫化的想象和教条主义,它们对外国理论的过分执着影响了对本土社会情境的判断,从而导致组织基础在危机前四分五裂。苏联解体后传统左翼颓散性崩解,从废墟上重生的进步派,一直都更去中心和无政府,视角也更美国本土化了。③

这就引发了一个奇怪的动员模式倒置现象:激进右翼少了历史包袱,显得比左翼更像左翼。不过,随着右翼组织内部的分裂,这样的地下党、阵地战、先锋队运动模式是否将会主导未来的运动,是个悬而未决的问题。

当然,近两年的美国左翼运动似乎又出现了惊人的反转:与激进右翼同时崛起的,还有激进左翼。很多人没想到,桑德斯带来的左翼旋风仅仅是一个蝴蝶振翅般的开始。2018 年,美国最大的社

---

① 参与"装死"抗议的成员一般集体躺倒在地,身上覆盖抗议标语。这种手法在反战、保护环境和动物权利等领域最流行。"黑人的命也是命"运动(Black Lives Matter)也大量采用"装死"手法来抗议警察对黑人的杀害。

② J. M. Berger, "The Alt-Right Twitter Census: Defining and Describing the Audience for Alt-Right Content on Twitter", VOX-Pol Network of Excellence, 2018, pp. 47‐48.

③ Max Elbaum, *Revolution in the Air*: *Sixties Radicals Turn to Lenin*, *Mao and Che*. (New edition), London: Verso, 2018.

会民主主义组织"美国民主社会主义者"（Democratic Socialists of America, DSA）突破了5万名注册会员。2018年6月，29岁的"美国民主社会主义者"成员奥卡西奥-科特兹（Alexandria Ocasio-Cortez）在纽约州初选中击败了民主党建制派乔·克劳利（Joe Crowley），随后在中期选举中顺利成为美国最年轻的众议员。① 另一方面，上文提到的以反法西斯主义者为主的激进无政府主义势力也开始复苏，他们打着捣毁纳粹的口号，阻碍、冲击极右翼的集会，成功吓退一部分右翼的同时，也给一些普通公众留下了暴力的负面印象。

这一波新的激进左翼的崛起，除了证实了原有的政治极化的理论，也进一步显示新一代青年对两党政治的怀疑。把人群简单划分为保守派和自由派似乎已经不足以解释目前的政治图景，经验证据也表明更多的选民在不同的维度上超越了这种二元的格局。② 当两党不再能够将芜杂的社会观念吸纳进选举政治的框架，人们就会去寻找更另类或更激进的政治蓝图。

激进左翼是激进右翼的因还是果，"社会运动社会"如何刺激激进右翼重构自己的身份，尚待学术研究的进一步证实。但不管怎样，这一轮美国政治从精英到草根的极化和社会运动的常态化，已经成为分析任何激进社会运动需要去考虑的前提因素。特

---

① Diamond Siu, "Democratic Socialists of America Scored Wins in the Midterms. What's on Their Agenda?" *NBC News*, December 8, 2018. available at: https://www.nbcnews.com/politics/politics-news/democratic-socialists-america-scored-wins-midterms-what-s-their-agenda-n941911.

② Delia Baldassarri and Amir Goldberg, "Neither Ideologues nor Agnostics: Alternative Voters' Belief System in an Age of Partisan Politics", *American Journal of Sociology*, Vol. 120, No. 1, 2014, pp. 45–95.; Jean M. Twenge, Nathan Honeycutt, Radmila Prislin, and Ryne A. Sherman, "More Polarized but More Independent: Political Party Identification and Ideological Self-Categorization Among U.S. Adults, College Students, and Late Adolescents, 1970–2015", *Personality & Social Psychology Bulletin*, Vol. 42, No. 10, 2016, pp. 1364–1383.

朗普的当选和白人至上主义的复苏,只是全世界民主危机的症候之一,既不是开端也远非终局。正是在这样的时代精神笼罩下,我们看到坚固的东西烟消云散,激进右翼作为旧的幽灵,找寻着新的土壤生根发芽。

第二部分 特朗普时代：政治与政策

独特的特朗普[①]

张 毅

美国总统唐纳德·特朗普无疑是当今被人评论最多的政客之一。他参政之前就是一个颇具争议的公众人物：两度离婚、六次破产、主持过收视率高居全美第一的电视真人秀、曾作为原告和被告卷入各种纠缠不清的官司，相关报道经常能上美国报纸（尤其是通俗小报）的头版。特朗普2015年6月宣布参加竞选美国总统、2016年11月出人（也出其自己）意料成功当选，之后有关他的各类媒体报道更是铺天盖地。美国三大有线电视新闻台（CNN、Fox和MSNBC）的时政节目简直变成了采访或评论特朗普的专台，内容之多令人目不暇接，甚至让观众感到"窒息"。各大电视台的晚间脱口秀笑星也几乎每天都拿他开涮，不少因特朗普击败希拉里·克林顿而极度沮丧的民主党人得以在捧腹大笑中找回一些心理上的平衡。特朗普本人多次表示他参政后使美国电视节目的收视率上升，声称电视台因此增多的广告费应与他分成。《纽约时报》等传统主流纸介媒体订阅量（包括电子版）在

[①] 本文完稿日期为2019年1月20日。

他上台后大幅增长,①特朗普说这些报纸也应当感谢他所带来的利润。在社交媒体用户的评论和一般老百姓平时茶余饭后的言谈中,无论是严肃地讨论美国内政外交政策,还是轻松地调侃或嘲笑各类趣事和丑闻,特朗普个人及其政策同样都是人们津津乐道的热门话题。

从评论观点来看,虽然特朗普执政刚满两年(四年任期的一半),但不少人早已认为可以对其下定论。② 2018年2月,美国政治学会"总统和行政部门分会"对其会员进行四年一次的调查,结果特朗普在美国历任总统当中排名倒数第一。③ 根据美国民调机构盖洛普的调查,特朗普的民意支持比例在其执政前两年从未超过50%,创下美国政坛一项新的纪录。④ 1946年以来,盖洛普每年(1976年除外)还调查"谁是美国最受钦佩的人",特朗普是除福特以外唯一一位未能当选的美国总统(奥巴马已经连续11年当选为最受钦佩的人)。⑤ 相反,2017年底美国通过《减税与就业法》(Tax Cuts and Jobs Act)后,共和党前资深参议员、第115届参议院临时议长奥林·哈奇(Orrin Hatch)说该法案有可能使特

---

① 特朗普上台后肆意攻击以《纽约时报》为代表的主流媒体是"虚假新闻"(fake news),主流媒体订阅量却不降反升,反映许多人已经意识到在社交媒体充满谣言谎言的今天,更需要依靠主流媒体检验新闻报道的真假。
② 本文完稿之时恰好是特朗普就任总统两周年纪念日。
③ Brandon Rottinghaus and Justin S. Vaughn, "Official Results of the 2018 Presidents & Executive Politics Presidential Greatness Survey", available at: https://sps.boisestate.edu/politicalscience/files/2018/02/Greatness.pdf. 即使根据会员中共和党和保守派学者的排名,特朗普也是倒数第五。调查排名中居前十位的是林肯、华盛顿、小罗斯福、老罗斯福、杰斐逊、杜鲁门、艾森豪威尔、奥巴马、里根和林登·约翰逊。
④ "Gallup: Trump Job Approval", available at: https://news.gallup.com/poll/201617/gallup-daily-trump-job-approval.aspx.
⑤ 福特于1974年8月至1977年1月担任美国总统。盖洛普1976年的调查没有包括这个问题,否则当年福特也有可能当选。见 https://news.gallup.com/poll/1678/most-admired-man-woman.aspx。

朗普政府成为美国史上最佳政府。① 内华达州共和党前参议员迪恩·海勒(Dean Heller)在2018年中期选举中几乎把特朗普比作神,说他碰的任何东西都会变成金子。② 特朗普本人更是大言不惭,多次给自己评分"A+",说他上任两年取得的成绩几乎超过历史上所有其他的美国总统。

对特朗普有这么多的评论,自然与其是美国的总统有关。作为当今世界上独一无二的超级大国,美国政府政策对本国及其他国家都有很大影响(尽管许多国家并不喜欢有这种影响)。另一重要原因则是他个人的言行过于偏离常规,与众不同。在所有44位担任过美国总统的人当中③,特朗普格外超常,是一位极其独特的总统。

一、并非独特的政策

特朗普之独特,并不主要反映在其政府政策上。从政策的角度看,特朗普有其独特的一面(见本文第四部分),但同时也有相对比较传统或者说相当不独特的一面,其内容主要包括减税、放松政府管制和任命保守派人士担任联邦法官。

减税是多年来一直被共和党捧为发展美国经济的灵丹妙药。共和党人崇尚自由经济,认为减税可以降低成本、刺激投资、推动

---

① Josh Delk,"Office: Hatch didn't say Trump was the greatest president ever, he said he 'could be'", *The Hill*, February 1, 2018, available at: https://thehill.com/blogs/blog-briefing-room/371884-office-hatch-didnt-say-trump-was-the-greatest-presi-dent-ever-he-said.

② Seung Min Kim, "President Campaigns for Former Foe at Nevada Rally", *The Washington Post*, October 20, 2018. 海勒吹捧特朗普是希望有利于其竞选,但结果还是输给了民主党挑战者,是2018年中期选举中唯一竞选连任失败的共和党参议员。

③ 特朗普是第44位担任美国总统的人,但一般被称为第45任总统,原因是格罗弗·克利夫兰(Grover Cleveland)曾不连续地担任过两届总统(1885—1889年和1893—1897年),因此他一人既是第22任也是第24任美国总统。

经济发展,最终导致蛋糕做大,进而增加政府税收。1981年罗纳德·里根入主白宫,推行"里根经济学",当年即将联邦个人所得税最高税率从70%降至50%,同时下调遗产税及公司所得税。五年之后美国又将个人所得税最高税率进一步降至38.5%(从1988年开始,实际最高税率更以28%为上限)。里根的减税政策导致美国联邦政府债务急剧增加,但在1988年总统选举中,时任副总统老布什(George H. W. Bush)仍然信誓旦旦地表示:"听准了我说的话,不会有新税。"(Read my lips: No new taxes.)1989年,老布什接替里根担任总统,当时美国储蓄和贷款行业(savings and loans)陷入危机,为了避免更大范围的金融动荡,美国联邦政府动用上千亿美元挽救,导致政府赤字进一步膨胀,加之当时国会两院由民主党控制,在与国会讨论政府预算过程中老布什被迫改变主意(他曾因否决国会通过的预算而使联邦政府关门三天),同意适当增税。1990年6月通过的《综合预算法》一方面削减开支,另一方面将个人所得税最高税率从28%上调至31%,同时增加工资税(payroll tax)和消费税(excise tax),引起共和党右翼极度不满。1992年总统预选过程中,共和党右翼人士帕特·布坎南(Pat Buchanan)借此攻击老布什,在新罕布什尔州获得高达40%的选票。老布什开始还试图为其增税辩解,之后改变策略,承认增税是犯了一个大错,表示非常后悔。他赢得共和党提名后,民主党候选人比尔·克林顿和独立候选人罗斯·佩罗(Ross Perot)也抓住这一点不放,声称他说话不算话,不可信赖。老布什在大选中最终输给了克林顿,不少评论认为他同意增税是主要原因,否则应毫无悬念地连选连任。① 8年之后,老布什之子小布什上

---

① 老布什于2018年11月去世,舆论界重提他的不增税保证。不少人指出,1990年的增税实际为克林顿1993年上台后的增税和削减开支打下了基础,最终导致美国联邦政府收入和支出在1998—2000年获得平衡,且略有结余,为美国近半个世纪以来所仅见。

台,美国经济再次陷入衰退,但 2001 年和 2003 年仍然有两次减税。再过 8 年之后特朗普就任总统,他首先试图废除奥巴马任期内国内政策方面的"标志性成就"《平价医疗法》(The Affordable Care Act,俗称"奥巴马医改法"),未能成功后将国内经济政策重点转向减税。2017 年底通过的《减税与就业法》将企业所得税的税率从 35%降至 21%,个人所得税最高税率从 39.6%降至 37%,同时上调免税额,尤其是将遗产税免税额从双亲家庭的 1118 万美元增加一倍,升至 2236 万美元。《减税与就业法》得以通过被很多人认为是特朗普政府迄今在立法方面取得的最大胜利。

放松政府管制(deregulation)是共和党经济政策的另一核心内容。共和党信奉"小政府",认为政府过多插手经济会降低效率、扼杀创新、阻碍经济发展,同时容易滋生腐败、导致垄断。用时任总统里根的话说:"英文当中最可怕的九个字是:我是政府的,我来帮忙。"① 放松政府管制主要通过两个途径,一是直接通过国会修改相关法律,二是修改行政部门根据法律制定的行政法规。修改法律相对较难,因为需要国会两院表决通过。虽然 2017—2018 年共和党在参众两院均占据多数,但其议员在许多政策问题上并不是铁板一块,共和党在 2010—2016 年的历次选举中屡屡承诺控制总统和国会后将立即废除"奥巴马医改法",至今未能成功即是一个例子。此外,2018 年中期选举前共和党在参议院 100 个席位中仅占有 51 席,由于参议院特有的经常需要 60 票才能结束"拉布"(filibuster)的规则,即使共和党所有议员都按党派投票,如果同时没有至少 9 名民主党参议员的支持,许多法律

---

① 英文原文是"The nine most terrifying words in the English language are: I'm from the government, and I'm here to help",见 https://www.reaganfoundation.org/ronald-reagan/reagan-quotes-speeches/news-conference-1/。1981 年 1 月 20 日,里根在就职演说中说了另外一句关于"小政府"的名言:"在当前的危机中,政府不能解决我们的问题,因为政府本身就是我们的问题。"(In this present crisis, government is not the solution to our problem; government is the problem.)

还是不能通过。① 相比之下,修改行政法规则要容易得多。如同其他国家一样,美国国会作为立法机构在通过的许多法律中,经常需要授权政府行政部门为贯彻法律制定具体的实施细则,即行政法规。美国政府行政部门受总统管辖,各行政部门首脑由总统提名并经参议院批准后任命,因此,常常可以通过制定新的或修改现行的行政法规达到放松政府管制的目的。②

特朗普主要试图通过修改行政法规减少政府管制。他就职当月即签署行政命令,要求联邦政府在颁布任何一个新的法规时,必须同时取消两个现行的法规,而且不得增加新的成本。③ 数据显示,特朗普上任第一年颁布的各类行政法规明显少于同期的小布什和奥巴马总统。包含联邦政府所有行政法规的《联邦法规大全》(Federal Register)的页数从2016年底的95894页减至2017年底的61308页。④ 特朗普尤其注重放松能源和环境领域

---

① 由于传统的原因,美国参议院议事规则极其复杂。简单地说,参议院就某一议案表决之前,如果有议员反对该议案,可以通过不间断的发言辩论阻止表决,而要结束这种所谓"拉布"式的辩论,一般需要60名参议员的同意(涉及行政官员和法官任命等事项简单多数同意即可)。换句话说,许多议案的通过需要得到至少60名参议员的支持。特朗普多次表示这种规则不符合民主原则,应当改变,但参议院共和党领袖米奇·麦康奈尔(Mitchell McConnell)也多次明确表示不会完全放弃这个传统的议事规则。

② 另一方面,通过修改行政法规放松管制也有相当的不确定性。根据宪法,行政部门必须执行国会通过的法律,行政法规无论如何修改均不得超出法律规定的范围,更不能违反宪法。因此,如果有相关个人或机构认为修改的行政法规违反了宪法或法律,可以向法院提起诉讼,要求法院裁定修改的行政法规无效;法院即使最终裁定没有违反宪法或法律,在诉讼期间也经常下令暂时停止执行经修改的行政法规。特朗普执政伊始颁布了一系列涉及旅行和签证的行政命令,部分州政府将其告上法庭,就获得了一些联邦地区和上诉法院要求暂时停止执行的裁决。

③ Keith B. Belton, "Deregulation Under President Trump: Behind the Numbers", *Industry Week*, March 8, 2018, available at: https://www.industryweek.com/economy/deregulation-under-president-trump-behind-numbers.

④ Terry Jones, "Deregulation Nation: President Trump Cuts Regulations at Record Rate", *Investor's Business Daily*, August 14, 2018, available at: https://www.investors.com/politics/commentary/deregulation-nation-president-trump-cuts-regulations-at-record-rate.

的政府管制。奥巴马的8年执政时期强调应对气候变化,全力推进清洁能源,制定了一系列限制温室气体排放的行政法规。特朗普则否认长期气候变化,曾说它是中国为打击美国制造业而编造的谎言(特朗普上台后表示承认气候变化,但仍然否认是人为因素造成的),同时认为奥巴马执政时期制定的环保政策严重阻碍了包括煤炭在内的美国传统能源工业的发展。为减少有关环保的政府管制,他任命以反联邦环保法规出名的斯科特·普鲁伊特(Scott Pruitt)为联邦环境保护局局长(普鲁伊特曾经是俄克拉何马州司法部长,代表州政府将联邦环境保护局13次告上法庭)。普鲁伊特2018年7月因丑闻被迫辞职后,其副手安德鲁·韦勒(Andrew Wheeler)接替他代理局长,也是一个"气候变化否认者"(climate change denier),曾代表美国煤炭公司游说政府,反对奥巴马政府的环境保护措施。根据《纽约时报》的统计,特朗普政府2017年以来一共废除、延期执行、修改了78条环保行政法规,涉及空气污染和排放、采矿、基础设施、有害物资及水污染等。①

  任命保守派人士担任联邦法官也是共和党人几十年来刻意追求的目标。法国思想家托克维尔早在1835年就指出,几乎所有的美国政治问题或迟或早都会变成司法问题。美国法院作为独立的、有权解释宪法和法律的司法机构,对美国社会的政治、经济、文化诸方面的发展影响巨大,加之联邦法官不是民选,而是经总统提名和参议院批准,任职终身,因此,决定法官人选可以在相当大的程度上决定美国社会的走向。总体来讲,从罗斯福新政后期到20世纪70年代,美国最高法院基本受民主党自由派控制,做出了许多对美国社会发展具有里程碑意义的重要裁决,包括1954年结束公立中小学种族隔离的"布朗诉教育局"案(*Brown*

---

① Nadja Popovich, Livia Albeck-Ripka and Kendra Pierre-Louis, "78 Environmental Rules on the Way Out Under Trump", *The New York Times*, December 28, 2018.

v. Board of Education）、1964年限制警察滥用权力的"米兰达诉亚利桑那州"案（Miranda v. State of Arizona）、1971年保护言论和出版自由的"纽约时报公司诉美利坚合众国"案（New York Times Co. v. United States），以及1973年宣布人工堕胎属于宪法保护权利的"罗伊诉韦德"案（Roe v. Wade）。20世纪七八十年代以来，包括美国传统基金会（Heritage Foundation）和联邦党人学会（Federalist Society）在内的保守派组织开始特别关注选拔、培养和提名未来的保守派法官；更由于共和党总统也恰好幸运地获得更多提名法官的机会，①美国最高法院的判案倾向开始右转，在堕胎、保护选民投票权利、竞选资金以及移民政策等方面做出了一系列对保守派有利的重要判决。至2018年10月强硬保守派人士布雷特·卡瓦诺（Brett Kavanaugh）取代被称为"摇摆票"（swing vote）的安东尼·肯尼迪（Anthony Kennedy），基本完成了最高法院从左到右的转变。②

从特朗普上任至2018年底，除一些特别法院（例如国际贸易法院、军事上诉法院等）之外，特朗普已经任命了2名联邦最高法院法官、30名联邦巡回法院法官和53名联邦地区法院法官。③相比之下，奥巴马执政8年期间，也只任命了2名联邦最高法院法官、55名联邦巡回法院法官和268名联邦地区法院法官。特朗

---

① 从1968年到2018年的50年间，共和党和民主党执政分别占30年和20年，但共和党总统一共任命了11名最高法院法官（尼克松总统任命了3名，里根、老布什、小布什和特朗普总统各任命2名），民主党总统则一共只任命了4名（克林顿和奥巴马各2名，卡特未有机会任命最高法院法官）。

② 美国民主党和自由派竭尽全力阻止卡瓦诺获得参议院批准，其力度甚至超过反对尼尔·格萨奇（Neil Gorsuch），原因即是格萨奇接替的是保守派法官安东尼·斯卡利亚（Antonin Scalia），而卡瓦诺接替的是中间派法官肯尼迪，打破了自由派和保守派之接的微妙平衡。

③ 此外，特朗普任期第二年任命的联邦法官超过里根以来所有总统同期任命的法官人数，而且在5个联邦巡回法院中（美国一共有12个联邦巡回法院），特朗普任命的法官所占的比例已超过25%。见 https://www.npr.org/2019/01/02/681208228/trumps-judicial-appointments-were-confirmed-at-historic-pace-in-2018。

普上台后发现有许多联邦法官席位空缺,曾经指责奥巴马失职,其实失职的不是奥巴马,而是其时由共和党控制的、想方设法拒绝批准或拖延讨论多名奥巴马提名的法官的参议院。

特朗普政府过去两年间在减税、放松政府管制以及任命保守派法官方面堪称政绩显著,但严格地讲这些政策都很难打上特朗普本人的烙印,因为它们本来就是传统的共和党政策,任何一位共和党人上台都应当会推行类似的政策,加之国会两院过去两年间均由共和党控制,也应当会取得类似的成果。以减税为例,共和党长期致力于减税(美国公司所得税率在2017年减税前高达35%,连奥巴马都建议降低税率),众议院前议长保罗·莱恩(Paul Ryan)更是以税务专家出名,多年来将改革税法作为其最重要的立法工作,《减税与就业法》的通过与他的推动和专业知识的积累紧密相关。至于任命联邦法官,特朗普经常说格萨奇和卡瓦诺得以担任最高法院法官是他上任后赢得的重大胜利之一,但该功劳首先不应记在特朗普名下。一方面,特朗普之所以有机会任命格萨奇,完全是因为共和党控制的参议院拒绝讨论奥巴马提名的法官,使最高法院在将近14个月中一直空缺一名法官;在民主党人看来,这个机会根本就是共和党参议员从民主党手中"偷来"的。① 另一方面,就提名的最高法院法官人选而言,与其说是特朗普挑选了格萨奇和卡瓦诺,还不如说是特朗普顺从保守派意愿,挑选了传统保守派喜欢的人选。2016年大选之前,特朗普公布了一个21人的大名单,承诺上台后将从该名单中挑选最高法院法官。美国传统基金会和联邦党人学会被普遍认为对该名单的确定影响巨大,康涅狄格州民主党参议员理查德·布鲁门特尔

---

① 2016年2月,最高法院法官安妮·斯卡利亚突然去世,奥巴马一个月后提名梅利克·加兰德(Merrick Garland)接任,但控制参议院多数席位的共和党以2016年总统预选已经开始为理由,破天荒地拒绝就其提名采取任何行动(包括拒绝举行听证会或表决),直接导致特朗普有机会在2017年1月底提名格萨奇继任斯卡利亚。

(Richard Blumenthal)甚至认为特朗普把挑选法官的工作"外包给了"(out-sourced)美国传统基金会和联邦党人学会。① 另外,格萨奇和卡瓦诺能够克服各种障碍、获得参议院批准,也完全是因为共和党控制了参议院,尤其是麦康奈尔作为近几十年来共和党影响力最大的国会领袖,数年来一直将阻挠奥巴马任命自由派法官和支持特朗普任命保守派法官作为自己工作的重中之重,他应当是特朗普两年内能够任命如此众多的联邦法官的头号功臣。②

二、独特的个人风格

如果说特朗普的政策总体来讲并非独特(下文第四部分除外),然而他执政的个人风格则是独特至极,而其中最独特之处则是他说话没有遮掩、信口开河。

特朗普应该是美国历史上说话最随意,也最不靠谱的总统。第一,他讲话可以完全不顾事实,无中生有。美国情报和司法检察机构认定俄罗斯政府"非法"干涉了美国2016年的总统竞选,特朗普一方面不知何因极不情愿承认,另一方面在被迫承认时又常常毫无根据地拉上其他国家,说这些国家也干涉了美国当年的选举。根据美国政府自己统计的数字,2017年美国对中国货物贸易逆差额是3752亿美元(中国统计数字为2758亿美元),特朗普非说是5000亿美元。美国近些年鸦片类药物(opioids)泛滥成灾,2017年有7万多人死于过量服用,超过整个越南战争20年期

---

① Bradford Richardson,"Trump 'Outsourced' Supreme Court Pick to Federalist Society, Heritage Foundation", *The Washington Times*, July 8, 2018.
② 在批准格萨奇为最高法院法官之前,参议院根据当时的议事规则也需要60票的多数才能结束关于批准最高法院法官提名的"拉布"式辩论(见第205页注释②)。共和党当时只有52名参议员,民主党也仅有3名参议员表示支持格萨奇。为保证格萨奇的提名得到批准,麦康奈尔及其他共和党参议员不惜动用"核选择"(nuclear option),将结束最高法院法官任命辩论的人数从60票降至简单多数。

间美军死亡总数,2018年9月国会两院几乎全票批准拨款援助受害者,极少数反对票统统来自共和党议员,特朗普却说"民主党支持很少"。① 美国宪法规定"出生地权利"(jus soli)原则,除极少数特殊情况以外,出生在美国的人可以自动成为美国公民。为了大幅度减少合法移民人数,特朗普主张废除这种制度,称其世界上美国独有,而实际上至少有30多个其他国家有类似法律。《华盛顿邮报》沙特阿拉伯籍专栏作家贾马尔·卡舒吉(Jamal Khashoggi)在沙特驻土耳其伊斯坦布尔领馆遇害之后,特朗普不愿改变美国对沙特的政策,理由之一是沙特要从美国购买4500亿美元的武器装备和其他货物,但2016年沙特从所有国家进口货物总额才1310亿,其中第一是中国,也只有195亿。② 2018年10月底,距美国2018年中期选举不到两周的时间,民主党在民调中领先。为了逆转形势,特朗普承诺要在中期选举前再通过减税法律,给中产阶层减税10%,而此时国会已经休会,议员都回到各自选区忙于竞选,根本没有任何可能通过减税法律。欧盟起源于1951年成立的欧洲煤钢共同体(European Coal and Steel Community),目的是在第二次世界大战后促进包括法国和德国在内的部分西欧国家的经济合作,防止它们之间再次发生战争,特朗普却说是为了对付美国。特朗普违反惯例上任近两年没有去前线看望作战部队,遭到舆论抨击,2018年圣诞节期间终于去了伊拉克,对官兵讲话时吹嘘他2018年给军人涨薪,说是十几年来的第一次,还说2019年的涨幅超过10%,实际上过去十几年来美国军人的薪酬每年都有增长,2019年的增幅也只有2.6%,低

---

① 特朗普上台9个月后才宣布鸦片类药物泛滥为"健康紧急事件"(health emergency),但因不愿为此拨款而拒绝宣布其为"全国紧急事件"(national emergency)。

② 数据来自Office of Economic Complexity网站,见https://atlas.media.mit.edu/en/profile/country/sau/。

于 2010 年奥巴马执政时的 3.4%。① 朝鲜领导人金正恩 2018 年 6 月会见特朗普之后答应归还一部分美军士兵的遗体,特朗普为了表功说许多参加他竞选集会的人向他表示,希望能见到死在朝鲜的儿子的遗体,但朝鲜战争 1953 年签订停战协议后就已结束,当时有儿子参加朝鲜战争的人到 2016 年至少有一百多岁,几乎可以肯定没有许多这样年迈的父母参加了特朗普的竞选集会。

第二,特朗普可以完全不顾自己的总统身份,什么话都说。加利福尼亚州民主党黑人女众议员玛克辛·沃特斯(Maxine Waters)是民主党反对特朗普的激进派,特朗普无数次说她"智商低下"。美国全国广播公司(NBC)电视节目主持人查克·陶德(Chuck Todd)不知如何得罪了特朗普,特朗普在一次竞选集会上公开骂他是"狗杂种"。美国有线电视新闻网(CNN)记者吉姆·阿克斯塔(Jim Acosta)在白宫记者招待会上提问,特朗普不仅拒绝回答,反而指责他是一个"坏人"。白宫前少数族裔顾问奥玛罗萨·曼尼戈尔特(Omarosa Manigault)写书透露白宫内情,特朗普侮辱她是"一条狗"。美国情报机关认定卡舒吉之死与沙特王储有关,特朗普因不愿惩罚沙特而拒绝承认,当问到谁应对卡舒吉之死负责时,他回答说:或许整个世界都要负责,这是一个残忍的世界。2018 年中期选举前,美国司法部因涉及内幕交易和贪污竞选捐款罪起诉两名共和党在任众议员,特朗普居然抱怨司法部在帮民主党的忙,全然不顾作为行政部门的首脑,不受政治因素影响严格执法是他郑重宣誓要遵守的宪法职责。对于特朗普自己任命的前司法部长杰夫·塞申斯(Jeff Sessions),仅仅由于他根据法律回避"通俄门"的调查,特朗普恼羞成怒,认为塞申斯没有尽到保护总统的责任,多次公开羞辱塞申斯,甚至说自己根本

---

① 数据来自美国国防部官方网站,见 https://militarypay.defense.gov/Pay/Basic-Pay/AnnualPayRaise/。

就没有司法部部长。① 特朗普前私人律师迈克尔·科恩(Michael Cohen)被称为是专门帮助特朗普"搞定事的人"(fixer),他承认通过支付封口费非法影响选举,纽约联邦检察机关认定科恩在犯罪中与"个人甲"(Individual-1,指特朗普)协调并"受其指示",文件公开后特朗普骂科恩是告密的"老鼠"(rat),还说这份文件"完全证明总统清白,谢谢!"②

第三,特朗普可以毫无顾忌,放肆自我吹嘘。他多次说自己是天才,上过常春藤大学,词汇丰富,比律师更懂税法,比经济学家更懂经济,比将军更懂战争,比世界上任何人都更懂贸易、法院和银行。美国经济在他任内延续奥巴马时期的复苏趋势,失业率降至50年来的最低水平,他说目前美国经济是"历史上最好的"(事实上无论从失业率、财政赤字,还是居民收入、国内生产总值增长,此时的美国经济都不能称是历史最佳)。2017年底美国通过《减税与就业法》后,他上百次地说其减税规模是美国历史上"最大的"(事实上该次减税额只占美国国内生产总值的0.9%,远远低于里根1981年减税时达到的同等情况的2.89%,甚至还低于奥巴马执政时期的两次减税)。③ 2017年飓风"玛利亚"袭击美国属地波多黎各,特朗普说其政府的救济措施非常及时到位,可以评"A+"(事实上"玛利亚"导致大约3000人死亡,其中极少部

---

① 截止本文完稿日,特别检察官穆勒关于"通俄门"的调查尚未结束,该调查内容和影响不在本文范围之内。

② 美国不少评论认为,这些文件表明特朗普已经犯罪,而且如果他不是总统应该已被起诉。关于是否可以起诉在职总统,美国宪法没有明文规定,最高法院没有就此做出过裁决,法律专家也有不同意见。美国司法部的法律顾问办公室(Office of Legal Counsel)曾通过备忘录形式发表意见,认为在职总统不应受到起诉,否则会对美国政府的正常运行造成极大混乱;如果需要起诉总统,首先应该通过宪法规定的程序将其弹劾。

③ Glenn Kessler,"Fact Check: Biggest tax cut in U. S. history?" *The Washington Post*, January 31, 2018.

分直接死于飓风,其余均是因为灾后救济乏力所致)。① 美国2018年第二季度国内生产总值增长率(4.2%)高于2018年6月底的失业率(4.0%),特朗普说是百年不遇(实际上在此之前有统计数字的70年间,美国国内生产总值增长率高于失业率的情况至少出现过185次)。② 中美之间爆发经贸摩擦,特朗普说中国绝对尊重他,因为他有一个"非常、非常大的脑子"。法国巴黎发生"黄马甲"暴力事件,特朗普毫无根据地说示威者呼喊"我们要特朗普"(We want Trump)。美国特别检察官罗伯特·穆勒(Robert Mueller)就"通俄门"调查向特朗普发出"问题清单",特朗普说问题非常容易,全由自己回答,但他的律师、纽约前市长鲁迪·朱利阿尼(Rudy Giuliani)说特朗普花了三周时间回答通常只需两天回答的问题,简直是个噩梦。③ 2018年9月25日,特朗普在联合国大会上发表讲话,大言不惭地说他执政不到两年,取得的成就已超过历史上几乎所有其他总统,引起来自世界各国代表的公开嘲笑。④

第四,特朗普可以完全不顾逻辑,毫不掩饰地使用双重标准,矛盾百出。奥巴马任期内,美国经济走出金融危机,失业率降至5%以下,特朗普在竞选中却说失业率数据是"虚假的",是"历史上最大的笑话",因为真正的失业率超过40%。特朗普上台后失业率继续下降,尽管是同样方法统计出来的数字,特朗普这次却说是完全真实的。关于他和沙特阿拉伯、俄罗斯的经济关系,特朗普一会儿说他在这两个国家有很多朋友,赚了许多钱,一会儿

---

① Amy B. Wang,"Sorry, Mr. President: The Hurricane Maria death toll in Puerto Rico Didn't Grow by 'Magic'", *The Washington Post*, September 15, 2018.
② Linda Qiu,"Trump Falsely Claims G. D. P. Growth Is Higher Than Unemployment 'For the First Time in 100 Years'", *The New York Times*, September 10, 2018.
③ Elaina Plott,"The White House Has No Plan for Confronting the Mueller Report", *The Atlantic*, December 6, 2018.
④ 2011年白宫记者晚宴上,美国著名脱口秀笑星塞斯·迈尔斯(Seth Meyers)表示不相信特朗普会参加总统竞选,说如果他竞选将会是一个笑话。5年之后,特朗普居然竞选成功,但因其许多言行大概也真成了当今全世界最大的笑柄。

又说他与两国没有任何金钱关系。奥巴马在任时,特朗普曾多次抱怨奥巴马花太多时间休假打高尔夫球,讽刺他工作懒惰,并表示自己当选后将忙于工作,不会有时间打球,可特朗普上任后打球休假的时间远远超过奥巴马。① 2018年中期选举前,特朗普说他本次虽然不参加选举,但选举仍然会是对他的一次"全民公投"(referendum),因此希望他的支持者积极投票。选举结果共和党在众议院惨败,特朗普居然说共和党几乎取得了"完胜",同时又推卸责任,说共和党人输掉席位与己无关。2018年12月11日,特朗普与民主党国会领袖在白宫商讨移民问题,他说为了保护美国边境他会"自豪"地关闭美国政府,并主动承担责任,说不会责备民主党人,但仅仅几天之后当他真的部分关闭联邦政府时,又改口说是民主党的责任。特朗普当选后,美国股票市场一度屡创新高,成了特朗普最喜欢吹嘘的话题之一,2018年美国股票市场下跌,表现之差超过2008年金融危机以来的任何一年,特朗普又反过来说是美国联邦储备银行的过错。特朗普说话漏洞百出,前后矛盾,以至于他的律师坚决反对他在"通俄门"调查中对特别检察官作口头证词,因为他说话不撒谎或不前后矛盾的可能性会是百分之零。② 朱利阿尼甚至说除非他"死了"(over my dead body),否则绝不会允许特朗普作口头证词。③

特朗普讲话极度随意已是不争的事实。根据《华盛顿邮报》的统计,从2017年1月20日至2019年1月20日,特朗普所有公开讲话之中至少包括有8158句"不真实或误导性陈述"(false or

---

① Philip Bump,"Trump Played so little Golf Last Month that He Tied Obama", *The Washington Post*, November 23, 2018.
② 特朗普的前白宫首席经济顾问加里·科恩(Gary Cohn)说特朗普是一个"专业骗子"(professional liar)。见 Bob Woodward, *Fear: Trump in the White House*, New York: Simon & Schuster, 2018, p. 209。
③ Sean Sullivan,"'Over my dead body': Giuliani dismisses prospect of Trump interview with Mueller", *The Washington Post*, December 16, 2018.

misleading statements），基本每天 11 句（特朗普刚上台前 9 个月内平均每天有 5 句，到 2018 年中期选举前的 50 天里上升到每天 30 句）。① 特朗普入主白宫后，创造"另类事实"（alternative facts），自己大话假话不断，反而攻击主流媒体是"虚假新闻"和"人民公敌"（enemy of the people），被许多评论认为是向"事实宣战"（war on truth）。② 由于特朗普说了如此多的假话，美国主流舆论界就是否应直接称特朗普是骗子有过讨论。一派意见（比如保守的《华尔街日报》和 Fox 电视台的一些编辑和评论员）认为，骗子的定义是故意撒谎，而特朗普是否故意撒谎记者并不知道，所以只能具体说特朗普有哪些说话不符合事实，而不能下结论说他撒谎。另一派意见（比如自由派的美国有线电视新闻网 CNN 和 MSNBC）认为，特朗普说了如此多的假话，而且许多假话是如此之假、被重复是如此之频繁，根本不可能不是故意说的，因此他们认为应当理直气壮地称特朗普为骗子。③

在特朗普这些令人应接不暇的"胡言乱语"之后，其实有一条非常清晰的主线，即以我画线、自己永远正确，凡是好事都是我的功劳，凡是坏事都是别人的错误（或者说凡是对我的赞扬都是真

---

① Available at: https://www.washingtonpost.com/graphics/politics/trump-claims-database/?utm_term=.86b39db0d878.

② 美国保守派评论员马克·蒂森（Mark A. Thiessen）2018 年 10 月 11 日在《华盛顿邮报》发表专栏文章，虽然承认特朗普说了很多谎话，但他同时认为特朗普可以成为当代"最诚实的总统"（most honest president），因为他上台后真实地履行了他的许多竞选承诺，包括将美国驻以色列大使馆移至耶路撒冷、修改北美自由贸易协定、退出伊核协议，等等。

③ 另一方面，尽管特朗普讲话在读书人看来有这样那样的毛病，但他用词相对简单，说话流利，较接地气，真话和假话都是直来直去，给人一种说话直率、不装腔作势的感觉。相比之下，希拉里·克林顿讲每句话似乎都要考虑半天，生怕得罪人，反而更像骗子。加拿大歌星莎妮亚·吐恩（Shania Twain）曾说特朗普说话虽然令人反感，但他似乎是"诚实的"，应该是代表了不少人的看法，尽管吐恩后来对说了这句话表示后悔。见 Steph Harmon,"Shania Twain Apologises for Saying She Would Have Voted for Trump," *The Guardian*, April 23, 2018。

的,凡是对我的批评都是假的),并且永不道歉。在这条原则之下,无论讲话如何夸大、捏造事实,也无论讲话是否出格、是否前后一致,都可以完全置之于不顾;用特朗普自己常说的一句话,"我不在乎"(I don't care)。这种讲什么话都不在乎的本领恰恰是特朗普与美国其他政客的最大不同。2018年10月15日,特朗普接受美国哥伦比亚广播公司(CBS)"60分钟"节目采访,当问到他为何在竞选集会上嘲笑大学女教授克里斯汀·福特(Christine Ford)(她指控特朗普提名的最高法院大法官候选人卡瓦诺对其性侵),特朗普直截了当地回答,"这不重要,我们已经赢了",典型地反映了特朗普对待言论真假的态度。美国媒体评论经常说特朗普脸皮太薄,听不得任何反对意见,一旦有人批评他,他一定会加倍"反击"(counter punch),其实这种反应在美国政界并不稀罕。特朗普真正独特之处是他什么都敢说,而且说什么都不会感到不好意思,不会觉得有束缚,从这个角度讲可以说他的脸皮极厚,远远超过美国其他政客。2016年共和党总统预选中,特朗普靠他一张嘴很快取得领先地位,其他竞选人(如佛罗里达州参议员马可·鲁比欧[Marco Rubio]等)也试图尝试特朗普讲话的风格,希望以其人之道还治其人之身,不料很快发现这方面他们根本不是特朗普的对手,因为他们或多或少总有一些话说不出口,或者即使说出口也不像特朗普那样自然、那样无所顾忌。① 奥巴马的夫人米歇尔·奥巴马(Michelle Obama)在2016年总统竞选中说,当他们(指对手特朗普)使用肮脏伎俩时,我们应反其道而

---

① 听特朗普讲话给人一种很强的感觉,即教育经历对他的思维和言谈方式的影响似乎相当有限。许多人受过一定程度的教育(尤其是高等教育)之后,都知道说话应该要有根据、要前后一致,也知道无中生有的假话很容易被人发现,因此,说话一般有最起码的严谨,不会轻易授人以柄,或者说许多人通过教育已经在很大程度上不会再有毫无根据或毫无逻辑地说话的本领。但常常自吹上过最好的常春藤大学的特朗普恰恰在很大程度上保留了这种本领,因此,根据媒体(包括下文所述《恐惧》一书)透露,很多与他近距离接触过的人都说他像是个没有长大的"孩子"。

行之（When they go low, we go high）。这当然反映了奥巴马夫人的做人标准，但如果她真要玩起肮脏把戏，也必然会是特朗普的手下败将。

三、独特的执政风格

特朗普言谈出格，其执政风格也同样是不折不扣的独特。如果说特朗普言谈特点是口不择言，那么他执政风格的最大特点则是准备不足、缺乏程序、管理混乱。

2016年总统竞选期间，如同当时多数媒体和民调机构所预测的那样，特朗普也不相信自己会胜出。当得知新泽西州前州长共和党人克里斯·克里斯蒂（Chris Christie）根据法律要求在大选前组建交接团队，以特朗普名义募集资金支付员工费用时，特朗普的第一反应居然是克里斯蒂"偷了"他的钱（特朗普以为捐给他竞选的钱就是自己的钱），而且认为交接工作简单，完全没有必要费工夫花钱。大选揭晓之前他的竞选团队也认定特朗普失败已是定局，甚至都没有帮他撰写接受胜利的演讲词（acceptance speech）。① 2017年1月20日特朗普宣誓任职总统，至笔者完稿时已经两年，但可以说特朗普仍然没有完成交接工作。根据非政府组织"公共服务合作伙伴"（Partnership for Public Service）和《华盛顿邮报》的统计，美国联邦政府行政部门大约有1200名官员由总统提名、参议院批准，其中706名属于"关键职务"（key position）。截至2019年1月20日，特朗普已提名542人担任关键职务（其中431人得到批准），还有164个尚未提名，在司法部、内政部和劳工部，已经批准的关键职务人数还不到50%。② 2018

---

① 以上描述来自下文所述《恐惧》一书。
② 数据来自 The Partnership for Public Service 网站，见 https://ourpublicservice.org/political-appointee-tracker/。

年6月,当特朗普前往新加坡与朝鲜领导人金正恩进行历史性会晤时,美国居然还没有驻韩国大使。2018年10月卡舒吉遇害,引发一场外交危机,美国国务卿迈克·蓬佩奥(Mike Pompeo)专程前往沙特和土耳其斡旋,其时美国驻沙特阿拉伯大使和驻土耳其大使也都空缺。

就特朗普政府已经任命的官员而言,由于丑闻、政见不同或不适应特朗普的管理风格,其更换频率也创造了多项纪录。特朗普上台仅仅两年,美国联邦政府总共15名内阁部长当中有8名已被替换,包括国务卿、国防部部长、司法部部长、农业部部长、国土安全部部长、内政部部长、卫生部部长和退伍军人部部长,另还有三位内阁级官员(中央情报局局长、环保局局长和驻联合国大使)离职。前国防部部长吉姆·马蒂斯(Jim Mattis)在诸多国防政策问题上与特朗普分歧严重,主动请辞并公布辞职信,创美国国防部1947年建部以来的唯一先例。特朗普白宫高级官员变动更是像走马灯,至本文写作时已更换白宫办公厅主任(2次)、国家安全顾问(2次)、首席战略顾问、首席经济顾问、首席法律顾问、白宫新闻发言人、白宫新闻办主任(5次)、总统常任秘书等。根据布鲁金斯学会的统计,白宫高级幕僚(不包括行政各部部长及其他官员)在总统第一任期前两年离职的比例为:老布什第一年7%,第二年18%;克林顿第一年11%,第二年27%;小布什第一年6%,第二年27%;奥巴马第一年9%,第二年15%;特朗普则是第一年34%,第二年31%(截至2019年1月16日)。[①] 特朗普第一任白宫办公厅主任莱因斯·普利伯斯(Reince Priebus)、第一任国家安全顾问迈克尔·弗林(Michael Flynn)、第一任卫生部部长汤姆·普赖斯(Tom Price)以及第四任白宫通讯联络办公室主任安

---

① Katherine Dunn Tenpas, Elaine Kamarck and Nicholas W. Zeppos,"Tracking Turnover in the Trump Administration", available at: https://www.brookings.edu/research/tracking-turnover-in-the-trump-administration.

东尼·斯卡拉姆奇(Anthony Scaramucci)都创造了任职最短的纪录。

  从决策程序来看,美国近几十年来的经验表明,一个比较高效的管理行政部门的模式是由一个强势的、得到总统足够信任和授权的人担任白宫办公厅主任,由他作为行政部门的"神经中枢"(nerve center)和总统的"看门人"(gatekeeper),协调各行政部门之间的关系,并负责与国会打交道,推进总统的政策主张。① 特朗普入主白宫之初,由于没有从政经历和自己的幕僚班子,仍需借助共和党体制派的支持,所以挑选时任共和党全国委员会主席的普利伯斯担任白宫办公厅主任,但他根本不是特朗普的亲信,授权极其有限;由于前总统首席战略顾问史蒂夫·班农(Steve Bannon)对特朗普当选功劳至大,普利伯斯的排名甚至还在班农之后,加之白宫高级幕僚班子本身是共和党各派势力的大杂烩,② 其结果是互相争斗,管理杂乱无章。③ 半年之后,特朗普改用美国海军陆战队退役上将约翰·凯利(John Kelly)出任白宫办公厅主任,他上台初始还踌躇满志,表现出一定的令行禁止的军人风格,一方面裁掉一些缺乏团队合作精神的高官(包括班农和斯卡拉姆奇),另一方面还试图通过建立一些程序来"管理"特朗普,包括限制特朗普能见和能打电话的人以及他能看的文件。无奈习惯散漫的特朗普根本无法"驾驭",他一生都是自己家族企业的大老

---

 ① 关于白宫办公厅主任对美国行政部门管理的重要性,可见 Chris Whipple, *The Gatekeepers: How the White House Chiefs of Staff Define Every Presidency*, New York: Broadway Books, 2017。

 ② 各派人士包括代表共和党体制派的普利伯斯,代表民粹派的班农,代表华尔街金融财团和大公司的"全球主义者"(globalist)、前白宫首席经济顾问科恩,以及代表家族利益的特朗普大女儿伊万卡·特朗普(Ivanka Trump)和她丈夫杰拉德·库什纳(Jared Kushner)。

 ③ 一个典型例子是毫无国际贸易经验的总统常任秘书罗伯·波特(Rob Porter)在一段时间内居然成为美国贸易政策的协调人。

板，大权独揽，我行我素，不需要向任何人报告，也不需要遵守任何决策程序。受到凯利限制的特朗普的许多支持者也呼吁不要束缚特朗普，"要让特朗普当特朗普"（Let Trump Be Trump），特朗普逐渐疏远直至最后干脆抛开凯利，导致白宫办公厅主任形同虚设，凯利成为近几十年来最弱势的主任。据报道，特朗普2018年12月6日宣布凯利将于2018年底离职之前，两人关系几乎坏到了互不过话的地步。在特朗普的白宫，他本人其实既是总统，又是办公厅主任，还是新闻发言人。特朗普本来因其政治观点就很难招揽共和党内的人才，许多著名共和党人士表示"永不支持特朗普"（never Trumpers），他的混乱的管理风格导致更多的人不愿意为其工作，特朗普只能很不寻常地任命白宫管理和预算办公室主任米克·马尔瓦尼（Mick Mulvaney）兼任白宫办公厅代理主任。①

两年来的情况表明，特朗普管理国家犹如他管理自己的企业"特朗普公司"（The Trump Organization），许多决策不是通过严谨的专家论证和幕僚辩论，而是基于他个人的直觉和冲动。特朗普本人也说：我有直觉，我的直觉告诉我的东西经常要远远超过别人的脑子告诉我的东西。因此他的许多重要言论和决策在说出和做出之前，连相关部门的首脑也毫不知情，诧异之余也往往不知如何应对。在事先没有与朝鲜达成任何协议的情况下会晤金正恩、突然决定从叙利亚撤军、2018年7月在芬兰会晤普京之后又马上邀请普京于当年秋季访问华盛顿（之后又因不具备条件推迟）、禁止变性人服军役、取消中央情报局前局长约翰·布伦南（John Brennan）阅读机密文件的权限、赦免某些罪犯，等等，相关例子不胜枚举。前国务卿雷克斯·蒂勒森（Rex Tillerson）2018

---

① 此时美国政府有数个部门的首脑是代理的，包括国防部、司法部、内政部和环境保护局。

年3月被特朗普解除职务,2018年12月,蒂勒森第一次公开谈及原因,说他与特朗普价值观有异,行事风格也非常不同。蒂勒森曾是全球最大公司之一的首席执行官,决策过程高度制度化,而特朗普缺乏自律,不爱看文件,不爱听专家意见,而主要依靠直觉,许多他想做的事情都不符合美国法律或国际公约。① 美国舆论界经常说特朗普执政像"小孩",但幸亏助手中还有一些相对成熟稳健的"成人"可以在一定程度上约束他,包括第一任国务卿蒂勒森、第一任国防部长马蒂斯、第二任白宫办公厅主任凯利和第二任国家安全事务助理麦克马斯特(H. R. McMaster)。两年下来这些人全部离职,《华盛顿邮报》说这代表着"遏制"(contain)特朗普的时代已经过去了,今后的政府决策将会更加混乱。②

关于特朗普执政风格之乱和缺乏程序,美国媒体有大量的报道,也有一些专门的图书问世,包括揭露"水门事件"的著名的《华盛顿邮报》记者之一鲍勃·伍德沃德(Bob Woodward)2018年的新书《恐惧:特朗普的白宫》(*Fear: Trump in the White House*,以下简称《恐惧》)③。《恐惧》一书通过对直接参与或目击相关事件的人的几百个小时的采访,生动地描写了一个"情绪过度紧张、善变和不可预测"的特朗普和一个充满内斗、缺乏起码决策程序的白宫,有些描述甚至令人难以相信会发生在21世纪的美国。一个典型的例子是,特朗普上台后发现美国需要花10亿美元在

---

① 据报道,由于特朗普决策方式过于反常,美国司法部常务副部长罗德·罗森斯坦(Rod Rosenstein)甚至说过要监听特朗普的谈话,以证明特朗普不适合担任总统,应根据美国宪法第25条修正案予以免职。罗森斯坦事后表明他是在开玩笑,但联邦调查局前副局长说他不是在开玩笑。

② Philip Rucker, "'A Rogue Presidency': The Era of Containing Trump is Over", *The Washington Post*, December 22, 2018.

③ Bob Woodward, *Fear: Trump in the White House*, New York: Simon & Schuster, 2018.《恐惧》的书名来自特朗普2016年大选期间一次采访,特朗普说"真正的权力是——我甚至不想用这个词——恐惧"。

韩国装置萨德反导系统,加之美国对韩国有超过200亿美元的货物贸易逆差,耿耿于怀,无论幕僚如何劝阻,特朗普数次要发函终止美韩贸易协定,结果幕僚不得已将终止函从需要特朗普签字的文件夹中偷偷取出来,不让他签,而他居然没有发现。用前白宫首席经济顾问科恩的话说,他们(指白宫的幕僚)对国家的贡献,主要不是做了什么,而是防止特朗普做了一些蠢事。①

美国著名作家迈克尔·路易斯(Michael Lewis)也出版了类似的新书《第五种风险》($The\ Fifth\ Risk$)②,书名取自他对美国能源部前首席风险官约翰·麦克威廉姆斯(John MacWilliams)的采访。路易斯请麦克威廉姆斯列出目前美国在能源(包括核武器)方面面临的五大风险,麦克威廉姆斯依次回答:(1)丢失核武器;(2)朝鲜核武危机;(3)伊朗核武危机;(4)美国电网安全;(5)能源管理。路易斯基于对美国能源部、农业部和商务部一些现任和前任官员的采访,着重分析最后一种风险。美国这三个部在一般人印象中不及国务院或国防部重要,但在实际管理美国人日常生活方面责任重大。能源部负责美国核科学的研究以及核原料和废料的监督和保管,每年预算300亿美元,其中约一半用于维持和保护美国的核武器库。能源部科学办公室下属17个国家实验室,承担美国科学研究的重任,因此奥巴马任命的两位能源部长都是著名物理学家,第一任部长美籍华人朱棣文(Steven Chu)更是诺贝尔物理学奖得主。农业部负责管理美国农业和将近80万平方千米的森林和草原,其他工作包括防治森林火灾、发

---

① 白宫办公厅前主任凯利离职前夕接受媒体采访,也说他主要的成就是防止了特朗普做一些想做但不应该做的事情(他没有具体讲哪些事情)。2018年9月5日,《纽约时报》曾打破惯例发表特朗普政府一名"高级官员"的匿名文章,作者表示特朗普政府内部的确有一些"成人",他们构成政府内部的"抵抗运动",竭力阻止特朗普采取基于其最糟糕的冲动的政策。

② Michael Lewis, $The\ Fifth\ Risk$, New York: W. W. Norton & Company, 2018.

放补贴穷人的食品券(food stamps)和资助美国中小学 3000 万学生的午餐,资产超过 2220 亿美元,2016 年预算达 1640 亿美元。商务部下属部门包括国家海洋和大气管理局、人口普查局、专利和商标局以及国家标准与技术局,①其中国家海洋和大气管理局雇员超过 1.2 万人,主要工作是负责对国民生命财产安全、农作物生产和交通运输等提供至关重要的气象预报、警报。近些年来,自然灾害给美国带来了巨大的人员与财产损失,如 2011 年 5 月 22 日美国密苏里州发生 5 级龙卷风,导致有 158 人死亡,创美国二战以后日死亡人数的纪录。因此,商务部每年 90 亿美元预算,其中有 50 亿用于气象监测与预警。

根据路易斯的采访调查,奥巴马离任之前,特别指示联邦各部门要做好向特朗普团队交接的工作(小布什对离任前的交接工作准备充分,奥巴马非常满意),三个部为此动用大量资源准备了许多介绍材料。他们原以为特朗普当选后第二天即会派先遣人员到各部门了解情况,如同 8 年之前奥巴马的团队从小布什政府手中接管工作一样。能源部的官员腾出了 30 张桌子和 30 个停车位,等待特朗普先遣队的到来(8 年之前奥巴马就派了 30 多个人),可一直等到大选后一个月,特朗普才派了一名曾是能源公司院外活动说客的代表来到能源部,而且没有带纸笔,过了一个钟头就走了。② 农业部的官员准备了 13 册总共 2300 页的材料,也腾出华盛顿市区最好的办公室,但也是大选过后一个月才迎来了特朗普先遣队的代表,此位代表也是一人,背景同样有利益冲突嫌疑。最终任命到农业部任职的官员有许多是 20 多岁的男性白

---

① 路易斯认为,商务部准确地讲应称作信息部或数据部,因为它真正与商业贸易有关的工作大概只占 10%。

② 特朗普后来提名得克萨斯州前州长、曾经主张要取消能源部的里克·佩里(Rick Perry)担任能源部长。佩里也参加了 2016 年共和党总统预选,当时特朗普说应该测试佩里的智商,说佩里戴眼镜是想"让人觉得他聪明"。

人,明显缺乏相关经验,有的甚至连大学都没有毕业。在商务部,也是大选过了几周之后,特朗普新提名的商务部部长威尔伯·罗斯(Wilbur Ross)同样也是一个人来到,同样也是没有兴趣了解商务部的具体工作。直到 2017 年 10 月,特朗普才任命巴里·迈耶斯(Barry Myers)担任国家海洋和大气管理局局长,他曾是私营天气预报公司 AccuWeather 的首席执行官,认为政府应当退出天气预报工作,改由私营公司提供收费预报服务。

路易斯通过采访认为特朗普及其任命的官员有一种"渴望不知道的特朗普式冲动"(Trumpian impulse—the desire not to know),他们缺乏专业背景,不了解也不想了解拥有 200 多万雇员的联邦政府在各个方面如何管理一个 3 亿多人口大国的工作。路易斯指出,如果一个政府的目标是短期利益最大化,而不顾长期成本,那么最好是根本就不要知道这些成本;如果不想解决一些问题,最好的办法是永远不要去了解这些问题。换句话说,无知比有知识要好,但长远来讲这样势必会使国家遭受更大的损失。

四、独特的政策

如前文所述,特朗普政府的政策有其相当不独特的一面,也有其相当独特的一面,后者主要包括移民和外交政策。参加 2016 年共和党总统初选的主要竞选人有 17 位,其中任何人当选在相当大程度上应该都会采取本文第一部分所述的减税、放松政府管制和任命保守派法官等共和党传统政策,但其他人大概都不会照搬本文第四部分所述的特朗普的移民和外交政策。

特朗普独特的政策集中体现在移民和外交方面,首先是因为特朗普本人对此有强烈的政策倾向。特朗普信奉"美国优先"(America First),强调"夺回美国"(Take Back America)、"让美国再次伟大"(Make America Great Again),在相当程度上是希冀一个继续由白人统治的美国继续在全球称霸,而移民和外交政策与此密不可分。另一个原因则涉及其权限。特朗普担任总统后想做的事情可谓不少,例如想以"邮件门"事件为理由把希拉里·克林顿关进监狱、想让特别检察官穆勒终止对"通俄门"的调查、想通过修改美国有关诽谤的法律更多地保护类似自己的名人富人、想强制媒体停止对其无休无止的负面报道,但由于受法律限制,在许多事情上他也仅仅只能是口头说说而已,并没有能力将其付诸实施。① 美国有线电视新闻网记者阿克斯塔在白宫向特朗普提问,特朗普认为他对自己不够尊重而取消其采访白宫的资格,美国有线电视新闻网随后将特朗普告上法庭。尽管法官本人是特朗普不久前才任命的,但他仍然裁定白宫的决定缺乏足够理由和程序,白宫被迫重新向阿克斯塔颁发采访证书。在审理此案时,甚至连平时对特朗普出奇友好、被很多人称为是其御用媒体的福克斯新闻网也向法院递交正式文件,表示支持美国有线电视新闻网。根据美国宪法权力制衡的原则,总统总体来讲在移民和外交政策方面的权力大于其在许多其他政策方面的权力,因此两年来特朗普在力所能及范围内着重贯彻且实际造成较大影响的政策,也主要涉及移民和外交这两个领域。

  移民是美国与生俱来的问题。作为"新大陆",美洲本是一个可以自由进出和居住的地区。由于历史的原因,除非洲奴隶以外,早期来到美国(包括美国建国之前的北美殖民地)的基本都是欧洲人,尤其是西欧和北欧人。1875 年,美国国会通过第一个限制移民法案,1882 年更是通过了臭名昭著的《排华法案》,禁止任何中国劳工进入美国,是美国历史上第一个限制某一特定族群移

---

① 大概也正因为如此,特朗普对行使相对来讲对其限制很少的权力非常有兴趣,包括赦免罪犯。

民的法律。① 10年之后,美国联邦政府在纽约艾利斯岛(Ellis Island)建立第一个入境美国的移民站。1924年美国再次修改移民法,规定每年来自任何一个国家的移民人数不得超出该国移民已在美国居住人数的2%(基于1890年人口普查数据),被称为是基于"祖籍国"(national origin)的移民制度,目的是歧视早期移民主要来源地欧洲(尤其是西欧和北欧)以外的国家。1965年美国对移民法律做出重大改革,通过《移民和归化法》(Immigration and Naturalization Act),取消了上述限制,对每年来自各国及任何单一国家移民总数设定上限,并优先照顾家庭成员移民(包括父母、子女和兄弟姐妹),这种侧重"照顾家庭"(family-based)的法律构成了当今美国移民制度的基础。

对于特朗普而言,美国的移民问题既涉及非法移民,也涉及合法移民,都亟待解决。非法移民问题在美国由来已久,但总体来讲近十几年情况有所改善。根据美国皮尤研究中心的调查,2016年底,美国大约有1070万非法移民,占当时美国总人口的3.3%,比2007年高峰时的1220万下降12.3%(当年非法移民人数占美国总人口的4%)。② 但特朗普一直认为非法移民对美国构成巨大威胁,早在2014年就提出要在美国和墨西哥边境修墙,阻止非法移民进入美国。2015年6月,特朗普宣布参加2016年总统大选,打击来自墨西哥的非法移民是其竞选宣言的重点内容之一。在竞选过程中,特朗普反复提出要在边境修墙,而且要求墨西哥承担费用,"修墙"(Build the Wall)成为他在竞选集会上获得掌声最多的口号之一。由于修筑一道实体高墙既费钱又缺乏效率,也由于民主

---

① 《排华法案》最初确定的禁止期为10年,1892年再续期10年,1902年修改后变为永久有效,直至1943年在第二次世界大战中才予以废除。

② Jens Manuel Krogstad, Jeffrey S. Passel and D'Vera Cohn, "5 Facts about Illegal Immigration in the U.S.", available at: http://www.pewresearch.org/fact-tank/2018/11/28/5-facts-about-illegal-immigration-in-the-u-s/.

和共和两党在移民政策上的巨大分歧,国会一直在拒绝其拨款修墙的要求,为此特朗普多次威胁,并于2018年圣诞节之前真的关闭了联邦政府的部分机构。时至本文完稿日,美国联邦政府部分机构已经关闭了30天,时间之长创历史纪录,给很多美国人的生活带来极大的不便,而且也看不出最终将如何收场。① 另外,特朗普上台后还要求司法部、国土安全部等执法机构加大执法力度,将大批包括长期居住美国、家庭其他人员已是美国公民在内的非法移民驱逐出境。2018年10月,来自中美洲的数千名手无寸铁的难民长途跋涉涌往美墨边境,特朗普认为这是对美国的"侵略",下令调动美国军队到美墨边境协助执法,甚至表示军队必要时可以开枪。②

除了打击非法移民,特朗普政府还竭力主张改革美国现有的移民法律。美国的非法移民和合法移民有一个共同点,即移民来源绝大多数是欧洲以外的非白人国家和地区。1965年《移民和归化法》的实施给美国的人口构成带来了巨大变化,从1960年每8个移民当中有7人来自欧洲,转变到2010年每10个移民当中有9人来自欧洲以外的国家(主要是拉丁美洲和亚洲地区),③成为比非法移民更为重要的、直接导致美国"正在变成褐色"(browning of America)的原因。④ 许多人对此极为担忧,认为美

---

① 如果两党最终不能妥协,一种可能解决僵局的办法是特朗普以国家安全为理由,宣布国家进入"紧急状态",然后命令军队动用军费修墙,民主党肯定会通过法庭阻止特朗普,使政治冲突变成一场法律官司,但同时可重开政府,渡过眼下的危机。

② 非法移民是当前美国两党政治中一个非常情绪化的问题,特朗普夸大非法移民威胁的一个重要原因是它对激发其"基础"(base)选民的热情非常有效,但这同时在一定程度上又反过来限制了他的政策选项。特朗普曾经试图就移民政策与民主党达成妥协,遭到其支持者在各类媒体上的公开强烈反对,特朗普也不得不改变主意,2018年底联邦政府部分机构的关闭即有这方面的原因。

③ Tom Gjelten, "The Immigration Act That Inadvertently Changed America", *The Atlantic*, October 2, 2015. 另据估计,美国到2045年左右,白人人口将降至50%以下,从"大多数"(majority)变成"最大的少数"(largest minority)。

④ 在一定程度上,特朗普政府甚至更加关心降低合法移民的人数。2017年,为了使随父母非法入境美国的未成年人得以在美国合法居留并最终成为公民,民主党做出妥协,同意拨款在美墨边境修墙,但特朗普借机要大幅削减合法移民人数,导致谈判破裂。

国应当保持欧洲白人人口和文化的统治地位,他们把目前美国实行的重在照顾家庭团聚的移民制度称为"链式移民"(chain migration)制度,即移民可以像条链子似的一节一节地被带入美国。① 具有讽刺意味的是,1965年美国讨论移民法改革时,时任总统林登·约翰逊(Lyndon Johnson)主张采用以"人才"为基础(merit-based)的制度,即根据移民申请人是否具有美国缺乏的才能来决定是否接受其为移民,但当时国会的保守派提出优先照顾家庭团聚的制度,目的是要尽可能多地保留原"祖籍国"制度的特点,继续照顾来自欧洲的移民,因为当时的美国公民绝大多数来自欧洲,优先照顾家庭团聚等于优先照顾欧洲移民。殊不知法律实施后的情况适得其反:非欧洲移民利用家庭团聚成为美国公民的人数要远远大于欧洲移民。可以设想,如果法律的实践是保持了来自欧洲的移民占多数,美国目前估计不会有如此激烈的关于"链式移民"的争论。②

特朗普上台后主张大幅削减合法移民人数,采用的方法包括取消美国公民和绿卡持有者为其父母、成人或已婚子女以及兄弟姐妹申请移民的权利,改为只能为配偶和未成年子女申请移民。特朗普还建议修改政策,严格限制曾经领取过美国政府福利的人获得绿卡或成为美国公民,并取消一些国家公民因本国战乱或自然灾害而暂时被允许在美国生活和工作的权利,要求将他们遣送回国。此外,特朗普提出要修改美国宪法规定的出生地原则,认为它鼓励"定锚婴儿"(anchor baby),即非美国公民或绿卡持有者的孕妇可以在美国生下孩子,待孩子成为美国公民后,以其为"锚"将孩子父母及其他亲属申请移民到美国。最后,特朗普还决

---

① 特朗普的岳父母最近成为美国公民,即是通过特朗普夫人申请的,也属于"链式移民"。
② 据报道,特朗普谈及移民问题时,称萨尔瓦多和海地等国家为"下三烂(Shithole)国家",希望有更多的移民来自挪威等国家。

定把2019年财政年度美国接收的难民人数从2018年的4.5万人减至3万人(奥巴马执政最后一年的数字是11万人),这是1980年美国通过《难民法》以来的最低限额。①

在外交政策方面,特朗普的独特之处既包括实质内容,也包括执行方式。就实质内容而言,它基于特朗普长期以来形成的一个简单而坚定的信念:美国过去几十年间在世界上吃了大亏,尤其是在经济方面吃了大亏。特朗普不是一个典型的保守派,在不少政策问题上(比如人工堕胎和枪支管制)的观点摇摆多变,但他深信美国被其他国家占了便宜,这一看法几十年来始终如一。具体地讲,特朗普认为第二次世界大战以后形成的世界政治、军事和经济格局及其相关的国际组织和条约(包括联合国、北约、美日和美韩防务条约以及世界贸易组织),虽然美国是其创立者和领导者,但经济上美国从中并没有获得相应的好处,相反美国是做了"冤大头",被人当"傻冒"(suckers)耍了。例如美国一方面花钱保护欧洲、日本和韩国等盟友的安全,另一方面这些国家不仅不向美国支付保护费,反而利用机会打进美国庞大的国内市场大赚美国人的钱,在美国经济停滞或者发展放缓的同时,这些国家的人均国内生产总值迅速接近甚至超过美国。此外,美国几次花费巨额军费出兵中东,保证全球石油供应链稳定,但自己却没有获得任何报酬(比如不能将当地石油资源掠为己有)。对于一生赚钱斤斤计较、生意场上信奉大鱼吃小鱼原则的特朗普,如此赔本

---

① 特朗普政府不仅从法规上降低接收难民的限额,而且在执行过程中从严审核,导致实际接收的难民数还远远低于法定的上限(2018年只有2.2万人,不到限额的一半),而且主要来自欧洲(比如乌克兰)和非洲,而不是中东和拉丁美洲。2018年美国接收的穆斯林难民人数下跌90%,接收处于战乱的叙利亚的难民总数更是从奥巴马执政最后一年的1.2万人降至62人。见 https://www.npr.org/2018/12/26/680260492/as-the-u-s-takes-in-fewer-refugees-its-global-role-is-changing。具有象征意义的是,特朗普上台后,美国移民局的网站删去了美国是"移民国家"(nation of immigrants)这句话。

的买卖简直是不可思议。如果说特朗普想当美国总统除满足其极大的虚荣心以外还有改变美国某些政策的冲动的话,那么他最想改变的就包括这种在他看来是无端允许其他国家白占美国便宜的政策。① 2015年6月特朗普宣布参加总统竞选,在简单的开场白之后,他开宗明义地指出:我们国家已陷入严重困境,我们不再会赢得胜利。我们曾经赢过,但现在没有了。上次我们在贸易方面战胜中国是什么时候？我们近来什么时候赢过日本？我们在伊拉克花了2万亿美元,我们失去了成千上万的生命,但我们没有得到任何回报。2017年1月20日特朗普在就职演说当中再次强调:几十年来,我们养富了外国工业,牺牲了美国工业;补贴了外国军队,穷垮了美国军队;保护了外国边界,忽视了美国边界;在国外花了数万亿美元,自己国内的基础设施却变得破烂不堪。特朗普发誓,从他当总统的第一天起,这一切都会改变,都会变成美国优先！

为了贯彻落实美国第一,一生做生意的特朗普几乎把算经济账变成了指导美国外交政策的最高准则,美国外交在相当程度上名正言顺地转为金钱外交。② 世界进入工业化时代以来,人为因素导致气候变暖,严重影响地球生态和人类未来。为了减缓温室效应,世界各国经过多年艰辛谈判终于达成《巴黎协定》,特朗普却执意认为它是以牺牲美国经济利益为代价保护全球的环境,上

---

① 在谈及美国与中国的贸易纠纷时,特朗普多次说他并不责备中国,而是责备美国的前几任总统,因为在他看来一国想占另一国的便宜是正常的,不正常的是为何另一国会允许被占便宜。

② 摒弃多边主义也是特朗普外交政策的一个重要特点,但它基本出发点同样是经济考虑,例如据报道特朗普2018年曾考虑退出北约,就是因为他认为北约对美国是一个吃亏的买卖。此外,特朗普对待伊朗和阿以冲突的态度也超常强硬,具体措施包括退出多国签署的《伊核协议》、将美国驻以色列大使馆迁至耶路撒冷、关闭巴勒斯坦驻美国的办事处、停止资助负责援助巴勒斯坦难民的联合国近东救济工程处以及将其驻巴勒斯坦外交代表团降格并入驻以色列大使馆之中,等等。相关原因错综复杂,本文不做详述。

台后一意孤行,断然退出协定,并直言不讳地说他被选为总统是要代表匹兹堡(美国曾经的"钢都")的公民而不是巴黎的公民。北大西洋公约组织(简称"北约组织")在维护欧洲70多年和平方面发挥了不可替代的作用,特朗普的眼睛却紧盯着钱,认为美国对北约防务出钱太多,猛烈抨击北约部分成员国的军费未达到其承诺的占国内生产总值2%的目标,表示"非常不高兴",当2018年北约峰会重申要实现增加军费目标后,特朗普马上说他"非常高兴"。世界贸易组织成立以来对于促进国际贸易、带动各国经济发展功不可没,特朗普干脆认为它的建立本身就是要来占美国便宜的,威胁说如果世界贸易组织不按照美国的思路改革,美国将会退出并通过双边条约另起炉灶。欧盟是美国最大的盟友,特朗普认为欧盟对美国设立各种贸易壁垒,直接称欧盟是美国贸易上的"敌人"(foe),说没有多少国家或组织对美国比欧盟更坏。为了保持与沙特的经济关系,他拒绝因卡舒吉事件制裁沙特,当沙特应其要求增加原油产量以保持低位油价后,特朗普还公开对沙特表示感谢。1994年生效的"北美自由贸易协定"20多年来成为北美经济发展体系中不可或缺的组成部分,特朗普却认为它是美国达成的最糟糕的协定,施加高压要求加拿大和墨西哥对其进行修改。特朗普还以国家安全为理由,对美国进口铝和钢分别加征10%和25%的关税,实际上美国铝和钢的主要进口国是加拿大和其欧洲盟国,而且美国国防所需钢材大约只占美国自己生产钢材的3%。至于中国对美国的巨额贸易顺差,特朗普更是念念不忘,竞选演说时每每提及,上台后虽然因朝鲜等问题没有立即对中国动手,但执政第二年还是决定对多达2500亿美元的中国货物征收惩罚性关税,触发大规模的对华贸易战,并自豪地声称自己是"关税人"(Tariff Man)。特朗普对美国与外国之间的金钱关系看的是如此之重,以至于2018年底他在伊拉克向美国官兵讲话时几乎把美国军队比作雇佣军,说他们可以帮助外国打仗,但外国必须付钱。

就执行外交政策的方式而言，特朗普的独特之处则是赤裸裸的强势霸道。美国是世界超级强国，其他国家对其制衡有限，美国滥用权力是第二次世界大战以后难以避免的现实，近些年较突出的一个例子是2003年发动的第二次伊拉克战争。但美国其他总统时常也能考虑双赢局面，或者说为共同利益在言论或行动上愿意做出一定妥协，第二次世界大战后设计执行帮助欧洲重建的"马歇尔计划"、1990年经联合国授权带领联军将入侵的伊拉克军队逐出科威特，以及2015年发挥影响力促成签订《巴黎协定》，都是证明。相比之下，特朗普的逻辑却简单和霸道得多：既然美国是世界老大，比别的国家强，那么最好的方式就是利用这种优势，强行保护自己一国的利益。特朗普在竞选中和上台后使用最频繁的词汇包括"赢"（win）和"输"（lose），显示他认为国与国之间如同生意对手之间一样，都适用弱肉强食、你输我赢的丛林法则。① 他宣称贸易战"容易赢"，就是因为美国对中国有巨额逆差，等于美国手中掌握了必胜的武器，打起贸易战来中国必输。2018年的经贸摩擦增大中国经济下行压力，美国经济至本文写作完成时影响相对较小，特朗普更是感到进退自如，多次表示是否与中国达成解决方案无关紧要，因为左右都是美国赢。美国考虑终止1987年与苏联签订的《中程核导弹条约》，当记者问及终止条约是否会触发新的一轮核军备竞赛时，特朗普回答说，美国比其他任何国家的钱要多得多，美国会加强核军备，直到其他国家"恢复理智"（come to their senses），你们可以说这是对所有国家的威胁，包括中国，包括俄罗斯。特朗普决定从叙利亚撤军，有人担心土耳其会

---

① 特朗普2016年竞选中对选民重复最多的几句话包括：我上台之后美国将赢得的胜利之多会让你们感到厌倦，你们会跟我说美国就少赢几次吧，我说不行，我们还要继续赢。其中虽有笑话成分，但也形象地反映了特朗普认为国际关系基本是零和游戏的看法。

趁机消灭美国在叙利亚战争中的盟友库尔德人武装部队,特朗普发出推文,威胁说如果土耳其攻击库尔德人武装部队,美国将"摧毁土耳其的经济"。特朗普的蛮横显然也传染了其他美国官员。加拿大总理贾斯廷·特鲁多(Justin Trudeau)2018年7月就加美贸易摩擦发表讲话,表示要保护加拿大工人的利益,之后白宫国家贸易委员会主任彼得·纳瓦罗(Peter Navarro)完全不顾外交礼节,指名道姓指责特鲁多"不诚实",甚至说"地狱中有一个专门的地方"是为那些不与特朗普"真诚"对话的外国领袖准备的。① 美国决定将驻以色列大使馆迁移至耶路撒冷之后,土耳其等国在联合国提出决议案,声明任何改变耶路撒冷地位的行为无效,并呼吁其他国家不要效仿美国,美国前驻联合国大使妮基·黑利(Nikki Haley)在决议表决前发表讲话,居然明目张胆地威胁美国会"记住"那些投票支持决议的国家。②

五、独特难以持久和复制

特朗普2016年得以当选美国总统可以说是美国政坛从未出现过的一个独特现象。③ 他是美国建国200多年以来仅有的一位当选之前没有担任过任何公职或服过兵役的总统,④也是初次当选时年龄最大的总统(已超过70周岁),价值观及思维和言行方式早已定型,加之他明确将自己定位成非体制内的"外人"(outsider)和

---

① Alan Rappeport,"Navarro Apologizes for 'Special Place in Hell' Comments About Trudeau", *The New York Times*, June 12, 2018.
② 特朗普在表决前也威胁要停止援助投票赞成决议的国家,但决议还是以128国赞成、9国反对、56国弃权或不在场的结果通过。
③ 关于特朗普当选总统的原因,参见张毅:《反智的美国》,《国际政治研究》(双月刊),2017年第6期。
④ 在特朗普之前担任美国总统的43人当中,只有3位没有担任过公职,但他们当选前都是军人,总军龄加起来超过一百年,而特朗普越战期间利用各种借口五次推延服役,结果一天兵都没有当。

体制的"搅局者"(disrupter),当选后在许多方面不循规蹈矩,甚至破多于立,这些都可以理解,美国政界、媒体和选民对此多有预期,评论他时的标准在许多方面比其他总统"要低"(low bar)。即便如此,特朗普的诸多言行还是过于违反常规,触及甚至超越了美国民主政体的一些基本底线。从在竞选中表示只有自己赢才接受选举结果到当选后仍然鼓励支持者高呼"把她关起来"(lock her up)的口号,要求逮捕希拉里·克林顿;从认为联邦政府司法部部长的职责是保护总统到攻击在诉讼中对其难民政策做出不利裁决的法官,称该法官是"奥巴马法官"①;从把共和党议员因涉嫌犯罪受到起诉称为是帮助了民主党竞选到使用黑手党语言谩骂同意检举他的律师科恩为告密的"老鼠";从公开质疑美国情报机构做出的关于俄罗斯干涉美国选举的结论到以武装部队总司令身份向美国海外部队致节日祝贺时攻击民主党政敌;从自己大话假话连篇到攻击批评自己的媒体是"人民公敌";从在竞选时拒绝公布自己的报税材料到当选后继续通过自己的公司大赚纳税人的钱,所有这些已不是简单的不同党派在政见上的不同,而是对美国民主政治一些最基本的游戏规则的挑战。虽然在本文完稿时特朗普的基础选民仍占 30%—40%,特朗普无论做什么他们都可能不改初衷,但对于大多数美国人而言,特朗普应该已经超过了他们可以接受或者容忍的限度,这一点可以从下表列出的一些有关 2018 年中期选举的数据中反映出来。

---

① 共和党总统小布什任命的美国最高法院首席大法官约翰·罗伯茨(John Roberts)为此非常罕见地公开反驳特朗普,说美国没有奥巴马法官、特朗普法官、布什法官或克林顿法官,有的是独立的法院。

表 1 2018 年美国中期选举部分相关数据

事项	结果	意义
投票率	49.3%	超过美国 1914 年以来历次中期选举。
投票人数	超过 1.16 亿	超过美国历史上任何一次中期选举,比 2016 年总统大选只少大约 1200 万;大多数参加投票的人表示特朗普是他们决定投票以及投票对象的重要原因,可以说是对特朗普两年来执政表现的一次全民公决。
两党众议院投票比例及人数	民主党:53.4% 共和党:44.9%	民主党获得票数比共和党多出将近 1000 万张,超过历史上任何一次中期选举,形成真正的"蓝波"(blue wave)。
众议院选举结果	相比上一次选举结果,民主党净增 41 席(包括民主党于 2018 年 3 月宾夕法尼亚州第 17 选区特别选举中获得的 1 席)①	超过 1974 年"水门事件"以来民主党任何一次国会选举中获得的席位。
参议院选举结果	相比上一次选举结果,共和党净增 1 席(计入共和党于 2017 年 12 月亚拉巴马州特别选举中输掉的 1 席)	在 2016 年大选支持克林顿的蓝州中,民主党(包括独立党派)获得全胜;在 2016 年大选支持特朗普的红州中,民主党赢得 7 席,输掉 4 席。
州长选举	民主党净增 7 位	包括密歇根州和威斯康星州(该两州连同宾夕法尼亚州是特朗普 2016 年大选获胜的三个关键州)。
州议会席位	民主党净增 349 席	民主党在六个州参议院或众议院中由少数党转为多数党。

① 众议院一共 435 名议员,还有北卡罗南纳州一个席位因为涉嫌选举舞弊正在调查之中,有可能需要重选。

续表

事项	结果	意义
男女选民投票情况	男选民 　支持共和党:51% 　支持民主党:47% 女选民 　支持民主党:59% 　支持共和党:40%	妇女支持民主党的人数比支持共和党的人数超出将近20个百分点,形成巨大"性别差"(gender gap),加之近年来投票的女选民总数已经超过男选民(2018年分别占选民总数的52%和48%),如果这个性别差不发生变化,共和党在全国范围内的支持人数将没有可能超过民主党。
不同族裔选民投票情况	白人 　支持共和党:54% 　支持民主党:44% 黑人 　支持民主党:90% 　支持共和党:9% 拉美裔 　支持民主党:69% 　支持共和党:29% 亚裔 　支持民主党:77% 　支持共和党:23%	白人总体支持共和党的比例仍然较高,但优势有限,且非白人支持民主党的比例大大超过支持共和党的比例;非白人选民占所有选民总数的比例一直呈上升趋势(2018年已占到28%),如果共和党不解决少数族裔支持率过低的问题,在全国范围内超过民主党也将越来越难。
不同年龄组投票情况	18—29岁 　支持民主党:67% 　支持共和党:32% 30—44岁 　支持民主党:58% 　支持共和党:39% 45—64岁 　支持民主党:49% 　支持共和党:50% 65岁及以上 　支持民主党:48% 　支持共和党:50%	民主党在年轻选民当中占有明显优势,存在"年龄差"(age gap);30岁以下选民投票率2018年达到31%,比2014年上次中期选举高出大约10个百分点,反对(或支持)特朗普是投票率上升的重要原因。

续表

事项	结果	意义
当选女议员和少数族裔议员	女议员 参议员:25名 众议员:102名 黑人议员 56名 拉美裔议员 44名 亚裔议员 15名 土著议员 4名	新一届国会中女议员和非白人议员人数均创历史新高,其中主要是民主党人(127名女议员当中有106名是民主党人,占83%;56名黑人议员当中有54名是民主党人,占96%;44名拉美裔议员当中有36名是民主党人,占82%;15名亚裔议员全部是民主党人;4名土著议员当中有2名是民主党人);民主党议员家庭社会背景远比共和党议员"多样化",应该说更加代表美国的未来。

资料来源:笔者根据美国主流媒体报道整理得出。

2019年对特朗普是非常重要的一年。一方面,特别检察官穆勒关于"通俄门"的调查以及司法机构对涉及特朗普的其他调查有新的进展,①民主党重新控制众议院,势必会动用"传票权力"(subpoena power)开展更多地涉及特朗普本人、其政府官员或其政策的调查;另一方面,一些相对而言比较有独立观点,也敢于向特朗普说不的官员大都已相继离开政府和白宫,特朗普更加孤立,但也更加相信自己的直觉,其冲动更加无人可控,加之2020年的总统预选开始,美国政局在2019年会更加动荡、更加混乱。2016年共和党总统初选中,小布什总统的弟弟杰布·布什(Jeb Bush)曾经称特朗普是一个"混乱的候选人"(chaos candidate),说

---

① 这些其他调查包括联邦检察官针对特朗普公司和就职委员会是否违反竞选资金法的调查,以及纽约州和纽约市检察官针对特朗普公司和特朗普基金会是否违反税法的调查。据报道,此时至少有17项正在进行的针对特朗普竞选或其生意的调查。

特朗普当选后会是一个"混乱的总统"(chaos president),①但他大概也没有料到在特朗普执政的前两年,美国竟然会乱到由于国会拒绝拨款修建原本要墨西哥出钱修建的边境墙而关闭联邦政府;乱到关闭时间创下纪录并导致众议院新议长南希·佩洛西(Nancy Pelosi)拒绝允许特朗普到众议院发表每年一度的国情咨文演说,以及大批政府雇员排长队领取慈善救济的免费食品;乱到特朗普毫无政治经验的年轻女儿和女婿可以成为白宫高级顾问但白宫办公厅主任却迟迟找不到正选;乱到国会议员公开指责特朗普是"种族主义者"以及主流媒体毫不迟疑地称他为"骗子";乱到特朗普作为堂堂大国的总统居然因为一些难以解释的事情需要公开声明他没有为俄罗斯工作。特朗普甚至难以行使一些最基本的、非政治性质的总统职责,例如不参加每年一度的白宫记者协会晚宴和肯尼迪中心颁奖仪式,不邀请美国三大球的一些冠军队访问白宫,不被邀请参加老布什夫人芭芭拉·布什和共和党著名参议员约翰·麦凯恩的葬礼。

特朗普上台两年来,舆论界评论他时用得最多的中性词汇包括"不正常"(abnormal)和"异常"(extraordinary),有的评论员甚至说这些词用得太频繁,需要查字典找同义词。美国著名脱口秀主持人比尔·马赫(Bill Maher)说,民主党2020年的竞选口号应当是,"让我们回归正常"(Let's get back to normal),②这应当反映了美国许多选民的心态。无论美国选民2016年大选时是否预见到特朗普上台后会如此独特反常,也无论这种独特反常在当今美国乃至世界是否还有一定的正面积极意义,目前看来,美国选民总体上对特朗普式的独特反常已经感到厌烦。根据美国公共

---

① 2018年的中期选举前,曾经说不惜为特朗普"挡子弹"的特朗普前私人律师科恩也呼吁选民投票反对特朗普,否则美国还会有两年或六年的"疯狂"。
② Real Time with Bill Maher, October 12, 2018, available at: https://www.youtube.com/watch?v=_fVyTEYN9W0.

电视台(PBS)最新的民意调查,有高达57%的选民说2020年"肯定不会"投特朗普的票。① 如果特朗普决定竞选连任且得到共和党提名,除非届时民主党再次推出类似希拉里·克林顿这样极不受欢迎的候选人,或者发生战争、重大恐怖袭击等突发事件,否则民主党候选人更有可能当选,让美国政治生活一定程度上回归正常。如果特朗普决定不竞选连任或者不能获得共和党提名,其他候选人几乎肯定会抛弃特朗普式的独特:如果特朗普自己都不能延续其独特,其他缺乏特朗普独特本领的人更不可能复制。

---

① Chantal Da Silva,"57% of Voters Will Not Support Trump in 2020 Election, New Poll Shows:'The President Has His Base and Not Much Else'", *Newsweek*, January 17, 2019.

"特朗普现象"与新自由主义政策范式的重构和变异

达 巍 张 翔

  2016 年美国总统大选期间"特朗普现象"骤然兴起,迄今已三四年时间。稍稍拉开时间距离,观察者更可在不同时空之内、不同维度之上,找到这一"现象"背后的不同因果机制,并形成不同叙事。在一些论者看来,特朗普的政策与 20 世纪 80 年代里根总统执政期间的政策颇有相似之处。[①] 作为一种宣传策略,特朗普本人似乎也刻意在言辞和行为上模仿里根,"让美国再次伟大"(Make America Great Again)的口号几乎原封不动地来自里根 1980 年总统大选的竞选语录;大规模减税的政策、"以实力求和平"的外交口号,也都很容易在里根时代找到对应。这种对应关系为我们理解"特朗普现象"提供了一条非常有效的路径。自里根时代起,"新自由主义(neoliberalism)"政策范式(policy paradigm)[②]在美国兴起。

---

  ① Susan B. Glasser,"Is Trump the Second Coming of Reagan?" *The New Yorker*, May 18, 2018, available at: https://www.newyorker.com/news/letter-from-trumps-washington/is-trump-the-second-coming-of-reagan.
  ② 美国学者彼得·霍尔在探讨思想观念在政策制定中的作用时最早引入了"政策范式"这一概念。他指出,"政策制定者通常是在一个观念和标准的框架中工作的,

这一范式在20世纪80—90年代取得巨大成功,甚至在一段时间内在全球成为具有"历史终结"意味的政策选项。但是以2008年金融危机为标志,"新自由主义"政策范式在过去十年遭遇前所未有的质疑与批判。"特朗普现象",乃至之前的"奥巴马现象"就是在这样一个背景之下出现的。本文将以中外学界有关新自由主义的学术讨论为基础,考察20世纪80年代以来新自由主义政策共识的兴起、扩展与瓦解。在此基础上,本文将对奥巴马和特朗普的施政做出简要梳理与评估,进而分析他们探索新政策范式的过程与得失。最后,本文也将简要分析美国新的政策范式至今"难产"的政治原因。我们认为,只有在这样一个更加宽阔宏大的历史背景之下,才能更加清楚地辨析"特朗普现象"的源头与发展,更加深入地探讨奥巴马、特朗普执政这10年(2009—2019)与从里根到小布什的28年(1981—2009)之间的继承与断裂,也可以更加准确地理解美国政治在过去10年的曲折摸索及其当下仍然面临的深刻困境。

一、新自由主义政策范式的形成与演化

以凯恩斯主义为理论基础的"新政自由主义"(New Deal Liberalism)曾把美国从20世纪20年代末30年代初的"大萧条"中拯救出来。从罗斯福"新政"到约翰逊"伟大社会",新政自由主义的理念几乎成为所有资本主义国家决策者超越国界、跨越党派的共识。但进入20世纪70年代,新的现实已经完全"溢出"旧有

(接上页)这些观念和标准不仅指定了政策的目标和用以实现这些目标的工具,也确定了政策制定者试图解决的问题的本质。这个框架就像一个格式塔(德语 Gestalt,意为完整结构),嵌入到政策制定者交流的术语体系中,其在很大程度上被视为一个确定不疑、无法修改的整体,因此具有明确的影响力。"参见 Peter A Hall, "Policy Paradigms, Social Learning, and the State: The Case of Economic Policymaking in Britain", *Comparative Politics*, Vol. 25, No. 3 (Apr., 1993), p.279.

的解释框架。西方各国纷纷陷入前所未有的高通胀、高失业、低增长的"滞胀"之中。既有的政策工具不再奏效,"凯恩斯主义"共识随即瓦解。在应对危机的诸多替代方案中,"新自由主义"获得了最终胜利。

新自由主义作为一个思想流派,肇始于二战后以弗雷德里希·哈耶克(Friedrich Hayek)为中心,包括米尔顿·弗里德曼(Milton Friedman)、路德维希·米塞斯(Ludwig Mises)等人在内的一个知识分子小圈子。不过,到20世纪70年代末80年代初,新自由主义才真正成为美国公共政策的主流和正统。进入21世纪后,历经时间的沉淀和空间的延展,新自由主义已渗入政治、经济、社会的深处,成为一种人们的"共识"。新自由主义至少包括三个维度:一套意识形态、一套治理术(governmentality)和一套政策组合。[①] 其中,作为政策组合的新自由主义可以大致概括为"D-L-P准则",即经济去除监管(deregulation)、贸易和产业自由化(liberalization)、国有企业和公共物品私有化(privatization)。从里根到小布什的近30年间,美国社会在以上三个维度都形成了高度共识。大卫·科茨对新自由资本主义的理念和制度做了更加细致的梳理,认为其中包含四个方面:第一,全球经济方面,主张清除商品、服务、资本和现金跨越国界的障碍;第二,关于政府在经济中的作用,主张放弃总需求管理,去除基础产业的监管,去除金融部门的监管,削弱对消费品安全、就业安全和环境的监管,削弱强制反垄断措施,将公共物品和服务私有化或由私人承包,削弱或废除社会福利项目,为企业和富人减税;第三,劳资关系方面,主张集体议价边缘化,工作转为临时雇工制;第四,在企业治理方面,主张无限制竞争,从公司以外雇用首席执行官

---

① Manfred Steger and Ravi Roy, *Neoliberalism: A Very Short Introduction*, New York: Oxford University Press, p. 11.

(CEO),市场原则渗透进公司内部,金融机构转向新型活动并相对独立于非金融部门等。①

新自由主义取代"新政自由主义"成为西方乃至世界范围内的最大共识,很大程度上要归功于两个盎格鲁-撒克逊国家的领导人——里根和撒切尔——对新自由主义不约而同地笃信。里根在1967—1975年担任加利福尼亚州州长时就曾认真阅读过哈耶克和米塞斯的著作,并在书中做了密密麻麻的标注。② 担任美国总统后,里根政府聘任了大量信奉新自由主义的经济学家担任顾问。③ "里根经济学"集合了供给学派减税、削减政府支出和货币学派关于控制货币供应量的建议。在这一学说指引下,美国走出了"滞胀"泥潭,并创造了经济连续增长92个月的奇迹。在对外战略领域,美国重新在冷战中发起战略攻势。苏东集团颓势日显,东欧各国和苏联的戈尔巴乔夫纷纷启动激进改革,美国在冷战中貌似"不战而胜"。带有深刻新自由主义烙印的美国意识形态、政治制度和经济政策被"打包"确认为通往"历史终结"的唯一道路。

经过里根与老布什三届共和党政府,在美国国内,新自由主义立场从非主流成了唯一的主流,成为公共意见中不言自明的共识。民主党人比尔·克林顿很快发现,国家的政治光谱相比于里根时代以前已大幅度右移,自己能够腾挪的空间已经很小。增加税收、增加支出、改革社会保障的努力只会成为"选票毒药"。到1994年中期选举亦即克林顿政府第一任期的中点时,民主党的白

---

① David Cortz, *The Rise and Fall of Neoliberal Capitalism*, Cambridge: Harvard University Press, 2015, p.42.

② Steven Hayward, *The Age of Reagan, 1964 – 1980, The Fall of the Old Liberal Order*, New York: Three Rivers Press, 2009, p. xxii.

③ 撒切尔夫人对新自由主义的认同有过之而无不及。在1975年走访保守研究部时,她打断一场关于"中间道路"的讨论,将一本哈耶克的《自由宪章》扔到桌面上,然后说:"这才是我们应该相信的东西。"Richard Cockett, *Thinking the Unthinkable: Think-Tanks and the Economic Counter-revolution, 1931 – 1983*, London: HarperCollins,1994, p. 174.

宫几乎没有在国会通过任何一项自由派立法。在这次被称为"共和党革命"的中期选举中,共和党在1954年之后第一次同时拿下国会两院的控制权。在"金里奇革命"的牵制下,不管是否乐意,克林顿政府只能改走"中间路线"。在他的两个任期之内,克林顿政府大力推动了金融自由化。1999年11月12日,美国国会通过《金融服务现代化法案》,正式废除了《格拉斯-斯蒂格尔法案》,拆除了商业银行和投资银行之间的防火墙。这是美国金融自由化进程中里程碑式的变化。此外,克林顿政府还推动国会通过了《大宗商品期货现代化法案》。在贸易自由化方面,克林顿政府与加拿大、墨西哥达成了北美自由贸易协定(NAFTA)。在福利政策方面,克林顿政府任内国会通过了《个人责任与工作机会法案》,以"有需要家庭提供临时救助"(TANF)项目代替了"家庭与未成年子女帮助"(AFDC)项目,实质性地削减了社会福利。在克林顿政府这些政策及信息革命的推动下,美国在20世纪90年代迎来了一轮以低通胀、低失业、温和增长为特点的经济增长期,这也是除了当前这轮美国经济增长周期之外,美国历史上最长的经济增长期。克林顿借此重建美国财政秩序,化解里根时代高负债、高赤字的顽疾。显然,上述执政成绩在很大程度上还是延续里根和布什政府新自由主义政策范式的结果。[①] 克林顿虽然是民主党人,但在经济以及社会福利政策上与共和党前任区别并不大。正是在克林顿任内,民主党正式告别了新政自由主义,中左派或所谓"新民主党人"(New Democrats)[②]成为党内主流。克

---

① 〔美〕大卫·哈维:《新自由主义简史》,王钦译,上海:上海译文出版社,2016年,第65页。Flavio Romano, *Clinton and Blair: The Political Economy of the Third Way*(London and New York: Routledge, 2006), pp.52-88.

② "新民主党人",也被称为民主党中间派、克林顿民主党人或温和民主党人。这一派别自20世纪80年代中期崛起后,到20世纪90年代成为美国民主党主流。新民主党人主张"中间路线",在经济上接受共和党的新自由主义理念,在社会政策和外交政策上则偏向新政自由主义以来的民主党传统。

林顿主张的"第三条道路"的实质,可以说是新自由主义的"第二波"。① 克林顿从一个相反的方向证明了里根政府开启的新自由主义政策范式的不可动摇,还从一个全新的维度巩固了它。在对外战略领域,克林顿任内新自由主义政策范式在全球迅猛扩张。剧变后的原苏联和东欧地区为新自由主义政策范式在美国之外提供了新的"试验场"。克林顿政府在全球"转型国家"、转型地区大力推动"接触与扩展"战略。② 经济全球化、民主化"第三波"浪潮汹涌,新自由主义政策范式深深嵌入到所谓"自由国际秩序"(liberal international order)之中。③ 新自由主义从一种"盎格鲁-撒克逊共识"变为"全球性共识"。

当然,以克林顿为代表的"新民主党人"推动的政策与老布什、里根仍有明显不同。简单地说,从里根到老布什是保守主义主导美国新自由主义政策范式的时期,而克林顿时期则是由民主党中左派亦即"新民主党人"主导新自由主义政策范式的时期。新自由主义与保守主义在理念上有着相当强的契合与相容之处。

---

① Manfred Steger, Ravi Roy, *Neoliberalism: A Very Short Introduction*, pp. 50–75.

② 克林顿政府 1994 年、1995 年和 1996 年三份《国家安全战略》报告均以"A National Security Strategy of Engagement and Enlargement"命名。"接触"转型国家并在全球"扩展"美国模式是克林顿政府最基本的政策逻辑。参见 The White House, *A National Security Strategy of Engagement and Enlargement*, July 1994, available at: http://nssarchive.us/NSSR/1994.pdf; The White House, *A National Security Strategy of Engagement and Enlargement*, February 1995, at: http://nssarchive.us/NS-SR/1995.pdf; The White House, A National Security Strategy of Engagement and Enlargement, February 1996, available at: http://nssarchive.us/NSSR/1996.pdf. (上网时间:2019 年 8 月 15 日)

③ 达巍:《"自由国际秩序"的前路与中国的战略机遇期》,《全球秩序》,2018 年第 1 期,第 91—95 页。冷战结束后,西方观点认为苏东阵营国家也融入了自由国际秩序,人类历史上第一次形成了一个覆盖全球的自由国际秩序。新自由主义在自由国际秩序制度层面的影响主要体现在经济领域,如关贸总协定(GATT)及其后的世界贸易组织(WTO)、世界银行、国际货币基金组织(IMF)、二十国集团(G20)、七国集团(G7)等。其他国际经济安排还包括重要的地区经济与双边经济条约,联合国框架下的国际发展机构等。国际经济制度的主要目的是消除国际经济交往中的壁垒和障碍。

据乔治·纳什的观点,保守主义运动有三派,一是新自由主义者,包括芝加哥学派和奥地利学派,代表人物是哈耶克、米塞斯等人;二是道德文化上的传统主义者,代表人物是拉塞尔·柯克、理查德·韦弗、小威廉·巴克利等人;三是反共产主义者。经过戈德华特的动员和"里根革命",保守派的各个分支进行了大融合,并在原有三个派别的基础上加入了新保守主义和基督教右翼。① 里根与老布什总统任内正是保守主义与新自由主义重叠时期,而克林顿时期则主要是在经济和社会福利政策上实行新自由主义,但是在价值观、文化、外交等问题上则持与保守派不同的传统民主党观点。

小布什为应对互联网泡沫破裂、经济陷入衰退的困境,进一步推行新自由主义政策,高举减税旗帜,并以此为基点,推进其他经济政策。小布什时期美国经济的金融化达到了前所未有的程度。在美国主导的金融自由化体系下,全球金融衍生工具的名义价值从1999年的70万亿美元增加到2007年的超过681万亿美元,其中美国市场金融衍生品总值455万亿美元,同年全球各国国内生产总值的总和仅为54万亿美元。金融危机前夕,美国金融部门的利润占所有部门利润的47%,债务占国内生产总值的117%。② 在对外政策方面,小布什任期内新自由主义政策范式演化的最大特点是新保守主义(Neoconservatism)的兴起。新保守主义主张采取更加激进的手段,在美国国境之外推动新自由主义理念,改造潜在敌人,创造"美国治下的和平"。小布什政府以前所未有的野心推出了"大中东民主计划"。在其努力打造的"民主样板间"伊拉克,临时管制当局颁布了一系列新自由主义法令:国营企业完全私有化,外国公司对伊拉克企业的完全所有权,外资

---

① 参见 George Nash, *The Conservative Intellectual Movement since 1945*, Wilmington: Intercollegiate Studies Institute, 2006.
② Jonathan Kirshner, *American Power After the Financial Crisis*, Ithaca: Cornell University Press, 2014, pp. 83 - 84.

盈利交还本国,银行开放并由外资管理,清除绝大多数贸易壁垒,实施"单一税制",严格限制罢工和成立工会的权利,等等。① 总体来看,新保守主义喧嚣一时的民主自由推广计划与小布什政府在国内推进的新自由主义的经济社会政策互为表里,也显示20世纪80年代以降兴起的新自由主义达到了一个高峰。

二、奥巴马时代:后共识时期的"美利坚分众国"

2008年金融危机的爆发使美国经济出现二战以来最严重的滑坡,也引发了美国内外对新自由主义政策范式的空前反思。如美国经济学家约瑟夫·斯蒂格利茨所言,"这场危机揭示了资本主义系统存在着根本缺陷,或者至少是20世纪后半叶美国出现的这个特殊'版本'资本主义系统存在根本缺陷。这不仅仅是有缺陷的个体或个别错误的事情,也不仅仅是修正一些小问题或者略微调整一些政策的问题"②。这样的反思普遍存在于政策精英和普通民众之中。他们认为,危机是美国经济过度金融化、虚拟化的结果;美国社会贫富差距凸显,也彰显新自由主义削减社会福利、减少监管、减税等政策的消极面。在金融危机背景下当选的奥巴马很自然地需要回应世人对金融危机的反思,并清算新自由主义政策范式的问题。在金融危机这样的转折时刻,奥巴马理所当然地面临多重使命:第一,对眼前的危机进行有效的政治回应,带领美国尽快走出危机和衰退;第二,促使美国形成"新政自由主义""新自由主义"之后的第三个跨越党派的共识;第三,以此为基础,延续和巩固已深深打上新自由主义烙印的"自由国际秩

---

① 〔美〕大卫·哈维:《新自由主义简史》,王钦译,第6—7页。
② 〔美〕斯蒂格利茨:《自由市场的坠落》,李俊青、杨玲玲等译,北京:机械工业出版社,2011年,序言,第28页。当然,还是有很多新自由主义的拥趸不认为美国经济体制存在根本问题。

序"的合法性和美国在这一秩序中的领导地位。这正是高举"变革"旗帜入主白宫的奥巴马需要解决的问题。

按照20世纪美国政治的某种周期性节律,历次重大经济社会危机爆发之后,美国的权力架构总会呼应民意的回摆,衍生出与既往路线相反的制衡力量,并由罗斯福、里根这样的转折时代的政治领袖收拾民心,凝聚共识,调整方向,带领美国继续前行。奥巴马也被寄予这样的厚望。然而在8年的执政中,奥巴马虽然触及了新自由主义的问题,但并没有根本改变这一共识带来的问题,更没有推动形成两党以及国内左右两派共同认可的新的政策范式。相反,在经济从危机中缓慢复苏的过程中,美国政治失灵、社会撕裂不断加剧。正如美国公共电视台(PBS)在特朗普就职典礼前播放的一部纪录片所指出的,奥巴马任期结束之际,美利坚合众国已然变成了"美利坚分众国"(Divided States of America)[1]。

奥巴马虽然是带着强烈的"拨乱反正"色彩入主白宫的,但他也无法简单照搬新自由主义的政策配方。人口老龄化、全球产能过剩、资源约束强化所导致的潜在生产能力下降,加上劳动力市场更加富有"黏性",使单纯扩张总需求的政策撞到天花板。[2] 因此,奥巴马在经济危机中很大程度上是被动应战,总体延续了小布什政府财政货币双宽松的政策,求稳的基调十分明显。与此同时,其改革诉求主要反映在建立全民医保体系、抑制过度金融化和实现制造业回流的政策体系中。在建立全民医保体系方面,2010年3月23日,奥巴马签署国会通过的《平价医疗法》。这一被称作"奥巴马医改"的法案成为其第一任期重大政绩,也是美国第一次建立覆盖全国的强制性医保体系。在抑制过度金融化方面,奥巴马促成了《多德-弗兰克华尔街改革和消费者保护法》(简

---

[1] PBS, "Divided States of America," Frontline, January 17–18, 2017, available at: https://www.pbs.org/wgbh/frontline/film/divided-states-of-america/.

[2] 刘鹤:《两次全球大危机的比较》,《管理世界》,2013年第3期,第1—7页。

称《多德-弗兰克法》)的出台,被认为是20世纪30年代以来美国改革力度最大、影响最深远的金融监管改革。在制造业回流方面,先后推出《美国创新战略:促进可持续增长和提供优良的工作机会》《重整美国制造业政策框架》《制造业促进法案》,成立了"先进制造伙伴关系计划"指导委员会。总体而言,奥巴马政府有着强烈的逆转新自由主义政策范式的政治冲动,并且在医保、金融监管等领域出台了与新自由主义范式截然相对的政策方案。与此同时,由于奥巴马政府面临经济危机的特殊环境,其"逆新自由主义"的政策也是不彻底的。

从政策实施效果来看,经过奥巴马的8年任期,美国经济脱离了危机,实现了复苏,但导致金融危机和由此引发的社会危机的深层根源并没有得到有效处置。首先,过度金融化的局面并没有得到改观。美国经济金融化程度尽管受金融危机影响有所回落,但很快于2009年恢复到下降前的水平,并持续保持上升态势。[①] 从政策层面看,奥巴马政府的经济刺激和救助计划客观上却起到了"劫贫济富""赏恶罚善"的效果。奥巴马在应对金融危机过程中遵循了"涓滴经济学"的假设和公司利益至上的预设,优先救助大银行。这就使得一系列的救助措施虽然解了金融机构的燃眉之急,但没有在整个华尔街处于守势的时候,利用机会有效改变金融体系的资源错配。特别是司法部门对华尔街金融机构的惩罚高举轻放,金融行业高管们继续花样翻新地发放巨额奖金,使得奥巴马政府背负了沉重的道德负担。[②] 紧随经济刺激和

[①] 裴祥宇:《美国经济金融化测度研究》,《商业研究》,2017年第1期,第91—99页。
[②] 2008年金融危机后,人们普遍认为金融机构高管会受到法律追究。格林斯潘在国会做证时也称,"很多行为就是一般意义上的诈骗行为"。但奥巴马政府司法部门并未起诉任何银行业高管,而是把矛头对准很多小型抵押贷款经纪人、贷款估值师甚至购房者。Glenn Greenwald,"The Untouchables: How the Obama Administration Protected Wall Street from Prosecutions", *The Guardian*, January 23, 2013, available at: https://www.theguardian.com/commentisfree/2013/jan/23/untouchables-wall-street-prose-cutions-obama.

救助计划之后,奥巴马政府的金融监管措施从出台到实施都遭到了金融利益集团的强力阻挠和抵制,进度和效果都大打折扣。以《多德-弗兰克法》为例,其通过时就比奥巴马政府最初的构想严重弱化,如只剥离了银行少数的衍生品交易,放宽了"沃克尔规则"的适用范围,对住房抵押贷款业务的监管着力不足,等等。在实施该法案中,更是受到了金融机构的重重阻挠。① 其次,制造业回流效果并不明显。制造业占国内生产总值的比重在2009年后周期性短暂回升,至2016年第四季度下降至11.0%。② 制造业就业人数从2008年初的近1370万下跌至2010年初的1140万,后缓慢增长至2016年底的1235万。③ 与此同时,2010年后美国制造业的劳动生产率一直停滞不前。对比金融业和低端服务业的产出和就业数据,可以发现,美国的国内生产总值增长越来越依赖于金融业和房地产为代表的虚拟经济部门,而就业则越来越依赖于低端服务业,相比而言,制造业对国内生产总值和就业的贡献都在削弱。可以认为,奥巴马时代的经济复苏与实体经济的生产率提高和就业的增加联系不大,既是一个"无生产率进步"的增长,又是一个"无就业创造"的增长,其本质并非"再工业化",而是"再金融化"④。最后,美国的贫富分化继续加剧。奥巴马虽然被很多右翼媒体称为"社会主义者",但却基本没有撼动美国的再

---

① 截至2016年7月19日,法案390项规定中,已完成274项,尚未完成但未到期的有55项;尚未完成但已到期的61项。很多未完成的条款是因为触及大金融机构利益,其中衍生品与抵押贷款改革是逾期未能实施项目最多的领域。Davis Polk & Wardwell LLP, *Dodd-Frank Progress Report*, July 19, 2016. available at: https://www.davispolk.com/files/2016-dodd-frank-six-year-anniversary-report.pdf.

② Economic Research, Federal Reserve Bank of St. Louis, Value Added by Private Industries: Manufacturing as a Percentage of GDP, available at: https://fred.stlouisfed.org/series/VAPGDPMA.

③ Economic Research, Federal Reserve Bank of St. Louis, All Employees: Manufacturing, available at: https://fred.stlouisfed.org/series/MANEMP.

④ 许平祥、周鑫:《再工业化还是再金融化——基于美国经济"二元化"的视角》,《宏观经济管理》,2018年第6期,第84—92页。

分配格局。虽然奥巴马投注大量政治资本促成"奥巴马医改"法案,通过这一法案推动社会财富的再分配,但总的来说,在奥巴马治下美国的贫富分化继续加剧。正如奥巴马自己在访谈中承认的,在2009年到2012年的金融危机恢复期,美国95%的收入增长都流向了最富裕的1%的阶层。①"不平等是美国当前最关键的问题。"②

奥巴马时代美国未能形成类似新政自由主义和新自由主义这样的新的政策范式,与此同时,美国政坛呈现出某种混乱局面。"占领华尔街"和茶党运动,不管彼此之间有多大的差异,就其纲领而言,是从左翼和右翼两个方向,试图瓦解新自由主义政策范式。③"占领华尔街"运动高举"99%对1%"的大旗,认为经济精英正系统地攫取着大众的财富,旗帜鲜明地将经济不平等作为美国的核心问题,否定了新自由主义"涓滴经济学"和"水涨船高"的神话。茶党运动代表了美国中产阶层的另一种焦虑,他们将美国人分为诚实劳动的"创造者"和寄生于他人劳动的"索取者",一方面反对奥巴马的"社会主义"倾向,拒绝政府向移民、社会下层、不劳而获和过度举债的人实施再分配;另一方面反对共和党建制派与以银行家为代表的食利者、投机者沆瀣一气。对于全球化之下的贸易协定,不管是左翼还是右翼的民粹主义,都披上了强烈的民族主义色彩,认为跨国公司和政府合谋,将中产阶层赖以维生的工作岗位转移到了国外,使美国背上了沉重的债务。可以认为,奥巴马时代开启了新自由主义政策范式瓦解之后的"乱纪元"。

---

① Emmanuel Saez,"Striking it Richer: The Evolution of Top Incomes in the United States," Econometrics Laboratory (EML) at the University of California at Berkeley, available at: https://eml.berkeley.edu//~saez/saez-USstopincomes-2012.pdf.

② Barack Obama,"Remarks by the President on Economic Mobility," Dec. 4, 2013, Washington DC. available at: https://obamawhitehouse.archives.gov/the-press-office/2013/12/04/remarks-president-economic-mobility.

③ 〔美〕约翰·朱迪斯:《民粹主义大爆炸:经济大衰退如何改变美国和欧洲政治》,马霖译,北京:中信出版社,2018年,第33—97页。

导致金融危机产生的经济根源并未消除,民粹主义在奥巴马时代开始明显抬头,为"特朗普现象"的产生埋下了伏笔。诚如自由派独立制片人迈克尔·摩尔在其 2018 年发行的纪录片《华氏 11/9》中所言,"奥巴马所做的最糟糕的事,就是为特朗普的上台铺好了路"。

三、特朗普现象:结束的开始还是开始的结束

从表面看,特朗普的当选似乎是个小概率事件。但从建制派与反建制派的竞争来看,特朗普式的候选人当选,则是大概率事件。2016 年共和党初选中,建制派早早出局,号称要"抽干沼泽"的唐纳德·特朗普和要"反抗华盛顿卡特尔"的泰德·克鲁兹成为两位党内的领跑者。而代表民主党建制派的希拉里·克林顿则受到了反建制派的伯尼·桑德斯始料未及的强劲挑战。从两党整体看,反建制派的候选人加起来实际上得到了两党多数基础选民的支持,这才是需要我们解释的现象以及做出预测的前提。奥巴马政府的八年未能解决新自由主义政策范式所引发的矛盾,由此导致了美国国内新一轮民意变动和政党重组,这是导致反建制派参选人大行其道的原因。如果从这个角度来看,特朗普当选是结果,而不是原因;是症状,而不是解药。换言之,特朗普当选是美国新自由主义政策范式面对困境的结果,也是奥巴马政府面对这一困境未能找到新的有效应对范式的结果。要理解"特朗普现象",也要从其当选之前美国所面临的困境来理解,而不能仅仅将特朗普当选作为逻辑起点,将"特朗普现象"仅仅看作其特立独行甚至怪诞随意的决策风格、决策理念的结果。以特朗普为代表的非传统参选人大批涌现,各种过去很难出现的政治主张[①]在大

---

① 不仅是特朗普,民主党人桑德斯在大选中也提出了"社会主义"的非传统政治主张。

选中大行其道,恰恰是美国深刻困境的症状。正如奥巴马的八年所昭示的,换一个更为激进的(无论在美国政治光谱中居左还是居右)政治人物,并不意味着美国新自由主义政策范式的困境就会"自动"找到解药。

特朗普上任以来,在经济政策上采取了以减税、去管制为核心的政策。2017年12月,特朗普签署并发布《减税与就业法》,大幅下调了个人所得税与企业税。在金融监管方面,2018年,特朗普政府签署《增长、放松监管与消费者保护法》,大幅放松了奥巴马时期的金融监管政策。在货币政策方面,美联储在2019年之前执行了缓慢的加息政策,加息次数较少且力度不强。2019年7月底,美联储小幅降息,这是十年来美联储第一次降息。与此同时,特朗普政府虽然未能完全撤销"奥巴马医改",但是通过行政令、诉讼、政府不主动推动等方式,延缓和阻滞"奥巴马医改"的落实。特朗普政府持续推动去管制措施,积极践行并超额完成了其"每推出一项新的管制措施,至少解除两个既有管制措施"的竞选承诺。在化石能源领域,特朗普政府的去管制措施促进了美国传统化石能源的增产和出口。可以说,奥巴马政府任内有限的"逆新自由主义"政策又遭到了特朗普政府的部分逆转和解除。

在推动新自由主义导向的经济政策的同时,特朗普政府的对外政策取向体现出鲜明的民族主义和民粹主义导向。特朗普政府对国际多边安排持强烈怀疑态度,先后退出了"跨太平洋伙伴关系协定"(TPP)、气候变化《巴黎协定》、联合国人权理事会、联合国教科文组织、美俄《中导条约》、伊朗核问题协议、北美自由贸易区。与此同时,特朗普政府开始与各方重新谈判双边经济自由化协定,力图使这些协定更加有利于美国。截至本文完稿时,特朗普政府已完成与加拿大、墨西哥的"美-加-墨自由贸易协定"、修订了美韩自贸协定,正在或即将与中国、日本、欧洲、英国谈判新的贸易协定。为了达到谈判目的,特朗普政府极限施压,大打贸易战,随意挥动关税大棒,打压经济竞争对手的龙头企业,粗暴干预微观国际经济活动,希望试图借此赢得竞争、重塑全球产业链,或以对美有利的条件与对手达成新的贸易协定。在移民政策方面,特朗普冒着美国国内民主党自由派以及世界主流舆论的批评,执意推动在美墨边境筑墙的计划,并且在美国国内实施了更为严格的反非法移民的政策。

概括而言,特朗普政府在经济上重新向自里根以来的美国两党特别是共和党的新自由主义政策范式回调。但是为了解决金融危机以后所暴露的新自由主义政策范式的内在问题,特朗普政府采取了强化民族国家对全球化管理的办法。我们可以用"民族主义"(nationalism)或"本土主义"(nativism)来概括特朗普政策主张的这一方面。如果说,自里根以来的新自由主义政策范式是一种"全球化新自由主义"的话,特朗普的尝试或许可以称为"民族国家新自由主义"。"民族国家优先"鲜明地体现在特朗普政府"美国优先"的竞选口号以及政策纲领之上。这样看来,特朗普政府与奥巴马政府一样,都试图解决新自由主义政策范式所带来的问题。只不过奥巴马政府试图从美国政治光谱的左翼出发,对新自由主义政策范式进行全面检讨。其政策取向特别是金融管制、全民医保等措施从根本上是反新自由主义的。只不过鉴于危机后美国经济恢复增长的需要以及新自由主义范式共识的强大,奥巴马的政策并不够彻底。而特朗普在新自由主义范式的基础上,强化民族国家的力量,试图以此对新自由主义进行限制和修正。具体而言,特朗普政府一是从倾向于经济全球化收缩为倾向于美国优先;二是在外交领域试图收缩战线,减少在全球推进新自由主义、维持以新自由主义为基础的全球秩序的成本。当然,在外交领域的收缩事实上在奥巴马政府时期已经开始,突出表现就是美国开始从伊拉克、阿富汗撤军。特朗普只是将这一趋势做得更加极端、更加激进而已。

实际上,如果我们将观察的对象前移四年,回顾在2012年大选中代表共和党与奥巴马角逐的罗姆尼,我们会发现其竞选主张与特朗普政府的政策颇有神似之处。罗姆尼同样主张在国内减税、去管制、创造就业岗位,在国际经济关系中同样大肆批评中国利用全球化的机会损害美国的利益。在社会问题上同样主张采取更加严格的移民政策。当然,特朗普的主张与政策远比当年罗姆尼更加极端,但是罗姆尼与特朗普的这些相似之处似乎显示,对新自由主义政策进行(本土)民族主义式的调整,在整个共和党内具有很大市场,是共和党内的一种主流调整方案。

特朗普政府在经济政策领域重回新自由主义的政策范式,然而其(本土)民族主义的政策取向又对新自由主义构成了致命的打击。新自由主义的根本逻辑是超越国家的资本逻辑。在这一逻辑之下,任何阻碍资本获取更大利益、实现更高效率的人为障碍理论上都应该拆除,包括国家边界。冷战结束后日益兴盛的多边自由贸易协定、投资便利化措施正是新自由主义的题中应有之义。这一逻辑的自然结果,就是改变了财富沿国家边界分配的规则,使其在全球范围内按照阶级或阶层分配。世界上一些发展中国家与发达国家之间的整体差距在缩小,但是全球最富裕的阶层与最贫困的阶层之间的收入差距在迅速扩大,无论这些最富裕阶层和最贫困阶层身处发达国家还是发展中国家。特朗普的政策方案针对的就是这一现象。虽然在国内经济政策上结束了奥巴马政府的加强管制的倾向,但是在国际经济政策以及外交政策上则倾向于加强国家管制,特别是利用了美国超强的综合国力,突出美国作为民族国家对资本、商品、技术流动的管制作用。特朗普政府试图通过贸易战重新组合全球产业分工,将制造业带回美国;试图退出多边经济自由化协定,谋求对美国更加有利的制度安排;试图通过限制高科技及人才的流动、保护所谓"国家安全创新基础"(National Security Innovation Base)[①]来保持美国在关键

---

① The White House, National Security Strategy, December 2017, p.21, available at: https://www.whitehouse.gov/wp-content/uploads/2017/12/NSS-Final-12-18-2017-0905-2.pdf.

科技领域的领先地位。这些政策的实质是调整经济要素在全球的自由流动,使其有利于美国这一民族国家,而非美国国内的特定阶层。从理念上说,这与新自由主义的主张是完全对立的。

特朗普推动对新自由主义政策范式的重构取得的效果是混杂的。尽管对特朗普上任后美国经济的增长应该归功于特朗普的政策还是经济周期惯性作用仍有争议,但不可否认的是,特朗普上任后美国经济增长的数字是靓丽的。美国经济至2019年已实现了连续10年的增长,且在特朗普任内增长有加快的趋势。不过如果从解决过去几十年新自由主义政策范式所产生的问题来看,特朗普的政绩就比较复杂了。按照白宫的统计,自特朗普上任后,美国总体失业率降低到40多年来最低位,非裔、拉丁裔、亚裔等族群的失业率均创下历史最低纪录;青年、妇女、老兵等群体的失业率均降至几十年来最低水平。[1] 这些无疑都是缓和社会矛盾的政绩。不过在失业率快速下降的同时,在特朗普上任后的两年时间里,美国劳动参与率仍未能实现相应增长。特朗普大规模推动减税,虽然会惠及多数人,但是富裕阶层获益程度仍远远高于中下阶层,进而会扩大贫富差距。根据美国经济学家的估算,2019年从特朗普政府减税法案中获益最大的四组人群分别是家庭年收入10万—20万美元、20万—50万美元、50万—100万美元、100万美元以上的阶层,增幅在3%—4%;而年收入低于10万美元以下的人群获益不仅全部少于以上四个高收入阶层,增幅仅有0.6%—2.6%,而且呈现收入越低、增幅越低的趋势。[2] 换言之,美国中低收入阶层的收入增长并未能跟上中高收入阶层。美国国会研究

---

[1] The White House, Trump Administration Accomplishments, available at: https://www.whitehouse.gov/trump-administration-accomplishments/.

[2] Ernie Tedeschi, "Preliminary Distributional Analysis of the House, Senate, and Final Conference Tax Bills", available at: https://twitter.com/ernietedeschi/status/941867326256877568?ref_src=twsrc%5Etfw&ref_url=about%3Asrcdoc.

局报告也指出,特朗普政府的减税措施使美国企业税负降低了近一半,但是对个人税负的影响则很小。① 这无疑也是更有利于资本盈利而非减少贫富差距。与此同时,美国股市持续上涨。2017年1月特朗普上任时,道琼斯指数为近20000点,而两年半之后,这一指数已上涨到26000点左右。对于有钱投资于股票市场、有机会获得公司股票分红的中高收入人群而言,这是一场资本的盛宴;然而,股市的持续上涨意味着贫富阶层财富的进一步拉开。在制造业回流方面,美国对自中国进口商品多次加征关税,客观上诱使美国制造业企业离开中国。但是这些离开中国的美国企业绝大多数都在中国周边寻找新的生产基地,特朗普政府希望制造业回流本土的想法并未实现。事实上,自特朗普上任后美国整体就业岗位增加近600万个,其中美国制造业就业岗位增加31万个左右。然而美国制造业在经济总量中占10%左右,如果按照这一比例增长,制造业需要增加就业岗位60万个左右。也就是说,制造业就业岗位的增长数字甚至未能跟上美国经济增长带来的整体就业岗位的增长速度,更遑论国外的制造业岗位回归。② 美国学者的研究表明,在特朗普政府任内,不同族裔之间、不同产业之间、不同地区之间的经济差距并未缩小。图1显示,尽管非裔美国人的失业率已经降至史上最低,但是其收入水平仍然远低于白人且持续扩大,目前仅有白人的76.3%。图2显示,美国汽车产业工人的小时工资水平继续在低位徘徊,从2003年超过30美元/小时的水平跌至2019年的23.4美元/小时,其收入水平并未能

---

① Congressional Research Center, *The Economic Effects of the 2017 Tax Revision: Preliminary Observations*, available at: https://www.everycrsreport.com/files/20190522_R45736_8a1214e903ee2b719e00731791d60f26d75d35f4.pdf.
② Jodi Xu Klein, "Donald Trump Said His Tariffs on Chinese Imports Would Bring Factory Jobs Back to the US, But That's Not Happening", *The South China Morning Post*, August 1, 2019. available at: https://www.scmp.com/news/china/diplomacy/article/3021007/donald-trump-said-his-tariffs-chinese-imports-would-bring.

跟上美国国内生产总值增长的速度。而汽车产业工人中的相当多数正是在 2016 年大选中让特朗普赢得大选的中低收入的蓝领阶层,也是特朗普上任后最希望回报的人群。图 3 对比了以纽约市为代表的沿海大城市和以密西西比州为代表的南部城乡混合地带的小时工资水平。自 2017 年以来,两者差距不断拉开,纽约市小时工资呈快速上升趋势,而密西西比州收入水平波动较大且整体下降。此外,美国每月领取食物券的贫困人口从 2007 年 1 月的超过 4200 万人下降到目前的 3700 万以下,这是特朗普政府经常引用的一个贫困人口减少的例证。但是如果将考察的时程放得更长,就会看到这一数字在 2013 年达到将近 4800 万的高位后一直在持续下降。特朗普政府取得的成绩只是在继续奥巴马政府开启的势头。目前这一数字与 2008 年金融危机前的不到 2800 万仍有相当距离。

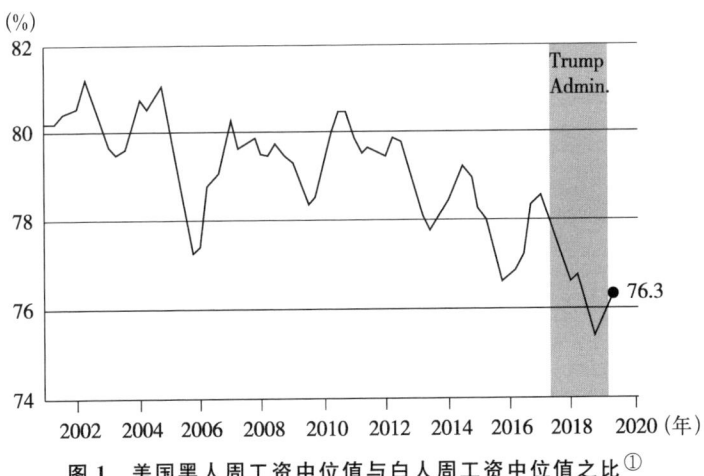

图 1　美国黑人周工资中位值与白人周工资中位值之比①

---

① Steven Rattner,"The Trump Economy Is Leaving Many Americans Behind", *The New York Times*, July 10, 2017. available at:https://www.nytimes.com/2019/07/10/opinion/trump-economy.html.

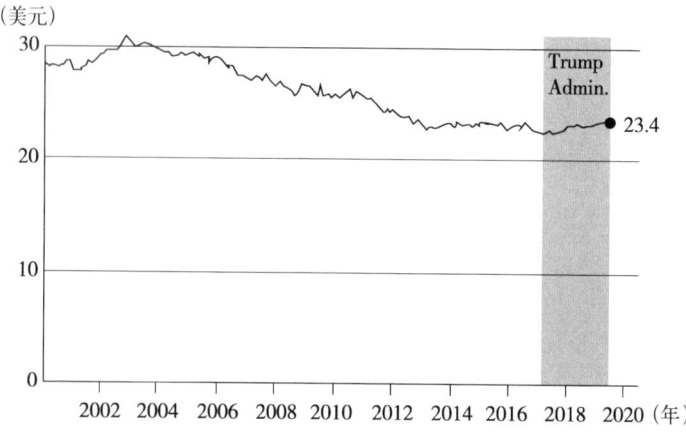

图 2　美国汽车产业工人小时工资变化情况①

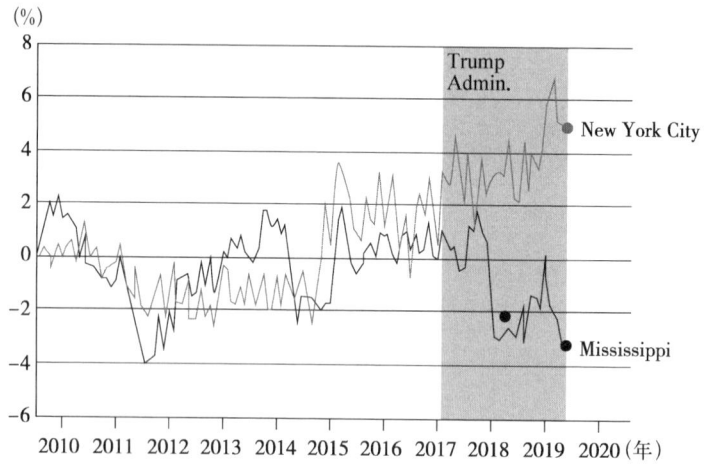

图 3　美国纽约市与密西西比州每小时工资对比②

特朗普政府所采取的(本土)民族主义与新自由主义结合的方式是否能解决 20 世纪 80 年代以来新自由主义政策范式所产

---

① Steven Rattner,"The Trump Economy Is Leaving Many Americans Behind."
② Steven Rattner,"The Trump Economy Is Leaving Many Americans Behind." available at:https://www.nytimes.com/2019/07/10/opinion/trump-economy_html.

生的弊端仍很不确定。从以上数据可以看出,特朗普在国内采取的新自由主义路径仍然一如过去,在"自然产生"问题或者加剧问题。与此同时,特朗普在对外政策上选择民族主义倾向,至少是尚未能证明可以有效地缓解问题。特朗普执政两年半以来,总体支持率始终在一个"低而稳定"的水平上徘徊,美国国内民众对特朗普的态度呈现高度两极分化的态度。这样就意味着特朗普的政策组合同样未能得到国内多数人的支持。即便是在最靓丽的经济政策方面,特朗普的支持率在 50%—55% 之间,也仍有 45% 左右的不认可度。① 因此,在特朗普政府任期之内,美国寻找可以替代新自由主义政策范式或者解决新自由主义范式弊端的新共识的努力仍然没有看到曙光,美国社会也远未就此达成共识。

四、旧范式下的政治困境与新共识的难产

从奥巴马到特朗普,美国两党两位总统都试图寻找新的政策范式共识,或者消除旧政策范式弊端。在这一过程中,美国社会民意高度分裂。担任总统前,奥巴马缺乏联邦层面的政治实践经验,特朗普则是完全没有任何政治经验的素人。美国选民选择这样两位政治人物,本身就体现了美国社会急于摆脱旧范式而寻找新路的心理。在这个意义上,新自由主义政策范式中民主党的代表人物、"新民主党人"的代表人物希拉里·克林顿在 2008 年初选败给奥巴马、2016 年大选再败给特朗普绝不是偶然的。

值得深思的是,奥巴马与特朗普在过去 10 年时间内为美国开出了两套截然不同的"药方",民主党人与共和党人在应对新自由主义政策范式的问题过程中出现了越来越强烈的党派划线、为

---

① President Trump Job Approval-Economy, available at: https://www.realclearpolitics.com/epolls/other/president_trump_job_approval_economy-6182.html.

反对而反对的现象。这种政治极化现象在相当大程度上正是新自由主义政策范式的结果。在新自由主义政策范式形成和兴起的过程中,美国政治光谱不断右移,与此同时政党政治的极化不断增强。当然,造成政治极化趋势的原因是多种多样的,20世纪60年代的民权运动及其所带来的政党重组,以及70年代以来不断攀升的贫富分化是政治极化的基本背景。在技术层面,政党初选、选区重划、国会规则等方面的制度变迁也直接或间接导致了政治极化现象。① 除了上述这些,新自由主义产生的经济不平等与民主政治衰落相互强化,也是造成政治极化的重要原因。②

政治学者弗朗西斯·福山指出:"机会均等下的经济不平等本身不一定是坏事,只要它能刺激创新和发展。但是如果经济赢家寻求将自己的财富转换成不平等的政治影响力,就会在政治上造成大问题。"③美国政治当中经济不平等造成政治影响力的不平等正越来越明显。金钱在美国选举政治和议会政治中的作用越来越大。从2000年到2018年,美国游说资金从14.5亿美元上涨到34.5亿美元。④ 1980年到2016年,总统大选花费从9230万美元上涨到14.4971亿美元。⑤ 财富不但面向政治精英,通过选举

---

① 节大磊:《美国的政治极化与美国民主》,《美国研究》,2016年第2期,第62页。
② Nolan McCarty, Keith T. Poole, Howard Rosenthal, *Polarized American: The Dance of Ideology and Unequal Riches*, Cambridge, Massachusetts: MIT press, 2006, pp. 71-114. 汪仕凯:《不平等的民主:20世纪70年代以来美国政治的演变》,《世界经济与政治》,2016年第5期;寿慧生、张超:《美国不平等的政治经济学分析》,《世界经济与政治》,2017年第10期;付随鑫:《美国不平等和政治极化关系探析》,《美国问题研究》,2017年第1期。
③ 〔美〕弗朗西斯·福山:《政治秩序与政治衰败:从工业革命到民主全球化》,毛俊杰译,桂林:广西师范大学出版社,2015年,第423页。
④ Statista, "Total Lobbying Spending in the United States from 1998 to 2018 (in billion U.S. dollars)", available at: https://www.statista.com/statistics/257337/total-lobbying-spending-in-the-us/.
⑤ Statista, "Fundraising and Spending in U.S. Presidential Elections from 1976 to 2016 (in million U.S. dollars)", available at: https://www.statista.com/statistics/216793/fundraising-and-spending-in-us-presidential-elections/.

和游说越来越多地介入政治,也通过基金会、智库、行动委员会等在全社会传播理念、设置议题、塑造民意。由此,经济精英掌握了与其数量规模完全不成比例的政治影响力。据美国学者马丁·吉恩斯(Martin Gilens)和本杰明·佩奇(Benjamin Page)对1779个政治议题的分析,经济精英和代表商业集团利益的组织对美国政府的政策制定具有实质性的影响,而普通民众和大众性的利益集团则几乎没有独立的影响力。从实证的角度上,能够解释美国政策的范式既不是多数至上的选举民主(Majoritarian Electoral Democracy),也不是利益集团多元主义(Interest-group Pluralism),而是经济精英主导(Economic-Elite Domination)或偏向性的多元主义(Biased Pluralism)理论。①

2008年前,由于新自由主义政策范式在经济和政治上的强势,美国政治中的再分配问题往往被搁置。不管是共和党,还是多数民主党成员,都基于对新自由主义基本理念的认同,不再热衷于再分配议题。共和党几乎完全放弃了致力于经济平等的再分配议题。而民主党对于共和党减税、缩减支出、限制福利、打压劳工阶层等政策基本采取放任和配合的态度。② 1980年后,在民主党的政治纲领中,关于社会福利的论述大幅下降。③ 与此同时,两党政治的极化则表现在:共和党与社会保守派、基督教福音派的联合越来越紧密,不断通过"枪、上帝和同性恋"(Guns, God, and Gays)等道德议题对保守派选民进行动员;民主党则将致力

---

① Martin Gilens, Benjamin Page, "Testing Theories of American Politics: Elites, Interest Groups, and Average Citizens", *Perspective on Politics*, 2014, Vol. 12, No. 3. pp. 564–581.

② 在经济不平等逐渐拉大的过程中,共和党与民主党并不是意见相左的对手,反而是一个戴着黑帽子,另一个戴着颜色越来越灰的帽子的伙伴。〔美〕雅各布·哈克、保罗·皮尔森:《赢者通吃的政治》,陈方仁译,上海:格致出版社,2015年,第231页。汪仕凯:《不平等的民主:20世纪70年代以来美国政治的演变》,第19页。

③ John Gerring, *Party Ideologies in America, 1828–1996*, Cambridge University Press, 1998, p. 205.

于普遍福利的政治纲领,改变为基于特定群体(种族、性别、性向等)利益的政治纲领,两党均围绕身份政治投入了巨大的政治资源,文化分歧愈演愈烈。

总之,新自由主义在美国政治光谱右移、政党极化加剧的过程中,发挥了十分重要的作用。而这样的局面从政党政治层面造成了以下几方面的后果,其一,选民诉求与党派代表性的"断裂",回避再分配问题、陷入道德缠斗的两党政治难以有效回应占大多数的普通民众的实质性诉求;其二,政治极化使得两党更容易陷入僵局,更容易被少数极端分子操控,使得美国复杂的权力制衡体系在党派恶斗中日益演变为一套"否决政治",损害了国家治理能力,即便以往政治化较弱的司法分支也难以幸免;其三,保守派在经历了30年的主导地位后,已经形成了一套基于经济不平等、获益于经济不平等并致力于维持经济不平等的治理体系,这套体系既有强大的利益基础,也有强大的理念感召力,不但对政治精英有很强的操控力,对普通民众的认识和行为也形成了强大的塑造力,具有很强的黏性和惯性。

一旦西方民主政治的困境和资本主义金融危机产生共振,就很难在既有的体系中找到解决问题的系统性措施。奥巴马无法通过团结多数建制派回应民众诉求,其有限的"逆新自由主义"举措也很快遇到强大的阻力。在此背景下,美国国内的民粹主义在奥巴马任内快速崛起,从而为"特朗普现象"提供了思想基础。待到特朗普上任后,民主党利用各种机会打击特朗普,美国国内主流舆论对特朗普长期采取敌视的态度,美国国内知识界主流对特朗普政府避之不及,都是政治极化的反映。

简而言之,2008 年金融危机后美国国内走向的迷失已经超过 10 年,新的政策范式迄今仍未找到,很大程度上是由于新自由主义政策范式造成的极化政治大大削弱了美国国内寻找新政策共识的能力。如果我们将特朗普国内经济政策向新自由主义的回归看作理解"特朗普现象"的重点,那么特朗普可谓"开始的结束",他似乎要终结奥巴马开始的对新自由主义范式的反动,尽管他也不会简单地回归 2008 年之前的政策范式;但如果我们将其通过民族主义举措对新自由主义的"背叛"与重构看作理解"特朗普现象"的重点,那么特朗普与奥巴马一样,是"结束的开始",他与奥巴马都处于尝试结束新自由主义政策范式的漫长开端,尽管两人的取向从表面上看是如此不同。

"解构行政国":特朗普保守主义国内政策的目标[①]

张业亮

特朗普就任之后,把经济民族主义、国家安全和主权、"解构行政国"作为其国内外议程的三大目标,试图扭转奥巴马政府期间美国公共政策制定的自由主义取向,恢复美国在全球经济和贸易中的首要地位,通过扩大防务开支来增强美国军力,保持美国在全球化时代的安全。自上任以来,特朗普政府的内政外交政策大致循着这三大目标,分别形成了三套相互关联的政策思想和实践,即在经济和贸易政策上,奉行"美国优先"政策,体现了"经济民族主义"思想;在外交和安全政策上,强调"保护美国主权和安全",体现了"让美国再次伟大"的思想;在税收和财政开支、医疗保险、环保、能源和气候变化、枪支管控、网络管理、投资和贸易、金融、劳工权益、行政管理等领域的政策则体现了"解构行政国"的思想。

所谓"解构行政国",指废除和削减联邦行政机构制定的妨碍美国经济增长的规制,废除和退出第二次世界大战后形成的自由

[①] 本文此前发表在《美国研究》2018年第6期,在收入本文集前根据北京大学历史学系王希教授的意见又做了修改和增补。文章的错误和疏漏由笔者负责。

主义国际经济秩序中对美国权力产生制约的金融、贸易、投资规则和相关条约。"解构行政国"是特朗普政府内外政策重要议程之一,也是国内政策议程的一个重要目标。正如"经济民族主义"和"美国优先"为我们理解特朗普政府经济贸易政策提供了一个分析视角一样,"解构行政国"成为理解特朗普国内政策、解释其决策背后动因、认识纷繁复杂的美国政治形势和"特朗普现象"的一个重要方面。本文拟在对行政国的概念及其在美国的发展进行扼要评述的基础上,分析特朗普政府把"解构行政国"作为国内政策主要目标的原因,他为实现这一目标制定的路径和具体政策措施,探讨其对美国政治和经济的影响以及面临的挑战。

一、"行政国"的概念及其在美国的发展

"行政国"(administrative state)①是20世纪40年代末出现的一个政治学词汇,指的是庞大而复杂多样的行政机构通过规制对各种形式的社会活动进行监管的一种政府形式。它通常被用来描述行政机构在一个国家的政府中过度扩张的现象,即行政部门占有极其重要的地位。在行政国中,虽然立法、司法权还存在,但行政组织与运作变得特别重要,行政机构和行政人员大量增加、行政职能大为扩张、行政权力大大膨胀、行政自由裁量大为增长。从最宽泛的意义上,行政国这一术语还可泛指由国会立法建立并拥有制定和实施规章的行政机构。

作为一种学术研究的概念和理论,"行政国"一词最早由美国行政管理学家德怀特·沃尔多(Dwight Waldo)在1948年出版的经典公共管理教材《行政国:美国行政学的政治理论研究》一书中

---

① "行政国"也可翻译为"行政国家"。

提出，①后由德裔美国政治学家弗里茨·莫斯坦·马克斯(Fritz Morstein Marx)于1957年发表的《行政国：科层体制概论》等研究成果②，进一步发展成为一种确认的理论和公共行政的研究领域。

在美国，行政国由名目众多的行政机构组成，但主要指联邦政府独立规制机构(independent regulatory agencies)。美国联邦机构依据组织形式、领导类型、功能大小、是否独立于总统、财政是否独立于国会，大致可分为内阁部(cabinet department)、独立行政机构(independent executive agencies)、独立规制机构、政府公司、联邦基金会(federal foundations and endowments)，共计五类。③ 其中，独立规制机构指的是负责某个具体公共政策领域、制定和实施经济和社会领域某部门的私人活动规则、保护公共利益的机构，如美国联邦储备系统(The Federal Reserve System，FRS)、联邦贸易委员会(Federal Trade Commission，FTC)、证券交易委员会(U.S. Securities and Exchange Commission，SEC)、联邦通信委员会(Federal Communications Commission，FCC)、美国环境保护署(U.S. Environmental Protection Agency，EPA)、核管理委员会(Nuclear Regulatory Commission，NRC)等。独立规制机构是通过国会授权立法就所设机构的名称、目的、构成和权力做出具体规定后建立的。譬如，联邦贸易委员会是1914年根据《联邦贸易法》设立的，该法禁止不公平和欺骗性

---

① Dwight Waldo, *Administrative State: A Study of Political Theory of American Public Administration*, Routledge: Taylor and Francis Group, 2006.

② Fritz Morstein Marx, "The Administrative State: An Introduction to Bureaucracy," *Science*, Vol. 127 (No. 4, 1958).

③ 也有把美国行政机构分为内阁部和独立机构，其中独立机构按照属性的不同又进一步分为独立行政机构(independent Administrations)、独立规制委员会(independent Regulatory Commissions)、非规制性独立委员会(Independent Non-regulatory Commissions)和政府公司(Government Corporations)四类。

的贸易活动,规定了该机构在指控违反该法的个人或组织时必须遵守的程序,授予联邦贸易委员会以实施该法为目的而拥有制定规则和规章的权力、对商业活动进行调查的权力、从跨州的公司获得商业活动报告的权力、调查可能违反联邦反托拉斯法的权力,以及公布调查发现、建议新的立法、举办听证和裁决涉及联邦贸易委员会规章的联邦贸易纠纷的权力。授权立法使独立规制机构成为一个有权势的组织。尽管美国宪法对独立规制机构只字未提,但它们可以制定与国会的立法具有同样效力的立法规章(legislative rules)或实质性规章(substantive rules),一些独立规制机构甚至还享有一定程度的司法权,这使它们对美国社会和经济的影响不亚于总统、国会和法院的影响。由于独立规制机构集立法、行政和司法权力于一身,所以又被称为"第四政府部门"。

行政国的产生源于美国联邦政府在行政实践中对经济和社会治理的需要,也与当时美国总统所持有的进步主义理念不无关系。概而言之,行政国起源于19世纪末美国工业化时期,成形于20世纪头十年的进步主义时期,在"罗斯福新政"(1932—1941)和"伟大社会"①时期获得发展,在最近数十年特别是奥巴马执政后得到显著扩张。

在美国建国之初,几乎不存在联邦政府对经济的监管。当时的美国人对英国国王乔治三世的殖民统治记忆犹新,因此拒绝政府对私人事务的干预。南北战争为美国的工业发展开辟了道路,工业革命改变了美国的经济结构,约翰·洛克菲勒、安德鲁·卡内基、亨利·福特等巨头建立的垄断大财团的出现影响了美国人的生活。这些发展和变化改变了美国人对待联邦政府对经济监

---

① "伟大社会"指美国总统林登·约翰逊在1964年提出的国内改革计划。他宣称:"美国不仅有机会走向一个富裕和强大的社会,而且有机会走向一个伟大的社会。"

管的态度,导致民众不信任新的"大商业"精英阶层,催生了平民主义运动,也促使联邦政府在19世纪80年代通过立法建立独立的规制机构。1887年,联邦政府通过了《州际商业法》(Interstate Commerce Act),对当时最有权势的私营部门——铁路业——进行监管,同时成立了第一个联邦独立管制机构——州际商务委员会(Interstate Commerce Commission, ICC)。1890年,国会通过了《谢尔曼反托拉斯法》(The Sherman Antitrust Act,中文简称《谢尔曼法》),该法与以后国会通过的遏制垄断的立法统称为"反托拉斯法",旨在对垄断财团的经营活动加以规范。这些机构的建立和相关立法的通过,标志着现代联邦政府对经济进行规制的开始。

19世纪末20世纪初是美国政治的进步主义运动时期(Progressive Era)。"进步主义运动"是一场广泛涉及社会政治和经济的改革运动。当时,垄断资本与城市工人和城乡中、小资产阶级的矛盾逐渐加剧,政治普遍腐败,犯罪和贫困的情况日趋严重,出现了推动改革运动兴起的所谓"黑幕揭发者"。1906年,美国作家厄普顿·辛克莱尔(Upton Sinclair)的小说《屠场》(*The Jungle*)问世,对美国肉制品生产企业进行了尖锐的揭露和批判,引起社会,特别是刚刚成立的美国全国消费者协会(National Consumer's League)对食品生产企业的生产条件、卫生状况和产品质量的关注,也先后引起美国总统西奥多·罗斯福、威廉·塔夫脱和伍德罗·威尔逊的关切,促使国会通过了一些新的监管法律。其中,在保护消费者权益方面,1906年通过的《联邦肉类检查法》(Federal Meat Inspection Act)和《纯净食品和药物法》(Pure Food and Drug Act),以及1912年和1913年先后通过的两个修正案,进一步完善了食品安全法规。在反托拉斯法方面,1903年国会通过了《埃尔金斯法》(Elkins Act),规定铁路业要恪守它所公布的运费,禁止对大公司降低运费和给予回扣。1906年,国会通过了《赫伯恩法》(Hepburn Act),扩大了州际贸易法的范围和州际贸易委员会的权力,授权它决定运价和命令运输公司遵守相关规定,但铁路可向法院申诉,只有经过法院裁决,州际贸易委员会关于运费的决定才能有效。1913年颁布的《估价法》(Valuation Act)又使州际贸易委员会取得了估价铁路财产的权力,以此作为制定合理运价的依据。1914年,国会通过《克莱顿法》(Clayton Act),进一步明确了《谢尔曼法》反托拉斯条款中模糊的部分,对一些具体的商业活动明确提出了禁止或限制的规章。同年,国会通过《联邦贸易委员会法》(Federal Trade Commission Act),成立联邦贸易委员会,调查不公平竞争等贸易活动。借助以上法律及依法建立的独立规制机构,联邦政府扩大了对经济监管的权力和范围,行政国在美国初步成形。

1929年,美国爆发了空前的经济危机。为促使美国经济尽快复苏,富兰克林·罗斯福总统采取了一系列措施,即推行了"新政",加强了联邦政府对经济的干预。1933年,国会通过《银行法》(Banking Act),继而联邦储蓄保险公司(Federal Deposit Insurance Cooperation)问世,通过对储蓄的担保来保护多数储户的利益。1934年颁布的《证券法》(Securities Act)和《1934年证券交易法》(Securities Exchange Act of 1934)进一步强化了联邦政府对股市的监管,对恢复投资者的信心起到了很大作用,联邦证券交易委员会应运而生。1935年通过的《社会保障法》(Social Security Act)通过提供保险的形式保障了老年人、失业人和残疾人的收入安全。同年颁布的《联邦失业税收法》(Federal Unemployment Tax Act),则建立了向符合条件的个人提供失业补偿的国家制度。在劳工立法方面,1932年颁布的《诺里斯—拉瓜迪亚法》(Norris-La Guardia Act)和1935年颁布的《全国劳工关系法》(又称《瓦格纳法》,Wagner Act),允许雇员组织工会,集体主张权益。根据《瓦格纳法》,全国劳工关系委员会(National

Labor Relation Board, NLRB)宣告成立。总之,"罗斯福新政"进一步加强了联邦政府对经济的监管,并把监管的范围从经济领域扩大到社会生活方面,行政国由此得到极大的发展。

在罗斯福之后,特别是在约翰逊政府和"伟大社会"时代,随着国会为保护民权、消除贫困、实施环境保护、保障消费者安全等问题加强立法,一系列新的独立管制机构相继成立,行政国得到进一步扩张。1964年颁布的《民权法》(Civil Rights Act)规定,全体公民在选举、接受教育、居住公共设施和接受联邦援助方面享有平等的权利,禁止因种族、肤色、宗教、性别或民族等因素而实行就业上的歧视。同年成立的平等就业机会委员会(Equal Employment Opportunity Commission)授权政府不向实行种族歧视的公共机构提供资金。1965年出台的《水质量法》(Water Quality Act)针对各州跨越州际的河流颁布了水质量标准,并授权建立了联邦水污染控制局(Federal Pollution Control Administration)。尼克松政府时期,国会于1970年颁布的《职业安全和健康法》(Occupational Safety and Health Act)催生了职业安全与卫生署(Occupational Safety and Health Administration,OSHA)。1972年颁布的《消费者产品安全法》(Consumer Product Safety Act)则促成了永久性的联邦政府独立机构——美国消费者产品安全委员会(United States Consumer Product Safety Commission)的成立,并授予其制定安全标准、召回可能导致消费者伤亡的产品等广泛的权力。在尼克松总统第一任期内,国会还先后通过了《清洁空气法》(Clean Air Act)、《水质改进法》(Clean Water Act),以及《资源保护和恢复法》(Resource Conservation and Recovery Act),并成立了美国环境保护署(U.S. Environmental Protection Agency)。

卡特总统和里根总统时期的"去规制化"政策,使行政国的扩张势头受阻。卡特政府时期(1977—1981),为了应对经济下滑和日益上升的联邦赤字,联邦政府放松了对经济特别是航空业和汽车运输业的监管,实施了一些去规制化的政策,主要包括:撤销民用航空委员会(Civil Aeronautics Board),给予航空公司自行决定机票价格和航线的权力;支持 1980 年通过的《汽车运输法》(Motor Carriers Act),放松对卡车运输业的监管,允许汽车运输公司自行决定运营线路和运输价格;1978 年,联邦通信委员会完成了对电视广播业的去规制化,允许美国广播公司(ABC)、美国全国广播公司(NBC)和哥伦比亚广播公司(CBS)三大有线电视网络之间开展自由竞争,以便观众可以选择多种电视频道。

里根总统是在反对行政国扩张的誓言中走马上任的。他把放松规制作为其总统任期的中心信条和经济议程的四个支柱之一,与减税、削减开支、稳定货币并列。他就任后的第一个行动就是废除联邦政府对石油价格的控制,并对白宫重新审查现有的规则制定了程序。① 在他八年的任期里,联邦政府进一步放松了对经济的规制:美国能源部的规制放松政策使私营企业用于撰写书面文件的时间减少了 80 万个小时;1970 年,国家公路交通安全管理局(National Highway Traffic Safety Administration)对汽车缺陷进行了约 15 次调查,而在里根任职的头一年,此类调查减少到 6 次;在卡特政府任期内,美国环境保护署每年向司法部递交约 200 起案件,在里根任职的头一年则不足 30 件。此外,在里根政府任期内,司法部下令拆分美国电话电报公司(AT&T)的前身——贝尔电话公司(Bell Telephone Company),使美国成为当时世界上电信行业监管最为宽松的国家。尽管由于民主党控制的众议院阻挠,国会没有能够制定和实施大幅削减联邦行政机构的法律,而且里根在废除或改革独立规制机构方面也没有做出太大的努力,但是里根所信奉

---

① Joel D. Aberbach and Gillian Peele, *Crisis of Conservatism? The Republican Party, the Conservative Movement and American Politics after Bush*, Oxford and New York: Oxford University Press, Inc. 2011, p. 311.

的小政府理念却"向公众传播了行政机构刻板的负面形象"①,被保守派奉为反对行政国的圭臬。

里根政府的去规制化让消费者和企业享受到了竞争带来的好处,同时也带来了社会成本的增加,导致这一时期自由派和保守派围绕联邦政府规制的争议日趋激烈,公共舆论也明显转向反对联邦政府放松对经济的规制。在这样的情况下,克林顿政府在第一任期(1989—1994)内对银行业、电信业和其他经济部门实行了新的规制。国会于1990年通过了《清洁空气法》和《残疾美国人法》(Americans with Disabilities Act);1991年通过了《民权法》;1992年通过了《有线电视规制法》(Cable TV Regulation Act)。这一时期的美国进入到"再规制"(reregulation)时期,扭转了去规制化的趋势。

"金里奇革命"②和共和党夺取国会众议院控制权后,随着国会越来越保守,要求取消或放松对经济的规制的政治压力逐渐加大,特别是在环境、劳工权利和国际贸易领域,更是如此。金里奇所持的保守主义理念,即废除联邦规制和福利国,把权力归还给州政府和私人市场,成为国会两党多数议员共享的理念。在此背景下,美国进入到一个"再去规制化"(re-deregulation)时期。小布什在竞选期间和入主白宫后,没有像里根总统那样启动全面的反行政国议程,但他提名的许多内阁官员曾在里根政府和老布什政府任职,包括曾因与支持里根制定反环保规制的团体有联系而饱受争议的内政部长盖尔·诺顿(Gale Norton)。小布什政府把

---

① Bruce Miroff, Raymond Seidelman, and Todd Swanstrom, *The Democratic Debate: An Introduction to American Politics*, Boston, New York: Houghton Mifflin Company, 2002, pp.361-362.

② 纽特·金里奇(Newt Gingrich,1943—),美国政治人物,1978年当选国会众议院议员,后成为国会共和党保守派领袖。在他的率领下,共和党在1994年中期选举中赢得了众议院多数,终结了民主党自1954年以来在国会众议院长达42年的主导地位。在他担任国会众议院议长期间(1995—1999),他与追随者以"与美利坚的契约"为纲领,在国会推行一系列保守主义改革举措,企图以此推动美国社会向保守转变,被称为"金里奇革命"。

放松联邦规制的重点放在环保、生产安全等领域,如放松了克林顿政府后期制定的工作场所和环境规制,废除了克林顿政府制定的减少饮用水中的砷含量的规定和禁止在国家森林修建公路的规定等。这引发了国会民主党和共和党温和派人士的反对,他们认为小布什总统的做法是以损害公共利益为代价,为公司谋取利益。① 在行政机构改革方面,小布什在《政府业绩和效果法》(Government Performance and Results Act)的基础上增加了"计划评估率工具"(Program Assessment Rating Tool),从而把对绩效的关注点延伸到了项目上。② 这一时期,行政国的发展再次受挫。

奥巴马是在美国面临20世纪30年代以来最严重的金融和经济危机的背景下入主白宫的。为了推动美国经济尽快复苏,稳定美国的金融体系和市场,维持美元在国际上的主导储备货币地位,奥巴马政府加大了对经济的干预。在执政的头两年,奥巴马政府推动国会通过了一系列立法,并建立了相应的监管机构,以加强联邦政府对经济、金融机构、市场和金融产品的监管。在共和党夺回对国会参众两院的控制权后,奥巴马政府又采取颁布行政命令的方式,绕过国会来推进其政策议程,将行政国作为一种"没有国会治理"的治理方式。③ 根据特朗普政府的统计,奥巴马政府共制定和实施了3000多部法规,花费了美国纳税人8730亿美元。④ 在奥巴马治下,行政国得到空前的扩张。

---

① Bruce Miroff, Raymond Seidelman, and Todd Swanstrom, *The Democratic Debate: An Introduction to American Politics*, p. 362.
② Ed Crego and Frank Islam, "The Need for Reconstruction, Not Deconstruction, of the Administrative State," *Huffington Post*, March 13, 2017, available at: https://www.huffingtonpost.com/entry/the-need-for-reconstruction-of-the-administrative-state_us_58c31a12e4b0c3276fb784bf.
③ Ibid.
④ "Trump Ordered New Task Force Push to Eliminate Red Tape," *Fox News*, February 24, 2017, available at: http://www.foxnews.com/politics/2017/02/24/trump-orders-new-task-force-push-to-eliminate-red-tape.html.

从美国行政国的发展简史可以看出,行政国是联邦政府为适应经济和社会治理的需要而产生的,其规制的领域不断扩大,目前已涉及美国经济和社会的方方面面;大体而言,民主党和自由派基本上都主张扩大行政国以及加强联邦政府对经济和社会的监管,而共和党和保守派基本上都反对行政国,主张废除和放松联邦政府对经济和社会的监管。

二、特朗普政府把"解构行政国"作为其国内政策目标的原因

"解构行政国"的概念是由史蒂夫·班农(Steve Bannon)首先提出的。2017年2月,时任特朗普政府首席战略顾问的班农在马里兰州召开的保守主义政治行动大会上发表演讲,将特朗普政府的议程分为三部分,即推行经济民族主义、保护国家主权和安全、解构行政国,并宣称"解构行政国"是特朗普政府三个核心政策目标之一,其他两大目标是保护美国的安全与振兴美国的经济和贸易。[1]

所谓"解构行政国",是指废除和削减联邦行政机构制定的妨碍美国经济增长的规制。班农称:"进步主义左派管理国家的方式是,如果他们不能使政策主张以法律的形式在国会获得通过,便将之作为某个行政机构的规章制度。"[2] "解构行政国"就是要废

---

[1] Gregory Krieg, "What the 'Deconstruction of the Administrative State' Really Looks Like", CNN, March 30, 2017, available at: https://edition.cnn.com/2017/03/30/politics/trump-bannon-administrative-state/index.html; Stanley Kurtz, "The Politics of Administrative State", *National Review*, January 8, 2018, available at: https://www.nationalreview.com/corner/politics-administrative-state-mcgroarty-robbins-tuttle/; "20 Ways Trump Unraveled the Administrative State", Breitbart, available at: http://www.breitbart.com/big-government/2017/04/11/20-ways-trump-unraveled-administrative-state/.

[2] Charlie Spiering, "Steve Bannon Details Trump Agenda: Destruction of Administrative State", Breitbart, February 23, 2017, available at: http://www.breitbart.com/big-government/2017/02/23/steve-bannon-details-trump-agenda-deconstruction-administrative-state/.

除联邦行政机构近十年发布的规章以及制定和实施它们的机构。① 此外，班农所谓的"解构行政国"还包括废除和退出第二次世界大战后形成的自由主义国际经济秩序中对美国权力产生制约的金融、贸易、投资规则和相关条约，反对"全球主义精英"（globalist elites）等含义。在班农看来，"全球主义精英"所倡导的过时的治理制度阻碍了美国经济的增长，侵犯了美国的主权。班农声称，战后政治经济秩序的协调已经失败，这种秩序应该被给予普罗大众而非精英和国际机构更多权力的制度所取代。②

特朗普虽然没有使用"解构行政国"这一术语，但从特朗普在2016年总统竞选中发表的言论和就任后实施的政策来看，班农的"解构行政国"主张是被特朗普接受并付诸行动的。早在总统选举期间，特朗普就声称，"企业为执行政府的规制而花在文件上的时间远多于从事生产的时间"，承诺一旦当选将砍掉75％的联邦规制，并明确表示将废除奥巴马时期制定的环境规制。③ 2016年10月，当选后的特朗普在宾夕法尼亚州葛底斯堡发表演说时，强调将把废除奥巴马政府的行政命令、放松联邦政府对经济的规制——特别是带来财政负担的规制，作为其施政的重点。这一演说被普遍认为勾画了特朗普"百日新政"的蓝图。同年12月13日，特朗普在接受福克斯新闻的访谈时称，那些寻求政府批准的

---

① Stephanie Mencimer, "Steve Bannon Wants to Destroy the 'Administrative State', Neil Gorsuch Could be the Key", Mother Jones, April 5, 2017, available at: https://www.motherjones.com/politics/2017/04/steve-bannon-neil-gorsuch-administrative-state-chevron-deference/.

② 张业亮：《"另类右翼"及其对特朗普主义的影响》，《美国研究》，2017年第4期，第26页。

③ Rosalind S. Helderman, "On Day One, Remainders of Potential Trump Business Conflict," The Washington Post, January 20, 2017, available at: https://www.washingtonpost.com/politics/on-day-one-reminders-of-potential-trump-business-conflicts/2017/01/20/9e443748-df3f-11e6-918c-99ede3c8cafa_story.html?hpid=hp_hp-big-news6_conflicts-0553pm%3Ahomepage%2Fstory&utm_term=.d229101de7fc.

事项有时"要排队等待长达 15 年",最后却遭拒绝。他发誓要加快这一程序,放松规制。①

就任总统后,特朗普把削减规制作为其国内政策议程的重心,"发起了近十多年来反对政府规制的最具攻击性的运动",与国会共和党人一起削减现有的规制,限制联邦政府机构制定新规制的能力。② 2017 年 2 月 24 日,特朗普签署行政命令,要求各联邦机构成立清除繁文缛节的"规制改革小组"(regulatory reform task force),对现有的规章进行评估,确定哪些规章需要修改,哪些将被废除,并向总统书面报告进展情况。③ 同年 2 月 28 日,特朗普在国会参众两院的讲话中明确表示,他将把增加防务和执法开支、授权更多的基础建设工程、减少税收和规制、削减其他类型的政府项目等议程放在优先地位。④ 7 月,特朗普在出访法国期间发表演说,大肆宣扬他的政府在削减规制方面所做的努力,称"美国不是因为规制而变得伟大,我们已经削减规制到前所未有的程度"⑤。2017 年 12 月 14 日,特朗普在白宫的罗斯福厅拿起

---

① Philip K. Howard,"Six Presidents Have Failed to Cut Red Tape. Here's How Trump Could Succeed", *The Washington Post*, December 13, 2016, available at: https://www. washingtonpost. com/opinions/six-presidents-have-failed-to-cut-red-tape-heres-how-trump-could-succeed/2016/12/13/d8b4a9ae-bf1d-11e6-94ac-3d324840106c_story. html? utm_term=. b6b47b28460e.

② Juliet Eilperin,"Trump Undertakes Most Ambitious Rollback Since Reagan", *The Washington Post*, February 12, 2017, available at: https://www. washingtonpost. com/politics/trump-undertakes-most-ambitious-regulatory-rollback-since-re-agan/2017/02/12/0337b1f0-efb4-11e6-9662-6eedf1627882 _ story. html? utm _ term =. f8bd35c76575.

③ "Trump Ordered New Task Force Push to Eliminate Red Tape," Fox News, February 24, 2017, available at: http://www. foxnews. com/politics/2017/02/24/trump-orders-new-task-force-push-to-eliminate-red-tape. html.

④ David Jackson,"Trump to Talk Priorities in Prime-Time Speech", *USA Today*, February 27, 2017, available at: http://www. usatoday. com/story/news/politics/2017/02/27/donald-trump/98470506.

⑤ Kevin Corke,"Trump's Regulatory Czar Could Have a Major Impact on How American Work and Live in the Future," Fox News, July 14,2017.

一把崭新的剪刀,剪断了用来捆绑两垛象征着规制的《联邦纪事》的红带子,并阐述了他的目标:"我们今天在这里只为了一个原因,即废除规制的繁文缛节。"他发誓要把联邦规制减少到 20 世纪 60 年代的水平,表示在他的任期内,要让"美国规制的不断增长来一个突然的、发出刺耳声音的、漂亮的急刹车"①。

据统计,特朗普在宣誓就职后的一周内撤销了 24 个即将被刊登在《联邦纪事》上的重要规章,推迟了 250 个其他规制的生效时间,其中包括在同一天被冻结的美国环境保护署颁布的 30 项规则。② 根据白宫 2017 年 12 月公布的"规制和去规制行动联合议程"(Unified Agenda of Regulatory and Deregulatory Actions)报告,特朗普在就任不到一年的时间里,共取消了 67 部法规,节省了每年 5.7 亿美元的规制费用。③ 特朗普本人也声称,在他执政的 11 个月内,他的政府"取消或推迟了 1500 个已列入计划的规制行动,超过了以前历任总统"④。另根据特朗普政府信息和规制事务办公室 2018

---

① Juliet Eilperin,"Trump Pledges to Cut Regulations Down to 1960s Levels—But That May Be Impossible", *The Washington Post*, December 14, 2017, available at: https://www. washingtonpost. com/politics/trump-pledges-to-whittle-federal-regulations-down-to-1960-levels/2017/12/14/17de13a4-e119-11e7-bbd0-9dfb2e37492a_story. html? utm_term=.2f8ffd7b61e2.

② Juliet Eilperin,"Trump Undertakes Most Ambitious Rollback Since Reagan", *The Washington Post*, February 12, 2017. available at: https://www. washingtonpost. com/politics/trump-undertakes-most-ambitious-regulatory-rollback-since-reagan/2017/02/12/0337b1f0-efb4-11e6-9662-6eedf1627882 _ story. html? utm _ term =. f8bd35c76575.

③ Juliet Eilperin,"Trump Pledges to Cut Regulations down to 1960 Levels—But That May Be Impossible", *The Washington Post*, December 14, 2017, available at: https://www. washingtonpost. com/politics/trump-pledges-to-whittle-federal-regulations-down-to-1960-levels/2017/12/14/17de13a4-e119-11e7-bbd0-9dfb2e37492a _ story. ht-ml? utm_term=.2f8ffd7b61e2.

④ Kevin Corke,"Trump's Regulatory Czar Could Have a Major Impact on How American Work and Live in the Future", Fox News, July 14, 2017, available at: http://www. foxnews. com/politics/2017/07/14/trumps-regulatory-czar-could-have-major-impact-on-how-americans-work-and-live-in-future. html.

年10月17日公布的数据,在特朗普就任不到两年的时间里,联邦机构减少的规制成本高达230亿美元,废除了数百件给企业带来负担的规章;相比之下,奥巴马政府在执政的头两年对美国企业和家庭施加的规制费用高达2.45亿美元。① 可以说,"解构行政国"是特朗普国内政策议程的基本目标,或者说,特朗普政府的大部分国内政策行动都可以从"解构行政国"之举中得到解释。

特朗普之所以把"解构行政国"作为国内政策议程的目标,除了兑现其竞选承诺外,还有以下几个相互关联的原因:

(一)"解构行政国"的政策主张契合特朗普保守的政治理念

行政国自兴起以来,一直受到进步主义者和自由主义者的推崇,被作为治理国家的一种方式。进步主义者认为公共政策部门应由专家或技术官僚管理;自由派则认为行政国"不仅是美国民主的重要组成部分,而且是推动美国朝着宪法所设想的更完美的合众国目标前进的政府项目的核心"②。但保守派却对它深恶痛绝,视之为像利维坦那样的怪兽。在保守派看来,行政国以及它对自治构成的危险早在180多年前就很明显了。19世纪30年代,托克维尔在考察美国政府制度的特点时,对如何概括美国政治这一现象曾颇为踌躇,思索良久,最后将之概括为"软专制"(soft despotism)③,并在

---

① Neomi Rao,"The Trump Administration's Deregulation Efforts are Saving Billions of Dollars", *The Washington Post*, October 17, 2018, available at: https://www.washingtonpost.com/opinions/the-trump-administration-is-deregulating-at-breakneck-speed/2018/10/17/09bd0b4c-d194-11e8-83d6-291fcead2ab1_story.html?utm_term=.388290c867ff.

② "In Defense of Administrative State", available at: https://www.thecrimson.com/column/nelsons-rum/article/2017/3/6/barrette-in-defense-of-the-administrative-state/.

③ Steven F. Hayward,"The Threat to Liberty", *Claremongt Review of Books*, Vol. XVII, No. 1, Winter 2016/2017, available at: http://www.claremont.org/crb/ar-ticle/the-threat-to-liberty/.

《论美国的民主》下卷"民主国家最忌惮的专制"一章中,对"软专制"提出了有先见之明的警告。① 大致说来,保守派对行政国的敌视出于以下因素：

首先,保守主义认为行政国的制度设计违反了权力分立的原则,与开国者所设想的宪政结构不一致,是违反宪法的。美国宪法的行政权条款(executive clause)简短而模糊,仅有"行政权属于美利坚合众国总统"区区几个字,对总统作为政府首脑如何授权具体实施法律言之甚少,对联邦行政机构更是只字未提。所以,行政国是在联邦政府的行政管理实践中逐渐发展起来的。权力分立、制约平衡是宪法规定的美国政治制度的基本原则,也是政府的基本架构。按照这一原则,立法、行政、司法分别由联邦政府三大分支机构实施,但行政国特别是独立规制机构却集立法、行政、司法三权于一身,这在保守派看来是违宪的。"这些机构通过同时行使立法、行政、司法的职能否定了权力的分立,与专制统治无异",②违反了开国先贤所创立的立国根本原则。③ 美国宪法之父詹姆斯·麦迪逊在《联邦党人文集》第51篇中写道："立法、行政和司法权置于同一者手中,不论是一个人,少数人或许多人,不论是世袭的,自己任命的或选举的,均可公正地断定是虐政。"④因此,在保守派看来,"摧毁权力分立是使行政国兴起的最重要的变化"。⑤

---

① 〔法〕托克维尔：《论美国的民主》,吉家乐编译,北京：中国华侨出版社,2014年版,第426页。

② Stanley Kurtz, "The Politics of Administrative State", *National Review*, January 8, 2018.

③ Chuck De Vore, "Trump's Assault on the Administrative State Will Benefit America", Fox News, November 26, 2017, available at: http://www.foxnews.com/opin-ion/2017/11/26/trump-s-assault-on-administrative-state-will-benefit-america.html.

④ James Madison, Alexander Hamilton, and John Jay, *The Federalist Papers*, London, England: Penguin Books Ltd. 1987, p. 319.

⑤ Steven F. Hayward, "The Threat to Liberty," *Claremont Review of Books*, Vol. XVII, No. 1, Winter 2016/2017, available at: http://www.claremont.org/crb/article/the-threat-to-liberty/.

近十多年来,美国一些著名的保守派学者宣称行政国是违宪的。例如,波士顿大学法学院的加里·劳森(Gary Lawson)20 世纪 90 年代初在《哈佛法学评论》上写道:"现代行政国不仅是违宪的,而且是反宪法的。美国宪法正是为了防止出现这种机构而设计的。"他说:"摧毁权力分立原则也许是现代行政国皇冠上的宝石。"①

其次,保守主义者认为行政国是自由和宪政的敌人。有关行政国的争议的实质,是政府中没经过选举的机构是否应拥有立法和执法的权力这一问题。在保守派看来,国会把其拥有的立法权不合适地委托给了行政机构,这些行政机构反过来滥用并扩大了这一权力;与此同时,充斥着未经选举的官僚的独立规制机构事实上起着法院的作用,而制定规制的官僚由于不是选举产生的,所以缺乏可信性;最为甚者,规制机构做出的行政裁决普遍回避了宪法规定的适当程序条款。② 保守主义者还从个人自由和自由企业制度的角度对行政国提出了批评。保守主义者把财产权和经济自由视为仅次于民权和政治权利的权利,③而行政国的规制多数是对私人财产和市场做出的限制。联邦政府规制对价格、产品设计、生产方法,土地或其他财产的使用,信息公司向投资者、消费者或雇员提供的信息,公司间财政的形式或运营安排等做出具体规定或限制,这在保守主义者看来,是对财产权和经济自由的限制。④ 行政国的规制限制了个人选择的权利,行政机构对经

---

① Steven F. Hayward,"The Threat to Liberty", *Claremont Review of Books*, Vol. XVII, No.1, Winter 2016/2017, available at: http://www.claremont.org/crb/article/the-threat-to-liberty/.

② Stanley Kurtz,"The Politics of Administrative State", *National Review*, January 8, 2018.

③ Joel D. Aberbach and Gillian Peele, *Crisis of Conservatism? The Republican Party, the Conservative Movement and American Politics after Bush*, p.304.

④ Ibid.

济活动的监管束缚了企业的经营活动,"拥有行政权的官僚对人们必须如何生活做出政治判断,从而缩小了个人自由的领域"①。因此,保守派对行政国的批评"集中在行政机构对宪政的失控的威胁"上,宣称行政国是"美国自由和宪政的敌人"。② 2017 年秋,特朗普的白宫法律顾问唐纳德·麦克加恩(Donald McGahn)在保守的联邦党人学会(Federalist Society)发表演说时直言不讳地说:"日趋增长的、不受法律管辖和约束的(unaccountable)行政国是对个人自由的直接威胁。"③

再次,行政国不符合保守主义者的小政府理念。美国人对政府历来持怀疑的态度。主张小政府、反对联邦政府对经济的干预,是美国保守主义的基本理念。保守主义者在经济上强调,要把市场从政府的限制中解放出来,把减少政府对经济的宏观调控与更多的自由和繁荣联系起来,认为减少政府对经济的调控措施将令美国人在生产和创造方面取得更大的自由,并由此增加社会财富。里根的名言"政府不是解决问题的方法,而是问题本身",是对美国保守主义小政府理念的最精辟的概括。

从 18 世纪 90 年代汉密尔顿和杰斐逊的年代起,联邦政府的规模和美国的规章制度数量就一直饱受争议。近数十年来,保守派一直针对《联邦纪事》刊登的联邦政府监管规则、监管人员和开支、税法的大幅增加以及由此带来的联邦政府开支的持续攀升,

---

① Robert Sigel,"Trump Has Many Jobs Unfiled: Is He 'Destruction of Administrative State'?" Tingvoa. Com, March 8, 2017, http://www. tingvoa. com/17/03/Trump-Has-Many-Jobs-Unfilled-Is-He-Deconstructing-The-Admini. html.

② Stanley Kurtz, "The Politics of Administrative State," *National Review*, January 8, 2018.

③ Robert Barnes and Steven Mufson, "White House Count on Kawanough in Battle Against 'Administrative State'", *The Washington Post*, August 12, 2018, available at: https://www. washingtonpost. com/politics/courts_law/brett-kavanaugh-and-the-end-of-the-regulatory-state-as-we-know-it/2018/08/12/22649a04-9bdc-11e8-8d5e-c6c594024954_story. html? utm_term=. ac1010985cc7.

指出行政国"软专制"的危害。保守派的指控主要是以下三方面：

一是《联邦纪事》刊登的政府规章越来越多，卷帙浩繁。在美国，行政机关颁布的规章远远多于国会的立法，这些规章刊登在《联邦纪事》上，是衡量联邦规制活动程度的一个窗口。20世纪50年代，联邦机构每年刊登在《联邦纪事》上的规章不到1.1万页，1960年的联邦规制也只有2万页，2010年达8万页，但到奥巴马第二个任期的最后一年，《联邦纪事》刊登的联邦规章制度已超过18.5万页，从2010年到2018年差不多平均每年增加一万多页。① 保守派认为，联邦规制的增长给美国企业和消费者带来了巨大的负担。根据美国企业竞争力研究所（The Competitive Enterprise Institute）2013年发布的统计报告，执行这些联邦规制的成本高达18.5亿美元，合每个家庭1.5万元；而这些规章或规制涉及企业的年经济产出总量高达1.9万亿美元，差不多是美国国内生产总值的十分之一。企业为执行这些规章付出了大量的时间和人力成本，②从而给美国企业和经济造成了巨大的负担。

二是行政国的兴起导致联邦政府的规模不断扩大，增加了联邦政府的开支。在美国建国的1789年，联邦行政机构的规模很小，只有三个部，每个部仅有几名工作人员，其中国务院9人，陆军部2人，财政部39人。到1798年，国务院也只有7名工作人员，全部行政开支只有500美元，陆军部年均开支140万美元。随着行政国的兴起，联邦政府雇员的人数和开支不断增加。20世纪50年代，国会对政府雇员人数规定了限额，尽管这一限额此后

---

① Jonathan H. Adler, "Would the REINS Act Rein in Federal Regulation? Congress Make Another Effort to Regain Control of Regulation", available at: https://www.questia.com/read/1G1-261729718/would-the-reins-act-rein-in-federal-regulation-congress.

② Neil Siefring, "The REINS Act Will Keep Regulations and Their Costs in Check", *The Hill*, January 20, 2017, available at: http://thehill.com/blogs/pundits-blog/economy-budget/250178-the-reins-act-will-keep-regulations-and-their-costs-in.

被取消,但确立了联邦政府雇员人数应该保持在 200 万上下的原则(不包括邮局员工)。近几十年来,联邦行政机构雇员的人数变化不大,一直保持在 270 万人左右。2002 年 1 月,联邦行政机构的雇员总数为 275 万人;2013 约为 280 万人;2014 年下降为 270 万人;2017 年 8 月又回升到 280 万人。如果加上州和地方政府雇员,总数达到 2230 万人。其中,受过培训的监管人员数量达 22 万人,超过法国军队的人数。2016 年,美国用于监管和监管人员的开支高达 630 亿美元。① 规制机构人员和监管事务的不断增加,带来了联邦预算和财政赤字的不断扩大。

三是行政国的兴起使联邦税制越来越复杂。在过去的数十年里,联邦税法典增加到 2600 页,另外还需要 7 万页的细则来说明。在保守派看来,行政官僚及其制定的规则和复杂的税制是在向就业和繁荣征税,过度的联邦开支也导致了错误的稀缺资源配置。

正是由于上述原因,自里根以来的历届共和党总统都把废除和放松联邦政府规制、削减政府规模作为国内政策的重要议程。

特朗普虽然是打着反移民、反建制、反华盛顿、反精英的民粹主义和民族主义旗号竞选和上台的,但在引发美国国内争议的能源与环境、税收和开支、医疗保健、枪支管控、劳工权益、网络管控,以及堕胎、同性婚姻等一系列政策问题上,他还是秉持传统的保守主义观念。在能源和环境问题上,长期以来,自由派主张提高能源效率,保护环境,反对通过扩大化石燃料的生产规模来解决美国的能源需求;保守派则主张扩大能源生产规模,通过提高供给来实现能源独立。在税收和开支问题上,自由派长期主张增税,实施赤字财政,以扩大社会福利开支;保守派则依据拉弗曲线

---

① Chuck DeVore,"Trump's Assault on the Administrative State Will Benefit America", Fox News, November 26, 2017, available at:http://www.foxnews.com/opinion/2017/11/26/trump-s-assault-on-administrative-state-will-benefit-america.html.

(Laver curve)①的理论,主张减税以刺激生产,通过扩大生产来增加税收,减少财政赤字。在医疗保健、劳工权益、网络管控等问题上,保守派强调个人的选择权,反对联邦政府的规制;自由派则主张扩大福利开支,强调工会的集体谈判权。由此可见,"解构行政国"契合特朗普的政治理念,特朗普就任总统后在上述领域采取地一系列废除或放松规制的政策行动就是一个证明。

(二) 推动美国经济增长和增加就业

特朗普政府执政以来,把推动经济增长、增加制造业就业岗位、阻止就业机会向海外流失作为经济政策的中心和目标。特朗普政府认为,"过度的规制妨碍了经济增长","扼杀了就业","把公司驱赶出我们的国家",削弱了美国产业的竞争力,而通过废除和放松现有的规制,能推动经济增长和创造就业机会。② 特朗普就任以来在"解构行政国"方面采取的大部分政策和行动,都是围绕推动美国经济增长和增加就业机会这个目标展开的。2017年3月19日,特朗普在签署废除奥巴马政府的环保规制的行政命令时称,这一行政命令将"废除联邦机构的过度扩张","开始一个生产和创造就业的新时期","我今天的行动是增加美国就业的最新步骤","比规制气候变化更重要的是保护美国的就业","经济强大和增长才是保护环境的最好方式"。③ 2018年1月,特朗普在

---

① 美国供给学派经济学家亚瑟·拉弗(Arthur B. Laffer)提出的关于政府税收收入和税率之间关系的理论。根据拉弗曲线,较高的税率将抑制经济增长,导致税收收入下降;减税可以刺激经济增长,从而增加政府的税收收入。拉弗曲线是"里根经济学"的大规模减税政策的理论基础之一。

② Gregory Korte, "Trump Executive Order Builds on Regulatory Reform Efforts by Clinton, Obama", *USA Today*, February 24, 2017. available at: https://www.usatoday.com/story/news/politics/2017/02/24/trump-executive-order-builds-regulatory-reform-efforts-clinton-obama/98353210/.

③ Dan Merica, "Trump Dramatically Changes US Approach to Climate Change", CNN, March 29, 2017, available at: https://edition.cnn.com/2017/03/27/politics/trump-climate-change-executive-order/.

就任后发表的首次年度国情咨文中称,正在进行的削减规制和政府"繁文缛节"(red tape)的工作将强化美国的经济。同年1月31日,特朗普在推特中称,以前制定的规制"削弱了"(crippled)美国汽车业,损害了汽车城,他的去规制计划将"使这个汽车城的引擎重新发动起来"①。

(三)推行以推翻奥巴马的政治遗产为主的保守主义政策议程的需要

奥巴马在执政的头两年,由于民主党同时掌控白宫和国会,主要通过立法来推进各项议程。2010年中期选举后,民主党失去了对众议院的控制权。由于受到众议院共和党的阻挠,一些重要的政策议程只能绕过国会,通过颁布行政命令或寻求行政机构的规制来完成实质上的立法目标。通过这些方式,奥巴马在任内创纪录地颁布和制定了超过600多份对美国经济影响重大的规章,每年对企业经济活动的影响超过一亿美元。"美国行动论坛"(American Action Forum)2017年5月发布的一份报告指出,在过去的十年里,美国环境保护署实施的监管对企业经营活动的影响超过一万亿美元,其中奥巴马政府时期占比75%。② 特朗普认为,奥巴马政府颁布的许多规制对美国企业经营造成了极大的束缚,浪费了大量联邦资金,在竞选期间他就承诺要废除奥巴马政府颁布的许多行政命令,因此,"解构行政国"也是对奥巴马政府过度规制的反弹。

---

① "Trump: Deregulation Agenda Will 'Get the Motor City Riving Its Engine Again'," *Fox News*, January 30, 2018, available at: http://insider.foxnews.com/2018/01/30/trump-state-union-business-cutting-regulations-car-manufacturing-returning-detroit.

② Jason Pye, "Congress Should Use the REINS Act to Combat the Regulatory State," *The Hill*, June 1, 2017, available at: http://thehill.com/blogs/pundits-blog/lawmaker-news/313115-congress-should-use-the-reins-act-to-combat-the-regulatory.

(四) 保守主义利益集团和大企业的推动

政府规制是利益集团游说活动涉及的一个重要方面。长期以来,一些保守主义团体和大企业一直反对联邦政府对经济实行监管,国会和联邦政府行政部门是其游说的重点对象。特朗普的当选和就任,为废除和放松政府规制提供了一个良机。早在特朗普的过渡班子开始搭建之时,美国石油大亨科赫兄弟(Koch brothers)支持的组织"自由伙伴"和"美国繁荣"(Freedom Partners and Americans for Prosperity)就为国会提供了"废除规制路线图"(Roadmap to Repeat)。科赫兄弟的企业还派出顾问与国会领导人会面,帮助议员制定废除规制的重点。在保守主义利益集团和大企业的推动下,共和党控制的参众两院提出了一系列废除奥巴马时期制定的规章的法案。"这些法案许多出自科赫兄弟旗下的企业之手,旨在放松对能源产业、金融业的联邦规制。"① 油气企业的另一个组织美国石油研究所(American Petroleum Institute)也称,奥巴马时期制定的规章是美国能源政策的倒退,"阻止了在联邦公共土地上的油气生产",呼吁废除对甲烷排放的限制。美国能源和环境新闻网(E&E News)获得的政府文件显示,美国最大的井下煤矿开采公司默里能源公司(Murray Energy Corporation)首席执行官鲍勃·默里(Bob Murray)为特朗普政府提供了退出《巴黎协定》的行政命令的草稿,默里是特朗普竞选最早支持者之一和共和党政治捐赠者。② 不少保守的单一问题利益集团也提出了许多放松规制的建议。例如,全国步枪协会

---

① Lisa Mascaro, "With Trump in the Limelight, Congress Has Been Quietly Working to Undo Obama-era Regulations", *Los Angeles Times*, February 14, 2017, available at: http://touch.latimes.com/#section/1139/article/p2p-92551710/.

② Carolyn McAtee Cerbin, "Coal Industry Documents Show Extent of Effort to Influence Trump on Paris Accord, Regulations," *USA Today*, June 6, 2018.

(National Rifle Association of America)的最优先议程是,废除奥巴马政府制定的对因精神疾病而领取残疾人社会保障的人购买枪支进行背景调查的规章。因此,特朗普政府把"解构行政国"作为其国内政策目标,也是保守利益集团和大企业推动的结果。

三、特朗普政府"解构行政国"的路径和政策措施

按照美国宪法预设的权力分配格局,联邦行政机构隶属于总统,但独立规制机构并不直接受总统控制,从理论上讲不必完全服从于总统的指令。独立规制机构由国会立法建立,同时经国会授权兼主持制定和实施规章的职能,一些机构甚至还享有一定程度上的司法权。此外,独立规制机构与内阁各部的区别还在于这些机构的首脑均享有基于合法理由的职位保障权和固定任期。对独立规制机构的首脑,总统虽有宪法规定的任命权,但这些首脑一经任命并经参议院批准,除非被法院定罪或辞职,总统不能免除其职务。独立规制机构的这种特殊组织结构设计,旨在防止联邦政府其他权力机构对其进行行政限制。虽然如此,联邦政府在长期的政治实践中仍然形成了针对独立规制机构的一套国家控制机制,包括国会控制机制、总统控制机制和司法控制机制。一般来说,国会可以通过法定授权、资金批拨、传唤行政机关首脑、数据核查,以及利用《国会审查法》中赋予的其他诸多手段,来实现对行政部门和规制机构的控制;总统主要借助任免高级官员、成本收益分析工具、管理与预算办公室的预算程序等机制,来实现对行政机关的控制;法院主要借助《行政程序法》(Administrative Procedure Act)的规定,来审查行政机关的行政行为是否违宪、越权,存在程序瑕疵、专断或反复无常的现象,进而予以撤销。

特朗普政府也主要借助上诉路径来实现"解构行政国"的目

标。在运用总统权方面，特朗普主要通过颁布行政令、提名反对行政国的人担任最高法院大法官和联邦机构高级官员、削减联邦机构开支、进行行政改革等措施，来实现其"解构行政国"的目标。在国会立法方面，特朗普政府与共和党掌控的国会进行合作，运用国会所拥有的立法权和对行政部门的制约及监督权——主要是拨款权、任命批准权、立法否决权和调查权，以及对行政机关制定规制的权力，来加以限制。在司法权方面，特朗普政府要求最高法院否决奥巴马政府时期的一些规制，推翻最高法院以前做出的有利于行政国的判例，以削弱联邦独立规制机构的权力。具体来说，特朗普政府在"解构行政国"方面采取了以下政策措施。

（一）颁布废除和削减联邦规制的行政令

在美国，颁布行政命令是总统享有的"默示的权力"之一。总统通过发布行政命令起到了一种实际立法的作用。美国宪法第二条第一款"行政权属于合众国总统"和第三款总统"应注意使法律切实执行"的规定，为总统使用行政命令奠定了宪法基础。总统虽然拥有立法倡议权，但由于总统的立法倡议面临时间和资源的限制，同时还可能被国会否决，行政命令就成为总统克服这些限制的有效政策工具，几乎每一任总统都用颁布行政命令的方式绕过国会来推进其政策议程。特朗普就任总统两年里，虽然国会两院都被掌控在共和党人手中，但由于两党政治极化的立法环境以及特朗普与共和党建制派尚处于磨合期，急于取得成绩的特朗普也把颁布行政令作为"解构行政国"的一个最主要的政策工具。他颁布了一系列总统令，重点放在废除或放松奥巴马政府时期制定的环境、能源和气候变化规制上。

减少温室气体排放以应对气候变化，是奥巴马8年任期内能源和环境政策中最优先的议程和政治遗产之一。奥巴马政府应对气候变化的主要措施是制定一系列提高能源效率的标准和环保规制,通过要求生产商减少对能源的使用,来达到减少温室气体排放的目标。废除或放松奥巴马政府制定的环境、能源和气候变化规制,是特朗普政府"解构行政国"议程的重点。

早在2016年参加总统竞选期间,特朗普就发誓要"取消奥巴马时期制定的所有浪费纳税人钱财的应对气候变化的开支,包括缴纳给联合国的应对气候变化基金"①。当选后,特朗普在就职演说中把废除奥巴马环境规制作为其"美国优先能源计划"的重要组成部分。特朗普就职当天更新的白宫网站撤下了奥巴马时期气候变化政策的相关内容,换上了特朗普关于能源政策的言论,其中一个重点就是"减少给美国能源产业带来负担的规制"②,废除"诸如'气候行动计划'(Climate Action Plan)等有害的、没有必要的政策"③。白宫网站的能源政策部分写道:"长期以来,我国的能源产业受到规制所带来的负担的束缚,特朗普总统致力于清除诸如'气候行动计划'和'美国水体规则'等有害的和不必要的政策。"④特朗普本人对气候变暖是人类活动造成的这一科学结论持怀疑的

---

① Ledyard King,"President Trump's Budget Expected to Roll Back Funding for Climate Change", *USA Today*, March 10, 2017, available at:http://www.usatoday.com/story/news/politics/2017/03/10/president-trumps-budget-expected-roll-back-funding-climate-research/99014224/.

② Chris Mooney,"Trump's Regulatory Freeze Halts Fore Obama Rules Aimed at Promoting Greater Energy Efficiency", *The Washington Post*, January 21, 2017, available at:https://www.washingtonpost.com/news/energy-environment/wp/2017/01/21/this-is-h.

③ David A. Fahrenthold, Robert Costaand John Wagner,"Donald Trump Is Sworn in as President, Vow to End 'American Carnage'", *The Washington Post*, January 20, 2017, available at:https://www.washingtonpost.com/politics/trump-to-be-sworn-in-marking-a-transformative-shift-in-the-countrys-leadership/2017/01/20/954b9cac-de7d-11e6-ad42-f3375f271c9c_story.html? utm_term=.7ab4bbda773a.

④ Rosalind S. Helderman,"On Day One, Remainders of Potential Trump Business Conflict", *The Washington Post*, January 20, 2017, available at:https://www.washingtonpost.com/politics/on-day-one-reminders-of-potential-trump-business-conflicts/2017/01/20/9e443748-df3f-11e6-918c-99ede3c8cafa_story.html? hpid=hp_hp-big-news6_conflicts-0553pm%3Ahomepage%2Fstory&utm_term=.d229101de7fc.

态度,在许多国际场合推动石化能源的生产。执政两年来,特朗普颁布了一系列行政令,废除和修改了奥巴马时期制定的一系列能源和环境规制。

1. 指示美国环境保护署和陆军工程师团(Army Corps of Engineers)对2015年制定的"美国水体规则"(Waters of the United States Rule)进行修订①

该规制是奥巴马在环保领域的标志性遗产之一,它赋予美国环境保护署管辖美国三分之二水域的广泛的权力,②从而把规制机构的权威扩大到美国的水道和湿地。自其制定以来,这一具有争议的规则一直遭到农场主、牧场主、房地产开发商等群体的反对,他们指责这一规制给其经营活动带来了负担。此外,在保守派看来,该规则还违反了联邦和州分权的宪法原则,侵犯了州权。特朗普在签署该行政令时称,该规章是"一个十分可怕的规章",是"联邦规制最糟糕的样板之一",是对"权力的大规模攫取"(a massive power grab),③超出了联邦政府的权力,阻碍了经济增长。④ 2018年2月,特朗普政府环保署宣布将对"美国水体规则"做出重大修改,同年12月11日公布了对"美国水体规则"的修改计划。⑤

---

① 陆军工程师团是隶属美国国防部的联邦机构,下辖3.7万名文职和军事人员,是世界上最大的公共工程设计、建设和管理机构。

② Evan Helper,"Trump Directs EPA to Begin Dismantling Clean Water Rule", *Los Angeles Times*, March 1, 2017, available at: http://touch.latimes.com/#section/2426/article/p2p-92681985/.

③ Ibid.

④ Juliet Eilperin and Steven Mufson,"Trump to Roll Back Obama's Climate, Water Rules Through Executive Action", *The Washington Post*, February 20, 2017, available at: https://www.washingtonpost.com/news/energy-environment/wp/2017/02/20/trump-to-roll-back-obamas-climate-water-rules-through-executive-action/?utm_term=.9e13071b0377.

⑤ Ledyard King,"Trump's EPA Takes Aim at Obama-ear Clean Water Rules, Promoting Outcry from Environmentalists", *USA Today*, December 11, 2018.

2. 解除在联邦土地上开采煤炭的临时禁令

这一禁令是奥巴马政府制定并于 2015 年 12 月生效的，它对全美 5.7 亿英亩的联邦土地上的煤炭开采和生产进行了规制。特朗普就任后解除了这一禁令，指示内政部对这一规章进行大幅修改，作为放松联邦政府对能源开采和温室气体排放限制的一个举措。

3. 废除奥巴马时期制定的关于处置发电厂储存的煤粉尘废弃物的规制

煤炭开采和火力发电目前仍是美国 18 个州的主要电力来源。火力发电厂占美国二氧化碳排放的 40%。火力发电中产生的煤粉尘含有汞、镉、砷等有毒废弃物，会污染水道，使野生动物中毒，还可能造成居住在煤粉尘大量储存地附近的人身患呼吸系统疾病。2015 年，奥巴马政府出台了"清洁发电厂计划"（the Clean Power Plan），对粉煤灰堆放场地实施新标准的规章。废除"清洁发电厂计划"是特朗普竞选的关键承诺之一。特朗普就任后，把"恢复煤炭生产"（bring back coal）作为实现美国能源独立议程的一个重要组成部分，要求放松对煤炭开采和火力发电的相关环境规制。美国煤炭企业也开始向美国环境保护署游说，要求重新审议这一规章，指责现行的规则"由于执行成本过高，对美国火力发电带来了巨大的负面影响"。2017 年 10 月 9 日，特朗普政府环境保护署宣布把废除奥巴马时期制定的"清洁发电厂计划"作为放松环境规制的第一步。2018 年 5 月，美国环境保护署建议对规章做出修改，给予各州和公共事业单位更多处理有毒物质的权力。① 同年 8 月 21 日，特朗普政府环境保护署公布"平价清洁能源

---

① Brady Dennis and Juliet Eilperin, "EPA Moves to Overhaul Obama-era Safeguards on Coal Cash Waste", *The Washington Post*, March 1, 2018, available at: https://www.washingtonpost.com/news/energy-environment/wp/2018/03/01/epa-moves-to-overhaul-obama-era-safeguards-on-coal-ash-waste/?utm_term=.a3bf9aa047c6.

计划"(Affordable Clean Energy plan)以取代"清洁发电厂计划"。①

4. 冻结汽车燃油效率标准

汽车运输业是美国温室气体排放的一大来源。2011年,汽车运输业的温室气体排放占美国温室气体排放总量的28%,仅次于发电厂的排放量。提高机动车燃油经济性标准是减排的一项重要措施。奥巴马认为,它将减少美国的汽油消费,有利于美国的能源独立,有利于为消费者节省汽油使用开支,振兴国内的汽车制造业。2009年5月,在奥巴马的协调下,汽车制造商、加利福尼亚州政府、环保团体和工会组织达成一项协议,同意以加州的汽车排放标准为蓝本,制定"2012—2016年生产的家用车温室气体排放标准",即到2016年每加仑汽油的行驶里程提高到34.5英里。② 奥巴马时期的环护署预计,执行该标准后,到2030年,美国每年减少的温室气体排放量将相当于3.07亿公吨的碳,每天减少石油消费180万桶。2011年,奥巴马政府又在该标准的基础上制定了更严格的汽车燃油经济性标准,即比前一个标准再减少一半的排放量,适用于"2017—2025年生产的载客汽车和轻型卡车"。同年9月,奥巴马政府又制定了第一个"2014—2018年生产的中型/重型卡车温室气体排放标准",即把此类卡车的燃油效率由9%提高到23%。依照这一标准,到2030年,卡车和载客汽车加起来每年将减少排放7.25亿公吨的温室气体,占美国目前排放总量的13%。2014年2月,奥巴马在马里兰州发表的一次演

---

① Ledyard King, "Trump's Plan for Coal-fired Plants: Key Takeaways about EPA Clean Air Proposal", *USA Today*, August 22, 2018, available at: https://www.usatoday.com/story/news/politics/2018/08/21/trumps-plan-coal-plants-key-takeaways-epa-proposal/1052390002/.

② Ledyard King, "Trump Administration to Freeze Obama-era Fuel Standards for Cars, Light Cars", *USA Today*, available at: https://www.usatoday.com/story/news/politics/2018/07/26/trump-epa-freeze-obama-era-fuel-standards-cars-light-trucks/840816002/.

说中宣布,联邦政府将于 2016 年 3 月再次颁布减少中型和重型卡车碳排放和提高燃油效率的标准,新标准将适用于 2018 年后生产的车型。奥巴马为新机动车制定的燃油排放标准,被环保团体"塞拉俱乐部"(Sierra Club)称为"美国总统所采取地使美国摆脱对国外能源的依赖的最重大措施"。特朗普政府执政后,冻结了奥巴马政府制定的载客汽车和轻型卡车燃油效率标准,将现行标准延长到 2026 年。① 2018 年 8 月 2 日,特朗普政府正式出台了对奥巴马时期制定的汽车燃油标准进行修订的计划。②

5. 放开美国沿海海域和联邦土地的油气开采

美国内政部管辖的沿海外层大陆架有 17 亿英亩,这片海域预计蕴藏着 900 亿桶石油和 327 万亿立方英尺天然气,约占美国国内生产的原油总量的 18%、国内天然气供应总量的 4%。奥巴马政府曾从保护环境和减少温室气体排放的立场出发,主张通过提高能源的使用效率来解决美国的能源需求,反对扩大能源生产。2010 年在墨西哥湾的美国"深海地平线"(Deepwater Horizon)钻井平台发生爆炸③并引发石油泄漏事故后,奥巴马政府宣布中止墨西哥湾的离岸租赁,并减少了联邦离岸开采和租赁拍卖,使该公共土地上钻探的新油井从奥巴马就任前的 2008 年

---

① Chris Mooney, Dino Grandoni and Juliet Eilperin,"Trump Administration Drafts Plan to Unravel Obama: Era Fuel-efficiency Rules, Challenge California", The Washington Post, April 27, 2018, available at: https://www.washingtonpost.com/news/energy-environment/wp/2018/04/27/trump-administration-drafts-plan-to-unravel-obama-era-fuel-efficiency-rules-challenge-california/? utm_term=.1af1de2f5349.

② Todd Spangler and Nathan Bomey,"Trump Administration Wants to Freeze Gas-Mileage Standards, Reversing Obama", August 2, 2018, available at: https://www.usatoday.com/story/money/cars/2018/08/02/trump-epa-fuel-economy-standards/887683002/.

③ "深海地平线"是隶属于英国石油公司的一个外海钻井平台,2010 年 4 月 30 日发生爆炸,导致大量原油泄漏到墨西哥湾,造成大片海面被石油覆盖。

的5004口,直线下降到2016财年的847口。①

特朗普在能源和气候变化问题上的主张则是扩大化石燃料的生产,以减少美国对国外能源的依赖,同时增加就业岗位。早在2016年总统竞选中,特朗普就指责奥巴马时期制定的上述规则限制太大,承诺废除规制的阻碍,开放更多的公共土地用于租赁,释放美国化石燃料生产的潜力。2017年4月,特朗普签署了名为"美国优先离岸能源战略"(America First Offshore Energy Strategy)的总统令,提出了2019—2024年美国海洋能源战略的五年计划,表示将开放北极水域和美国沿海外层大陆架的油气勘探和开采权。特朗普称:"我们国家享有令人难以置信的自然资源,包括丰富的离岸石油和天然气资源,但是,联邦政府对这块离岸地区94%的面积一直禁止勘探和生产,这剥夺了我国潜在的数十万个就业岗位和数千亿美元的财富。"②2018年1月22日,特朗普政府内政部公布了开放美国沿海海域90%油气勘探的建议,这是历年来建议的美国离岸开采活动扩张规模最大的一次。3月,特朗普颁布了行政命令,指示内政部长瑞安·辛克(Ryan Zinke)③加快和扩大联邦油气租赁拍卖的范围,解除对能源产业的"规制负担",以此作为其重建"美国能源主导地位"政策的一部分。④

---

① Ledyard King, "Trump Administration Proposes Massive Increase in Offshore Drilling", *USA Today*, January 4, 2018, available at: https://www.usatoday.com/story/news/politics/2018/01/04/trump-administration-proposes-massive-increase-off-shore-drill-ing/1004135001/.

② Ledyard King, "Trump Administration Proposes Massive Increase in Offshore Drilling", *USA Today*, January 4, 2018, available at: https://www.usatoday.com/story/news/politics/2018/01/04/trump-administration-proposes-massive-increase-off-shore-drilling/1004135001/.

③ 瑞安·辛克于2018年12月15日因受到指控而辞职。

④ Keith Schneider, "Trump Plan to Expand Oil and Gas Leasing in West Draws, for the Most Part, a Big Yawn from Industry," *Los Angeles Times*, March 2018, available at: http://www.latimes.com/nation/la-na-oil-gas-lease-public-land-2018-story.html.

(二) 与共和党掌控的国会合作,通过立法来废除或放松行政国的规制

废除和放松联邦规制也是共和党长期的主张。特朗普就任后,国会共和党人也发起了一个立法议程,旨在摧毁一系列奥巴马时期的规制,特别是其卸任前颁布的规章,重点是放松联邦政府对能源、金融业和其他与工业发展相关的规制。这反映了国会共和党人试图减少政府对商业和工业的干预的立法目标。国会在立法废除或放松奥巴马政府制定的规制方面,主要采取了以下三种方式:

1. 运用《国会审议法》废除奥巴马时期制定的法规

特朗普政府废除规制的法律依据是1996年颁布的《国会审查法》(Congressional Review Act)。该法赋予国会在行政机构制定和实施规章的60天内废除任何规章的权力。① "金里奇革命"期间,共和党控制的国会于1996年通过《国会审查法》以对联邦行政机关制定的大量规章进行控制。共和党和保守派都认为,联邦政府过度规制对企业和美国经济造成了巨大的负担,而国会并没能有效地解决这一问题。② 自该法通过以来直至特朗普就任总统前,虽然根据该法提出的否决目标规章的议案达100多个,但国会参众两院只通过了一个并经总统签署成为法律,即在2001年推翻了克林顿政府制定的人体工程学规则(ergonomics rule)。③

---

① Congressional Review Act, P. L. 104-121.
② Neil Siefring, "The REINS Act will Keep Regulations and Their Costs in Check", *The Hill*, January 20, 2017, available at: http://thehill.com/blogs/pundits-blog/economy-budget/250178-the-reins-act-will-keep-regulations-and-their-costs-in.
③ Jason Pye, "Congress Should Use the REINS Act to Combat the Regulatory State", *The Hill*, June 1, 2017, available at: http://thehill.com/blogs/pundits-blog/lawmaker-news/313115-congress-should-use-the-reins-act-to-combat-the-regulatory.

奥巴马在卸任前的最后几个月内颁布的大量行政规章都适用于该法审查的范围,因此,特朗普政府和共和党控制的国会把《国会审查法》作为废除奥巴马规制的主要工具。特朗普执政后,到 2018 年 5 月,根据《国会审查法》签署的否决规制的决议已达 16 个,超过了其他总统同期废除的规制。① 这些被废除的规章主要有:(1) 2017 年 2 月 2 日,共和党控制的国会废除了奥巴马时期内政部于 2016 年 12 月颁布地禁止煤炭开采企业向附近河流倾倒废物的《河流保护条例》(Stream Protection Rule);(2) 共和党控制的众议院以 235 票比 180 票的投票结果,废除了奥巴马时期社会保障局(Social Security Administration)制定的扩大对因精神疾病而领取联邦残疾人社会保障的这类人群购买枪支的背景审查范围的规定;②(3) 2018 年 5 月,众议院以 234 票比 175 票、参议院以 51 票比 47 票的投票结果,废除了美国消费者金融保护局(Consumer Financial Protection Bureau, CFPB)为实施国会 2013 年通过的《平等信贷机会法》(Equal Credit Opportunity Act)反歧视条款而制定的购车贷款政策。③ 此外,国会众议院还通过了一项旨在废除联邦土地管理局(Bureau of Land Management)制定地防止在联邦土地上开采石油和天然气的活动产生甲烷气体排放的规章的法案,但该法案尚需参议院通过。

---

① Gregory Korte,"Trump Signs Resolution Killing Rule Intended to Prevent Racial Bias in Auto Lending", *USA Today*, May 21, 2018, available at: https://www.usatoday.com/story/news/politics/2018/05/21/trump-signs-resolution-killing-auto-lending-rule/628326002/.

② Eliza Collins, "Congress Passes First Roll Back of Obama Environmental Rule", *USA Today*, February 2, 2017, available at: http://www.usatoday.com/story/news/politics/2017/02/02/stream-protection-rule-reverse-mcconnell-paul-yarmuth-trump/97413470/.

③ Gregory Korte,"Trump Signs Resolution Killing Rule Intended to Prevent Racial Bias in Auto Lending", *USA Today*, May 21, 2018, available at: https://www.usatoday.com/story/news/politics/2018/05/21/trump-signs-resolution-killing-auto-lending-rule/628326002/.

2. 通过新法案来废除或修正奥巴马政府对经济加强规制的法律

《国会审查法》适用于联邦机构半年内通过的规章,对一些不适用于该法的规章,特朗普政府则通过新的立法来修改或废除。特朗普政府具体采取了以下行动:

(1) 大幅修改《多德-弗兰克法案》(Dodd-Frank Act),放松联邦政府对金融业的监管

《多德-弗兰克法案》全称为《多德-弗兰克华尔街改革和消费者保护法案》(Dodd-Frank Wall Street Reform and Consumer Protection Act),它经过国会长达数月的激烈辩论,于2010年7月获得通过,是奥巴马政府最重要的政治遗产之一,被华尔街和共和党人称为"银行业的奥巴马医改法"(Obamacare for Banks)。① 这一长达850页的法律制定了400项规则,一些规则至今尚未完成制定,涉及证券交易委员会、联邦储蓄保险公司(Federal Deposit Insurance Corporation, FDIC)、财政部和联邦储备系统等众多规制机构。② 该法迫使银行服从于一年一度举行地检测其能否经受住经济动荡的"压力测试";根据该法建立了隶属于美联储的独立管制机构——消费者金融保护局以保护贷款人在办理抵押、信用卡和其他形式的贷款时免受损害;给予联邦政府扣押有麻烦的大金融公司的权力,成立了一个监管委员会来监督经济危机对金融系统的威胁,对庞大的金融衍生品市场实施强

---

① Dodd-Frank Wall Street Reform and Consumer Protection Act, Pub. L. No. 111 - 203, 124 Stat. 1376(2010).

② Fred Barbash and Renae Merle,"Trump to Order Regulatory Roll Back Friday for Finance Industry Starting with Dodd-Frank", *The Washington Post*, February 3, 2017, available at: https://www.washingtonpost.com/news/morning-mix/wp/2017/02/03/trump-to-order-rollback-friday-of-regulations-aimed-at-finance-industry-top-aide-says/? hpid＝hp_hp-cards_hp-card-business％3Ahomepage％2Fcard&utm_term＝.c518d17f657c.

制监管;该法制定的"沃尔克规则"(Volcker rule)禁止银行使用自有资金进行高风险证券交易,限制银行在资产负债表中隐匿有毒风险证券的能力,以及隐瞒银行债务程度的能力。① 自该法通过以来,大银行为执行它花费了数十亿美元,小企业和地区性银行也一直抱怨根据该法制定的规章损害了其借贷和帮助刺激经济增长的能力,给企业带来了成本昂贵的规制负担,妨碍了企业经营,给消费者贷款也带来了诸多不便,损害了该法声称要保护的民众。② 因此,自《多德-弗兰克法案》通过以来,放松对大银行的监管一直是国会共和党人立法的目标。他们希望完全废除该法,或至少对其进行大幅度修改。废除或修改《多德-弗兰克法案》也成为特朗普政府解构奥巴马政府规制遗产、放松金融业监管的最优先和着力最多的议程。

早在竞选期间,特朗普就承诺废除《多德-弗兰克法案》,③发誓要对该法"大动手术"(do a big number),④宣称要"摧毁《多德-

---

① Fred Barbash and Renae Merle, "Trump to Order Regulatory Roll Back Friday for Finance Industry Starting with Dodd-Frank", *The Washington Post*, February 3, 2017, available at: https://www.washingtonpost.com/news/morning-mix/wp/2017/02/03/trump-to-order-rollback-friday-of-regulations-aimed-at-finance-industry-top-aide-says/?hpid=hp_hp-cards_hp-card-business%3Ahomepage%2Fcard&utm_term=.c518d17f657c.

② Renae Merle and Tracy Jan, "Trump Is Systematically Backing off Consumer Protections, to the Delight of Corporations", *The Washington Post*, March 6, 2018, available at: https://www.washingtonpost.com/business/economy/a-year-of-rolling-back-consumer-protections/2018/03/05/e11713ca-0d05-11e8-95a5-c396801049ef_story.html?utm_term=.e86d556582fe.

③ Donna Borak, "House Send Bill Loosening Banking Regulations to Trump's Desk", CNN, May 22, 2018, available at: https://us.cnn.com/2018/05/22/politics/house-banking-bill-vote-dodd-frank/index.html.

④ Erica Werner and Renae Merle, "Congress Approve Plan to Roll Back Post-Financial-Crisis Rules for Banks", *The Washington Post*, May 22, 2018, available at: http://www.washingtonpost.com/business/economy/divided-house-passes-major-bank-deregulation-bill-sends-to-trump/2018/05/22/6f3bb562-5dd2-11e8-a4a4-c070ef53f315_story.html?hpid=hp_hp-cards_hp-card-business2%3Ahomepage%2Fcard.

弗兰克法案》，以鼓励经济增长和创造就业的新的政策来替代它"。执政后不久，特朗普于2017年2月3日签署行政命令，要求对《多德-弗兰克法案》进行审议，由此开始了放松联邦政府对金融规制的进程。特朗普在与商界领袖会面时称："我们期望大幅修改《多德-弗兰克法案》，因为坦率地说，我有太多的拥有经营状况良好企业的朋友，他们借不到钱，因为《多德-弗兰克法案》中的规则和规制不让他们借钱。"①特朗普政府白宫经济委员会主任加里·科恩（Gary Cohn）称，废除该法后"美国人将有更好的选择和更好的产品，因为我们不再用每年耗费数百亿美元的规制来给银行增加负担"。② 特朗普就任后，国会共和党议员曾就此事提出多个法案。2018年3月14日，参议院以67票比31票的投票结果通过了对《多德-弗兰克法案》进行大幅修改的法案。该法案由爱达荷州共和党籍联邦参议员、参议院银行业委员会主席马克·克雷珀（Mike Crapo）提出，17名民主党参议员投了赞成票。③ 同年5月22日，国会众议院以258票比159票的投票结果通过了对《多德-弗兰克法案》的修改案，并送交特朗普签署。④

---

① Renae Merle and Steven Mufson, "Trump Signs Order to Begin Rolling Back Wall Street Regulations", *The Washington Post*, February 3, 2017, available at: https://www.washingtonpost.com/business/economy/trump-signs-order-to-begin-rolling-back-wall-street-regulations/2017/02/03/650668d8-ea30-11e6-80c2-30e57e57e05d_story.html? hpid = hp_hp-top-table-main _ doddfrank-640pm％3Ahomepage％2Fstory&utm_term=.8783699f46ba.

② Fred Barbash and Renae Merle, "Trump to Order Regulatory Roll Back Friday for Finance Industry Starting with Dodd-Frank", *The Washington Post*, February 3, 2017, available at: https://www.washingtonpost.com/news/morning-mix/wp/2017/02/03/trump-to-order-rollback-friday-of-regulations-aimed-at-finance-industry-top-aide-says/? hpid = hp_hp-cards_hp-card-business％3Ahomepage％2Fcard&utm_term=.c518d17f657c.

③ Gregory Krieg, "Why Are (Some) Democrats Signing on the Republican Banking Bill?" CNN, March 8, 2018, available at: https://edition.cnn.com/2018/03/08/pol-itics/why-democrats-supporting-republican-bank-bill/index.html.

④ Erica Werner and Renae Merle, "Congress Approve Plan to Roll Back Post-Financial-Crisis Rules for Banks", *The Washington Post*, May 22, 2018.

(2) 废除网络中立规则

奥巴马政府2015年制定的网络中立规则(net-neutrality rules)禁止美国电报电话公司(AT&T)、威瑞森电信(Verizon)和康卡斯特(Comcast)等宽带网络运营商屏蔽网络或降低网速;禁止这些公司向网络和应用软件开发商提供更快、更容易接入互联网用户的服务,以换取额外的费用;①试图防止宽带网络运营商对用户在网络上观看的内容实施控制,禁止网络运营商为某些网站提供的应用软件是优于为其他网站提供的,从而造成网络竞争有利于资金雄厚的大企业的情况。② 网络中立规则出台后,引发了激烈的争议。支持网络中立规则的人认为,在网络供应商和新闻传媒公司不断集中的时代,网络中立规则对保护消费者是必要的。宽带网络运营商则反对这一规则,认为网络中立规则将阻止他们对网络基础设施进行升级改造,这给其发展经营带来不确定性。因此,他们极力推动国会通过废除网络中立规则的法案。2016年,宽带网络运营商就此向一联邦法院起诉,寻求推翻这一规制,但遭败诉。特朗普政府上台后,于2017年任命共和党人阿基特·帕伊(Ajit Pai)担任联邦通信委员会主席。帕伊积极推动废除网络中立规则,称它是政府过度扩张的一个典型,打击了网络供应商对网络进行升级换代的积极性。他认为,废除网络中立规则将有助于为美国人提供更快、更好的网络服务,同时促进更多的竞争。他提出了废除网络中立规则的建议,称:"根据我的这

---

① Brian Fung, "Senate Approves Bipartisan Resolution to Restore FCC Neutrality Rule", *The Washington Post*, May 16, 2018, available at: https://www.washingtonpost.com/news/the-switch/wp/2018/05/16/net-neutrality-is-getting-a-big-vote-in-the-sen-ate-today-heres-what-to-expect/? hpid = hp _ hp-more-top-stories _ netneutrality-435pm%3Ahomepage%2Fstory.

② "Washington Become the First State to Approve Net-Neutrality Rules", Fox News, March 6, 2018, available at: http://www.foxnews.com/politics/2018/03/06/washington-becomes-1st-state-to-approve-net-neutrality-rules.html.

一建议,联邦政府将停止对互联网的微观调控。"①2017 年 12 月 14 日,联邦通信委员会投票废除了网络中立规则,称该规则对互联网产业的发展造成不必要的限制。这一举措得到了特朗普的支持。

(3) 废除关于网络隐私权保护的规制

保护网络隐私权的规章是在奥巴马政府推动下,于 2016 年被联邦通信委员会批准的。它规定未经允许,禁止互联网服务商,如美国电话电报公司和康卡斯特公司,分享或出售其拥有的个人数据,包括浏览历史和地理位置。② 这一规定遭到互联网服务商的反对,对这些企业来说,较少的隐私权保护可转变为更大的利润。它们可以通过向其他企业提供用户的详细信息来赚钱,这些企业可以向这些用户发送有针对性的广告,以增加产品的销量。特朗普就任总统后,共和党控制的国会于 2017 年 3 月通过了废除互联网隐私权保护规制的法案,特朗普签署了这一法案。

3. 推动国会通过《雷恩斯法》(REINS Act),限制独立管制机构制定规制的权力

2017 年 1 月 5 日,在第 115 届国会开议后不久,国会众议院以 237 票比 187 票的投票结果通过了《行政机构规制需要审查法》(The Regulation from the Executive in Need of Scrutiny Act,REINS Act),即《雷恩斯法》。该法案规定,行政机构制定的任何规制,只要每年对企业和社会产生的经济影响超过一亿美元,就必须在实施前得到国会的批准;如果在其颁布后 70 天内国

---

① Brian Fun,"Senate Approves Bipartisan Resolution to Restore FCC Neutrality Rule," *The Washington Post*, May 16, 2018, available at:https://www.washingtonpost.com/news/the-switch/wp/2018/05/16/net-neutrality-is-getting-a-big-vote-in-the-senate-today-heres-what-to-expect/? hpid=hp_hp-more-top-stories_netneutrality-435pm%3Ahomepage%2Fstory.

② Gregory Krieg,"What the 'Deconstruction of the Administrative State' Really Looks Like", CNN, March 30, 2017.

会未能批准这一规制,这一规制将是无约束力和无效的。① 《雷恩斯法》可以说是国会共和党人削减联邦政府规模的立法措施,旨在防止其成为一个"超级立法机构"。共和党希望此法给予国会更多监督联邦政府行政开支的权力,使行政分支更加对国会负责,以加强对行政分支的必要制衡。②

然而,该法案遭到国会民主党议员的反对。他们指责该法案试图废除众多必要的规章,认为这将会削弱独立规制机构依法制定和实施规章的能力。民主党还认为,现有的《国会审查法》已经授予国会否决送交审议的规则的权力,没有必要再制定新的法律。③ 因此,尽管在过去的三届国会众议院都通过了《雷恩斯法》,但到笔者完稿时为止,该法案仍没有进入参议院的审议议程。

(三) 利用最高法院的司法审查权削弱独立规制机构拥有的制定规则的权力

尽管美国宪法只授予联邦政府管理州际商务的权力,但最高法院通过对美国宪法"商事条款"(commerce clause)等条款的解释,使联邦政府拥有了规制所有美国商务活动的权力。因此,联邦最高法院的裁决对行政国的规制起着重要作用。以最高法院2007年审理的"马萨诸塞州诉环保署"(Massachusetts v. EPA)案为例,由于大法官安东尼·肯尼迪(Anthony M. Kennedy)加入四名自由派一边,最高法院以5比4的微弱多数裁定,造成全球

---

① Neil Siefring, "The REINS Act Will Keep Regulations and Their Costs in Check," *The Hill*, January 20, 2017, available at: http://thehill.com/blogs/pundits-blog/economy-budget/250178-the-reins-act-will-keep-regulations-and-their-costs-in.

② Ibid.

③ "Congress Should Use the REINS Act to Combat the Regulatory State", *The Hill*, June 1, 2017, available at: http://thehill.com/blogs/pundits-blog/lawmaker-news/313115-congress-should-use-the-reins-act-to-combat-the-regulatory.

气候变暖的温室气体排放可根据《清洁空气法》加以规制,从而为奥巴马政府治下的美国环境保护署制定一系列规章排除了法律障碍。正因为如此,利用最高法院的司法审查权来削弱独立规制机构制定规制的权力,成为特朗普"解构行政国"的一个重要路径。白宫法律顾问唐纳德·麦克加恩称,特朗普政府"大幅削减政府规制的努力如果没有法官的强力支持是毫无意义的","实际上,法官的选择和去规制的努力是一个硬币的两个面"①。

特朗普就任总统以来,联邦政府司法部就"奥巴马医改法"、"肯定性行动计划"②、劳工权利等众多规制向最高法院提起诉讼,最高法院做出了一系列保守的裁决。此外,最高法院也试图通过推翻"雪佛龙尊重"(Chevron deference)原则来削弱独立规制机构的权力。

"雪佛龙尊重"是美国行政法的一个原则。这一原则来源于1984年最高法院审理的"美国雪佛龙公司诉保卫自然资源委员会"(Chevron U. S. A. Inc. v. Natural Resources Defense Council, Inc.)案,③该案涉及美国环境保护署对1977年《清洁空气法》修正案的解释所引发的纠纷。最高法院对该案的裁决认定,法院在审理独立管制机构根据国会立法授权制定和实施的规章时,应听从制定这一规章的独立规制机构的解释。根据"雪佛龙尊重"原则,即使法院认为另一种解释比独立规制机构的解释更合理,或者更好,

---

① Robert Barnes and Steven Mufson,"White House Count on Kawanough in Battle Against 'Administrative State'", *The Washington Post*, August 12, 2018, available at: https://www. washingtonpost. com/politics/courts_law/brett-kavanaugh-and-the-end-of-the-regulatory-state-as-we-know-it/2018/08/12/22649a04-9bdc-11e8-8d5e-c6c594024954_story. html? utm_term=. ac1010985cc7.

② 肯定性行动计划,指的是美国联邦政府、公立机构、企业对社会中少数族裔、妇女和残疾人等弱势群体实行优待的政策,包括在大学入学、职场录用和晋升、就业培训等方面给予一定数量配额的照顾。

③ *Chevron U. S. A. Inc. v. Natural Resources Defense Council*, *Inc.*, 467 US 837(1984).

它也必须遵从该机构的解释。保守派认为,"雪佛龙尊重"原则实际上给予了独立管制机构不受法院管辖的权力,因而反对这一原则并一直试图推翻它。这充分说明,在如何看待独立管制机构的规制的问题上,司法权和独立管制机构之间存在权力之争。

最高法院还试图通过对行政法法官的任命,对独立规制机构的权力加以限制。在美国,多数涉及联邦规制的行政机构案件由行政法法官(Administrative Law Judges, ALJs)审理。行政法法官是根据1946年颁布的《行政程序法》设立的,目的是"确保联邦政府机构的行政程序公平"。联邦政府多数行政机构都设有行政法法官,如2013年联邦社会保障局共有1400名行政法法官。这些法官每年审理约70万件案件,平均审理听证程序为373天。由于行政法法官的权威被限制在联邦政府行政分支机构内,他们是行政机构的一部分,而不属于司法分支。同时,由于行政法法官由某行政机构任命,在审理案件时可能会做出有利于该机构的裁决,因此,在行政法法官该由总统或该机构的最高行政长官任命还是由本机构的职业官僚来任命的问题上,产生了法律纠纷。2018年6月21日,最高法院在"露西亚诉联邦证券交易委员会"(Lucia v. SEC)案中,①以6票比3票的表决结果裁定,证券交易委员会的行政法法官是属于宪法"任命条款"(appointments clause)②任命的美国官员,应由总统或该委员会的专员来任命,而不能由下级官员来任命。最高法院的这一裁决,使现有的任命行政法法官的制度无效,从而削弱了独立规制机构审理案件的权力。

---

① *Lucia v. Securities and Exchange Commission*, Docket No. 17 - 180.
② 美国宪法第二条第二款规定,总统提名并经咨询参议院和取得其同意,任命大使、其他使节和领事、最高法院法官和任命手续未由本宪法另行规定而由法律规定的合众国所有其他官员。宪法的这个条款被称为"任命条款"。

（四）提名反对行政国的人选担任联邦政府高级官员和最高法院大法官

2017年2月，班农在保守主义政治行动大会上发表讲话时称，特朗普政府提名的联邦高级官员人选被选用的一个原因是"解构行政国"。此后来看，特朗普任命的联邦政府高级官员和提名的联邦法官人选，基本上都是反对行政国的。

1. 提名尼尔·戈萨奇（Neil Gorsuch）和布雷特·卡瓦诺（Brett M. Kavanaugh）等反对行政国的保守派人士担任联邦最高法院大法官

特朗普之所以从21个候选人中选择戈萨奇，[①]除了他奉行的司法哲学外，最主要的原因是他持反对行政国的立场。戈萨奇强烈反对政府规制，批评政府规制的过度扩张，指责独立规制机构常常根据模糊的、未界定的权威来行动。戈萨奇反对行政国的立场充分反映在他主张推翻"雪佛龙尊重"原则上。2016年8月，戈萨奇在审理"古特雷斯-布里苏埃娜诉林奇"（Gutierrez-Brizuela v. Lynch）案时，竖起了坚决反对"雪佛龙尊重"原则的大旗。他在多数意见中阐述了他主张推翻该原则和遏制行政机关权力的理由。[②] 戈萨奇认为，这一原则允许"行政机关侵吞了大量的核心司法和立法权，用一种似乎更大的方式集中了联邦权力"[③]。在戈萨奇看来，允许行政机构解释法律意味着允许其改变公民的思想，即强迫公民不仅按照行政机构目前对法律的解释行事，而且要"对该行政机构随时根据政治风向的转变从而使其目前的法律

[①] David Jackson,"Why Trump Choose Neil Gorsuch as His Supreme Court Nominee", *USA Today*, January 31, 2017, available at: http://www.usatoday.com/story/news/politics/2017/01/31/donald-trump-neil-gorsuch-antonin-scalia/97306468/.

[②] *Gutierrez-Brizuela v. Lynch*, 834 F. 3d 1142(10th Cir,2016).

[③] Baynard Woods, "Trump's Deconstruction of Administrative State: Democracy in Crisis", March 14, 2017, available at: https://flagpole.com/news/democracy-in-crisis/2017/03/14/trump-3.

的解释来个一百八十度的转弯保持警觉"①,以便按照新的解释行事。

特朗普提名的大法官人选布雷特·卡瓦诺也以反对行政国而著称。他多年来对行政国一直持质疑和批评的态度,反对以早期建立的联邦机构来规制现代商业。在联邦机构的规制问题上,卡瓦诺主张"重大规则主义"(major rules doctrine),即行政机构制定的任何具有重大经济和政治意义的规制都需要得到国会的授权。②他对行政国做出如下的批评:"由于拥有巨大的权力和缺少总统的监督和指导,独立机构对个人自由以及权力分立和制衡的宪法体系构成了巨大的威胁。"③在卡瓦诺参与审理的300多个案件中,约三分之一的案件属于处理联邦机构的规制问题,涉及滥用抵押贷款、温室气体排放、网络中立等重大议题,而他撰写的裁决意见都主张大幅度限制联邦机构的权力。因此,特朗普提名布雷特·卡瓦诺担任大法官的一个重要原因是"依靠他来反对行政国"。对此,特朗普政府在一份备忘录中直言不讳地说,卡瓦诺担任美国哥伦比亚特区上诉法院法官12年的工作亮点是"75次推翻联邦机构的行动","卡瓦诺法官保护美国企业免受非法的扼杀就业的规制","卡瓦诺帮助废除了奥巴马制定的摧毁性的新的环境规则中的大多数规则"④。

此外,特朗普还提名反对行政国、主张把规制"留给"各州去做的

---

① Brittany De Lea,"Trump's Supreme Court Pick a Champion of Small Government", Fox News, January 31, 2017, available at: http://www.foxbusiness.com/politics/2017/01/31/trumps-supreme-court-pick-champion-small-government.html.

② Robert Barnes and Steven Mufson,"White House Count On Kawanough in Battle Against 'Administrative State'", *The Washington Post*, August 12, 2018, available at: https://www.washingtonpost.com/politics/courts_law/brett-kavanaugh-and-the-end-of-the-regulatory-state-as-we-know-it/2018/08/12/22649a04-9bdc-11e8-8d5e-c6c594024954_story.html?utm_term=.ac1010985cc7.

③ Ibid.

④ Ibid.

诺尔·弗兰西斯科(Noel Francisco)担任联邦政府副检察长。① 对此，美国媒体评论道，特朗普对大法官和副检察长的提名"显示了特朗普政府对行政国法律框架的质疑"②。

2. 任用反对行政国的共和党保守派担任联邦政府独立规制机构负责人

特朗普深谙"用人即政策"的道理。③ 为达到"解构行政国"的目标，他还任命了主张放松规制的保守派人士担任监管机构的负责人，以期通过政策制定过程或简单地放缓执行来达到放松规制的目的。

特朗普提名的联邦政府环境保护署署长斯科特·普鲁伊特(Scott Pruitt)是一名气候变化怀疑论者，多年来一直是奥巴马政府环境规制的"坚定的批评者"。他担任美国环境保护署署长后，"一直积极贯彻特朗普的规制改革议程"，仅 2017 年就废除了 40 个环境方面的规章，"包括 10 个经济上重要的法规"，被称为特朗普"与联邦规制做斗争的斗士"④。在普鲁伊特因媒体披露其滥用公款而受到多项指控于 2018 年 7 月 5 日引咎辞职后，特朗普又提名环境保护署代理署长、积极主张放松联邦政府对煤炭开采进行

---

① Baynard Woods,"Trump's Deconstruction of Administrative State: Democracy in Crisis", March 14, 2017, available at: https://flagpole.com/news/democracy-in-crisis/2017/03/14/trump-3.

② Ibid.

③ Fred Barbash and Renae Merle,"Trump to Order Regulatory Roll Back Friday for Finance Industry Starting with Dodd-Frank", *The Washington Post*, February 3, 2017, available at: https://www.washingtonpost.com/news/morning-mix/wp/2017/02/03/trump-to-order-rollback-friday-of-regulations-aimed-at-finance-industry-top-aide-says/? hpid＝hp_hp-cards_hp-card-business％3Ahomepage％2Fcard＆utm_term＝.c518d17f657c.

④ Juliet Eilperin and Brady Dennis,"EPA's Pruitt, Praised for Effectiveness, Hit back for His Roll Back Campaign", *The Washington Post*, May 20, 2018, available at: https://www.washingtonpost.com/national/health-science/epas-pruitt-praised-for-ef fectiveness-hits-bumps-in-his-rollback-campaign/2018/05/20/c6ca13d8-53b3-11e8-abd8-265bd07a9859_story.html? utm_term＝.58ce551936e3.

环境限制的前煤炭产业院外游说分子安德鲁·威勒（Andrew Wheeler）接替他。为放松对金融业的监管，特朗普还任命主张放松规制的保守派人士或者对《多德-弗兰克法》持强烈批评态度的人士，担任银行监管机构的负责人，这些机构包括证券交易委员会、财政部货币监理署（The Office of the Comptroller of the Currency, OCC）、消费者金融保护局等。特朗普还提名法学教授雷奥米·拉奥（Neomi Rao）（曾任最高法院大法官克拉伦斯·托马斯助手）担任负责政府规制事务的信息和规制事务局（Office of Information and Regulatory Affairs）局长，提名共和党籍能源律师凯文·麦克因泰尔（Kevin McIntyre）担任负责监管天然气管道和其他能源工程的联邦能源规制委员会（Federal Energy Regulatory Commission）的主席，并任命两名共和党人担任由五人组成的该委员会的理事，以确保该领域规制的制定权。①

（五）通过削减联邦机构和相关项目的预算，达到既减少联邦赤字又缩减政府规模和规制的双重目标

长期以来，平衡预算和消除赤字一直是共和党税收和开支政策的目标。在美国预算和财政赤字不断攀升的情况下，特朗普也把削减赤字和保持预算平衡作为税收和开支政策的目标。特朗普曾表示，"由于有20万亿美元的债务，政府必须学会勒紧腰带"②。为实现这一目标，特朗普在2017年1月30日颁布的行政

---

① "Trump Names Lawyer to Head Beleaguered Energy Agency", *Fox News*, July 14, 2017, available at: http://www.foxnews.com/politics/2017/07/14/trump-names-lawyer-to-head-beleaguered-energy-agency.html.

② Donovan Slack, "Trump Budget to Increase Defense, Slash EPA, Other Agencies", *USA Today*, February 27, 2017, available at: http://www.usatoday.com/story/news/politics/2017/02/27/trump-budget-increase-defense-slash-epa-other-agencies/98475706/.

令中,要求各联邦行政机构在 2017 财年冻结所有新规制的费用。① 2017 年 5 月,特朗普政府建议削减全国毒品控制政策办公室 95％的预算,②并在 2018 年 2 月提出的预算案中,大幅削减了环境保护署、国务院、农业部、教育部、内政部、住房和城乡发展部等部门的开支。③ 特朗普还在 2019 财年预算中提出削减 150 亿美元联邦开支,以迎合共和党保守派对赤字的关注。这是美国有史以来最大的削减开支的一揽子计划,如果得到国会批准的话,约有 30 多个项目将被砍掉,其中包括儿童医保项目、改进汽车技术的项目、"技术援助"基金等。④

特朗普政府把削减开支的重点放在独立规制机构上,特别是大量削减了环保署应对气候变化的经费。根据美国政府问责署(Government Accountability Office)的统计,美国联邦政府每年用于气候变化研究、技术和国际援助的资金从 1993 年的 24 亿美元增加到 2014 年的 116 亿美元,涉及 13 个联邦机构。此外,民主党控制的国会 2009 年通过的《美国复兴和再投资法》(American Recovery and Reinvestment Act)启动的大规模经济刺激计划,包

---

① "Trump Signs Executive Order to Drastically Cut Federal Rags", Fox News, January 30, 2017, available at:http://www. foxnews. com/politics/2017/01/30/trump-signs-executive-order-to-drastically-cut-federal-regs. html.

② Rachel Roubein,"Trump Propose Huge Budget Cuts for Anti-Drug Office", The Hill, May 5, 2017, available at:http://thehill. com/policy/healthcare/332095-trump-proposes-huge-budget-cuts-for-anti-drug-office. 该机构建立于 1988 年,其职责是为总统提供有关毒品问题的建议,协调减少吸食毒品的政策,制定全国性的毒品控制战略。

③ Donovan Slack,"Trump Budget to Increase Defense, Slash EPA, Other Agencies", USA Today, February 27, 2017, available at:http://www. usatoday. com/story/news/politics/2017/02/27/trump-budget-increase-defense-slash-epa-other-agencies/98475706/.

④ John Fritze and Herb Jackson,"Trump Proposes Clawing back ＄15 Billion in Federal Spending, Hits Children's Insurance", USA Today, May 7, 2018, available at: https://www. usatoday. com/story/news/politics/2018/05/07/trump-proposes-cance-ling-billions-federal-spending-rescission/582331002/.

括了 261 亿美元应对气候变化的资金。这笔开支用于各项活动，含有资助追踪气候变化迹象的卫星项目，资助观测森林被伐、冰山融化、动物栖息地迁徙等自然现象的政府项目，资助追踪全球变暖对人类健康的影响的机构。特朗普当选后，于 2016 年 10 月在推特上发誓，"取消所有奥巴马时期浪费的气候变化开支，包括向联合国支付的所有应对全球气候暖化的费用"，削减这些资金将在未来 8 年节省下 1000 亿美元，这些钱可用来"帮助美国的内陆城市重建重要的基础设施，包括水系"。① 根据美国行政管理和预算局的初步方案，在 2018 财年，美国环境保护署的预算由原来的 82 亿美元被削减到 57 亿美元，下降了 31%。砍掉的预算包括：削减 70% 的气候保护预算，降至 2900 万美元；削减 97% 的"大湖区恢复倡议"预算，降至 1000 万美元；削减 79% 的环境正义项目预算，降至 150 万美元。②

（六）削减联邦政府的规模，进行行政改革

削减政府规模是特朗普在竞选期间做出的一个关键承诺，特朗普"解构行政国"的目的之一就是兑现这一承诺，以减少政府的开支和规制。③ 特朗普在竞选期间称，要把政府规模"削减到你所

---

① Ledyard King,"President Trump's Budget Expected to Roll Back Funding for Climate Change", *USA Today*, March 10, 2017, available at: http://www.usatoday.com/story/news/politics/2017/03/10/president-trumps-budget-expected-roll-back-funding-climate-research/99014224/.

② Ledyard King,"Trump Budget Plan Would Squeeze States over Environmental Programs", *USA Today*, May 22, 2017, available at: https://www.usatoday.com/story/news/politics/2017/05/22/trump-budget-plan-would-squeeze-states-over-environmental-programs/102024860/.

③ Gregory Korte,"'Hire the Best and Fire the Worst': Trump Proposes Biggest Civil Service Change in 40 Years", *USA Today*, Feb. 8, 2018, available at: https://www.usatoday.com/story/news/politics/2018/02/09/hire-best-and-fire-worst-trump-proposes-biggest-civil-service-change-40-years/315981002/.

能想得到的程度"①。特朗普从就任总统的第一天起就把减少联邦雇员的规模作为目标。2017年1月23日,特朗普签署总统备忘录,要求立刻冻结雇用新的联邦雇员,但军队、国家安全和公共安全部门除外。② 特朗普还在备忘录中要求白宫预算与管理局在三个月后提交一份减少联邦政府规模的长期规划。③ 3月17日,特朗普签署行政命令,发布了一个"重组行政分支的全面计划",要求"管理与预算局局长就重组政府功能和废除不必要的机构、机构内部门和机构项目提出计划"④。4月12日,特朗普又发布行政令,要求白宫预算与管理局制定减少和精简联邦政府的计划,以替代他就任时发布的冻结联邦政府雇员的备忘录。⑤ 与行政令同时发布的还有一份14页的计划,详细列出了联邦机构雇用和裁减员工的目标。行政令要求这些机构在2017年6月30日之前拿出一个使"政府雇员表现最大化"的草案,半年后向白宫递

---

① Lisa Rein and Andrew Ba Tran,"How the Trump Era Is Changing the Federal Bureaucracy", *The Washington Post*, December 30, 2017, available at: https://www.washingtonpost.com/politics/how-the-trump-era-is-changing-the-federal-bureaucracy/2017/12/30/8d5149c6-daa7-11e7-b859-fb0995360725_story.html? hpid=hp_hp_top_table-main_trumpgovernment-130p%3Ahomepage%2Fstory&utm_term=.ecb0607ff64c.

② Martine Powers,"Does the President Has the Power to Downsize the Government?" *The Washington Post*, March 10, 2018, available at: https://www.washingtonpost.com/news/post-politics/wp/2018/03/10/does-the-president-have-the-power-to-down-size-the-government/? utm_term=. a00677f29618.

③ "Many Government Jobs to Remain Unfilled Despite Trump's Lift on Hiring Freeze", Fox News, April 12, 2017, available at: http://www.foxnews.com/politics/2017/04/12/many-government-jobs-to-remain-unfilled-despite-trumps-lift-on-hiring-freeze.html.

④ Baynard Woods,"Trump's Deconstruction of Administrative State: Democracy in Crisis", March 14, 2017, available at: https://flagpole.com/news/democracy-in-crisis/2017/03/14/trump-3.

⑤ "Trump Replaces Federal Freeze with Agency Cuts to End Millions 'Wasted'," Fox News, April 12, 2017, available at: http://www.foxnews.com/politics/2017/04/12/trump-replaces-federal-hiring-freeze-with-agency-cuts-to-end-billions-wasted.html.

交最终方案。特朗普称,"数十亿美元被浪费在对辛苦工作的美国纳税人没有产生结果的活动上"①。2017年8月,在一则电视新闻里提出特朗普政府雇用联邦机构高级官员的行动迟缓的问题后,特朗普在推特中回答道:"我们不打算填满所有这些岗位。我们并不需要这么多岗位,应减少政府规模。"②自特朗普就任总统到2018年3月,国务院长期雇员人数下降了6.4%,教育部的人员则下降了9.4%。③ 美国环境保护署的人员缩减了8%,是自里根政府以来雇员人数最少的。④

(七) 简化税制

美国税收制度具有三个主要特点:一是大量名目繁多的、数目庞大的税收开支使美国的税法异常复杂,每年要花费纳税人大量时间(总计约600亿小时)填报各种表格;二是缺乏全国统一征收的消费税;三是对公司的课税相对较重。因此,近20年来,简化税制一直是共和党税收和开支政策的目标。

在2016年大选中,特朗普从共和党传统政策主张出发,承诺一旦当选将进行大规模税制改革,将其作为推动美国经济增长和

---

① "Trump Replaces Federal Freeze with Agency Cuts to End Millions 'Wasted'", Fox News, April 12, 2017, available at: http://www.foxnews.com/politics/2017/04/12/trump-replaces-federal-hiring-freeze-with-agency-cuts-to-end-billions-wasted.html.

② Paul Singer, "Trump Says He's Trying to 'Reduce the Size of Government, But He is Really Not", USA Today, October 2, 2017, available at: Lhttps://www.usatoday.com/story/news/politics/2017/10/02/trump-says-hes-trying-reduce-size-government-but-hes-really-not/703252001/.

③ Brady Dennis, Juliet Eilperin and Andrew Ba Tran, "Within a Shrinking EPA, Trump Delivers on His Promise to Cut Government", The Washington Post, September 8, 2018, available at: https://www.washingtonpost.com/national/health-science/with-a-shrinking-epa-trump-delivers-on-his-promise-to-cut-government/2018/09/08/6b058f9e-b143-11e8-a20b-5f4f84429666_story.html?utm_term=.e20f9210ea7b.

④ Ibid.

创造就业的一项重要措施。就任总统后,特朗普在不同场合又多次承诺要推动税制改革,并于2017年3月组成了以财政部长史蒂文·姆努钦(Steve Mnuchin)、商务部长威尔伯·罗斯(Wilbur Ross)和国家经济委员会主任加里·科恩(Gary Cohn)①为核心的班子,研究制定税改的具体方案。在特朗普的推动下,国会两党在经过半年多的博弈之后,于2017年12月20日终于通过了《减税与就业法》,特朗普于2017年12月22日签署了该法案。税改法是特朗普首个标志性的国内政策成就,也是自1986年里根总统进行税改之后对美国税制进行的又一次大规模修改。该法除了大幅削减公司税和降低个人及家庭的税率外,还缩减了"计税等级"(tax brackets),简化了税制。这有助于进一步放松对美国经济的规制,推动美国经济的发展。

(八)改变对外贸易政策,鼓吹公平贸易,反对多边贸易协定

贸易政策是特朗普经济政策的重要组成部分,充分体现了"经济民族主义"的思想,也是其"解构行政国"议程的重要组成部分。

特朗普是在反全球化思潮冲击欧美的背景下,高呼"美国优先"的外交政策口号入主白宫的,贸易问题对其赢得选举起到了很大的作用。特朗普认为全球化和现有的国际贸易体系对美国不利,美国签署的贸易协定不仅造成美国企业外流,美国人失业,而且给美国带来巨额贸易赤字,特别是损害了美国工人的利益。因此,他在贸易原则上提出了三个方面的主张:一是宣称在对外贸易中将"总是把美国优先放在首位",维护美国的经济利益;二是反对多边贸易协定,极力主张签订"一对一"的双边贸易协定;

---

① 加里·科恩因与特朗普在是否对外国进口美国的钢铝产品加征关税问题上产生严重分歧,于2018年3月6日辞职。

三是大力鼓吹"公平贸易"以及"自由和互惠的贸易"。依据上述贸易原则,特朗普采取了多项举措。其一,退出国际多边贸易组织。特朗普在就任后的第三天就签署了美国退出"跨太平洋伙伴关系协定"(Trans-Pacific Partnership Agreement,TPP)的行政命令。他还一再威胁要退出美国与加拿大、墨西哥签署的北美自由贸易协定(North American Free Trade Agreement,NAFTA),并就此与加拿大、墨西哥重新谈判。其二,在双边贸易谈判中向对方施压,迫使对方对美国商品开放更多的市场。其三,对外国出口美国的商品加征关税,包括对欧盟、加拿大、墨西哥等国向美国出口的钢铝产品,以及中国向美国出口的产品,实施贸易保护主义。特朗普政府实施的单边主义和贸易保护主义政策对第二次世界大战后建立的自由国际经济秩序造成了巨大的冲击,并在一定程度上扩大了美国与其盟国之间的裂痕,加剧了美中经贸摩擦,带动了中美关系的全面下滑。

四、特朗普"解构行政国"议程的影响和实施前景

从以上的分析中可看出,特朗普政府"解构行政国"的政策议程在范围、规模和力度上超过了美国现代历史上任何一届共和党总统,其中,能源、环境和气候变化、金融、网络等领域是特朗普政府放松规制的重点。其原因主要是两个方面:一是虽然美国保守主义原则上都反对行政国,但在实践上,由于各个共和党总统面临的内外环境不同,放松联邦政府规制在其政策议程中的地位也不同。例如,尼克松总统在"水门事件"后面临被弹劾的情况下,如何摆脱政治危机成为他执政最关切的问题,没有把去规制作为政策议程的中心。二是由于美国保守主义运动自身的发展,各个共和党总统所持的保守主义理念也不同。例如,里根时期主张"小政府的主流保守主义"到了小布什政府时期后逐渐衍生出在

国内政策上的"大政府保守主义"(Big-government conservatives)和对外政策的"新保守主义"(Neoconservatives)两个变种。与奉行限制联邦政府权力的传统保守主义和视政府为问题本身的里根式小政府保守主义不同,"大政府保守主义"把政府通过规制以及采取税收、开支等政策来推动实现更好的社会准则和私人行为视为值得肯定的措施,"新保守主义"主张维持美国在国际政治中的强大的作用。加上小布什本人信奉"有同情心的保守主义"(Compassionate conservative),这使里根总统和小布什总统在"去规制化"的力度和范围上大不相同。而且绝大多数共和党总统虽然采取了一些"去规制化"政策行动,但在废除和削减联邦机构上做得较少。与其他共和党总统相比,特朗普把废除和放松联邦规制作为其国内政策议程的中心和目标,因此,无论在力度上还是在范围上都要比其前任共和党总统大得多。

特朗普的"解构行政国"议程对美国政治、经济、社会和联邦行政机构的规模和结构产生较大的影响,并在一定程度上推动美国经济的增长。

从政治上来看,与共和党和保守派反对行政国相反,民主党和自由派主张加大政府对经济的干预和规制,从而使两党之间围绕联邦政府规制的意识形态之争一直没有平息。特朗普"解构行政国"议程受到国会共和党和保守派的支持(例如特朗普退出《巴黎协定》,以及废除和放松奥巴马政府时期的环境规制受到国会共和党议员、石化勘探和生产企业、煤炭开采和火力发电企业等的欢迎),但遭到民主党、自由派和环保组织的反对,这必然使它成为民主、共和两党争议和立法斗争的焦点。

首先,特朗普废除和放松联邦规制的政策,遭到了民主党和自由派的反对。民主党认为,特朗普的去规制化与其说是一个经济政策,不如说是对支持他的大公司的回赠,大企业将从遵守更少的公共利益规制中获得更多的财富。特朗普的政策将加剧收入和财富的不平等,把数百万美国人暴露在大公司的盘剥之下,而不是刺激经济更快增长。2018年4月,特朗普政府提出冻结汽车燃油效率标准的计划后,民主党立刻表示反对。特朗普政府大幅削减气候变化研究开支的政策,也遭到环保活动者和许多民主党人士的批评。他们认为,特朗普政府此举不仅忽视了被奥巴马称之为地球面临的最大威胁的气候变化问题,而且阻碍了全球应对气候变化的行动和美国在该领域的领导作用。① 特朗普削减联邦政府规模的政策遭到来自民主党人和联邦雇员工会组织的强烈反对。

其次,民主党和自由派还从《行政程序法》的角度,挑战了特朗普废除联邦规制的合法性。在特朗普颁布要求联邦行政机构每提出一个新法规必须废除两个旧法规的13771号行政令后,一些自由派组织联合向法院提起诉讼,质疑该行政命令的合法性,认为此举违反了1946年的《行政程序法》。②

最后,在2018年中期选举中民主党8年来第一次取得众议院主导权后,特朗普政府废除和放松联邦规制的政策行动成为国会民主党行使监督和审查权的重点,众议院民主党人已经表示将举行质询特朗普政府高级官员的听证会,对特朗普政府退出《巴黎气候协定》、废除奥巴马应对气候变化的行政令和相关立法,特别是废除对煤炭发电厂排放温室气体的限制等政策行动进行调查。因此,完全可以断言,在美国政治日趋极化的政策制定环境下,特朗普"解构行政国"议程将加大两党在能源和环境、税收和

---

① Ledyard King, "President Trump's Budget Expected to Roll Back Funding for Climate Change", *USA Today*, March 10, 2017, available at: http://www.usatoday.com/story/news/politics/2017/03/10/president-trumps-budget-expected-roll-back-funding-climate-research/99014224/.

② "Trump Ordered New Task Force Push to Eliminate Red Tape", Fox News, February 24, 2017, available at: http://www.foxnews.com/politics/2017/02/24/trump-orders-new-task-force-push-to-eliminate-red-tape.html.

开支、枪支管控、网络管理、行政机构改革等一系列问题上的既有分歧,进而可能引发更多的政策制定僵局。

从政治体制来看,除了行政国的合宪性引发自由派和保守派的激烈争议外,由于美国宪法对行政权的规定既简短又模糊,行政国的扩张除引起国会与行政机构之间、最高法院与行政机构之间的权力之争外,还引发了联邦权和州权之争。特朗普的"解构行政国"议程还遭到一些在政府规制问题上持进步主义观念的州的反对。在联邦通信委员会废除了奥巴马时期制定的网络中立规制后,2018年1月,全美20个州和哥伦比亚特区向法院起诉,要求联邦法院阻止这一决定的实施,一些州还寻求通过立法来保护网络中立。华盛顿州成为美国第一个通过并实施网络中立规制的州。俄勒冈州紧随其后,也通过了网络中立法。夏威夷、新泽西、纽约、蒙大拿和佛蒙特等5个州的州长则签署了与网络中立有关的行政令。这将加剧这些州与联邦通信委员会的冲突,最后只能通过司法途径解决冲突。国会民主党议员也提出了恢复网络中立的立法。2018年5月16日,参议院的民主党参议员根据《国会审查法》,通过了恢复联邦通信委员会网络中立原则的决议,这一决议得到所有49名民主党参议员的支持,3名共和党参议员也投了赞成票。① 此外,特朗普废除奥巴马政府制定的关于气候变化和沿海地区石油勘探及开采的规制的决定,也遭到加利福尼亚州等州的反对,它们已上诉到联邦地方法院。

在对经济影响方面,特朗普就任两年来,美国经济一直保持快速增长的态势,2017年经济增长率由2016年的1.5%上升为

---

① Brian Fung,"Senate Approves Bipartisan Resolution to Restore FCC Neutrality Rule", *The Washington Post*, May 16, 2018, available at: https://www.washington-post.com/news/the-switch/wp/2018/05/16/net-neutrality-is-getting-a-big-vote-in-the-sen-ate-today-heres-what-to-expect/? hpid=hp_hp-more-top-stories_netneutrality-435pm%3Ahomepage%2Fstory.

2.3%,2018年经济增速3%,是2006年以来经济增长最快的一年。美国就业市场持续走强,失业率不断下降。2018年4月,失业率自2000年以来首次降到3.9%,目前失业率近3.7%,创50年来新低,到2020年底有望达到3.6%。通胀率也保持较低的水平。随着美国企业开工和利润增加,工人的工资也有小幅提升,进一步推动了消费增长。受技术股和经济预期的推动,美国股市也迎来了10年来的持续增长。但美国经济的这一良好表现是否是放松规制的结果存在较大争议。特朗普本人和其执政团队把目前美国经济的强劲增长归功于其"美国优先"经济政策的成功和放松政府规制的结果。特朗普政府信息和规制事务办公室主任内奥米·拉奥称,"我们正在阻止行政国的扩张","废除不必要的和重复的繁文缛节帮助特朗普政府取得了近50年最低的失业率和美国戏剧般的经济增长"。但民主党和一些经济学家则认为,目前美国经济的增长主要是上届政府政策的滞后效应和经济周期作用的结果。以煤炭开采行业为例,尽管特朗普在竞选中承诺通过放松环境规制,增加煤炭产业就业。但特朗普就任总统以来,美国的煤炭生产和就业仅小幅上升。根据美国劳工数据局的统计,在特朗普执政第一年,只增加了900多个煤矿开采就业岗位,2018年预计只增加了1300个煤炭开采就业岗位。美国公用事业部门也在继续关闭燃煤发电厂,改为使用由于采用新钻井技术而更便宜和产量更大的天然气来发电,导致煤炭消费下降,煤炭价格比特朗普就任之前还要低。①

从上述几个方面出发,完全可以预料,特朗普的"解构行政国"议程所引发的争议在其任期内将不会停息。特朗普的"解构

---

① Michael Collins, "President Trump Has Yet to Save the Struggling Coal Industry, Numbers Show", *USA Today*, April 9, 2018, https://www.usatoday.com/story/news/politics/2018/04/04/president-trump-has-yet-save-struggling-coal-industry-numbers-show/479587002/.

行政国"目标能否实现,在很大程度上将取决于国会两党权力结构的变化以及他与共和党建制派的关系。对特朗普政府"解构行政国"议程的分析由此也成为认识"特朗普现象",即对特朗普当选原因及其所实施的内外政策的持续争议、反响和效应的一部分。

共和党的"特朗普化"与美国政党政治走向①

刁大明

"特朗普总统正在'不幸地'重新定义共和党。现如今身为共和党人,不能反对总统的政策,也不能不容忍他的行为,否则就别指望获得党内提名。"2018年6月13日,已宣布不再谋求连任的亚利桑那州共和党国会参议员杰夫·弗雷克(Jeff Flake)对当年的国会中期选举的走向发表了上述评论,并对诸多本党候选人的立场错位表示忧虑,他说道:"共和党候选人原本应该提醒共和党人什么是保守主义,怎样才叫共和党。"②

弗雷克的言论包含对"特朗普化"的不满,但也揭示了一个无可否认的事实:至少在2018年中期选举的共和党初选中,能够得到特朗普的支持已成为左右选情的关键因素之一。由于特朗普在共和党选民中保持了较高的支持率(基本在80%以上),对任何

---

① 本文曾以"试析美国共和党的'特朗普化'"为题目发表于《现代国际关系》2018年第9期。在收入本文集时有幸得到了王希教授和赵梅研究员的宝贵指点,作者对内容进行了必要的更新与修改。
② Brett Samuels, "Flake: Trump Has 'Unfortunately' Redefined Republican Party", *The Hill*, June 24, 2018, http://thehill.com/homenews/sunday-talk-shows/393838-flake-trump-has-unfortunately-redefined-republican-party.

在共和党长期主导州竞选的共和党人而言,能否得到总统的支持对他们获得党内提名,关系重大。① 据不完全统计显示,在参加2018年中期选举的共和党参选人中,分别得到特朗普公开背书的国会参议员参选人有22位,众议员参选人有49位,州长参选人有19位,在这些参选人中,只有一名参议员参选人和州长参选人与党内提名失之交臂,其余全部获得初选的胜利,②包括一些鼓吹白人至上的"另类右翼"(Alt-Right)参选人。③ 相反,那些因公开反对白宫议程而招致特朗普抵制的资深共和党人在初选中却遭到惨败。还有一些先前曾公开批评特朗普或与之保持距离的共和党人,见势不妙,随后及时改弦更张,换取了总统的背书,才顺利拿下了共和党提名。④

---

① Philp Elliot,"It's Trump's Party", *Time*, August 27, 2018, pp. 22 - 25.
② "Endorsements by Donald Trump", *Ballotpedia*, available at: https://ballotpedia.org/Endorsements_by_Donald_Trump#cite_note-martha-22.
③ 例如,在弗吉尼亚州国会参议员的共和党初选中,因强烈反移民倾向并坚持保留南方联盟印记而引发巨大争议的参选人科里·斯图尔特(Corey Stewart)因为得到特朗普的背书而顺利胜出。参见:Jonathan Martin and Michael Tackett,"Republicans in Primaries Absorb Lesson:Cross Trump at Their Peril", *The New York Times*, June 13, 2018, available at: https://www.nytimes.com/2018/06/13/us/politics/republicans-trump-midterms.html.
④ 例如,在南卡罗来纳州深耕多年的在任共和党籍国会众议员马克·桑福德(Mark Sanford)因公开反对白宫政策而失去特朗普的背书,进而在初选中惨败;而谋求连任的亚拉巴马州国会众议员玛莎·罗比(Martha Roby)和竞选本州国会参议员的亚利桑那州国会众议员玛莎·迈克萨莉(Martha McSally)为了获得提名,快速改变了以往反对特朗普的立场。参见:Josh Voorhees,"Mark Sanford Survived the 'Appalachian Trail'. He Couldn't Survive Trump", *The Slate*, June 13, 2018, available at: https://slate.com/news-and-politics/2018/06/mark-sanford-loses-to-kate-arrington-in-south-carolinas-1st-congressional-district.html.;Alex Isenstadt,"Trump Endorses Roby Despite Past Disloyalty", *Politico*, June 22, 2018, available at: https://www.politico.com/story/2018/06/22/trump-endorses-martha-roby-664290.; Associated Press,"The Latest:McSally Embraces Trump in Arizona Senate Bid", *The Washington Post*, January 12, 2018, available at: https://www.washingtonpost.com/politics/congress/the-latest-mcsally-embraces-trump-in-arizona-senate-bid/2018/01/12/18945346-f7d3-11e7-9af7-a50bc3300042_story.html.

特朗普对共和党2018年中期选举初选结果的关键影响被评论为是所谓的"特朗普效应"。① 在如此效应的驱动下,共和党及其参选人似乎力图做出"比特朗普更特朗普"的表现,②其结果是,共和党不由自主地滑向"特朗普化"的轨道。换言之,作为一个政治圈外人,特朗普不但出人意料地当选总统,而且还很快"接管"了共和党。自特朗普当选以来,关于共和党"特朗普化"的说法就渐渐浮出水面,"特朗普化"也成了用来描述当前美国政党政治新态势的一个关键词。③ 那么,到底什么是共和党的"特朗普化"?共和党在多大程度上存在所谓"特朗普化"的态势?民主党是否出现了类似的现象?共和党的"特朗普化"揭示出美国政党政治怎样的前景与趋势?基于对特朗普执政以来的美国政治现实的观察,特别是对2018年中期选举选情与结果的观察,本文尝试回答上述问题,并希望梳理所谓"特朗普化"的概念和对美国政党政治的实际影响。

一、共和党"特朗普化"的概念与成因

在美国政治史上,以总统等重要政治人物来命名政党政治发展关键阶段或政党内部不同派系的情况并不鲜见。就第一种情况而言,美国历史上有盛行于19世纪20年代末30年代的"杰克逊民主"(Jacksonian Democracy)、20世纪80年代重塑共和党的"里根联盟"(Reagan Coalition),以及在21世纪初金融危机背景

---

① 徐剑梅:《新闻分析:美国中期选举凸显共和党"特朗普效应"》,新华网,2018年6月13日,见 http://www.xinhuanet.com/world/2018-06/14/c_1122987348.htm.
② Jeet Heer, "The Republican Party is Becoming Trumpier and Trumpier in the Primaries", *The New Republic*, June 13, 2018, available at: https://newrepublic.com/minutes/149024/republican-party-becoming-trumpier-trumpier-primaries.
③ 张文宗:《"特朗普化"深刻影响美国及世界》,环球网,2018年6月27日,见 http://opinion.huanqiu.com/hqpl/2018-06/12353645.html.

下帮助民主党获胜的"奥巴马联盟"(Obama Coalition)等。关于第二种情形的代表性的说法当数"洛克菲勒共和党"(Rockefeller Republican),即20世纪50年代到20世纪70年代残存在共和党党内的温和派力量。相比而言,"特朗普化"的概念更像是一种兼具这两种传统意涵的杂糅表达,即它以特朗普命名,但其内涵却是描述一种来自共和党内的非主流、反建制派的力量及其相对极端的政策立场。正是这种非典型的共和党领袖、党内力量和政策立场引领共和党进入一个新阶段。

共和党的"特朗普化"表现在两个方面。一方面,它意味着特朗普正在重塑共和党基层选民的主导理念。正如前文所述,特朗普作为一名彻底的非共和党政治精英的候选人,通过一次总统胜选就成了在共和党选民中拥有历史同期较高支持率的"当然领袖"。他的竞选成功说明特朗普对于共和党基层民众具有巨大的吸引力,而他的胜选和执政更是赋予他对于基层选民理念的强大塑造力。一项基于问卷调查的研究显示,自特朗普上台以来,更多共和党选民倾向于将在传统意义上最具保守倾向,客观上也具有保守立场投票记录的国会参议员弗雷克和本·萨斯(Ben Sasse)等视为温和派,反而将具有相对温和投票记录的杰夫·塞申斯(Jeff Sessions)视为国会参议院中的保守派。① 显然,共和党选民已开始将党内政治人物是否支持、捍卫特朗普当作评价其在政治理念上是否足够保守的关键指标。② 这就意味着,特朗普所

---

① Daniel Hopkins and Hans Noel,"Is John McCain More Conservative than Rand Paul? Using Activists' Pairwise Comparisons to Measure Ideology", Working paper, April 3, 2017, available at: http://faculty.georgetown.edu/hcn4/Downloads/HopkinsNoel_Pairwise_MPSA2017.pdf.

② McKay Coppins,"The Republican Identity Crisis," *The Atlantic*, April 1, 2017, available at: https://www.theatlantic.com/politics/archive/2017/04/the-gops-ideological-identity-crisis/521316/?utm_content=bufferbd17e&utm_medium=social&utm_source=facebook.com&utm_campaign=buffer.

带来的执政理念正在取代共和党内部原本存在的传统保守主义而成为基层选民的主导意识形态。这种"重新定义"的进程正在进行，而且特朗普能够提供或强化的理念究竟是什么至今仍并不全然清晰，大概方向应为"本土主义"（nativism）或"民族主义"（nationalism），但如果特朗普的"重新定义"成功的话，共和党基层选民将最终接受特朗普带来的新定义，这也意味着未来一段时间的共和党将行驶在特朗普所引导的航向上。

另一方面，"特朗普化"意味着共和党内不断涌现出一批在理念上支持，在风格上效仿特朗普，而且在个人资历上也如特朗普一样来自政治世界之外的非典型政治人物。这一趋势显然与特朗普"重新定义"基层选民的主导理念相呼应：要在选举中迎合正在变动中的保守主义理念，参选人不仅要支持特朗普，还需要表现得"比特朗普更特朗普"。

这方面的"特朗普化"主要表现为某些共和党政治精英的立场极端化与反建制倾向同步加深。以2018年州长选举为例，在22个没有在任共和党州长谋求连任或者在任共和党州长因任期限制而无法谋求连任的州中，至少有9个州的共和党州长提名人不同程度地符合这一趋势。① 而在14场在任共和党州长谋求连任的选举中，也出现了没有得到特朗普背书的建制派州长在初选中被特朗普支持的反建制派挑战者击败的罕见情形。② 相应的趋

---

① 阿拉斯加、佛罗里达、佐治亚、明尼苏达等四州的州长共和党提名人都是击败了持有传统甚至反对特朗普立场的共和党资深者的持有极端立场的共和党人；而加利福尼亚、康涅狄格、缅因、俄克拉何马、田纳西等五州州长的共和党提名人初选也都出现了毫无政治经验的商人直接击败在任建制派共和党政治人物的情况。

② 在堪萨斯州州长的共和党提名人初选中，与特朗普及其政府关系密切、强烈支持特朗普政策的在任州务卿克里斯·科巴克（Kris Kobach）战胜了同样支持特朗普但却没有得到总统背书的在任州长杰夫·科利尔（Jeff Colyer）获得提名。参见 Hunter Woodall, "Embracing Trump, Moving Past Brownback, Colyer Tries to Find His Lane in Governor Run", *The Kansas City Star*, July 22, 2018, available at: https://www.kansascity.com/news/politics-government/article214546269.html.

势也发生在 2018 年国会参议员选举的共和党初选中。全部 28 个非在任共和党人谋求连任的国会参议员席位中,至少在 7 个席位上共和党提名了不具备从政经验的商人,而至少在 9 个席位上共和党人是因公开支持特朗普及其政策才得以赢得提名的。需要说明的是,这些态势虽然与特朗普的背书关系密切,但也存在特朗普并未直接介入的情况。这就意味着,特朗普在共和党初选中的影响未必是直接的,也显著存在着间接的趋势引导效应。事实上,这种间接效应自 2016 年大选周期就已开始积累。然而,也有特朗普未必直接参与的"特朗普化"的典型个案,如 2017 年亚拉巴马州国会参议员补选中持有极端立场的参选人罗伊·穆尔(Roy Moore)击败特朗普支持的在任共和党人,以及极端保守派共和党人凯莉·沃德(Kelli Ward)在 2016 年和 2018 年两次亚利桑那州国会参议员选举中的强势存在等。

推动基层选民和政治精英两个联动层面上的"特朗普化"的因素是复杂且多元的,包括美国负面民意的持续发酵,共和党进入重组周期,以及特朗普利用总统政治优势影响选举等。这些因素交互作用,对"特朗普化"的加剧起了至关重要的作用。

第一,促成特朗普当选的民怨情绪不但没有明显缓解,反而愈演愈烈,为"复制"特朗普的成功创造了充分的动机与市场。2016 年大选被认为是在全球化背景下美国多层次民怨情绪的一次集中宣泄。美国民众特别是中下层群体经受着全球化的负面影响,对国家现实困境不满,对美国政治精英的毫无作为深感失望,于是特朗普所鼓吹的所谓"本土主义"极端主张及其"反智主义"的反建制倾向得以大行其道。[1] 即便是在特朗普执政的情况下,经济与就业、移民改革、全民医疗、枪支管制等仍旧被公众认为是国家急需尽快解决的议题。[2] 两党精英在这些议题上的立场

---

[1] 刁大明:《"特朗普现象"探析》,《现代国际关系》,2016 年第 4 期,第 31—39 页。
[2] "Problems and Priorities", *Polling Report*, available at: http://www.pollingreport.com/prioriti.htm.

却依然势不两立，毫无实质进展可言，特朗普的"本土主义"因为迎合民怨情绪而延续了确保共和党竞争性的关键号召力。① 同时，也正是由于民怨情绪的继续累积，民众对华盛顿精英的信任度持续低迷，进而也就自然发酵出不断涤荡共和党政治精英群体的反建制倾向。② 需要说明的是，共和党基层选民对华盛顿建制派精英的长期不信任，并不包括对原本应该作为华府政坛"最大建制派精英"的特朗普总统的不信任。事实上，入主白宫的特朗普仍以特立独行的决策风格、将社交媒体作为动员工具的频繁使用，以及通过与传统政治精英和主流媒体的不断发生冲突等作为最大程度地在选民面前保留了反建制派的标签，保持了"特朗普化"的带动效应。

第二，特朗普所带来的基层选民理念和政治精英立场的变化符合长期以来共和党在理念上持续极端化的特质，也是共和党步入新一轮重组阶段的标志。相较民主党而言，共和党往往被认为是更为明显受到理念与意识形态驱动的政党，即通常以新理念或对保守主义的新解释来实现政党生态的演变，从而赢得选举，获得权力。③ 这就是"茶党"势力在共和党内部崛起或者反建制倾向在共和党内部更为活跃的原因之一，也能在一定程度上支持共和党更易受到特朗普的立场与风格影响即"特朗普化"的总体判断。同时，从共和党理念变迁角度看"特朗普化"的话，还需要在两个层次上加以说明。其一是，"特朗普化"迎合甚至强化了 20 世纪

---

① Kori Schake,"Republican Foreign Policy After Trump," *Survival*, Vol. 58, No. 5, October-November, 2016, pp. 33 – 52.

② "Public Trust in Government: 1958 – 2017", Pew Research Center, December 14, 2017, available at: http://www.people-press.org/2017/12/14/public-trust-in-gov-ernment-1958-2017/.

③ Matt Grossmann and David A. Hopkins, *Asymmetric Politics: Ideological Republicans and Group Interest Democrats*, NY: Oxford University Press, 2016, pp. 42 – 43.

80年代以来共和党持续极端保守化的历史方向。由于在新政背景下民主党长期对国会两院的主导,共和党内部相应地爆发了路线之争。在把着重政策平衡的温和派描述为"执政或毁灭"(rule or ruin)之后,以1964年共和党总统候选人巴里·戈德华特(Barry Goldwater)及其"新保守主义"的崛起为关键节点,共和党保守派不断积蓄力量,并在1994年夺回了国会众议院多数。这种保守化冒进被描述为"执政并毁灭"(rule and ruin),即虽然可以通过迎合并激化党争而赢得更多席位乃至白宫,但却失去了谋求共识并推进务实立法的政治空间,只能沦为以党争为动员工具、巩固部分选民基本盘的极端化政党。① 换言之,"特朗普化"完全是共和党历史轨迹的接力式延续。其二是,在"特朗普化"与共和党极端保守化并轨的同时,特朗普的当选也意味着共和党政党重组拉开大幕。特朗普及其"本土主义"为共和党吸引到了对于其执政至关重要的蓝领中下层白人群体的足够支持,从而引发了共和党在关键基层选民和"区域主义"意义上的重组。② 即便是在共和党总体态势欠佳的2018年国会众议院选举中,共和党从民主党手中夺回的有限三个席位(如宾夕法尼亚州第十四选区、明尼苏达州第一选区以及第八选区)仍多为蓝领中下层白人群体聚集区域。③ 这也说明了特朗普及其"本土主义"效应仍在发酵,"特朗普化"在选举意义上仍对共和党至关重要。

第三,作为在任总统的特朗普具有充分权力空间对共和党实

---

① Geoffrey Kabaservice, *Rule and Ruin: The Downfall of Moderation and the Destruction of the Republican Party, From Eisenhower to the Tea Party*, NY: Oxford University Press, 2012, pp. xviii - xx.

② 刁大明:《2016年大选与美国政治的未来走向》,《美国研究》,2016年第6期,第41—58页;以及王浩:《"特朗普现象"与美国政治变迁的逻辑及趋势》,《复旦学报(社会科学版)》,2017年第6期,第176—183页。

③ "2018 House", Sabato's Crystal Ball, at: http://crystalball.centerforpolitics.org/crystalball/2018-house/.

现最大化塑造。与美国政治史上各类意识形态的崛起相比,"特朗普化"从一开始就拥有着颇为鲜见的起点——由美国总统来推动。① 事实上,在美国总统政治及共和党政治的历史当中,与特朗普具有某种相似度者有两人:1940 年共和党总统候选人温德尔·威尔基(Wendell Willkie)和 1964 年的戈德华特。前者也是缺乏政治经验的商人,而且同为在当年共和党党内竞争者中唯一的标新立异者,只是其国际主义主张最终得到了两党主流的接受。后者所引发的"新保守主义"被认为在将近 20 年后成全了里根的胜利。正如当时那些"戈德华特派"所认为的那样:1964 年不是走向总统道路的尽头,而是开始。② 但这也意味着,戈德华特的影响一定是慢慢沉淀和渗透的积蓄过程。③ 与威尔基和戈德华特的最大不同在于,特朗普获得了选举胜利,并罕见地在毫无组织化准备的情况下就直接"接管"了共和党,掌握了对共和党最为主导性的塑造能力,这也是所谓"特朗普化"的一个极为关键的特质。此外,特朗普执政前两年与由共和党占据两院多数的第 115 届国会所形成了的所谓"府会一致",是自艾森豪威尔(1953 年到 1955 年期间的第 83 届国会)以来共和党总统第一次在上台之初的前两年就面对一个本党占据两院多数的完整国会会期的情况。④ 在这种久违的府会关系下,共和党人一定更倾向推进更多立法,兑现

---

① McKay Coppins, "How Trump Is Changing What 'Conservative' Means", *The Atlantic*, April 12, 2017, available at: https://www.theatlantic.com/politics/archive/2017/04/what-does-moderate-mean-in-the-trump-era/522642/.

② 〔美〕小阿瑟·施莱辛格主编:《美国共和党史》,复旦大学国际政治系编译,上海:上海人民出版社,1977 年,第 430—431 页。

③ Alan Ware, "Donald Trump's Hijacking of the Republican Party in Historical Perspective", *The Political Quarterly*, Vol. 87, No. 3, July-September, 2016, pp. 406 – 414.

④ 虽然小布什上台之初所面对的第 107 届国会开幕之初也是共和党主导国会两院多数,但由于佛蒙特州国会参议员吉姆·杰佛兹(Jim Jeffords)脱离共和党,转为成为与民主党结盟的独立人士,因而当届国会参议院就进入了"两党共治"的状态,因而也就打断了小布什就任前两年原本可以享有的"府会一致"优势。

更多承诺,进而也就会对在决策中扮演关键引领角色的特朗普产生极大的期待。

二、共和党"特朗普化"的限度

不可否认,共和党的"特朗普化"也正在基层选民与政治精英两个层面上同步暴露出某些有限性。这种有限性的最大体现于:"特朗普化"在选举意义上似乎相对显著,而在执政与决策意义上却处于极低水平。同时,即便是在选举意义上,"特朗普化"也尚未成为当今共和党的唯一逻辑,前文中提及的穆尔或沃德的最终败北为这种限度提供了最佳例证。

在选举层面,虽然基层选民在民调中表现出对特朗普的忠诚度,但这种对选民主导理念的重塑过程必然耗时良久,而且共和党基层选民也正在发生分化。具体而言,在传统共和党的基层选民中,仍然有一部分人无法接受甚至无法容忍特朗普及其理念与政策,而这种分歧未必能在民调中得到清晰表达。例如,在2018年国会众议院选举中,民主党拿下的41席中就有23席来自分布在加利福尼亚、宾夕法尼亚、弗吉尼亚、新泽西以及科罗拉多等州的城郊选区。这些地区出现政党松动的关键原因之一,是相对比例较高的受过一定教育的白领阶层白人群体对特朗普极端政策累积的不满。[①] 当然,这些不满很难转化为对民主党的支持,但极可能降低这部分群体的投票率,从而也就压低了共和党的胜算。这些区域的变化,说明了共和党基层选民中也存在着对"特朗普化"的反弹乃至反抗。这种分歧在一定程度上也回应了前文中提

---

① Ronald Brownstein, "The Places That Will Decide the 2018 Midterm Elections", CNN Politics, April 11, 2018, available at: https://edition.cnn.com/2018/02/20/politics/house-elections-2018-midterms-control-gop-democrats/index.html? no-st=1538029608.

及的共和党作为理念与意识形态驱动政党定位的"双刃剑"效果。虽然特朗普的理念可以很快对共和党产生重要影响,但也一定会导致他与党内其他理念及其支持群体之间的长期分歧与冲突。

就选举中政治精英的选择而言,进行一场"特朗普化"的竞选也并非唯一决胜之道。或者说,在传统保守州中竞选的共和党人无疑要重视如今在党内支持率颇高的特朗普。这种状态其实不是"特朗普化",而是一般规律。试想,当在任总统奥巴马的党内民调与号召力皆高之时,任何民主党人在自由派倾向明显的州或选区中竞选,当然也不会与奥巴马唱反调。不过,在一些选区诉求、核心议题乃至个人定位与本党总统及其理念存在一定差异的情况下,任何政党的提名人还是会相应地选择与总统保持某种或近或远的距离,如今的共和党候选人对特朗普也不例外。比如,在犹他州国会众议院第四选区谋求连任的共和党人米娅·洛夫(Mia Love)因为自身的海地后裔身份而公开反对特朗普单方面否认现行移民立法的极端做法。[①] 又如,再度获得罗得岛州州长共和党人提名的华裔政治人物冯伟杰(Allan Fung)也因所在州相对自由政治氛围的约束而在移民、生命权等议题上毫不掩饰其温和立场。[②] 值得一提的是,无论是洛夫还是冯伟杰都没有胜选,特别是洛夫的失败是以 49.9% 比 50.1% 的极微弱劣势导致的,其中特朗普的拖累而非助力势必是一个关键因素。根据布鲁金斯学会初选研究项目进行的截至 2018 年 8 月 16 日的统计,在非共和党人谋求连任的国会众议院选举中,只有 33.1% 的共和党提名人正面提及或支持了特朗普,55.2% 的共和党提名人对特朗普只

---

① 参见洛夫竞选网站相关信息:"Immigration", available at:https://love4utah.com/issue/immigration/.

② Katherine Gregg, "Cranston Republican Mayor Allan Fung Assails Trump Immigration Order", *Providence Journal*, January 29, 2017, available at:http://www.providencejournal.com/news/20170129/cranston-republican-mayor-allan-fung-assails-trump-immigration-order.

字未提，也算是刻意保持了距离。① 而在特朗普针对国会参众两院以及州长层次公开支持的共和党候选人中，也分别有10人、20人以及8人选举失败，分别占据特朗普支持候选人数量的47.6%、40.8%以及44.4%。甚至，特朗普的因素也直接对内华达州的国会参议员选情或者威斯康星以及堪萨斯两州的州长选情产生了负面效应，拖累了共和党候选人的胜算。如此对比，也可以看出共和党所面对的所谓"特朗普效应"并不是"万丹灵药"，而是在某些特定选区中才可能有效果的竞选战术选项而已。

此外，还有必要说明的是，即便是"特朗普化"最直接体现的行为即特朗普本人的背书支持行为，在现实中也存在着一定的局限性。最为典型的例子即特朗普对米特·罗姆尼（Mitt Romney）参选犹他州国会参议员的无悬念背书。罗姆尼在2018年2月16日宣布参选，三天后特朗普就公开表示了绝对支持。② 这种背书的目的显然是在罗姆尼胜算难以撼动的情况下，提前争取罗姆尼未来在国会中的支持，至少不希望罗姆尼成为反对特朗普的国会建制派领袖。③ 此动机再次验证了"特朗普化"在共和党内部的有限性。更为讽刺的是，在随后4月举行的犹他州共和党代表大会上，包括罗姆尼在内的所有参选人因无一得到60%以上支持而难以确定提名人，而且罗姆尼的得票率竟不敌具有反建制派标签的

---

① Elaine Kamarck and Alexander R. Podkul,"Is the Republican Party Really Donald Trump's Party?", Brookings, August 16, 2018, available at: https://www.brookings.edu/blog/fixgov/2018/08/16/is-the-republican-party-really-donald-trumps-party/.

② Jennfier Calfas, "Trump Has Endorsed Mitt Romney. But Romney Once Called Trump a 'Fraud' and Trump Said Romney 'Choked'", *Time*, February 20, 2018, available at: http://time.com/5166393/donald-trump-endorses-mitt-romney-twitter/.

③ Alexandra Desanctis,"It the GOP's Tent Big Enough for Both Trump and Romney?", *National Review*, February 22, 2018, available at: https://www.nationalreview.com/2018/02/mitt-romney-donald-trump-gop-midterm-campaign-requires-cooperation/.

州参议员迈克·肯尼迪(Mike Kennedy)。这一事实再次说明"特朗普化"是一种可以与特朗普本人态度无关甚至相左的共和党极端化或反建制倾向的整体趋势。① 当然,面对这种渐强的党内趋势,最终赢得初选的罗姆尼也在努力修正以往彻底反对特朗普的观点:他(罗姆尼)支持那些符合国家和犹他州利益的总统政策议程,并希望最好不要发生被"良知"驱使不得不批评总统的情况。②

在执政与决策层面上,共和党的"特朗普化"应该说停留在较低水平。虽然前文提及了第115届国会期间难得出现的共和党对白宫与国会两院多数的控制引发了共和党人的更多期待,但过去将近两年中的府会互动也基本上验证了特朗普总统与国会共和党人之间配合度难以令人满意的现实。③ 当然,也有数据显示,国会两院共和党议员在投票中表现出与特朗普较高的立场一致度:第115届国会参议院中的51位共和党人有47人与特朗普的立场一致度在80%以上,占共和党总人数的92.2%,相应地,众议院中的241位共和党人有234人与特朗普的立场一致度在80%以上,占97.1%。④ 不过,这种高一致度的态势远不足以说明共和党在立法或决策中的"特朗普化"。其一,高一致度更多发生在特朗普对共和党传统议题给予支持的情况下,即并非共和党"特朗普化"的议题,而是特朗普"共和党化"的议题。比如,公开

---

① Maeve Reston,"Mitt Romney Fails to Secure Utah GOP Nomination, will Face Primary", CNN Politics, April 22, 2018, available at: https://www.cnn.com/2018/04/21/politics/romney-utah-gop-convention/index.html.

② Mitt Romney,"Where I Stand on the Trump Agenda", *The Salt Lake Tribune*, June 24, 2018, available at: https://www.sltrib.com/opinion/commentary/2018/06/24/mitt-romney-where-i-stand-on-the-trump-agenda/.

③ Sarah Binder,"How to Waste A Congressional Majority: Trump and the Republican Congress", *Foreign Affairs*, January/February, 2018, Vol. 97, No. 1, pp. 78 – 86.

④ "Tracking Congress in the Age of Trump", *Five Thirty Eight*, available at: https://projects.fivethirtyeight.com/congress-trump-score/.

抨击特朗普的已故共和党籍国会参议员约翰·麦凯恩与总统的立场一致度也竟然可以到达83%。这就是说,高一致度本质上是与本党一致,而非与特朗普一致。其二,较为有限的非一致议题往往是特朗普极力推进但在党内尚未形成高度统一甚至争议极大的或者是共和党为了维护政策传统而约束特朗普的议题。前者如废除与代替"奥巴马医改"或者移民改革,后者如美俄关系以及引申出的对俄罗斯追加制裁等立法动议。共和党议员在这些议题上更多的是反对,恰恰是对共和党在决策意义上的"特朗普化"的消极回应。

如果套用美国政党政治分析的三个基本维度的话,即社会动员的政党、选举的政党,以及执政的政党①,在社会动员和选举意义上,共和党的"特朗普化"作为一种趋势无疑是存在的;但在执政意义上的共和党"特朗普化"却尚未呈现出趋势性。即便是在社会动员和选举层次上即基层选民和政治精英两个层面上,"特朗普化"也是一个渐进的过程。随着基层选民被特朗普个人特别是其"本土主义"理念影响程度的加深,政治精英才更有可能为了回应选民诉求而自主地"特朗普化"。这个过程如果得以顺利延续,最终结果应该是在执政意义上(比如在国会两院中)出现越来越多的"特朗普化"的政治人物,进而才会引出共和党全面的"特朗普化"。这也是白宫前首席策略师史蒂夫·班农在2017年开启的所谓"改造国会"计划的终极目标,②但该计划的出师不利已足以说明其中的难度。必须看到的是,在处于这个漫长积累过程中的今天,对共和党"特朗普化"更为准确的描述是,共和党内部出现了一定规模的"特朗普选民"和"特朗普共和党人",但远远没

---

① Harold L. Wilensky, *Rich Democracies: Political Economy, Public Policy, and Performance*, Berkeley, LA: University of California Press, 2002, p. 399.

② Ross Douthat, "The Bannon Revolution", *The New York Times*, October 11, 2017, available at: https://www.nytimes.com/2017/10/11/opinion/steve-bannon-revolution.html.

有生成出一个所谓的"特朗普共和党"。特别是共和党在 2018 年中期选举中失去国会众议院多数的情形下,共和党内部也存在出现更为鲜明反对特朗普现有政策声音的可能性,进而在政党理念和执政决策层面上"特朗普化"的深入都可能遭遇重大的挑战与逆转。比如,在 2019 年 2 月 15 日特朗普宣布通过紧急状态方式修建边境墙之后,民主党掌握的第 116 届国会众议院按照《1976 年国家紧急状态法》的相关规定发起了否决特朗普该决定的决议案。在国会众议院的表决中,有 13 位共和党人倒戈支持了该决定,而在国会参议院中也有相当可观的共和党人支持了对特朗普决定的否决。从这个关键议题背后的立法博弈中也可以看出,共和党内部对特朗普及其政策议程的态度某种程度上正在持续分裂。

三、民主党也在同步"桑德斯化"?

几乎与共和党的"特朗普化"同步,民主党也正在呈现出某些极端化与反建制倾向。有观点认为,这就是民主党相对于共和党的所谓"桑德斯化"。① 客观而言,"桑德斯化"与"特朗普化"在各自政党政治发展中所发挥的影响的确存在异同。

不可否认,在强化本党自由派极端观点以及鼓动反建制力量挑战在任政治精英的意义上,"桑德斯化"与"特朗普化"可谓异曲同工。② 甚至与"特朗普化"相似,"桑德斯化"也未必需要桑德斯

---

① Rich Lowry, "The Democratic Party Now Belongs to Bernie Sanders", *New York Post*, August 2, 2018, available at: https://nypost.com/2018/08/02/the-democratic-party-now-belongs-to-bernie-sanders/.

② 比如,在桑德斯及其政治行动组织"我们的革命"的支持下,身为塔拉哈西市市长、持有进步主义理念的非裔政治人物安德鲁·吉勒姆(Andrew Gillum)战胜了在基层具有较多政治资源的更为建制派的参选人格温·格莱厄姆(Gwen Graham),赢得了佛罗里达州州长的民主党提名。参见:Kirby Wilson, "Bernie Sanders Endorses Andrew Gillum for Governor", *Tampa Bay Times*, August 1, 2018, available at: https://www.tampabay.com/florida-politics/buzz/2018/08/01/bernie-sanders-endorses-andrew-gillum-for-governor/.

本人的直接介入。① 也有统计显示,在 2018 年国会众议院选举层面上,民主党至少提名了 158 位首次参选的非建制派候选人,其中不乏反建制派立场的表达,但并非所有人都得到了桑德斯本人的背书。② 这就意味着,"桑德斯化"本质上也是一种与桑德斯本人未必存在密切关联的政党态势。但与此同时,与"特朗普化"为共和党提供新理念或者强化了共和党内部以往非主流理念不同,所谓"桑德斯化"在理念意义上只是加速了民主党已有理念冲突的新一轮争夺。特别是在民主党更为强调在不同社会身份群体之间谋取利益统合这一判断之下,党内的理念冲突与嬗变并不会在某一时间段内剧烈发生。③

事实上,当人们提及民主党的所谓"桑德斯化"时,其实还存在着更深层次的意涵,即民主党"身份认同化"的加剧,即民主党在性别、族裔等意义上的强化,具体体现为加强对女性、少数族裔乃至性别少数人士人选的招募,以此来提振相应群体的投票率与支持度。而在"身份认同化"加剧的前提下,具有身份认同标签的民主党候选人往往持有类似于桑德斯的激进立场并具有类似于桑德斯的反建制倾向。比如,就女性候选人规模而言,2018 年中

---

① 比如,在纽约州国会众议院第十四选区的民主党初选中,目前国会众议院民主党领导层中的第四号人物即党团主席乔·克劳利(Joe Crowley)意外负于年仅 28 岁的社会活动人士亚历山德里娅·奥卡西奥·科尔特斯(Alexandria Ocasio-Cortez)。后者虽然并未在初选中得到桑德斯的背书,但曾在桑德斯 2016 年总统竞选团队中担任志愿者,而且在理念和形象上与桑德斯非常契合。参见:Benjamin Wallace-Wells,"Alexandria Ocasio-Cortez and the Legacy of the Bernie Sanders Movement", *The New Yorker*, June 27, 2018, available at: https://www.newyorker.com/news/news-desk/alexandria-ocasio-cortez-and-the-legacy-of-the-bernie-sanders-movement.

② Elena Schneider, "'Something has Actually Changed': Women, Minorities, First-Time Candidates Drive Democratic House Hope", *Politico*, September 11, 2018, available at: https://www.politico.com/story/2018/09/11/white-men-democratic-house-candidates-813717.

③ Matt Grossmann and David A. Hopkins, "Ideological Republicans and Group Interest Democrats: The Asymmetry of American Party Politics", *Perspectives on Politics*, Vol. 13, No. 1, March 2015, pp. 119 – 139.

期选举在国会参众两院以及州长层次上都创造了历史纪录:分别有22位、235位以及16位女性候选人。其中民主党人的"身份认同化"提供了主动力:分别为15位、183位以及12位,这一规模刷新了美国任何政党在这三个层次提名女性候选人参选的纪录。①又如,就少数族裔候选人规模而言,民主党在2018年国会众议院选举中至少已确认提名了133位少数族裔候选人,明显保持了多元文化主义的浓厚倾向。②

民主党"身份认同化"的原因至少有两点。其一,"身份认同化"旨在在短期内有效弥补选民投票率短板。事实上,在奥巴马两次获胜的大选中,女性与少数族裔群体的投票率都达到了较高水平,但在2016年大选中却同步下滑。③ 民主党如果在短期内可以通过招募女性和少数族裔候选人,推进在社会议题上的自由派主张来提振这部分群体的投票率,进而巩固并抬高了该群体对民主党的传统支持力度,则有助于充分实现选民支持最大化。不

---

① 参见美国罗格斯大学美国女性与政治研究中心(Center for American Women and Politics, Rutgers University)所公布的数据,网址为 http://cawp.rutgers.edu/women-candidates-records-major-party-nominations 和 http://cawp.rutgers.edu/potential-candidate-summary-2018.

② Elena Schneider,"'Something has Actually Changed': Women, Minorities, First-Time Candidates Drive Democratic House Hope", *Politico*, September 11, 2018, available at: https://www.politico.com/story/2018/09/11/white-men-democratic-house-candidates-813717.

③ 女性选民、非裔选民、拉美裔选民在2016年大选中的投票率分别为63.3%、59.6%、47.6%,低于2008年大选的水平(65.6%、65.2%、49.9%)和2012年大选的水平(63.7%、66.6%、48.0%)。参见:"Gender Differences in Voter Turnout", Center for American Women and Politics, available at: http://www.cawp.rutgers.edu/sites/default/files/resources/genderdiff.pdf.; Jens Manuel Krogstad and Mark Hugo Lopez,"Black Voter Turnout Fell in 2016, Even As A Record Number of Americans Cast Ballots," Pew Research Center, May 12, 2017, available at: http://www.pewresearch.org/fact-tank/2017/05/12/black-voter-turnout-fell-in-2016-even-as-a-record-number-of-americans-cast-ballots/.; "Dissecting the 2008 Electorate: Most Diverse in U.S. History," Pew Research Center, April 30, 2009, available at: http://www.pewhispanic.org/2009/04/30/dissecting-the-2008-electorate-most-diverse-in-us-history/.

过,这也说明民主党人至少在目前并未重点强调需要长期政策调整才能实现的针对蓝领中下层白人群体的吸引力重构。其二,"身份认同化"在推进选民分类动员中可以起到"逆特朗普化"的效果。自展开竞选以来,特朗普在女性(30%至35%)和少数族裔群体(20%上下)中所获得的支持率不但明显低于整体支持率(40%上下),而且也相应地低于其在男性(40%到50%)和白人群体(50%上下)中所维持的水平。[①] 这就意味着,民主党的"身份认同化"正在利用"特朗普化"因对极端立场的强调而失去女性和少数族裔等选民群体的弱点,促使这些群体将对特朗普的不满转化为在投票中对民主党的支持,从而达到逆向效果。

值得说明的是,"特朗普化"在一定程度上也是广义的"身份认同化"的一种体现。所谓"身份认同"成为政治标签的关键根源之一即某群体的"被忽视感"乃至"被少数化"感,而回应至少迎合这种感受的政党或理念自然可以实现对相应群体的极大吸引。[②] 这就是说,"特朗普化"迎合了陷入深度"被忽视"感中的蓝领中下层白人群体,从而实现了共和党的执政以及特朗普自身在党内的高支持率。相应地,民主党的狭义"身份认同化"所要迎合的自然也就是长期在美国社会生活中处于劣势且在特朗普执政之后处境雪上加霜的"被忽视"群体乃至边缘群体。这就意味着,所谓的"特朗普化"与"逆特朗普化"在某种意义上其实是广义"身份认同化"内部不同向度之间的竞争。

无疑,两种"身份认同化"的分化与叠加正在刺激着当今美国政治出现"部落化"(tribalization)趋势。所谓的"部落化",即参与

---

① "Presidential Job Approval Center," Gallup, available at: https://news.gallup.com/interactives/185273/r.aspx?g_source=WWWV7HP&g_medium=topic&g_cam-paign=tiles.

② Francis Fukuyama,"Against Identity Politics: The New Tribalism and the Crisis of Democracy", *Foreign Affairs*, September/October, 2018, Vol. 97, No. 5, pp. 90 – 114.

政治的基层选民因为性别、种族族裔、地域文化、固化阶层乃至性别取向等无法改变或难以改变的一个或多个身份认同标签而产生不同政治理念与政治行为，从而形成相互之间具有对立隔膜、无法合作或妥协的参政群体的过程。传统上，美国从立国之初就面临着所谓"部落化"的挑战，但美国基本上采取了在两个层面上构建多元主义的努力，即在国家层面上所谓"合众为一"的国家认同构建与在个人层面上对个人权利的保护。不过，随着时代的变迁，作为个人的平等权利与作为群体成员之一的身份认同之间不断显现重大裂痕，其结果并非从"多"到"一"的"合众"，而是在政治、经济与社会意义上涌现了众多个"一"。① 导致出现这种多个"一"即"部落化"的原因众多，其中美国政治中既有制度与既有行为体对特殊群体利益与认同的袒护发挥了重要作用。② 从这个意义上讲，在"族裔区分了穷富，而阶层区分了白人"③的总体态势下，共和党的"特朗普化"和民主党的"身份认同化"正在进一步导致美国政治与社会在族裔、阶层乃至性别等多个维度上的严重撕裂、对立隔绝与妥协失能。白人群体内部正在高度分化，进而导致共和党内部出现严重分裂，支持"特朗普化"与否逐渐成为界定这种分裂的标准；而民主党虽然仍会接纳自由派乃至温和派白人，但对"身份认同"的过分追求也促使其不断蜕变为由女性、少数族裔以及其他少数群体利益主导的多元文化主义政党。

甚至，共和党凸显"特朗普化"的"白人至上"动员和民主党强

---

① 〔美〕哈罗德·伊罗生：《群氓之族：群体认同与政治变迁》，邓伯宸译，桂林：广西师范大学出版社，2015年，第349—350页、第342—343页。

② Charles Krauthammer, "The Tribalization of America", The Washington Post, August 6, 1990, available at: https://www.washingtonpost.com/archive/opinions/1990/08/06/the-tribalization-of-america/a345d553-5650-4962-9f04-4bec45f31092/?utm_term=.ef7939a881de.

③ Amy Chua, "The Destructive Dynamics of Political Tribalism", The New York Times, February 20, 2018, available at: https://www.nytimes.com/2018/02/20/opinion/destructive-political-tribalism.html.

调"身份认同"的多元文化主义价值观动员之间的对决极可能成为2020年大选的核心主线。沿着这一主线,共和党将强调基于经济、社会乃至阶层地位的白人价值观,即"美国是谁的美国";而民主党强调完全基于性别、族裔等最基本"身份标签"的"部落化"价值观,即"我是谁"。① 事实上,对特朗普而言,虽然目前仍未出现如严重经济衰退、对外政策泥潭或者党内严峻挑战等重大连任隐患,但特朗普在2016年大选中赢得选举人团票,却未赢得选民票的现实困境原本就意味着较大的连任压力。② 面对这种结构性压力,特朗普几乎唯一的选择就是尽可能巩固基本盘(共和党传统选民)与关键盘(蓝领中下层群体),将这些群体中对自身的支持尽可能最大化,从而实现选民票的必要增长;而将基本盘与关键盘支持最大化的努力基本上是与"特朗普化"的方向相一致的。就民主党而言,在2019年上半年已宣布参与总统初选意向的参选人中已刷新历史地同时出现了6位的女性以及多位少数族裔人士,也就增加了民主党总统正副人选中女性或者少数族裔的可能性,进而在某种程度上必然继续所谓"身份政治"。与此同时,前副总统乔·拜登、佛蒙特州国会参议员伯尼·桑德斯等人在民调中的领跑,也意味着民主党仍有可能对蓝领中下层白人群体存在与特朗普对抗的吸引力。

于是,2020年总统大选是一场在"特朗普化"与"身份认同"之间的对决,还是两党继续对作为关键盘的蓝领群体的争夺?关于这个问题的回答,无疑将决定美国民主、共和两党的政治生态走向。具体而言,温和派白人群体特别是受教育程度较高的白人群

---

① Amy Chua, "The Destructive Dynamics of Political Tribalism", *The New York Times*, February 20, 2018, available at: https://www.nytimes.com/2018/02/20/opinion/destructive-political-tribalism.html.
② 2016年是在美国历史上第五次出现竞选一方赢得选举人团票但未赢得选民票而当选的情况。在前四次中,除了拉瑟福德·海斯(Rutherford Hayes)未谋求连任,其他三位中只有小布什连任成功,即连任成功的概率相对有限。

体和白人女性群体是否将成为新的关键盘,又将如何移动、会否形成与蓝领群体相抵消的移动,也都是最早也要等到在 2020 年总统大选的最终结果中寻找答案的关键问题。

结　语

在西方政治学理论中,政党被定义为是由在选举中提出的正式标识来辨明身份的、能够通过选举(自由的或不自由的)提名候选人占据公共职位的政治集团。① 这种界定虽然过分强调了选举与动员的重要性,但也申明了政党的两个特性,即作为部分的可以明确辨明身份认同的群体与作为整体的政治集团。换言之,政党政治的发展过程也就是为了回应政治经济社会发展而形成新的身份认同从而实现执政的过程。如今的"特朗普化"或者"身份认同化",都是作为一个群体的政党对当前美国政治经济社会现实的一种本能回应。

纵观西方社会的发展历程,其政党政治的流变是惊人的。英格兰的托利党从一个"乡绅党"转变为支持统一国家与民主体制的现代政党;美国的民主党曾拥抱奴隶制和"三 K 党",如今却高举民权的旗帜。从这个意义上讲,无论如何,"特朗普化"都将把共和党带向全新的方向,当然未必是更好的方向。②

必须强调的是,这个全新的方向与其说是特朗普个人的选择,不如说是历史的使然。在政党政治演变层次上,"特朗普化"是共和党政治的必然延续与强化,更是共和党面对全球化挑战时进入重组阶段的关键特征。于是,"特朗普化"虽然看似因特朗普

---

① 〔意〕G. 萨托利:《政党与政党体制》,王明进译,北京:商务印书馆,2006 年,第 95 页。

② "Donald Trump's Republican Party", *National Review*, Vol. LXVIII, No. 14, August 15, 2016, p. 14.

而起，但远非属于特朗普个人，甚至从长周期看不但是他个人无法驾驭的，而且还可能形成反对他的力量。在现实政治运作层面上，"特朗普化"并没有确保特朗普对于共和党政策议程的绝对主导。虽然存在笃信特朗普的选民和支持乃至效仿特朗普的政治人物，但至少至今仍不存在由特朗普完全主导的共和党政治。相应而言，民主党的"身份认同化"不但有所谓"逆特朗普化"的回应意味，也是民主党进入重组阶段过程中希冀实现短期获益的必然选择，更为逐渐"部落化"的美国政治生态再次提出了一个关键的命题，即真正的问题并不在于是否"多元文化主义已经走得太远"，而在于应该采取具体哪种形式的多元文化主义。① 或者说，"特朗普化"再次印证了极化政治对共和党而言其实是保守化的持续加深，而"身份认同化"乃至"桑德斯化"也反映了民主党的极化本质上是分化与碎片化。

美国保守派杂志《国家评论》曾对"特朗普化"发出这样的感叹：里根去世了，只能追忆。如今，那样一个宣言自由、钳制大政府、支持生命权、抵抗"邪恶帝国"的人（里根）已经被一个痴迷于军事力量、宣扬国家主义、废除家庭规划项目（Planned Parenthood）以及赞赏普京的人（特朗普）所代替。② 面对如此强烈对比的"特朗普化"，无论是与共和党政党政治发展的契合，还是与共和党建制派之间的龃龉，这种变动无疑是迎合、利用乃至煽动足够多的民意，而非在提供解决方案意义上的有效回应，从而强化了美国党争极化政治走向极端的原因与后果。

---

① 〔印〕阿马蒂亚·森：《身份与暴力：命运的幻象》，李风华等译，北京：中国人民大学出版社，2014年，第122页。
② "Donald Trump's Republican Party", *National Review*, Vol. LXVIII, No. 14, August 15, 2016, p.14.